U0643262

特级教师
陪你读名著

统编本·初中卷

吴再柱 著

山东城市出版传媒集团·济南出版社

图书在版编目（CIP）数据

特级教师陪你读名著／吴再柱著. —济南：济南
出版社，2020.9
ISBN 978 – 7 – 5488 – 4447 – 1

Ⅰ．①特… Ⅱ．①吴… Ⅲ．①阅读课 – 初中 – 教学参
考资料　Ⅳ．①G634.333

中国版本图书馆 CIP 数据核字（2020）第 176112 号

特级教师陪你读名著

主　　编　吴再柱
责任编辑　宋　涛　张慧敏

出版发行　济南出版社
地　　址　山东省济南市二环南路 1 号（250002）
编辑热线　0531 – 82772895
发行热线　0531 – 86131728
印　　刷　济南新科印务有限公司
版　　次　2020 年 10 月第 1 版
印　　次　2020 年 10 月第 1 次印刷
成品尺寸　170 mm×240 mm　16 开
印　　张　22.5
字　　数　292 千字
定　　价　68.00 元

（济南版图书，如有印装错误，请与出版社联系调换。联系电话:0531 – 86131736）

— 序 —

一册书， 让这个春天百毒不侵

王　君

柱子老师给我布置了一个"作业"——为他的新书写一篇序言。

其实我觉得挺为难的。为难的原因，就是我自己其实就是柱子老师在《没有合格"导师"，何来"名著导读"》中说的那种老师：

……大多数语文教师，并没有完整地阅读那些必读或选读书目；即便在学生时代阅读了，也都遗忘得差不多了；抑或是当年阅读时，本来就读得匆忙，理解得肤浅——在这样的情况下，语文教师又如何指导学生阅读名著呢？

我不是故意吐槽自己。我虽然也算一个在语文教学上很用心用情的人，但在名著阅读上，真的做得太少太少。这两年，我们工作室也在进行"文本特质和课型创新下的名著课型研究"，还在中文核心期刊上发表了不少论文，但实事求是地说，繁忙的日常工作只能让我在几本非常喜欢的名著的教学研究上下功夫。而部编教材推荐给学生的名著，我略略了解的多，精深探索的少。所以，对于这个领域，我也还真的只是一名小学生。

所以，让我给柱子老师写序言，我觉得自己挺不合适的。

但任务已经来了，便也厚着脸皮，真把自己当成学生，认真地学习了柱子老师的这部新书稿。

一边看，一边叹：这个叫吴再柱的老师，到底是什么材料炼成的啊！

对于柱子老师，其实不算有很深入的了解。网络上的行走留下的印象就是他的这个"柱子"的网名，还有断断续续地读到他的关于《乡村教育突围》的系列文章。在我心中，柱子老师，网络高人也！我知道，能一直坚守乡村中学，且能够教研不辍、写作不辍的老师，都非普通材料制成，绝对男神级的人物。

而且，我还一直有个错误的判断：我以为，柱子老师是很年轻的，起码应该是"80后"。因为，"柱子"这个名字，总让我把他和"年轻力壮"联系在一起。

这次才知道，原来柱子老师完全算我的同龄人，只比我大几岁。他是1969年生人，已经是做外公的人了！

这个发现让我很震惊。一个教龄已经这么长的男老师驻守乡村，还不断拿出高质量的教研作品，简直是男神中的男神啊！

而更深的惊叹，还来自于这部书稿。

柱子兄就是柱子兄，他的书稿，犹如一根擎天柱，让我照见了自己的小。

这部书，可擎天，原因有二：

第一，这部书的内容，实在丰富。它针对的是初中阶段部编教材推荐的所有名著。对，所有！一本都不差。一册在手，应有尽有，三年的名著阅读都有了拐杖，都找到了导师。对此，我特别佩服。我自己是个读书很"挑食"的人，不管上级怎么推荐，不喜欢的，我就看不进去。虽然我知道这显得很不专业，但还是不能克服。由此可以想象，柱子老师的阅读韧劲儿简直非同一般。以一己之力，通读几十本名著，且都要做深入的研究，然后提炼方法，倾力推荐，除了才华之外，还需要什么？需要使命感，需要热爱心，需要持恒力！柱子老师，男神也！

第二，这部书的立意，实在高远。名著阅读指导现在是很时髦的事情，人人都在做，太多名师都有自己的自留地，都经营得有声有色。柱子老师如果不独辟蹊径，没有自己的真金白银的话，是很难让书稿脱颖而出的。

这学期，我正在和学生共读《西游记》和《朝花夕拾》，我便重点读了柱子老师关于这两部书的方法提炼。我怀着点儿小心思：我算一个很喜欢创新的人，我想看看，柱子老师的各种想法能不能让我喜欢。我想，能够吸引我的东西，绝不会太差。

诚实地说，我觉得柱子老师的名著指导，非常扎实，非常实用，也非常灵动。

比如，对于《西游记》，他提出了以下阅读策略。三个方面的阅读建议，我都深以为然：

第一个方面：关于跳读

阅读过程中，遇到了生字词，不妨暂时放过，而且许多形声字可以猜读；如果某些生字词出现频率较高，我们不妨再去查阅。这是跳读的第一种方式。

跳读的第二种方式，则是一些句段的跳读。比如较大篇幅的环境描写、人物描写和打斗场面描写。

跳读的第三种方式，则是一些章回的跳过。

《西游记》全书共100回，可以分作三部分来理解。

第一部分（1~7回），讲的是孙悟空的身世和大闹天宫的故事，有人称作"齐天大圣传"。在我看来，这七回最好都不要跳过。

第二部分（8~12回），介绍唐僧，交代西天取经这一中心事件的由来，也即是"取经人和取经缘由"。这五回，最好也都要读一读，因为这些毕竟是故事发生的背景资料。

第三部分（13~100回），讲述唐僧师徒取经路上战胜无数妖怪，历经重重磨难，终于到达西天，取回真经的故事。这88回里，可以根据个人喜好，有选择地阅读，因为书中降妖除魔的故事有些情节雷同。那就是取经过程中，有背景的妖怪，悟空打不了，便去搬救兵，结果这些妖怪都被救走了；而没有背景的妖怪，则都被悟空或八戒打死。网传一张表《西游群妖伤亡情况及其背景》，比较全面地揭示了这个规律。

但是，从98回开始，最好就不要再"跳"了。因为，这三回是西天取经的收官阶段。

第二个方面：关于细读

"细读""精思""鉴赏"，对于七年级学生而言，看似有些难度，但只要真正"读进书里"，总会各有收获。但需要提出的是，如何选择精彩的章节，也许也是一种考验。笔者认为可以通过两种方式来选择。

一是"目录检索"，二是"难名回溯"。

第三个方面：关于活动

针对乡村学生实际，我个人认为，用"1＋1"的方式来交流比较适合；或者说，先做好"1＋1"，然后再逐步升级。

何为"1＋1"呢？简单地说，就是讲好一个故事，评点一个人物。需要注意的是，讲述的故事，必须讲清"六要素"；评点的人物，必须立足于所讲的故事；所用的语言，尽可能地口语化。这样的交流方式，切开小，面向宽，针对性强，不至于流入空泛。

再看《朝花夕拾》，柱子老师的建议也是三方面：

第一，借助《小引》，了解《朝花夕拾》的篇目及创作背景。

第二，借助生平，梳理作者的心路历程。

第三，借助童趣，培养阅读经典的兴趣和信心。

如果细细品味柱子老师的表述，你会发现：他有一个神奇的功夫，就是语言分寸感的把握能力。如何安置详略？如何画龙点睛？如何留下空白？……因为是长篇名著的导读，这些方面的深浅，就决定了导读的知识容量和阅读趣味。太少，不充实；太多，又会沉重。比之单篇阅读指导和群文教学指导，这样的写法，都艰难很多。但柱子老师，显然游刃有余。

他站得很高，故能窥斑见豹，帮助学生俯瞰整体，心怀全书。

他站位很巧，故能别开生面，授人以鱼，更授人以渔。

他下盘很稳，但又并不固执，故能腾挪跌宕，灵活多变。

我觉得，这本书，真是作用多多：

可以把她当作"钥匙"来读，一把钥匙开一把锁，一篇文章打开一部书，很轻巧。

可以把她当作"镜子"来读，一面镜子辉映一种阅读思想，足以反观自省，很深刻。

也可以把她当作"渡船"来读，一艘船有一个节奏，既可从流飘荡，也可激流勇进，很自由。

而且这本书，老师读，学生也可读，一册在手，名著之阅读地图在胸也！

除此之外，柱子老师的很多名著阅读理念，我也很喜欢。比如他说：

名著导读，最理想的状态莫过于所有的语文教师都能有兴趣研读、有底气导读，莫过于全体学生都能有时间阅读、有能力读好。在当前的现实条件下，采用"名著导师制"不失为一种务实而有效的管理手段。

比如他说：

事实证明，仅仅依靠语文教材的"一减一加"，或者仅仅依靠给学生"开书单"，是无法医治这个通病的，甚至可以说，仅仅依靠当前的课程设置，也无法医治这个通病。因为大多数语文教师都面临着"三没有"的现实问题：没有时间读，没有兴趣研，没有底气导。

柱子老师说，一本薄薄的《朝花夕拾》，他读了3个星期，撰写了1.5万字的讲义——因为有了这样的准备，他才有了些许底气。

除了崇拜，还有感动！

柱子老师这部书稿，是在武汉抗疫期间完成的。冲刺和收官的时候，全民抗疫的风声都正紧。

当我们百无聊赖的时候，他在阅读。

当我们坐卧不安的时候，他在写作。

是的，我懂，只有深深地读和深深地写，才能让我们百毒不侵。

我自己做不到，但柱子老师做到了。

所以，这部书，还有他这个人，都美丽了2020年的这个特殊的春天。

柱子老师记录成书的日记很动人：

今日，武汉的天气由阴转晴。一群候鸟在稍低的房屋上空盘旋，耳畔传来清脆的鸟鸣声。只是马路上依旧冷清，居民们还是宅家不出门。此时此刻，我多么期待武汉、湖北、全国能早日驱散病毒阴霾，恢复正常的运行状态，人们能够走出户外，享受春光；也期待我的第五本书稿早日付梓成书，为广大师生名著阅读略尽微力。

他的小外孙，是和他的书稿一起来到这个世界的。柱子老师写道：

小寻常，这个崭新的生命，一天一个样子，这就是新生儿的成长状态。没有什么比看着孩子的成长更令人喜悦的了。一有机会，我便跑过去看看，看着他睡觉时的安稳，看着他醒来时的叫嚷，看着他吸着奶瓶时的迫不及待，看着他吃饱喝足后的满足憨态。每每此时，我的心里便早已是鸟语花香、春意盎然了。

我觉得好美！

读柱子老师的书，我的心里，也是鸟语花香、春意盎然了！

以此为序，祝柱子老师新书出版。

2020 年 3 月 23 日

于东莞松山湖畔

（王君，北京清华附中语文特级教师，广东清澜山学校首席语文教师，百年中国语文人，首届全国中语十大学术领军人物，2015 年全国教育改革先锋教师，全国初中语文名师工作室发展联盟理事长，中国语文报刊协会课堂教学分会副会长。20 余篇文章被中国人民大学报刊复印资料全文转载，出版专著20 部，其语文教学和班主任工作在全国都有广泛影响。）

一 自 序 一

我的第五本书

庚子年正月初十，也即是 2020 年 2 月 3 日，一个寻常的日子，一个寻常的时刻，诞生了一个寻常的生命。这便是我的外孙：寻常（小名）。

此刻起，我正式成为外公。当微信里看到女婿发来的"生了生了"的字样时，当电话里听到妻子说"母子平安"的声音时，我热泪盈眶。没有什么比新生命诞生更让人惊喜的了，没有什么比看到自己的孩子又有了下一代时更让人激动的了。

同日下午，四五点钟的样子，当我完成了第五本书稿《特级教师陪你读名著》的最后一本名著导读文稿的最后一个部分、最后一个段落、最后一句话时，我如释重负，仿佛有一种"此生无憾"的感觉。

我腊月二十三来武汉，来时特意把尚未完成导读文章的几本名著装到一个袋子里带过来，想趁着寒假时光写完书稿。刚来的一两天，我还是坚持读写、锻炼两不误，傍晚时分到附近散散步、健健身。然而，随着抗疫气氛的越发紧张，我完成书稿的心情也越发急切。我生怕万一染上病毒，住院或是不幸，我的这本书稿便半途而废了。我甚至还想到，在书稿后头的联系方式里，把女儿或女婿的信息也一并写上，以防不测。

于是，我此后除了不出家门外，还加快了读写节奏。我一般都是早晨六点多起床，之后便开始读写，中午稍事休息，下午、晚上继续劳作。好在此前已将名著通读完毕，而且还画满了红黑记号。所以，读写的速度也挺快，平均每三天完成一篇 500～8000 字的文稿。期间，我根本不管是大年三十还是正月初一，我只顾读写。

终于在正月初十这一天，在新一代生命诞生的当日，我完成了这本书稿。这是一个不同寻常的日子。

主攻名著导读，我是从2017年秋季开始的。因为工作岗位的调整，带语文学科已经不太可能。在苦思冥想之后，我主动向校长请缨，在七年级开设"名著阅读"这一门课，我来专做"名著导师"。校长非常支持，并说这是这届学生的大幸事。此前，我的阅读方向主要是有关教育教学的理论书籍，文学作品阅读得并不多。于是，我自己先读，学生后读；写成讲义，以此导读。那一个学年的讲义，其主要方式是内容介绍，我将其命名为"点面式导读"，也就是以点带面地向学生讲解书中的情节。我为此写下了十余万字的文稿。两三个月后，我将导读心得写成一文，投稿至《中国教育报》。很幸运的是，2018年1月3日，《中国教育报》的"课程周刊"将《没有合格"导师"，何来"名著导读"》一文全文刊发；同日，人民网、光明网等媒体纷纷转载此文。可见，该文产生了不大不小的影响。

2018年秋季，我想在原有的"点面式"阅读上进行升级改造。也就是根据不同的名著，采用不同的导读方式，即"一书一式"，重在阅读方法的指引。于是，我又开始另起炉灶的探索之路。一边读，一边写，一边上课，一边打磨。很快，关于《白洋淀纪事》《西游记》两本名著的导读文稿被《中国教育报》和《语文教学通讯》看中，这又极大地增强了我的读写信心。

2019年4月，七年级12本书的读写任务即将完成时，《黄冈师范学院学报·名师谈教学》栏目负责人付老师向我抛来橄榄枝，约我写一篇文章。我尝试将已经写好的单本导读文稿发给她。可能是她觉得这样的文章分量不够，让我再写，并说希望能上"人大复印资料"。当时，我也正想把已经完成的相关文稿进行整合提炼，于是在五一小长假写就了一篇《师生双重视角下的"整本书阅读"个性化攻略例谈——以统编版七年级名著导读为例》的长文。付老师采用了此文。

没想到的是，在今年元旦前夕，付老师给我发来了《初中语文教与学》2020年1月目录。原来此文果真上了"人大复印资料"。这可是多年夙愿、今朝实现啊！这也意味着，我在名著导读方面所做的工作又一次得到了权威的专业认证。

在 2018 年底，原来给我《乡村教师突围》和《公民教育与现代学校》两书做责任编辑的王老师问询我的写作计划，我便把《陪你读名著》一书的选题报告和写好的样张发给了她。她对这个选题非常感兴趣。2019 年开年后，王老师告诉我，该选题在出版社通过了，并让我尽可能在年底完成书稿。这又给了我读写的动力。但令人遗憾的是，王老师后来因故从该社离职。

今年元宵节前夕，我尝试给清华附中特级教师王君老师求序。王君老师在整本书阅读方面有许多独到的见解，发表了许多重量级的文章。发出求助信息之前，我忐忑了好几天，因为我与她素不相识，而且她也特别忙碌。没想到的是，王君老师竟然满口答应此事，表示在节后抽空撰写。王君老师的教育情怀、助人热心让我敬佩不已。

今日，武汉天气由阴转晴。一群候鸟在稍低的房屋上空盘旋，耳畔传来清脆的鸟鸣声。只是马路上依旧冷清，居民们还是宅家不出门。此时此刻，我多么期待武汉、湖北、全国能早日驱散病毒阴霾，恢复正常的运行状态，人们能够走出户外，享受春光；也期待我的第五本书稿早日付梓成书，为广大师生名著阅读略尽微力。

小寻常，这个崭新的生命，一天一个样子，这就是新生儿的成长状态。没有什么比看着孩子的成长更令人喜悦的了。一有机会，我便跑过去看看，看着他睡觉时的安稳，看着他醒来时的叫嚷，看着他吸着奶瓶时的迫不及待，看着他吃饱喝足后的满足憨态。每每此时，我的心里便早已是鸟语花香、春意盎然了。

2020 年 2 月 19 日

目 录

七年级·上册

1 | 搭建通往《朝花夕拾》的桥梁
——初中名著阅读个性化攻略之一：搭桥式

各位读者，从本页起，将正式开始我们的名著阅读之旅。愿此书成为你的导游，抑或是朋友。

统编版语文教材七年级上册名著阅读，将鲁迅先生的《朝花夕拾》列为第一本，可见该书在国人尤其是在教材编者心目中的分量之重。教材中，在"读书方法指导"里，就阅读经典的好处讲了四点：

1. 读经典作品，会丰富我们的人生感受和经验。

2. 读经典作品，可以帮助我们思考许多人生问题。

3. 读经典作品，更有利于文化积累，让自己的思想与大师们联网接轨。

4. 经典是人类智慧的结晶，阅读经典可以涵养情性，启迪人生。

如何消除与经典的隔膜？教材指出："为消除隔膜，可以查阅作者传记资料或相关评论，了解作者作品的一些情况，或者观看相关的影视作品，注意课内外学习的沟通。"

应该来说，这则"读书方法指导"，谈认识重于谈方法。从个人的一些阅读经验出发，读者最好需要一座通往经典——《朝花夕拾》——的桥梁，这样就不至于与经典产生隔膜甚至恐惧。比如，第一篇《狗·猫·鼠》往往会让许多读者读不下去。

这座桥如何搭建呢？我们不妨这样做：

一、借助《小引》，了解《朝花夕拾》的篇目及创作背景

孙浩曾演唱了一首《中华民谣》的歌曲。这首歌的创作者张晓松、冯晓泉，其创作灵感大概就是来源于《朝花夕拾》这本书吧。

朝花夕拾杯中酒，寂寞的我在风雨之后；醉人的笑容你有没有，大雁飞过菊花插满头。

时光的背影如此悠悠，往日的岁月又上心头；朝来夕去的人海中，远方的人向你挥挥手。

南北的路你要走一走，千万条路你千万莫回头；苍茫的风雨你何处有，让长江之水天际流……

鲁迅先生创作《朝花夕拾》时，想必也有《中华民谣》里的一些心境。我们来看下面这段话：

我常想在纷扰中寻出一点闲静来，然而委实不容易。目前是这么离奇，心里是这么芜杂。一个人做到只剩了回忆的时候，生涯大概总要算是无聊了罢，但有时竟会连回忆也没有。（《小引》）

其中的"纷扰""芜杂""无聊"，是作者心境的三个关键词。作者还说，创作这一组文章，是"虽生之日，犹死之年"，由此可见作者当时的处境是非常艰难、非常窘迫的。

为何如此呢？原来，1926年"三一八"惨案（1926年3月12日，冯玉祥的国民军与奉系军阀作战期间，日本军舰掩护奉军军舰驶进天津大沽口，炮击国民军，守军死伤十余名。国民军坚决还击，将日舰驱逐出大沽口。日本竟联合英美等八国于16日向段祺瑞政府发出最后通牒，提出撤除大沽口国防设施的无理要求。3月18日，北京群众五千余人，由李大钊主持，在天安门集会抗议，要求拒绝八国通牒。段祺瑞政府竟下令开枪，当场打死四十七人，伤二百余人）后，鲁迅先生写了《记念刘和珍君》等文章，愤怒声讨反动政府的无耻行径，遭到反动政府的迫害，不得不过起颠沛流离的生活。他曾经先后避居山本医院、德国医院等处。尽管生活艰苦，他还写了不少的散文诗和《二十四孝图》《五猖会》《无常》三篇散文。

1926年9月，鲁迅先生接受了厦门大学的聘请，南下教书。在繁忙的教学之余，他在厦门大学的图书馆楼上写了很多作品，这其中就包括《从百草园到三味书屋》《父亲的病》《琐记》《藤野先生》和《范爱农》五篇散文。

这与在北京创作的另外五篇散文（另有两篇，是作者在"三一八"惨案发生之前，在北京寓所创作的《狗·猫·鼠》《阿长与〈山海经〉》就构成了《朝花夕拾》的主体部分。

《小引》中说："带露折花，色香自然要好得多，但是我不能够。""带露折花"，是比喻当下正发生的人事；既然"我不能够"，便留到人到中年时，再来"旧事重提"——"朝花夕拾"了。

1927年7月，作者在广州重新加以编订，并添写《小引》和《后记》。1928年9月结集时，将此书改名为《朝花夕拾》。这便是这本书和这个书名的由来。

当今市面上，《朝花夕拾》的版本很多，有的版本将其与《呐喊》《彷徨》《故事新编》等内容编在一起，厚厚的一本，往往也会增加读者阅读《朝花夕拾》的恐惧心理。

二、借助生平，梳理作者的心路历程

鲁迅（1881.9.25—1936.10.19），浙江省绍兴府会稽县人，原名周樟寿。父亲周伯宜是一名秀才，母亲名叫鲁瑞。

1888年，7岁的周樟寿在家接受启蒙教育，读《鉴略》。《五猖会》里所写的，就是他此时的一些事情。早也盼，晚也盼，马上就可以到东关看五猖会了。此时，父亲忽然站在身后，让樟寿"去拿你的书来""给我读熟。背不出，就不准去看"，这让他"似乎从头上浇了一盆冷水"。

1892年，11岁的周樟寿就读于绍兴寿镜吾开设的私塾"三味书屋"。在三味书屋里，他一直读到17岁。《从百草园到三味书屋》《阿长与〈山海经〉》等文章都与作者的这段读书生活密切相关。

《从百草园到三味书屋》写的是他的童年往事。此时的周樟寿，是在百草园短短的泥墙根那一带找寻到无限乐趣，进入三味书屋也能沉迷后花园或者课上悄悄描绣像的小顽童。

《阿长与〈山海经〉》里，因为保姆阿长寻购、赠送渴求已久的绘图《山海经》，作者对她充满了尊敬和感激："这又使我发生新的敬意了，别人不肯做，或不能做的事，她却能够做成功。她确有伟大的神力。谋害隐鼠的怨恨，从此完全消灭了。"

1893 年，祖父周福清因为科举舞弊案被革职下狱。入狱 8 年，周家每年必须花费大笔资金使周福清得以活命，因此家道开始衰落。

1896 年，作者 15 岁时，父亲周伯宜去世，家道更加艰难。周伯宜本名凤仪，秀才出身，因屡应乡试未中，一直闲居在家。祖父周福清科场舞弊案发后，周伯宜被革去秀才身份，十分伤感。他常借酒消愁，后为病魔所缠，又为庸医所误，死时年仅 36 岁。父亲的病故造成他对中医产生了严重怀疑。《父亲的病》记述了庸医误人、故弄玄虚、勒索钱财、草菅人命这一过程。这大概也是作者后来到日本去学习"新的医学"的主要原因之一。

1898 年，作者 17 岁，离开家乡的三味书屋，进入金陵的新式学堂江南水师学堂，改名为周树人。1899 年，转入江南陆师学堂附设矿务铁路学堂。《琐记》一文，描述了当时的江南水师学堂（后改名为雷电学校）和矿务铁路学堂的种种弊端与求知的艰难，批评了洋务派办学的"乌烟瘴气"。

周树人在南京矿务铁路学堂期间成绩优异，使他在毕业后获得了公费留学的机会。《藤野先生》一文，具体记述了作者的这段求学经历和心路历程。

1902 年 3 月，21 岁的周树人，离别祖国，到日本留学。1904 年 9 月入仙台医学专门学校学医。他想用医学"救活像我父亲似的被误的病人的疾苦，战争时候便去当医"，为反压迫、反侵略的斗争出力；还想以医学作为宣传新思想的工具，启发人们社会改革的信仰，达到改造国家的目的。但是，现实的教育，使他终于认识到"医学并非一件紧要事"，重要的是改变人们的精神，于是 1906 年秋便弃医从文，离开仙台去东京，决定用文艺唤醒人民，使祖国富强起来。作者在仙台医专学习期间，结识了藤野先生，并建立了深挚的情谊。

1909 年，他从日本归国，先后在杭州浙江两级师范学堂（今杭州高级中学）和绍兴府中学堂任教员，在绍兴山会初级师范学堂（今绍兴文理学院）任校长。这个时期，是作者思想极其苦闷的时期。

1911 年的辛亥革命也曾使他感到一时的振奋，但接着是袁世凯称帝、张勋复辟等历史丑剧的不断上演，辛亥革命并没有改变中国沉滞落后的现实，社会的混乱、民族的灾难、个人婚姻生活的不幸，都使作者感到苦闷、压抑。

1912年，作者受蔡元培之邀，到中华民国政府教育部工作。袁世凯做大总统后，他随政府搬到北京，历任教育部社会教育司第1科科长、教育部佥事。后受钱玄同影响，重新投身新文化运动，并兼任北京女子高等师范学校教授和北京大学兼职讲师。作者共做了14年的中华民国北洋政府公务员。

《范爱农》一文，记述了作者与范爱农从1905年冬在日本相识，到1912年范爱农落水遇难的几段经历。作者以此表达对范爱农的同情和悼念，也表达了对辛亥革命不彻底的失望。

1918年，37岁的周树人首次用"鲁迅"为笔名，在中国杂志《新青年》上发表中国现代文学史上第一篇用现代体式创作的短篇白话文小说《狂人日记》。1921年12月，他还生动地塑造了阿Q形象，发表中篇小说《阿Q正传》。

这里，另有一人不得不提出来。这个人就是陈西滢（1896—1970），江苏无锡人，现代评论派主要成员，曾长期与鲁迅论战，是鲁迅的"铁杆反对派"之一。陈西滢曾在自己的文章《闲话》中说自己的家乡无锡是中国的"模范县"；曾在《致志摩》中攻击鲁迅"有他们贵乡绍兴的刑名师爷的脾气""他没有一篇文章里不放几支冷箭"等；1925年支持当局压迫北京女师大学生和教育界进步人士而组织"教育公理维持会"。因而，鲁迅在《无常》《二十四孝图》和《狗·猫·鼠》里，便讽刺陈西滢等所谓的"绅士们""文士们""教授们""正人君子们"。

1926年8月，鲁迅因支持北京学生爱国运动，抗议"三一八"惨案，对北洋政府失望，于是南下厦门大学任国文系教授。

1927年1月，鲁迅抵达当时的革命中心广州，在中山大学任教。"四一二"事变（1927年4月12日，以蒋介石为首的国民党新右派在上海发动反对国民党左派和共产党的武装政变，大肆屠杀共产党员、国民党左派及革命群众）以后，他愤然辞去中山大学的一切职务。《小引》便是写作于1927年5月1日。

1927年10月鲁迅抵达上海，1936年10月19日在上海因肺结核病去世。

1927 年到 1936 年间，鲁迅创作了很多回忆性的散文与大量思想性的杂文，翻译、介绍外国的进步文学作品。

通过上面的梳理，我们对鲁迅先生的心路历程便有了更清晰的了解，这样对于我们的阅读，便削弱了许多隔膜。如果读者能按照上述篇目顺序来读，一定不会一下子被《狗·猫·鼠》给读蒙了。相反，有时还会被作者的那些童年往事和幽默语言所逗乐。

三、借助童趣，培养阅读经典的兴趣和信心

虽然《朝花夕拾》不是为少年儿童写的，却写了许多关于少年儿童的事，读来让人兴趣盎然。且不说比较好读的《从百草园到三味书屋》和《阿长与〈山海经〉》，单说《狗·猫·鼠》等一些批判文章吧，里面的一些故事、一些语言也是挺好玩的，读者大可不必对其产生隔膜和恐惧。

动物们因为要商议要事，开了一个会议，鸟、鱼、兽都齐集了，单是缺了象。大家议定，派伙计去迎接它，拈到了当这差使的阄的就是狗。"我怎么找到那象呢？我没有见过它，也和它不认识。"它问。"那容易，"大众说，"它是驼背的。"狗去了，遇见一匹猫，立刻弓起脊梁来，它便招待，同行，将弓着脊梁的猫介绍给大家道："象在这里！"但是大家都嗤笑它了。从此以后，狗和猫便成了仇家。

这里的猫被狗所仇恨，其实很冤枉。因为"猫的弓起脊梁，并不是希图冒充，故意摆架子的，其咎却在狗的自己没眼力"。在鲁迅看来，他得罪陈西滢等名人或名教授，其实也是挺冤了。

关于猫，作者又讲了一个与虎的故事。这故事是在一个幼时的夏夜听祖母讲的。

那是一个我的幼时的夏夜，我躺在一株大桂树下的小板桌上乘凉，祖母摇着芭蕉扇坐在桌旁，给我猜谜，讲故事。忽然，桂树上沙沙地有趾爪的爬搔声，一对闪闪的眼睛在暗中随声而下，使我吃惊，也将祖母讲着的话打断，另讲猫的故事了——

"你知道吗？猫是老虎的先生。"她说，"小孩子怎么会知道呢，猫是老虎

的师父。老虎本来是什么也不会的，就投到猫的门下来。猫就教给它扑的方法，捉的方法，吃的方法，像自己的捉老鼠一样。这些教完了；老虎想，本领都学到了，谁也比不过它了，只有老师的猫还比自己强，要是杀掉猫，自己便是最强的角色了。它打定主意，就上前去扑猫。猫是早知道它的来意的，一跳，便上了树，老虎却只能眼睁睁地在树下蹲着。它还没有将一切本领传授完，还没有教给它上树。"

这个是多么温馨的一个场景呀！夏夜，桂树，祖母，猜谜，讲故事，这样的场景，是让人一辈子都无法忘却的。作者引用这个故事，到底想表达什么呢？那是为了表现猫的一副媚态，这如同某些人，常常刻意掩饰自己的某种本性，其实反而会让别人觉得他更加虚伪。

作者对猫的反感，乃是长妈妈告诉他的："隐鼠是昨天晚上被猫吃去了！"于是，开始仇恨花猫，进而仇恨"凡所遇见的诸猫"。但后来得知"那隐鼠其实并非被猫所害，倒是它缘着长妈妈的腿要爬上去，被她一脚踏死了"。但此时，作者"和猫的感情却终于没有融和"。实际上也是鲁迅无法和那些所谓"指导青年"的前辈们格格不入的一种委婉的表述。

隐鼠，在其他文章里时有出现，有更多的叙述和描写，比如《从百草园到三味书屋》和《阿长与〈山海经〉》。这里就不一一细说，留待读者自己去阅读、去体悟、去乐呵吧。

再比如，许多读者阅读有困难的《二十四孝图》，其实，也不乏许多可乐之处。

一到"卧冰求鲤"，可就有性命之虞了。我乡的天气是温和的，严冬中，水面也只结一层薄冰，即使孩子的重量怎样小，躺上去，也一定哗啦一声，冰破落水，鲤鱼还不及游过来。自然，必须不顾性命，这才孝感神明，会有意料之外的奇迹，但那时我还小，实在不明白这些。

我最初实在替这孩子捏一把汗，待到掘出黄金一釜，这才觉得轻松。然而我已经不但自己不敢再想做孝子，并且怕我父亲去做孝子了。家景正在坏下去，常听到父母愁柴米；祖母又老了，倘使我的父亲竟学了郭巨，那么，该埋的不正是我吗？如果一丝不走样，也掘出一釜黄金来，那自然是如天之福，但是，那时我虽然年纪小，似乎也明白天下未必有这样的巧事。

不过彼一时，此一时，彼时我委实有点害怕：掘好深坑，不见黄金，连"摇咕咚"一同埋下去，盖上土，踏得实实的，又有什么法子可想呢。我想，事情虽然未必实现，但我从此总怕听到我的父母愁穷，怕看见我的白发的祖母，总觉得她是和我不两立，至少，也是一个和我的生命有些妨碍的人。

作者联想家乡温和的天气，表现对"卧冰求鲤"中那个孩子的忧虑；替"郭巨埋儿"的孩子捏一把汗，还为自己"担忧"；用自己的害怕，形象地表现了愚孝的荒谬可笑和贻害无穷。读起这些故事和语言，作为成年人的我，都会忍不住笑几声的。不过，作者写作此文的目的，乃是把《二十四孝图》作为一个批驳的靶子，来"反对旧文学，呼吁白话文"！

读者阅读经典作品，尤其是一些难懂的作品，比如《朝花夕拾》，我们不妨借助上述"桥梁"，尽可能地将自我与作者、当下与过往、文学与生活打通，从而更好更多地获得文学的养料。

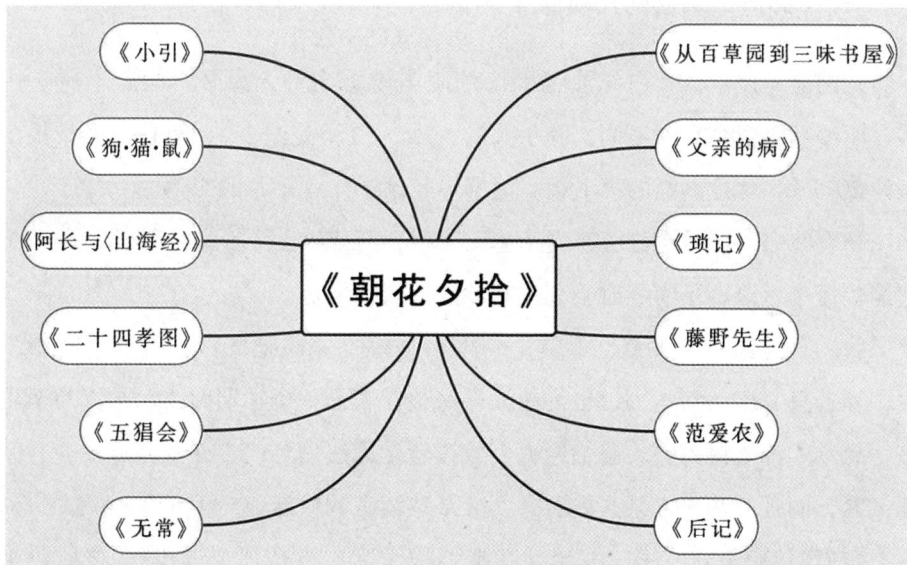

《小引》		《从百草园到三味书屋》
《狗·猫·鼠》		《父亲的病》
《阿长与〈山海经〉》		《琐记》
《二十四孝图》	《朝花夕拾》	《藤野先生》
《五猖会》		《范爱农》
《无常》		《后记》

我们要读的第二本，是孙犁的《白洋淀纪事》。

2 《白洋淀纪事》：选我所荐，读你所爱
——初中名著阅读个性化攻略之二：选读式

辽阔的冀中平原，微风拂过，田野里散发着麦子成熟的香气；浩瀚的白洋淀，湖水波动，小渔船轻快地穿梭于芦苇丛间；在层层的麦浪里，在密密的芦花荡中，闪现着抗日军民的身影……这些富有诗意的场景，就来自于《白洋淀纪事》。

——七年级语文教材P61"自主阅读推荐"：孙犁《白洋淀纪事》

一、"必选"篇目的几项标准

到网上一搜索，《白洋淀纪事》的版本不下十种，想必不同版本所选内容、所编顺序也会有所不同。我手头的一本《白洋淀纪事》，乃是人民日报出版社2017年10月出版的第1版。该书中收录了作者孙犁的49篇文章。

初看此书，读者也许会感觉有些"浅"，有点"远"。这种感觉，大概是它篇幅短小、语言平实、时空久远等原因造成的吧。

我一直强调一个观点，那就是一本书最好是完整地阅读。但当下的中学生，如若只需读一两本书，也许能读得完整；若是一个学期阅读六本，乃至更多，想本本都读得完整，恐怕绝大多数读者是无法做到的：课业那么多，时间那么紧，而且某些书、某些内容又不合某些读者的口味。

《白洋淀纪事》一书，我给读者推荐的阅读攻略是"选读式"。之所以推荐"选读式"，乃是根据《白洋淀纪事》一书自身特点而确定的：文章之间，关联不大；取其精要，触类旁通。

选读，分为"必选"和"自选"。其实，"必选"和"自选"之间，并没有不可逾越的鸿沟；所谓的"必选"也只是笔者根据个人的阅读经验和评价

标准，人为地稍加区分而已。

笔者所推荐的"必选"篇目，其标准大体有五项：一是有完整的故事情节，也即是有故事的发生、发展、高潮和结局；二是有个性鲜明的人物；三是有产生共鸣的情感；四是有跨越时空的思想意义；五是有可供借鉴的写作技法。当然，这五项标准，也是相对而言，而且也并非一篇文章同时具备，只是个人感觉，其中的某些方面更加突出一些。

二、"姊妹篇"与另两篇

我所推荐的必读文，共16篇，约占整本书的1/3。下面，我简要地说说推荐的理由，或者说，简要地介绍对这些篇目的一些看点。

《荷花淀》与《芦花荡》。教材介绍，这对"姊妹篇"最负盛名："这两篇小说以白洋淀为背景，讲述了冀中人民英勇抗击日本侵略者的故事，没有正面表现战争的激烈残酷，而是着力写出民族的正气和抗日军民的坚毅不屈的精神。"两文的情节和人物，都有看点。因为它们是"名篇"，都选入了语文教材，这里只是简要说说两篇的主要人物：水生嫂和老头子。

丈夫要到大部队去，水生嫂通情达理，克服困难，支持丈夫。丈夫说："不要叫敌人汉奸捉活的。捉住了要和他拼命。"她流着泪答应他。后来，她和姐妹们学会了射击，在打冰夹鱼时负责警戒，还配合子弟兵作战。

老头子，"过于自信和自尊"。"每天夜里，在敌人紧紧封锁的水面上，就像一个没事人"；带着两个女孩子，他说："不怕，小火轮上的探照灯，它照不见我们。""不怕。他打不着我们。"大女孩受伤了，老头子觉得自己的手脚顿时失去了力量，"我不能送你们进去了"，"我没脸见人"。老头子的这种性格，让人在紧张之间，又忍俊不禁。

教材"自主阅读推荐"中，还推荐了《山地回忆》《正月》两篇。

《山地回忆》，是一篇散文。"这种蓝的颜色，不知道该叫什么蓝，可是它使我想起很多事情，想起在阜平穷山恶水之间度过的三年战斗的岁月，使我记起很多人。"在河水结冰的寒冬，"我"光着脚，只穿一双"踢倒山"的鞋子，脚冻得发黑。一个十六七岁的姑娘，送"我"一双袜子（原本是要送给她爹的），"从此以后，我走遍山南塞北，那双袜子，整整穿了三年也没有破绽"。通过一双袜子，写出了军民的鱼水情深，也写出了那位姑娘的调皮可爱、质朴善良。

《正月》里的多儿，是一位新兴女性的代表："十二上她当儿童团，十五上她当自卫队"；抗战胜利，十八岁时她上冬学，"怀里抱着一本书，她的身子发育得匀称结实，眉眼里透着秀气"；她不要别人做媒，而要自由恋爱；家里讨论给她嫁妆时，她说"你们说的那些东西，我都不要，现在我们翻身了，生产第一要紧"；她主张卖掉家中的旧机子，买台新机子，娘担心大家不会使，她说"不会使，学呀，我们什么学不会？从前，我们会打日本吗？会斗地主吗？不全是学会的？"……一个思想活跃、追求进步、敢于突破的青年女性形象跃然纸上。

三、其他必选篇目的"看点"

除了上面教材推荐的四篇，笔者所定的必读选文另外还有 12 篇，下面将分别用一两句话简要介绍它们的"看点"。

《吴召儿》：看点在于人物。吴召儿是一个女自卫队队员，我们反"扫荡"，她给我们当向导。"她爬得很快，走一截就坐在石头上望着我们笑，像是在这乱石山中，突然开出一朵红花，浮起一片云彩来。"

《纪念》：看点在于情感。"原来在深深的夜晚，有这么些母亲和孩子，把他们的信心，放在我们身上，把我们当作了保护人。我觉得肩头加上了很重的东西……""我要喝一口水，他们差不多就献出了自己的生命。他们的生命是这样可贵……"

《"藏"》：看点在于悬念。"藏"，为何要加上个引号？"一个女孩子在这里降生了，母亲给她取了个名，叫'藏'。"为何要取名叫"藏"呢？

《碑》：看点在于真切地揭示了抗战的残酷和深厚的军民鱼水情。"老头固执得要命，每天到那个地方去撒网……他不是打鱼，他是打捞一种力量，打捞那些英雄们的灵魂""站立在河边的老人，就是平原上的一幢纪念碑"。

《丈夫》：看点在于对比。一个是婶家大姐的丈夫，一个是"自己"的丈夫。大姐的丈夫，好赌钱，抽上了白面儿，当了伪军；"自己"的丈夫，好念书，有志气，抗日光荣。中秋节夜晚，游击大队长捎来了丈夫的一封信："信来得巧，今年的节我又过得痛快了！"

《老胡的事》：看点在于一个"情"字。"感情像北来的风，从幽深的山谷贯穿到外面：几年不见的家乡的田园，今天跟着妹妹重新来到老胡的眼前了……""在老胡的心里，那个热爱劳动的小梅和热爱战斗的妹妹的形象，她们的颜色，是浓艳的花也不能比，月夜不能比；无比的壮大，山也不能比，水也不能比了。"

《王香菊》：看点在于思想的进步。王香菊常说"有病是小事，趴一会就好了，翻身才是大事"。文中说，"翻心的过程，特别值得珍贵，它打下了这姑娘翻身的真实基础。这些日子，在香菊身上，表现了一连串疾风暴雨的进步"，"香菊特别喜爱的是那些能帮助她劳动的农具，来充实自己的远大的希望"。

《山里的春天》：看点在于双关和八路军天南海北一家亲的情感。"一到春天，不用她说话，就有人给她种上了，一到该锄苗的时候，不用她说话，就有人给她锄去了；秋天，她的粮食比起别人，早打到屯里……我们八路军的弟兄，比亲弟兄还亲……"

《看护》：看点在于人物形象的丰满。童养媳出身的看护人刘兰，勇敢，有责任感，能忍耐，有办法，"把文化带给了这小小的山庄，它立刻改变了很多人的生活，并给他们的后代造福"。

《杀楼》：看点是符合儿童喜好。为什么呢？八路军用计把鬼子的炮楼给端了。这些八路军都是哪些人？"这些青年子弟，原是抗战开始就参加八路军的，已经几年不回家来了，现在爹娘、叔伯、妻子、姐妹一见，问长问短，拉住说话。""杀楼"后，八路军们回家了吗？他们"背靠着那绵软的柴火，怀抱着上好子弹的枪支，不久就舒舒服服地睡着了"。

《黄敏儿》：看点是人物的年龄特征。"书没得读了，歌也不许唱，以前玩耍的木刀木枪，他坚壁了；又不能像大人一样，面对着墙壁发闷，盖上被子睡觉，他很想到外面去玩玩，换换空气。"然而，黄敏儿被鬼子给抓住了，还被投进了一间临时改造成的监狱里面……这些，应当是七年级小读者所喜欢的。

《相片》：看点是短小精悍，以小见大。一个远房的嫂子叫"我"给她丈夫写信，信封信纸以外，还有一张小小的相片："那是敌人在的时候照的，心里害怕得不行，哪里还顾得笑！"原来，这是从敌人的"良民证"上撕下来的相片。"叫他看一看，有敌人在，我们在家里受的什么苦楚，是什么容影！……"

四、如果兴趣盎然、学有余力

如果你把上面的这 16 篇必选文阅读完了，大概对《白洋淀纪事》的内容，对作者孙犁的文风，会有一个比较感性的认识。当然，如果读者能进一步阅读一些自选文，甚至完整地阅读，这种感性认识必然会得到加强。

如何自选呢？你可以浏览目录，凭感觉去猜，比如《光荣》，是谁光荣？为什么光荣？《游击区生活一星期》写了哪些人？经历了哪些事？作者为什么选择这一个星期来写？

这是一种方法，还有一种方法，那就是按顺序翻阅，凭喜好去读。比如《嘱咐》。该文里也有一个"水生"，他和《荷花淀》里的水生是同一个人吗？人物之间有没有联系？带着这样的疑问，也许会激发阅读此文的兴趣。

如果还有兴趣，读完一些文章后，不妨把文中的一些有正能量、有哲理或是很有个性的好句子标记，甚至摘抄下来，比如：

"女人们到底有些藕断丝连。"（《荷花淀》）

"有的人，说光荣不能当饭吃。不明白，要是没有光荣，谁也不要光荣，也就没有饭吃；有的人，却把光荣看得比性命要紧，我们才有了饭吃。"（《光荣》）

"你知道，我们，我们这些留在家里当媳妇的，最盼望胜利。"（《嘱咐》）

"仇恨是一个，爱是一个，智慧是一个。"（《采蒲台的苇》）

"我感觉到了这脉搏，因此，当我钻到洞里的时间也好，坐在破炕上的时间也好，在菜园里夜晚散步的时间也好，我觉到在洞里外面，院外的街上，平铺的翠绿的田野里，有着伟大、尖锐、光耀、战争的震动和声音，昼夜不息。

生活在这里是这样充实和有意义，生活的经线和纬线，是那样复杂、坚韧。"
(《游击区生活一星期》)

"只有经受寒冷的人，才贪馋地追求一些温暖，知道别人的冷的感觉；只有病弱不幸的人，才贪馋地拼着这个生命去追求健康、幸福……只有从幼小在冷淡里长成的人，他才爬上树梢吹起口琴。"(《邢兰》)

……

通过这样的标记或摘录，可以进一步感受作品语言的白话如水而又饱含意蕴。这大概就是孙犁"荷花淀派"的语言风格吧。同时，我们还可以借此进一步理解作品的思想主题。

如果兴趣盎然，学有余力，不妨把冀中平原、白洋淀里的自然景物、风土人情、历史背景相关句子勾画出来，然后概括一下。

比如"我"与冀中平原：

"她们奔着那不知道有几亩大小的荷花淀去，那一望无边际的密密层层的大荷叶，迎着阳光舒展开，就像铜墙铁壁一样。粉红色荷花箭高高地挺出来，是监视白洋淀的哨兵吧！"(《荷花淀》)

"阜平土地很少，山上都是黑石头，雨水很多很暴，有些泥土就冲到冀中平原上来了——冀中是我的家乡。阜平的农民没有见过大的地块，他们所有的，只是像炕台那样大，或是像锅台那样大的一块土地。在这小小的、不规整的，有时是尖形的，有时是半圆形的，有时是梯形的小块土地上，他们费尽心思，全力经营。他们用石块垒起，用泥土包住，在边沿栽上枣树，在中间种上玉黍。"(《山地回忆》)

"关于晋察冀，我们在那里生活了快要十年。那些在我们吃不下饭的时候，送来一碗烂酸菜；在我们病重行走不动的时候，替我们背上了行囊；在战斗的深冬的夜晚，给我们打开门，把热炕让给我们的大伯大娘们，我们都是忘记不了的。"(《吴召儿》)

……

通过这样的一种横向梳理，我们必然会对冀中平原有一个直接而丰满的认识：那里，是生"我"养"我"的家乡，也是"我"背井离乡的地方；那里，既有风景如画的荷花淀，更有贫瘠的穷山恶水；那里，既有万恶不赦的敌人，更有视死如归的战友和亲人；那里，既有风雨如晦、出生入死的战斗，更有冲破黑暗、充满乐观的向往……

如何选，如何读，笔者只是提供一种思路，最终则取决于作为读者的你，是如何取舍、如何解读的。

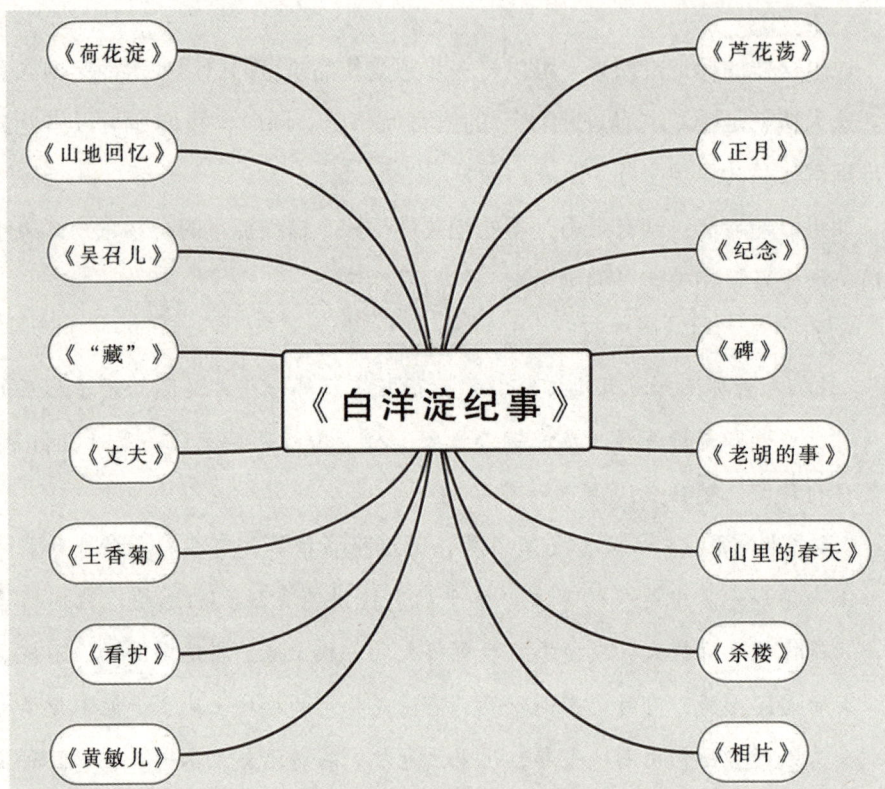

《荷花淀》　《芦花荡》
《山地回忆》　《正月》
《吴召儿》　《纪念》
《"藏"》　《碑》
《丈夫》　《老胡的事》
《王香菊》　《山里的春天》
《看护》　《杀楼》
《黄敏儿》　《相片》

《白洋淀纪事》

下文，我们将一起走进沈从文的《湘行散记》。

3 | 《湘行散记》：“散读”而“聚思”
　　——初中名著阅读个性化攻略之三：散读式

　　第一遍阅读《湘行散记》时，一些文句让我感觉有些突兀，阅读起来有点费脑子；并因为书中一些似乎有点“少儿不宜”的内容，曾一度质疑《湘行散记》是否适合初中学生阅读。一年之后，再次细读，并查阅了一些资料，终于越发体会到作者的确是凭着一颗诚心，用最干净的文字缔造了纯美的湘西世界。于是，我试图探寻一种更适合初中学生阅读的路径，以便让读者读得更轻松一些，理解得更透彻一些。

　　笔者提出的“散读式”，乃是根据《湘行散记》一书的自身特点而定。既然是“散记”，当然都是散文，而散文的特点是“形散而神聚”；同时，每一篇文章又都能独立成篇，因而也适合“散”着读，即一篇一篇地读，一篇一篇地啃，啃完一篇，可以适当放一放、捋一捋。不光每一篇都有“神聚”的特点，《湘行散记》整本书的主旨也应有“聚”的特点，因而“散读”之后应当要“聚思”。同时，为了读得更好，读者在阅读之前还应当对作者、背景、版本等方面的信息有所了解。这样看来，这种“散读式”，通俗地说，就是按照“总—分—总”的方式来阅读了。

一、铺垫：了解作者、背景、版本

　　对沈从文，一些读者也许并不了解；对本书的创作背景，或许更不了解。大多读者在阅读整本书时，往往拿起书来就直接看正文，不太愿意去了解作者及写作背景。同时，一些版本上介绍的此类信息也过于简略，甚至没有交代写作背景。显然，这对文学积累较为单薄的读者来说，想要读完、读懂、读通整本书是有障碍的，特别是一些与作者本人、与历史背景紧密相关的书籍。《湘行散记》应当属于此类。因而，读者阅读正文之前，很有必要看些资料铺垫。比如：

沈从文（1902—1988），中国著名作家，原名沈岳焕，乳名茂林，字崇文，湖南凤凰人。其祖父沈宏富是汉族，祖母刘氏是苗族，母亲黄素英是土家族。因此，沈从文的民族应是汉族，但沈从文的文学作品中有许多关于苗族风情的描述。

1917年，他投身行伍，浪迹湘川黔交界地区。1924年开始进行文学创作，撰写出版了《长河》《边城》等小说。1931—1933年在青岛大学任教，抗战爆发后到西南联大任教，1946年回到北京大学任教，新中国成立后在中国历史博物馆和中国社会科学院历史研究所工作，主要从事中国古代历史与文物的研究，著有《中国古代服饰研究》。1988年病逝于北京。

上述资料中，关于作者的乳名、出生地以及1933年以前的相关经历，都与《湘行散记》有着一定的关联。在此基础上，读者还有必要了解这本书的写作背景。

1934年初，身在北平的沈从文突然接到从家乡传来的母亲生病的消息，马上冒着严寒踏上了回乡探母的路程。行前，与夫人张兆和相约，每天写一封信，报告返乡沿途见闻。

1月12日，他辗转乘车到达湖南桃源，在那儿租了一条小船，随即溯沅水而上，顶风冒雪，经过十天舟行，于1月22日回到了魂牵梦绕的家乡——湘西凤凰。

眼见满目疮痍，美丽乡村一片凋零景象，悲从中来，一路写下这些文字，抒发他"无言的哀戚"。书中，作者细织密缝出他的童年、他的往事，以及远行中船头水边的见闻。

了解了上述信息，读者阅读《湘行散记》来，"突兀之感"自然会少了许多。这便是铺垫的效果。

关于版本，也有必要做些说明。《湘行散记》的版本有多少？在网上一搜索，便有数十种之多。版本不同，所编入的文章便不一样。比如，笔者手头的这本江苏人民出版社·凤凰含章版，共有"湘行散记""废邮存底""云南看云""偶感怀人"四辑，其他一些版本编入了"湘行书简""从文家书"等内容。为便于导读，也为了"减负"，笔者只就"湘行散记"一辑（公认的 12 篇文章）内容做导读。具体篇目如下：

《一个戴水獭皮帽子的朋友》《桃源与沅州》

《鸭窠围的夜》《一九三四年一月十八》

《一个多情水手与一个多情妇人》《辰河小船上的水手》

《箱子岩》《五个军官与一个煤矿工人》

《老伴》《虎雏再遇记》

《一个爱惜鼻子的朋友》《滕回生堂的今昔》

在这 12 篇文章中，除了《桃源与沅州》《一个爱惜鼻子的朋友》两篇作于 1935 年，其余的 10 篇均作于 1934 年。为什么会把这两篇文章放在第 2 和第 11 篇的位置呢？想必是为了这一组文章的完整性。也就是说，作者 1934 年陆陆续续地写完其他 10 篇后，1935 年又觉得这两篇很有必要补充进去，于是便又有了《桃源与沅州》和《一个爱惜鼻子的朋友》。当然，这只是我个人的猜想。

值得注意的是，作者在《一个爱惜鼻子的朋友》正文后加了一个补注，这便让读者对书稿的形成以及时局多了一些了解。同时，对作者严谨的治学精神有了更真切的体悟。补注如下：

一九四〇年一月二十一日校后二节。黄昏，天空淡白，山树如黛。微风摇曳尤加利树，如有所悟。

五月八日校正数处。脚甚肿痛，天闷热。

十月一日在昆明重校。时市区大轰炸，毁屋数百栋。

一九八〇年一月兆和校毕。

二、散读：一篇一篇地读，按照各自的关注点去关注

既然总共也就 12 篇文章，而且文章也不太长，因此读者可以读得更细致一些。即便是一天读一篇，也只需两周就可以读完；如果每天读两篇，一周就可以读完。如何读，如何啃，读者的关注点在哪，这完全凭着读者个人的阅读经验。笔者在此略举两例，以此表明我的关注点：人物命运。

1. 《一个戴水獭皮帽子的朋友》

该文讲述的是"我"由武陵（常德）过桃源时，在一辆新式黄色公共汽车上，身边坐定的一个"懂人情有趣味"的老朋友。"这老友正特意从武陵县伴我过桃源县"，可见两人感情之深。

"因为他的头上，戴的是一顶价值四十八元的水獭皮帽子"，而"这顶帽子经过沿路地方时，却很能引起一些年轻娘儿们注意的"，所以将他称为"一个戴水獭皮帽子的朋友"。作者只是点明他是"杰云旅馆的主人"，而不透露这位朋友的姓名，想必与这位朋友的为人做派有一定的关系。

这位朋友，"是个爱玩字画也爱说野话的人"，"言语行为皆粗中有细，且带点儿妩媚，可算得是个妙人！"

这位朋友，"为人性情又随和又不马虎，一切看人来，在他认为是好朋友的，掏出心子不算回事；可是遇着另外一种老想占他一点儿便宜的人呢，就完全不同了。——也就因此在一般人中他的毁誉是平分的；有人称他为豪杰，也有人叫他作坏蛋"。

在作者看来，这位朋友毁誉参半。"毁"恐怕还因为他有一个不好的习气："常德、河伏、周溪、桃源，沿河近百里路以内'吃四方饭'的标致娘儿们，他无一不特别熟悉"。这位朋友说，"使他迷路的那点年龄业已过去了"，其实他那年也只有 35 岁。后来作者笑说："你又迷路了吗？你不是说自己年已老了吗？"他回答："到了桃源还不迷路吗？自己虽老别人可年轻。"

他的"誉"，大概主要因为他博古通今。"我还不曾遇见过什么学者，比这个朋友更能明白中国格言谚语的用处。他说话全是活的，即便是浑话野话，也莫不各有出处，言之成章，而且妙趣百出，庄谐杂陈。他那言语比喻丰富处，真像是大河流水，永无穷尽。"他是"一本活生生的大辞典！""倘若有个经济社会调查团，想从湘西弄到点材料，这旅馆也是最好下榻的处所。"因为，"他知道的也似乎比别的县衙门里'包打听'还更清楚。——他事情懂得多哩！"

在作者当时看来，"把两种性格两个人格拼合拢来，这人才真是一个活鲜鲜的人!"可见,作者在当时,思想也还是很"开明"的。

"时间使一些英雄美人成尘成土,把一些傻瓜坏蛋变得又富又阔",这句富有哲理的话,不光是在戴水獭皮帽子的朋友身上用起来很合适,就即便是用在当下的一些人身上,也是非常贴切的。

2.《辰河小船上的水手》

水獭皮帽子的朋友曾告诉"我":"行船莫算,打架莫看。"因而"我"对于这只小船每日应走多少路,已走多少路,还需要走多少路,从不发言过问。只是"蜷伏在船舱里,静听水声与船上水手辱骂声,打发了每个日子"。

此时,辰河"两岸连山皆深碧一色,山头常戴了点白雪,河水则清明如玉"。在作者看来,"在这样一条河水里旅行,望着水光出色,体会水手们在工作上与饮食上的勇敢处,使我在寂寞里不由得不常作微笑!"

但是,作者与水手的对话,却叫人心酸。

一位年纪较大的水手说,他是个每年二百四十吊钱雇定的舵手,算起来一个月只有两块三角钱的工钱。

一个名为七老的水手说,他弄船上行,两块六角钱一次,下行吃白饭。

一个小水手说,他十个铜子一天。

于是,"我"在心中打了一下算盘:"掌舵的八分钱一天,拦头的一角三分一天,小伙计一分二厘一天。在这个数目下,不问天气如何,这些人莫不皆得从天明起始到天黑为止,做他应分做的事情。遇应当下水时,便即刻跳下水中去。遇应当到滩石上爬行时,也毫不推辞即刻前去。在能用气力时,这些人就毫不吝惜气力打发了每个日子。人老了,或大六月发痧下痢,躺在空船里或太阳下死掉了,一生也就算完事了。这条河中至少有十万个这样过日子的人。想起了这件事情,我轻轻地吁了一口气。"

老水手说:"我今年五十三,十六岁就到了船上。"此时,作者这样想道:"三十七年的经验,七百里路的河道,水涨水落河道的变迁,多少滩,多少潭,多少码头,多少石头——是的,凡是那些较大的知名的石头,这个人就无一不能够很清楚地举出它们的名称和故事!"但这位老水手划了三十七年的船,如今还只是孤身一人,他把经验与气力每天只作八分钱出卖!

看到这里，作为笔者的我，心里非常冰凉。这就是当时水手的命运，而且许多时候都会有生命危险。一旦下了水而上不来，水手连交代后事的机会都没有了。

然而，水手们却有情有义。小水手"上了岸，却并不胡闹……见有橘子卖，知道我欢喜吃橘子，就把钱全买了橘子带回来了"这一情节，则又给我们带来了挥之不去的人性的温暖！

三、聚思：对自然的感怀，对纯粹人性的渴望

"散读"完成之后，不妨回过头来，将 12 篇文章简要梳理一番。这样做的好处，可以较为系统地回顾作者的行程、作者的见闻、湘西的风土人情，以及作者的审美情趣和内心渴望。

关于行程。读者可以根据 12 篇文章里出现的地名，具体地了解作者的行程。通过梳理，我们可以看到作者的线路是这样的：武陵—桃源—沅州—鸭窠围（沙岨）—辰州—杨家岨—浦市—箱子岩—辰河县—泸溪县—箱子岩上游—塔伏—凤凰（滕回生堂）。如若阅读《湘行书简》，会获得作者此行的更具体的日程：

在桃源，1934.1.12；泊曾家河，1934.1.13 晚；泊兴隆街，1934.1.14 晚；过柳林岔，1934.1.15 早；泊缆子湾，1934.1.15 晚；过梢子铺长潭，1934.1.16 下午；泊鸭窠围，1934.1.16 晚；泊杨家岨，1934.1.17 晚；横石和九溪，1934.1.18 早；离辰州上行，1934.1.19 早；到泸溪，1934.1.19 下午；到凤凰，1934.1.22 早。

如果沿着作者当年的回乡路线来一次湘西旅行，想必会有更多的感触，更多的乐趣。当然，一些地名随着时间的推移已经发生了变化。

关于见闻，自不必说。因为在"散读"过程中，会留下相关的印象。而关于风土人情，读者则可以梳理一番。比如，每年都有许多风雅人来到桃源县访幽探胜；桃源有一种小划子，轻捷、稳当、干净，在沅水中可称首屈一指；沅水上，还有大木筏、邮船等运输工具；两岸高处离水面约三十丈，有许多吊脚楼，俨然悬挂在半空中；远处传来锣鼓的声音，那一定是某个人家禳土酬神

还愿巫师的锣鼓，炫目火光下必有包红布的老巫独立作旋风舞；日里隐藏在大岩下的一些小渔船，在半夜前早已悄悄地下了拦江网，到了半夜燃起熊熊烈火，并用木棒槌有节奏地敲着船舷，以此捕鱼；一些乡亲用青布帕裹头；一株树或一片古怪的石头；收容三五十个寄儿，是凤凰县的一种风俗习惯；等等。通过梳理这些风土人情，我们便会对湘西这片土地多一些感性认识，也许还会萌发一种去湘西旅行、考察的冲动。

有人说，湘西世界就是沈从文先生心灵的世界。他把他的思想与情感，他的爱憎和忧伤，都糅进了湘西的那几条河流中。从《湘行散记》中，我可以看到，作者对纯粹人性充满了渴望。比如，作者与友人、水手与客户、水手与妓女等的人与人之间，在作者的笔下都莫不真挚、纯洁，这里单就水手与妓女这种特殊的关系略做说明。

"牛保，牛保，你是怎么的？我×你的妈，还不下河，我翻你的三代，还……"

一会儿，一切皆沉静了，就只听到我小船船头分水的声音。

听到水手的辱骂，我方明白那个快乐多情的水手，原来得了苹果后，并不即返船，仍然又到吊脚楼人家去了。他一定把苹果献给那个妇人，且告给妇人这苹果的来源，说来说去，到后自然又轮着来听妇人说的痴话，所以把下河的时间完全忘掉了。

——《一个多情水手与一个多情妇人》

不难看出，那位水手和那位妇人，双方几乎到了如胶似漆、不可分离的地步。但是，因为命运的原因，他们不可能在一起，而只能是那种"露水"的关系。作者对于他们这样的关系，同情中不乏欣赏；对于他们的命运，静默后便是深思。这正如作者在文后所说的那样：

各人眼望着熊熊的柴火，心中玩味着"命运"两个字的意义，而且皆俨然有一点儿痛苦。我呢，在沉默中体会到一点"人生"的苦味。

我觉得他们的欲望同悲哀都十分神圣，我不配用钱或别的方法渗进他们命运里去，扰乱他们生活上那一份应有的哀乐。

我曾经质疑过《湘行散记》是否适合初中生阅读，阅读这些文字，我逐渐想到，作为纪实性散文，想要客观而全面地表现20世纪30年代旧中国老百姓的生活状况，这些内容自然是无法回避的。文章里，即便有些语言确实粗俗了一些，但是语言背后的东西——情感、态度和价值观，是非常干净的。这其实是一种别样的真善美。继而，我认识到，文学如果一味地去追求所谓的光鲜的东西，也许会走向另一面：平庸而虚伪。

沈从文一直深深地眷恋着湘西这片土地。他说："我虽离开了那条河流，我所写的故事，却多数是水边的故事。故事中我所满意的文章，常用船上水上作为背景。我故事中人物的性格，全为我在水边船上所见到的人物性格。"（沈从文《独处是最好的奢侈品》）今天阅读《湘行散记》，我们一方面会对湘西的风土人情多一些了解；另一方面，也许还会在心中更多一些对人性真善美的渴望。

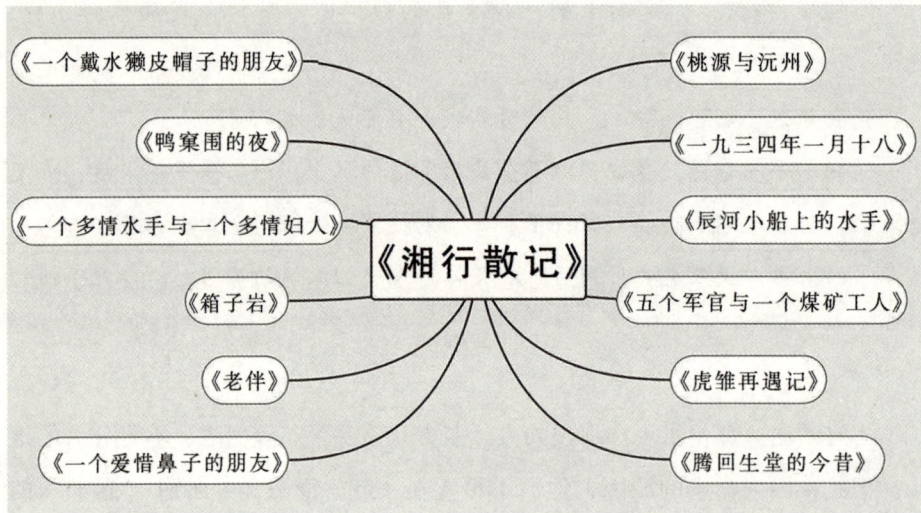

《湘行散记》
《一个戴水獭皮帽子的朋友》
《鸭窠围的夜》
《一个多情水手与一个多情妇人》
《箱子岩》
《老伴》
《一个爱惜鼻子的朋友》
《桃源与沅州》
《一九三四年一月十八》
《辰河小船上的水手》
《五个军官与一个煤矿工人》
《虎雏再遇记》
《滕回生堂的今昔》

至此，第一组名著导读完毕。下一篇，我们一起走进吴承恩的《西游记》。

4 《西游记》 不妨这样 "跳读"
——初中名著阅读个性化攻略之四：跳读式

一本书拿来，最理想的状态莫过于完整地阅读，详尽地解读，正如有人所说的"读完十本书，不如读烂一本书"。然而，那大多是理想状态，尤其在这个资讯爆满、节奏飞快的时代，那大概仅仅是搞学术的研究者们所做的事情吧。

义务教育教科书七上《语文》建议，《西游记》这样的古典小说，适合"精读"与"跳读"并用的阅读方法。这种建议，应当是比较切合书本和读者实际的。然而，在具体阅读的过程中，该如何精读，如何跳读，尤其是后者的取舍，读者大多会出现"不识庐山真面目，只缘身在此山中"的困惑。下面，笔者简要地谈谈个人的见解，以供读者参考。

一、跳读：好读书，不求甚解

《西游记》作为一本古典小说，里面的生字——生僻字很多，这对于读者而言是一件很麻烦的事情。我们不妨看看下面的一段话：

东连沙碛（qì），西抵诸番；南达乌戈，北通鞑靼（dá dá）。径过有八百里遥，上下有千万里远。水流一似地翻身，浪滚却如山耸背。洋洋浩浩，漠漠茫茫，十里遥闻万丈洪。仙槎（chá）难到此，莲叶莫能浮。衰草斜阳流曲浦，黄云影日暗长堤。那里得客商来往？何曾有渔叟依栖？平沙无雁落，远岸有猿啼。只是红蓼（liǎo）花蘩（fán）知景色，白苹（píng）香细任依依。

——第 8 回《我佛造经传极乐　观音奉旨上长安》

在上面这不足 160 字的文段里，对于读者而言，生字至少包括上面注音的这些。

再看下面这段关于菜园的描写：

布种四时蔬菜，菠芹莙荙（jūn dá）姜苔。笋薯瓜瓠（hù）芨（jiāo）白，葱蒜芫荽（yán suī）韭薤（xiè）。窝蕖（qú）茼蒿苦荬（mǎi），葫芦茄子须栽。蔓菁（jīng）萝卜羊头埋，红苋（xiàn）青菘（sōng）紫芥。

——第24回《万寿山大仙留故友　五庄观行者窃人参》

若要将其一一查字典注音（姑且不说词义句意），这想必是一件既费时又费神的事情。这对于阅读效率和阅读兴趣，都只会是大打折扣。因而，阅读过程中，遇到了生字词，不妨暂时放过，而且许多形声字可以猜读。如果某些生字词出现频率较高，我们再去查阅。这是跳读的第一种方式。

跳读的第二种方式，则是一些句段的跳读，比如较大篇幅的环境描写、人物描写和打斗场面描写。比如：

形多凸凹，势更崎岖。峻如蜀岭，高似庐岩。非阳世之名山，实阴司之险地。荆棘丛丛藏鬼怪，石崖磷磷隐邪魔。耳畔不闻兽鸟噪，眼前唯见鬼妖行。阴风飒飒，黑雾漫漫。阴风飒飒，是神兵口内哨来烟；黑雾漫漫，是鬼祟暗中喷出气。一望高低无景色，相看左右尽猖亡。那里山也有，峰也有，岭也有，洞也有，涧也有；只是山不生草，峰不插天，岭不行客，洞不纳云，涧不流水。岸前皆魍魉（wǎng liǎng），岭下尽神魔。洞中收野鬼，洞底隐邪魂。山前山后，牛头马面乱喧呼；半掩半藏，饿鬼穷魂时对泣。催命的判官，急急忙忙传信票；追魂的太尉，吆吆喝喝趱公文。急脚子，旋风滚滚；勾司人，黑雾纷纷。

——第10回《二将军宫门镇鬼　唐太宗地府还魂》

这段话，无非就是渲染"阴山"的阴森恐怖。如果读者有兴趣，此类文段不妨读读，这对于培养语感、学习描写是很有好处的；如果没有兴趣，则不妨跳过，因为这毕竟都是"说书人"渲染夸张的手法，大多处于"游离状态"。这样并不会影响整本书的阅读和理解。

跳读的第三种方式，则是一些章回的跳过。这种方式，可能要多说几句。

《西游记》全书共100回，可以分作三部分来理解。

第一部分（1~7回），讲的是孙悟空的身世和大闹天宫的故事，有人称作"齐天大圣传"。在我看来，这7回最好都不要跳过。

第二部分（8～12回），介绍唐僧，交代西天取经这一中心事件的由来，也即是"取经人和取经缘由"。这5回，最好也都要读一读，因为这些毕竟是故事发生的背景资料。

第三部分（13～100回），讲述唐僧师徒取经路上战胜无数妖怪，历经重重磨难，终于到达西天，取回真经的故事。这88回里，可以根据个人喜好有选择地阅读，因为书中降妖除魔的故事有些情节雷同。那就是取经过程中，有背景的妖怪，悟空打不了，便去搬救兵，结果这些妖怪都被救走了；而没有背景的妖怪，则都被悟空或八戒打死。网传一张表《西游群妖伤亡情况及其背景》，比较全面地揭示了这个规律。

西游群妖伤亡情况及其背景

次序	妖怪名号	性别	背景	下场
1	熊黑怪	男	无	活 观音收为守山大神
2	黄风怪	男	佛家	活 灵吉菩萨收归灵山
3	白骨夫人	女	无	死 悟空打死
4	黄袍怪	男	政府	活 召回天庭
5	金角大王	男	道家	活 老君收回
6	银角大王	男	道家	活 老君收回
7	狮猁王	男	佛教	活 文殊收回
8	红孩儿	男	无	活 观音收为善财童子
9	虎力大仙	男	无	死 悟空打死
10	鹿力大仙	男	无	死 悟空打死
11	羊力大仙	男	无	死 悟空打死
12	灵感大王	男	佛家	活 观音收归南海莲池
13	独角兕大王	男	道家	活 老君收回
14	如意真仙	男	无	活 仍旧为妖
15	蝎子精	女	佛家	死 昴日星官喊死
16	假行者	男	无	死 悟空打死
17	铁扇公主	女	无	活 后皈依佛教得正果
18	牛魔王	男	无	活 归顺佛教

（续表）

次序	妖怪名号	性别	背景	下场
19	玉面公主	女	无	死 八戒打死
20	九头驸马	男	无	活 伤残，逃走
21	万圣公主	女	无	死 八戒打死
22	黄眉大王	男	佛家	活 弥勒收回
23	蛇精	男	无	死 悟空打死
24	赛太岁	男	佛家	活 观音收回
25	蜘蛛七精	女	无	死 悟空打死
26	多目怪	男	无	活 毗蓝婆收服
27	老魔	男	佛家	活 文殊收回
28	二魔	男	佛家	活 普贤收回
29	三魔	男	佛家	活 如来收服
30	国丈	男	政府	活 寿星收回
31	美后	女	无	死 八戒打死
32	地涌夫人	女	佛家兼政	未补 李天王捉回
33	南山大王	男	无	死 八戒打死
34	九灵元	男	佛家兼政	活 太乙救苦天尊收回
35	辟寒大王	男	无	死 井木犴咬死
36	辟暑大王	男	无	死 八戒杀死
37	辟尘大王	男	无	死 八戒杀死
38	玉兔儿	女	政府	活 太阴星君收回

　　同时，情节之间关联性也不是很强。因此，一些章回，我们可以一下子跳过，也可以一目十行地浏览。这对于后头的阅读，影响并不大。

　　但是，从98回开始，最好就不要再"跳"了。因为，这三回是西天取经的收官阶段。比如，在98回中交代"唐僧等俱身轻体健，荡荡飘飘，随着金刚，驾云而起"，显然，唐僧已经"功完行满，立地成佛"了，这当然是不能错过的；第99回，《九九数完魔灭尽　三三行满道归根》，九九八十一难，到此回一一点明，相当于把西游过程回放一遍，这不应错过；第100回，唐僧、孙悟空、猪八戒、沙和尚、白龙马，五圣成真，被如来封为旃檀功德佛、斗战胜佛、净坛使者、金身罗汉、八部天龙马，同时孙悟空头上的紧箍咒也因成佛而"自然去矣"，这更不应跳过。

二、精读：细读·精思·鉴赏

陶渊明在《五柳先生传》中说："好读书，不求甚解；每有会意，便欣然忘食。"这大概是读书的最美意境吧，也大概是关于跳读的一种最好的注解：喜欢读书，但无须在一字一句的解释上过分深究；每当对书中意旨有所领会的时候，就高兴得废寝忘餐。

但是，若要会意，便需要在关键处下一番功夫，这便是"精读"。语文教材（七上，P133）以"孙悟空三调芭蕉扇"阐释了何为精读。教材上是这样说的：

精读就是细读。想一想，孙悟空借芭蕉扇为什么会遭到拒绝？这与孙悟空在观音菩萨的帮助下，降服了牛魔王与罗刹女之子红孩儿有关。如果不仔细阅读作者的回叙，就无法理解"借扇"的艰难。

精读就是精思。想一想，一借芭蕉扇被骗后，沙僧、猪八戒、唐僧三人关于是否"西行"的对话，表现了各自怎样的心理？可以这样概括：沙僧认为"进退两难"，深为取经前途担忧；猪八戒想"拣无火处走"，其一贯的"散伙"想法再次复燃；唐僧"只欲往有经处去"，表现了坚定不移的取经决心。

精读就是鉴赏。想一想，孙悟空、罗刹女的语言各有什么特点？孙悟空的话是不是机智善变？罗刹女的话是不是泼辣犀利？作者用"撮盐入火，火上浇油"来形容罗刹女憎恨孙悟空的情态，用"旋风翻败叶，流水淌残花"来形容孙悟空被芭蕉扇"扇得无影无形"的情形，是不是都非常真切传神？

"细读""精思""鉴赏"，对于读者而言，看似有些难度，但只要真正"读进书里"，总会各有收获。但需要提出的是，如何选择精彩的章节，也许也是一种考验。笔者认为可以通过两种方式来选择。

一是"目录检索"。章回小说，运用对联作为标题，透过上下联，可以获得很大的信息量。借此，完全能够将自己感兴趣的章回拿来细读。比如第 18 回《观音院唐僧脱难　高老庄大圣除魔》，第 19 回《云栈洞悟空收八戒　浮屠山玄奘受心经》，通过"高老庄"和"八戒"两词，便可判断这两回写的是"猪八戒招亲"这一故事（因为许多读者在电视剧里都看过相关的情节），便可以翻到这两回，看看孙悟空是怎样戏弄八戒的。再比如，第41回《心猿遭火败　木母被魔擒》，第42回《大圣殷勤拜南海　观音慈善缚红孩》，可以通过标题判断出这两回写的是"大战红孩儿"的故事。

二是"难名回溯"。在第99回中，观音菩萨看了一遍"受难的簿子"，簿子上记录着唐僧西行路上历经的八十难（八十一难在后文：通天河遇鼋湿经书）。读者可以通过这些"难名"回溯情节，这也是一种很有意思的阅读方法，而且还具有一定的挑战性。其实，除了"金蝉遭贬第一难"外，其余的则是按照章回顺序来排列，比如"出胎几杀第二难，满月抛江第三难，寻亲报冤第四难"的具体内容都在"附录"（有的版本在第11回）中，"出城逢虎第五难，落坑折从第六难，双叉岭上第七难"具体内容则在第13回中。把难名与标题一一对应，再进行选择性的阅读，是一件很有趣的事情。

细心的读者，如果能寻觅到"金蝉遭贬第一难"的出处，一定会高兴好一阵子。原来，此难可从第57回和第100回中发现其"踪影"。比如第57回："菩萨曾言：取经人乃如来门生，号曰金蝉长老。只因他不听佛祖谈经，贬下灵山，转生东土，教他果正西方，复修大道。"

个人认为，《西游记》一书中的一些"诗曰"和一些景物描写，很值得品味，比如第1回中的开篇诗曰：

混沌未分天地乱，茫茫渺渺无人见。

自从盘古破鸿蒙，开辟从兹清浊辨。

覆载群生仰至仁，发明万物皆成善。

欲知造化会元功，须看西游释厄传。

此诗对于绝大多数读者而言，至少可以"一知半解"。尤其是其中的"仁""善""功"等关键词，可以引导我们形成正确的人生观和价值观。

再比如，第32回中的环境描写：

轻风吹柳绿如丝，佳景最堪题。

时催鸟语，暖烘花发，遍地芳菲。

海棠庭院来双燕，正是赏春时。

红尘紫陌，绮罗弦管，斗草传卮。

寥寥几笔，将"三春景象"写得让人赏心悦目：清风拂面，杨柳依依；鸟语花香，芳菲遍地；海棠依旧，燕子归来；绮罗弦管，斗草传卮——好一派繁华景象！

而此时，"师徒们正行赏间，又见一山挡路"，这意味着又一灾难、又一恶斗即将来临。这样的描写和反衬，同样值得细读和细品。

三、交流：从"1+1"做起

阅读是吸纳和内化，交流则是释放和碰撞。

交流的方式，可以是问题式，比如孙悟空最具有反抗精神的故事章节是哪回；可以是专题式，比如《西游记》歇后语知多少；可以是评论式，比如小说中的玉皇大帝具有怎样的性格特点，作者塑造这一形象的目的何在；还可以是想象式，比如创作一个取经路上的新故事；等等。

针对读者实际，我个人认为，用"1+1"的方式来交流比较适合；或者说，先做好"1+1"，然后再逐步升级。

何为"1+1"呢？简单地说，就是讲好一个故事，评点一个人物。需要注意的是，讲述的故事，必须讲清"六要素"；评点的人物，必须立足于所讲的故事；所用的语言，尽可能地口语化。这样的交流方式，切开小，面向宽，针对性强，不至于流入空泛。

比如"悟空大战二郎神"这一故事，可以这样讲述：

孙悟空偷吃蟠桃，偷喝仙酒，搅乱王母娘娘的蟠桃盛会，之后还偷吃太上老君的仙丹。酒醒后，他知道自己闯下大祸，赶忙逃回花果山躲避。

玉帝十分恼怒，派遣托塔李天王率领十万天兵天将去捉拿悟空。悟空将天兵天将打得落花流水。托塔天王发出免战牌，并用天罗地网将花果山紧紧围困。

观音菩萨带着木吒前来参加蟠桃盛会。玉帝将悟空大闹天宫之事告诉观音，观音派木吒前去了解战况。木吒与悟空交手也被打败。于是，观音向玉帝推荐二郎神去捉拿悟空。

二郎神本领十分高强，与悟空大战三百回合未分胜负。二人遂比试变化的本领。悟空变成麻雀，二郎神变成老鹰；悟空变成大鹚老，二郎神变成大海鹤；悟空变成鱼儿，二郎神变成鱼鹰儿……悟空多次变化，都被二郎神识破，二郎神始终技高一筹。太上老君趁悟空不备，用金刚琢将悟空打晕，梅山六兄弟一拥而上，将悟空捉住。

这样的讲述，看似简单，其实不易。背景、经过、细节，都应讲得简洁而具体。这对于读者的删选、提炼、概括和表达等方面的能力，以及胆量和信心，都是一种考验和锻炼。

至于评价人物，可以评价两个主要人物（悟空和二郎神），也可以评价其他次要人物（比如玉帝、王母娘娘、观音菩萨等）。选择人物，取决于个人喜好；评价人物，则要依托故事，有理有据。

千好万好，适合的才是真好。无论是完整地阅读，还是有选择性地跳读，读者可以根据自己的阅读习惯和兴趣所在，自主采用合适的阅读方法。但有一点，略做强调，那就是务必读完，不可半途而废。

下文，我们将一起阅读俄国作家屠格涅夫的《猎人笔记》。

5 写给《猎人笔记》里的人们
——初中名著阅读个性化攻略之五：对话式

《猎人笔记》是俄国作家屠格涅夫的一部以猎人身份记述 19 世纪中叶俄罗斯农村生活的随笔集。它以一个猎人的行猎为线索，刻画了地主、管家、贵族、农奴等众多的人物形象，真实地展现了俄国农奴制下各阶层人民的生活状况。

该书由 25 篇小故事组成，每篇刻画了一两个性格迥异、生活状况各不相同的人物。篇目之间，人物之间，大多没有内在的联系。作为一本外国作品，因为文化的差异，阅读起来难免会有一种"疏离之感"。因此，此类作品，我们不妨采用一种"对话式"的阅读方法，来加深对作品的理解。

这里所说的对话式阅读，是指以第二人称的写法，由读者将自己对作品中某些个性鲜明、给人深刻印象的人物的评价，或直接、或委婉地表达出来，从而增加对作品人物和对作品主旨的理性认识。下面，略举几例。

一、写给雇农霍里

你是一个小地主的雇农。你的家是建在林中一片收拾得非常平整的空地上的独家宅院。可见，你与地主的关系处理得很不错，你的妻子也一定很勤快、很贤淑。

你的住房曾经被一场大火烧光了，从此你走投无路，便恳求你目前东家的父亲，以每年 50 卢布（后来涨到了 100 卢布）的租金住在独家宅院，一直到现在。你本可以赎身，却一再推说自己没有赎身的钱。

果真如此吗？你说，干吗要赎身呢？和东家相处融洽，你又能如数交租，而且你的东家是个好人；要是赎身，自由了，那些嘴上没毛的家伙，也就是你的孩子们，都要来欺压你。你大概真的是在"耍滑头"吧。

你的胡子不"割掉"，原来是想留着胡子好经商，你真是个精明的老头子！作者说，你善于思考，做事认真务实，擅长经营管理，是一个纯理性主义者；干事讲究效率，并同主人和其他权势者和睦相处；子孙满堂，一大家人和和气气，幸福美满；你时时想着庇护同样是雇农的卡利内奇，因而卡利内奇对你尤为敬重；你对行政管理和国家体制很感兴趣，还能很有条理地进行分析和询问，而你竟然是一个不识字的文盲……这一切，都让我们对你由衷敬佩，难怪作者说你酷似古希腊哲学家苏格拉底。只是，你有时有些偏见又固执己见，比如轻视妇女，我想，这与你所处的时代有一定的关系。人无完人，金无足赤，尽管不应原谅，还是原谅你吧。因为，从你的身上，我们看到了俄罗斯人的坚强、乐观和智慧。

二、写给"县城里的医生"

一直到文章结尾，我才知道你叫得利丰。不过，这也没什么，你的故事比你的名字更有吸引力。说实在的，我感觉你这个人，确实是有些奇葩。当然，这种判断是建立在你所讲的故事是真实的这个基础之上的。

首先，必须承认你是一个有良知的医生。当你在一位法官家里玩纸牌的时候，你接到了一个守寡女地主的字条。她让你连夜赶到她家，给她的那位病重垂危的女儿治病。你当时想都没想，便放下纸牌，跑回家去拿出诊器械。你明知这趟出诊挣不了多少钱，而且又在午夜，病人家离县城有二十多里，那条路又糟透了，但你此刻只是想着："钱倒没有那么重要，最要紧的还是治病救人哪！"医者仁心，你不缺乏！

然而，接下来你的故事让我们感到有些不可思议。"在昏暗的灯光下，一位大概二十岁的姑娘脸色苍白地躺在床上，四肢直挺挺的，已经失去了知觉"，你知道她得的是热病，看着她病成这样，你的怜爱之情油然而生。这也似乎正常，爱美之心人皆有之，何况你当时还是一位未婚的青年男子。

仅仅经过半夜的接触和治疗，你就说"那个我的美丽的病人爱上我了"，这是她对你一见钟情，还是你自作多情？

之后，你竟然说："事到如今，我也不好再隐瞒什么了——我爱上了我的病人。"你还对她说："真的，我觉得我配不上您，没有哪一点值得您垂爱……"看来，你还有些自知之明，或者说，你仍然是自作多情。

其实，你明明知道，这位病危美人对你的"爱"是出于一种弥补活着的遗憾："如果她不是因为知道自己将不久于人世了，她怎么会想到我呢？怎么会爱上我呢？……正因为如此，她痛苦万分，所以在绝望之余，就把我当作救命稻草，想和我体味爱的甜蜜……"而之后，她已经脱相了，你竟然还傻傻地想着："祈祷上帝：让我们一起死掉吧！"你这样的想法，叫我们读者该说你一点什么才好呢？是赞美你们那种所谓纯洁的爱情，还是同情你们那种自欺欺人呢？

话说回来，你虽然没有拯救你这位"深爱着你"的女病人，但你满足了她关于爱情的需求，这也是你的一桩功德吧！

幸运的是，你毕竟没有深陷到这种虚幻的"爱情"之中，并追随女病人而去；而后来你娶了一位商人的女儿做老婆——老婆很刁泼，成天爱睡懒觉——倘若，她是个很精明的女人，估计是不会嫁给你这位奇葩医生的。

三、写给护林人"孤狼"

人们大多不知道你名叫福马，而只知道你的绰号——孤狼。你是一个很值得敬佩的人，据熟悉你的人们说，周围的人怕你如同怕火一样；走遍天下，再也找不到一个像你这样精明强干而又富有责任感的人；谁也别想在你管辖的林地里拿走一把树枝，即便是请你喝酒，用钱收买，都只会是枉费心机；甚至连一些善良的人也不止一次想干掉你，但是都没有得逞。

你大概很忧郁，很冷酷，也许正因为如此，你的妻子跟人私奔了，只留下一个年幼的女儿跟着你，让你既当爹又当妈，也让你女儿从小就饱尝没妈的孤独无助。但错不在你，而在跟人私奔的那个女人！

其实，你冷酷的外表下，也隐藏着一颗体贴的心。只是这颗心你包裹得很紧，几乎无人知晓。在那个雨夜，你逮着一个偷树的农民，那个农民被你用腰带反绑着双手，惊恐不安，求你放了他。他说，他饿得没办法了，管家把他一家人给坑苦了，孩子饿得直哭，他被逼得走投无路了……

而孤狼你，你说，要是放了他，东家就一定会责罚于你，而且也不能纵容偷树的人。你一直没有动手打那个偷树的人，这是非常出人意料的。最后，你解开了捆着那个人的腰带，把他给放走了。只是让"我"保密，还把"我"送出了林子。

当职责和怜悯发生冲突时，你履行了职责，并保持了怜悯，这让人敬佩，你真是一个有情有义的好人！

只是，作为读者的我，对你女儿的前途很担心，她已经十一二岁了，她应该上学读书了，她需要同龄伙伴，她需要有人疼爱……然而，在当时的条件下，你是无法兼顾的，这也许就是她——以及她的同龄人——的命运吧。

作为读者，我希望你以及像你同样是做雇农的人们，能想到这些，并有所改变。

四、写给亡者马克西姆们

在一片曾被风雪摧残了的树林里，作为伐木包工头的你——马克西姆，被正在伐着的一棵白蜡树砸着了。你疼得没法呻吟一声，但嘴唇被咬得发青，下巴不住地颤抖，满头大汗淋漓。此时，你对我的地主乡邻断断续续地说，老爷，快去叫人请牧师吧，是上帝惩罚你；请把你的工钱，交给你老婆，并从中扣除你所欠下的钱；要有什么对不住兄弟们的，请兄弟们宽恕于你……

你走得那么冷静安详，那么朴实从容，似乎是参与和完成一种仪式。

数年前，在一个村子里，作为农民的你被火烧伤了，险些在火中丧命。幸好一个过路的城里人见义勇为，把你救出了烘烤房。问你是否要喝点茶，你却要喝点格瓦斯（一种含低度酒精的饮料）。由于你伤势太重，加之当时的医疗水平有限，家人给你行过圣餐礼后，你只等死神索命……

逝者长已矣，你走后，你的妻子，你的只有五六岁的女儿，将是多么痛苦啊！孤女寡母又将如何生活呢？

在一家"红山医院"里，本是一家磨坊主的你——留波夫希诺，你说，十天前进城买了几块磨盘拉回家里，可能是在卸车的时候，用力过猛，只觉得肚子里咯噔一下，仿佛有啥断了一样……从那以后，就一直觉得不对劲。医生说，看情形可不太妙，劝你住院治疗，只是不敢担保一定能治好。于是，你就决定回家。你说，既然快死了，那也该死在家里，死在医院不成体统。医生无法挽留你，你只是接过药方，便赶着大车，从容不迫地离开了医院，一路上还不停地和过路的行人打招呼。四天后，你便与世长辞了……

作为读者的我，真不知和你说什么好。你对于病痛，对于死亡，竟是如此让人感到惊疑和费解。是因为贫穷，还是觉得迟早要走上那一条路？你怎么就不去好好治疗呢？你就如此舍得和家人、朋友永别吗？

还有尚未完成大学学业的阿维尼尔，病危时，你似乎全然忘了自己还在病中，看到"我"来了，你还拿出诗集，读着诗句，聊着黑格尔，说着曾经的恋人。

还有年迈的女地主，临终前，吻过十字架，便从枕头下面取出原先准备好的一枚银卢布，这是给神父的酬金……

马克西姆，以及许许多多的失去生命的俄罗斯人们，你们走得都是如此的从容，如此的慷慨，这不得不让我等深感惊疑。祝愿你们一路走好！

五、写给没落贵族切尔托普哈诺夫

我知道，你是贵族出身，家境本来非常阔绰殷实，先祖待人也豪爽殷勤。因为你先祖奇怪的"经济核算"，接二连三地遭遇失败；到你父亲继承家业时，业已衰败；后经你父亲的挥霍，到你接手时，只剩下已经抵押出去的村庄和一些男女农奴，以及一些没法耕种而且没有地契文件的土地。

有人说，你性情乖张，胡作非为，而又极其傲慢，是远近闻名的危险人物。早年在军队里混过一段很短的时间，但因为犯下了"不愉快的事件"而被逐出军队，你以一个"可有可无"的军衔退职了。你本来也正直善良，乐善好施，因为家庭的没落，便从此冷酷无情，骄纵任性，不再与乡邻们往来。

过多的事情，我们不想多说，单说你和那匹"宝马良驹"吧。这匹马——你给它取名叫玛拉克——乃是你从一名犹太人手里赊下的，因为你已经贫穷得身无分文了。此后，玛拉克便成了你生活中唯一的大事，你把所有的心思都倾注在这匹宝马身上，比当初爱你的恋人还要深、还要沉醉，比对你已经故去的好友还要亲密。有一天，一个公爵渴求你把你的宝马高价卖给他，几千卢布都行，而你就是不卖，宁可还欠着犹太人250块的买马钱。你还说"就算你是皇帝，我也不卖！"你把这匹宝马作为你唯一可以炫耀高贵的资本。你的所谓的尊严，竟是如此的虚伪，你家里连一件可用的家具都没有了！幸亏你的姑妈，从远方寄来了2000卢布的遗产，让你还清了买马的欠款。

也许命运就是要折磨你这样本已没落潦倒的"贵族"，你的宝马竟然在一个夜晚跑走了！你仿佛做了一个噩梦，但你绝不死心。你怀疑犹太人，怀疑集市里的一个马贩子，你从此踏上了一条找马的漫漫长路——不找回玛拉克，你绝不回头。马海茫茫，你最终没有找到你的宝马。一年后，你竟然玩起了自欺欺人的招数——买了一匹有点像玛拉克的马。回乡后，居然还到处显摆，找人分享，无非就是保持着你的所谓的尊严。

假的真不了，即便就是找回了真的玛拉克，又能如何呢？玩物丧志，你一直行走在一条不归路上。世袭贵族，难道就要那样地死要面子活受罪吗？面子，是要靠里子才能撑起的！做不了物质的贵族，就做一个精神的贵族呀，你何必如此阿Q呢？

不过，你给后人们上了生动的一课。我们不知道，是要感谢你，还是要可怜你。

六、写给猎人——屠格涅夫

回去吧，快快回到那片无垠的原野，

那儿的泥土绵软得像天鹅绒，油黑发亮，

那儿的黑麦一望无际，

静静地泛起如水的波浪，

天空中洁白透明的云朵中央，

倾泻下沉甸甸的金黄色光芒，

那是令人神往的好地方……

敬爱的屠格涅夫，请允许我也用你想要焚烧的诗稿作为本文的尾声吧。此时，我不知到底该称呼你为作家，还是称呼你为猎人——其实，这又怎么能分得开，辨得明呢？

作为猎人的你，正如你所说的那样："背着枪，带着猎犬出去游猎，本身就是一件其乐无穷的事。可能您生来不十分喜爱打猎，但您总该热爱大自然，向往自由吧。"是的，大自然和自由，本是所有人本应享受的，然而，总会有一些人，因为身份或因为身体等原因，竟然无法拥有。

比如，你在《骷髅》一文中写到的露凯莉雅，这个曾经是你家所有女仆中最为美貌、能歌善舞的女子，因为摔了一跤，从此便站不得，坐不得，整天只能在床上躺着，一躺就是六七年，村里人都叫她"活尸"。尽管她不哀叹，不抱怨，但她终究是失去了享受大自然的权利。至于自由，她更不用奢想了。

比如你在《彼得·彼得洛维奇·卡拉塔耶夫》一文中写到的马特廖娜，彼得和她一见钟情，但因为她是别人家的一个女奴，而且她的女主人又是个蛮不讲理的老太婆。老太婆，不，老妖婆说，她立过一条家规，不放任何一个仆人去伺候别人；这种事不成体统，有失体面，有伤风化，败坏家风。这不完全是胡扯吗？也正是这种无厘头的逻辑，让马特廖娜无法拥有自由，也让彼得最终失去爱情。

再比如你在《白氏草场》一文里写到的五个牧马少年的深夜篝火故事会。那里如此静谧，"四周一切都酣然入梦，万籁俱寂。只是有时从附近的河流中传来大鱼跃出水面浪花飞溅的声响，岸边的芦苇被涌动的波浪轻轻地冲击着，瑟瑟作响，两堆篝火噼噼啪啪地演奏着单调枯燥的小夜曲"。孩子们如此自由自在。然而，你在文章结尾写道："可惜的是，我必须补充一句：巴普鲁沙就在这一年夭折了。他不是溺水身亡的，是坠马身亡的。这个乖巧的孩子的死让人十分惋惜！"巴普鲁沙拥有自由，却失去了生命。

好了，不能再多列举了。你——猎人也好，作家也罢，大部分时候你以一个游历者、旁观者、记录者的身份而存在。然而，字里行间始终保持着一种对农奴制度的批判，对苦难意识形态的同情，对地主、贵族们表面文明仁慈、实际野蛮残暴本性的揭露。在我看来，《猎人笔记》貌似平和优雅，其实绵里藏针，甚至还有人称它是射向俄国社会农奴制度的"一阵猛烈的炮火"，是"一部点燃火种的书"。无论怎么评价，作为读者的我，由衷感谢您为我们留下了这一部伟大的著作，让我们在领略俄罗斯美丽风光的同时，还真切地体会到俄罗斯人民的质朴、勇敢、坚韧和乐观。

作为读者的你，最想对话的是书中的哪几个人物呢？不妨也把你的一些感受和心声，以书面的形式表达出来。

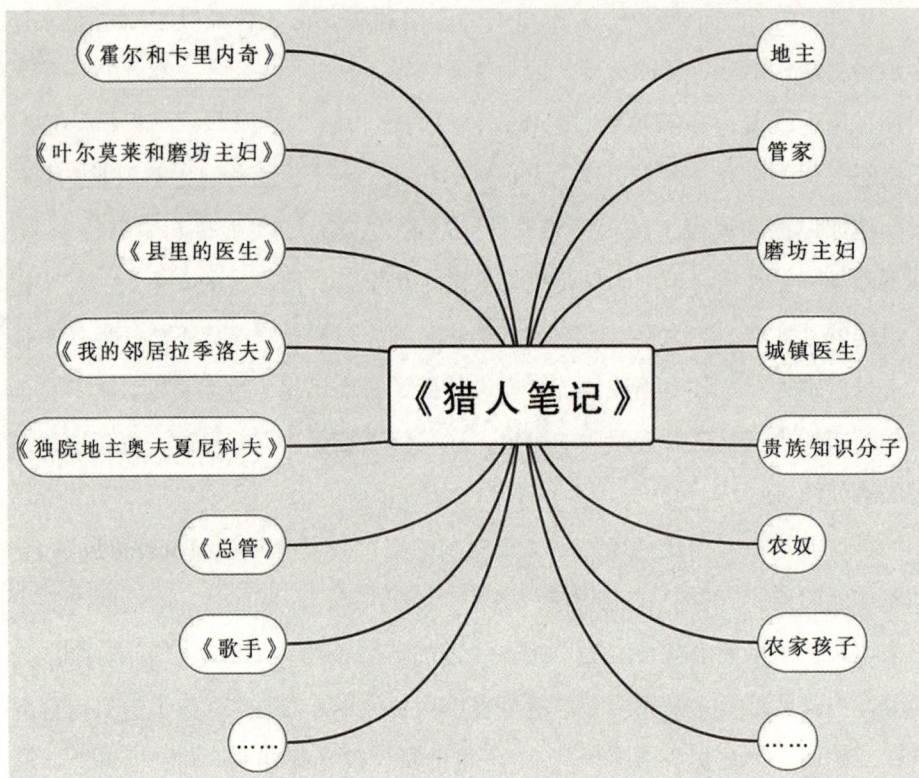

下一篇，我们一起欣赏清代李汝珍的《镜花缘》。

6 | 《镜花缘》： 主线不放， 纲举目张
——初中名著阅读个性化攻略之六：主线式

将一本《镜花缘》托在手上，你会感到很厚重；若要将其读完，你也许会稍感吃力，甚至半途而废。为何如此？因为它字数较多，约 47 万字；因为它是一本清代小说，生僻字时常出现；因为它所涉及的人物较为繁杂，光是才女就有百名之众；因为它包含的知识面太广，如琴棋书画、音韵、医卜、算法、灯谜、酒令、马吊、射鹄等。

想要走进、读好《镜花缘》，笔者建议，不妨采用"主线式"。

何谓"主线式"？就是紧扣主要人物、主要事件、主题思想，突出重点，汲取精华，提纲挈领，用较少的时间，获得更多的养料。

一、"消磨三十多年层层心血"

我们可以先大体了解一下作者。李汝珍（约 1763—1830），字松石，号松石道人，直隶大兴人（今属北京市），人称"北平子"，博学多才，精通文学、音韵等，留存现世最出名的作品就是《镜花缘》。

李汝珍是一名科举上不得志的秀才，只在河南做过县丞，逢黄河决口，参加过防汛工程，目睹灾区人民的苦难。这种经历，与《镜花缘》里的主人公唐敖有点类似，比如第 35 回《现红鸾林贵妃应课 揭黄榜唐义士治河》。大概正是因为作者不屑于八股文，同时生性耿直，不阿权贵，仕途不佳，因而有了著作《镜花缘》的想法与行动。1795 年，他感到谋官无望，便潜心钻研学问；至 1815 年，用二十年时间写成《镜花缘》一书。该书末尾说"消磨三十多年层层心血"，看来并不夸张，估计在创作之前，他曾构思了很长时间。

据悉，《镜花缘》自嘉庆二十三年（1818）出版问世以来，一直受到各方

关注。鲁迅、郑振铎、胡适、林语堂等大家对它都有研究，评价颇高。鲁迅在《中国小说史略》中称之为能"与万宝全书相邻比"的奇书。由此可见，该书的文学价值之高，对后世的影响之大。

二、"男一号"和"女一号"

《镜花缘》一书的"男一号"和"女一号"，当属唐敖和唐小山（唐闺臣）父女俩。

小说的第1~6回，讲述百花仙子堕入红尘、降生南唐秀才唐敖之家。这几回，可理解为小说的背景资料。它用一种伏笔的手法，把"男一号"和"女一号"逐渐引入读者视线。这六回的情节也很好玩："天上"，王母娘娘大摆筵席，嫦娥与百花仙子讥讽打赌；"人间"，徐敬业起兵遇刺而死，武则天怒贬牡丹花。这六回无须推荐，读者应当会很喜欢阅读的。

第7回，"男一号"和"女一号"开始登场了，但第7~39回主要把笔墨放在"男一号"唐敖的身上。这三十三回里，交代了唐敖因参加"国考"中了探花，但降为秀才，他便生发弃绝红尘之意，有家不回，而奔向妻舅林之洋家，随同林之洋、多九公出海，屡获奇遇，延年益寿，平步青云，入圣超凡。途经君子国、大人国、劳民国、聂耳国等三十余个国家，见识了许多奇风异俗、奇人异事，结识了由花转世的十几名德才兼备、美丽智慧的女子。

总体来说，这三十三回的内容也是很好玩的，并且能在一些情节之中，收获到"好玩"之外的东西，比如作者的社会理想（详见后文）。这些章回虽然有些与整书主题关系不大的内容，但也值得一读。

第40回，唐敖在仙山"小蓬莱"一石碑题下一诗"逐浪随波几度秋，此身幸未付东流。今朝才到源头处，岂肯操舟复出游！"之后，"女一号"正式出场。"此身虽恨非男子，缩地能寻计可图"，芳龄十四的唐小山决意出海寻父。

第46回，小山一行到达小蓬莱，同阴若花（被玉帝贬到人间的牡丹仙子，被贬后转世为"女儿国"的储君，与唐小山交厚）商议入山。

细心的读者一定不会忽略第47回的标题——"水月村樵夫寄信，镜花岭孝女寻亲"。一"水月",一"镜花",耐人寻味;书名"镜花缘",与这一回必有紧密关联。

在水月村,小山收到一信:"吾女闺臣开拆。""唐闺臣"——唐朝闺中之臣:其时武则天已改唐为周,此嘱小山永远不忘唐朝之本。

第48回,在"泣红亭"里的白玉碑上,镌刻着百人名姓,比如"司百花仙子第十一名才女'梦中梦'唐闺臣""司牡丹花仙子第十二名才女'女中魁'阴若花"等。唐小山看"天榜"一清二楚,阴若花却满眼的"科斗古文",一字不识。即便是在第49回中,小山在蕉叶上用楷书抄写的榜文,在阴若花的眼里依然是无法认识的古篆。

小山在此看到父亲的留言:"义关至性岂能忘? 踏遍天涯枉断肠;聚首还须回首忆,蓬莱顶上是家乡。"显然,小山寻亲将会无果而终。同时,碑记名姓之下,还出现了许多事迹,写小山"只因一局之误,致遭七情之磨"。这与第1~6回遥相呼应,并透露了她的"前世今生"。

"女一号"在第50回中正式更名为"唐闺臣",并遵照父命回国应考。在这前50回中,唐敖出海游历,小山小蓬莱寻亲,情节离奇,充满趣味。而在后50回里,则着重表现百名才女的文采与才艺。但大多章回,均以"女一号"为线索,直到第94回《文艳王奉命回故里　女学士思亲入仙山》,阴若花回到女儿国做了国王,唐闺臣再入小蓬莱寻父。

笔者做上述梳理,意在提醒读者:如若希望提高阅读效率,可以把关注点尽可能地放在主要人物唐敖和唐小山的身上。

三、"君子国"与"女儿国"

作者的社会理想,或者说本书的基本思想,主要是通过唐敖等人的游历和众才女的文采展示来表现的。也就是说,在阅读相关内容时,读者应当透过文字的表象,揭示文字背后蕴藏的思想。我们不妨一起来看几个例子。

彼此推让许久,农人只得将货拿了两样,作抵此银而去。卖货人仍口口声声只说"银多货少,过于偏枯"。奈农人业已去远,无可如何。忽见有个乞丐走过,卖货人自言自语道:"这个花子只怕就是讨人便宜的后身,所以今生有这报应。"一面说着，却将多余平色，用戥秤出，尽付乞丐而去。

——第 11 回《观雅化闲游君子邦　慕仁风误入良臣府》

这是唐敖和多九公在"君子国"见到的一个场景。这个场景，与"天朝"那种"漫天要价，就地还钱"的市场风气形成了鲜明的对比。也是在君子国，唐、多二人与该国吴之和、吴之祥兄弟俩对话时，吴氏兄弟对于天朝"停柩浮厝"的殡葬之风，生育子女三朝、满月、百日、周岁之时宰杀生灵之风，喜欢争讼打官司之风，屠宰耕牛之风，宴会宾客珍馐罗列、穷极奢华之风，妇女缠足之风等，进行了嘲讽批判，以此表达了作者对"君子国"的"唯善为宝""好让不争""贤良方正"的社会风气的一种向往。这种思想，在"白民国""淑士国""两面国""犬封国"等地，也从不同角度进行了表达。

《镜花缘》里的"女儿国"与《西游记》里的"女儿国"有所不同：

男子反穿衣裙，作为妇人，以治内事；女子反穿靴帽，作为男人，以治外事。男女虽亦配偶，内外之分，却与别处不同。

此地向来风俗，自国王以至庶民，诸事俭朴；就只有个毛病，最喜打扮妇人。无论贫富，一经讲到妇人穿戴，莫不兴致勃勃，哪怕手头拮据，也要设法购求。

——第 32 回《访筹算畅游智佳国　观艳妆闲步女儿乡》

也就是说，这"女儿国"里并非只有女子，只是他们把女子当作男子，把男子当作女子。这里的国王"虽有三旬以外，生得面白唇红，极其美貌"。唐敖的妻舅林之洋，先被称作"大嫂"，后又被宫娥们称为"娘娘"。且看：

刚把衣履脱净，早有宫娥预备香汤，替他洗浴。换了袄裤，穿了衫裙；把那一双"大金莲"暂且穿了绫袜；头上梳了鬏儿，搽了许多头油，戴上凤钗；搽了一脸香粉，又把嘴唇染得通红；手上戴了戒指，腕上戴了金镯。把床帐安了，请林之洋上坐。此时林之洋倒像做梦一般，又像酒醉光景，只是发愣。细问宫娥，才知国王将他封为王妃，等选了吉日，就要进宫。

——第 33 回《粉面郎缠足受困　长须女玩股垂情》

林之洋在"女儿国"饱受苦痛，也因此落得个"缠足大仙"之名。作者关于女儿国的叙述，可谓是舍得笔墨，连用了七回篇幅。显然，这种以女性为中心的"女儿国",反映了作者对男女平等、男女平权的良好愿望,批判了中国封建社会长期以来男尊女卑、女子无才便是德的思想观念。

四、"女子科考"与"酒色财气"

作者颂扬女性的思想,在后 50 回中表现得尤为突出。作者借武则天时代"女子科考"这一历史背景,让百名才女悉数登场(前 50 回中本有十多位才女业已出场),第 69 回《百花大聚宗伯府 众美初临晚芳园》便是一个大团圆。

也正是这后 50 回,还包括前面的比如第 41 回《观奇图喜遇佳文 述御旨欣逢盛曲》中的《苏氏蕙若兰织锦回文璇玑图》,人物繁杂,个性不鲜明,知识面广,今人(尤其是小读者们)几乎无法理解。因而,"不妨略读甚至跳过去"(出自语文教材 P139)。如若要读,笔者建议仍然紧扣"女一号"这条主线,用相对较少的时间和精力浏览后 50 回,以求本书阅读的完整性。比如:

那道姑听了,口中唱出几句歌儿。

唱的是:

我是蓬莱百谷仙,与卿相聚不知年;

因怜谪贬来沧海,愿献"清肠"续旧缘。

——第 51 回《走穷途孝女绝粮 得生路仙姑献稻》

这一回,看似道姑用"清肠稻"来救济唐闺臣等一船人,其实也透露了一些前因后果,为下文做了铺垫。再如:

起初原是闺臣小姐第一名殿元,若花小姐是第二名亚元。谁知榜已填到八九,太后忽然想起闺臣小姐名姓不好,因史幽探、哀萃芳向日纂的诗句甚佳,登时把前十名移到后面,后十名移到前面,复又从新填榜……

——第 67 回《小才女卞府谒师 老国舅黄门进表》

这便揭示了唐闺臣榜列第十一名的原因,也与第 48 回"泣红亭"里的白玉碑文形成了呼应。

读者若有兴趣,不妨将第 88～90 回这三回也浏览一番。这三回,借道姑之口,透露了百名才女的前世因缘。比如:

泣红亭寂寂，流翠浦溅溅。秘篆偏全识，真诠许暗窥。拂苔名已改，拾果路仍歧。

彩云道："前几句大约是泣红亭碑记。但'拂苔名已改'二句却是何意？"若花道："闺臣阿妹原名小山，后来因在小蓬莱遇见樵夫，接着家信，才遵严命改名闺臣。起初上山时，唯恐道路弯曲，日后归时难寻旧路，凡遇岔道，于山石树木上俱写'小山'二字，以便他日易于区别，那知及至回来，却都变为'闺臣'二字。"芸芝道："以此看来，原来唐伯伯竟是已成仙家了。"

——第 89 回《阐元机历述新诗　溯旧迹质明往事》

徐（余）承志和骆（洛）承志，这两个"承志"是《镜花缘》中非主要人物中的主要人物。一个是徐敬业之子，一个是骆宾王之子。徐、骆二人的家庭和他们本人，书中前文不时有些交代，比如第 3 回《徐英公传檄起义兵　骆主簿修书寄良友》，第 10 回《诛大虫佳人施药箭　搏奇鸟壮士奋空拳》，第 24 回《唐探花酒楼闻善政　徐公子茶肆叙衷情》，第 58 回《史将军陇右失机　宰少女途中得胜》等。从第 95 回开始，作者集中笔墨，着力叙述两个"承志"会同剑南节度使文姜等，联合起兵反对武氏朝廷，先后攻破武家军的酒、色、财、气四座关城，武则天被迫同意唐中宗复位，从而把政权归还李氏王朝。

作者将四座关城命名为"酒""色""财""气"，显然是别有深意。比如"三杯软饱后，一枕黑甜馀""万事不如杯在手，一生几见月当头"等。我们可以这样理解，常人最难闯过的就是"酒""色""财""气"四关，因此，我们在这些方面要保持定力，不可贪图当下，不可意气用事。

如果读者能按照上述方式，将后 50 回有选择性地读完，大概不会存有半途而废的遗憾了。

到了这一步，如若再问自己几个问题，也许会有点意思。比如——

你怎么评价唐敖、唐闺臣父女双双入山不归？

作者对女皇武则天持何种态度？

在这本《镜花缘》中，你最敬佩的英雄人物是谁？

在百名才女中，除唐闺臣外，你最欣赏哪一位？

既然是水中月、镜中花，作者为何要著作此书？

如果要将该书进行精简浓缩，你将会删除哪些章节、哪些人物？

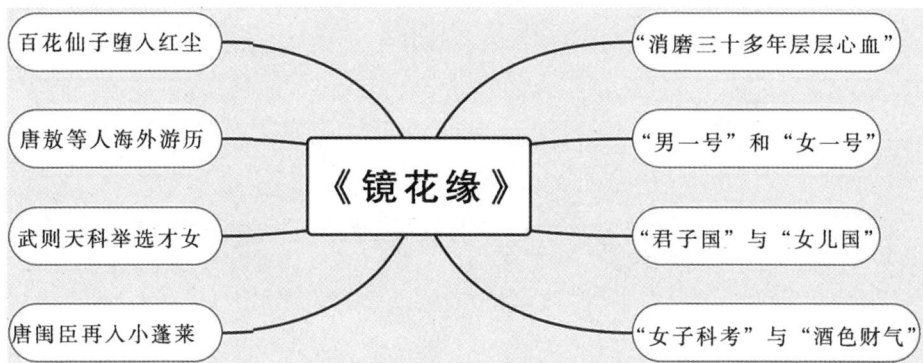

百花仙子堕入红尘		"消磨三十多年层层心血"
唐敖等人海外游历	《镜花缘》	"男一号"和"女一号"
武则天科举选才女		"君子国"与"女儿国"
唐闺臣再入小蓬莱		"女子科考"与"酒色财气"

行文至此，七年级上册的六本名著便导读完毕。这六本书，你都读完了吗？

七年级·下册

◆◆◆◆

7 《骆驼祥子》：我的阅读我做主
——初中名著阅读个性化攻略之七：批注式

相对于七年级上学期的《西游记》《猎人笔记》《镜花缘》等书，《骆驼祥子》算是一本比较"好读"的名著。它人物不多，情节不复杂，语言很白话，同时书也不是很厚。因此，阅读《骆驼祥子》应当是一件很惬意的事情。

它一共24节，每周阅读8节，3周便可以读完。即便是在课业负担不轻的情况下，绝大多数同学还是可以做到的。

作者老舍是新中国第一位获得"人民艺术家"称号的作家。现当代著名美学家、文艺理论家朱光潜曾这样评价老舍："据我接触到的世界文学情报，全世界得到公认的中国新文学家也只有沈从文与老舍。"

《骆驼祥子》是一部优秀的现实主义小说，可谓是老少皆知，百读不厌。北大教授钱理群曾这样评价《骆驼祥子》："老舍在祥子所代表的下层城市贫民身上所发现的人与人之间的冷漠、个人奋斗道路破灭以后的苟且忍让，在一定程度上反映了中国国民性格中的某些弱点。"

显然，《骆驼祥子》值得花些功夫阅读，比如做一些勾画，写一些批注，拟一串标题。这些，读者都是可以做到的。

一、勾画：留下阅读的痕迹

我们常说，不动笔墨不翻书。可是，一些同学并没有养成阅读动笔的习惯。这显然不是个好习惯。我常常有这样的感觉，一本书拿来阅读，如果没有做些勾画，头天读到哪里，次日印象便不是很深刻，甚至过一段时间之后，对于当初的阅读情形能回忆起的并不多；相反，如果能够即时性地做一些勾画，阅读时便会更宁静一些，更专注一些，过一段时间重新拿起书本，我们可以根据"阅读痕迹",回想起当初的阅读体验,较快地检索书本内容,搜寻到自己想要的东西。

阅读文学作品尚且如此,而阅读科技类、哲学类书籍,如果没做即时性的勾画,当下的理解、之后的回忆、所需的检索,便更加困难了。

下面再来说说勾画的内容。一般来说,"勾画的内容应该是文章的重点、难点、疑点,或者是自己深有体会之处"(七下语文教材 P74)。其实,不同的读者,其阅读经验、阅读习惯、关注信息各不相同;即便是同一读者,其阅读状态也千差万别。下面,我试图从本人阅读本书时所做的勾画中,去寻找一些不是规律的规律,与读者共享。

1. 强化记忆类。比如人物、地点、时间、类别、观点等相关信息。

"北平的洋车夫有许多派":"年轻力壮、腿脚灵利的";"比这一派岁数稍大的";"年龄在四十以上,二十以下的";"另成别派"的。(第一节)把这种与类别相关的词句勾画出来,便于分辨。

"他老想着远远的一辆车,可以使他自由,独立,像自己的手脚的那么一辆车"。(第一节)这是祥子的梦想:拥有自己的一辆车。

"他不怕吃苦""他没有什么模样,使他可爱的是脸上的精神""他确乎有点像一棵树,坚壮,沉默,而又有生气"。(第一节)这是祥子的一些个性特点。

2. 心理活动类。"祥子的手哆嗦得更厉害了,揣起保单,拉起车,几乎要哭出来""头一个买卖必须拉个穿得体面的人,绝对不能是个女的"。(第一节)祥子终于拥有了自己的一辆车,激动不已,期待满满,想在心头,写在脸上。当然,一些心理活动往往会通过人物的语言、动作、神态表现出来。把其中的一些勾画出来,揣摩一下,是挺有意思的。

3. 事态变化类。"因为高兴,胆子也就大起来。""祥子和光头的矮子连车带人都被十来个兵捉了去!""骆驼!祥子的心一动!"(第二节)人物的思想,外部的环境,事态的发展,往往与一些突然的变化密切相关。勾画出来,便于寻找所谓的"关键点"和"转折点"。这些所谓的变化,其实也是伏笔,也是铺垫。

4. 作者评述类。"一场雨，催高了田中的老玉米与高粱，可是也能浇死不少城里的贫苦儿女。……雨下给富人，也下给穷人；下给义人，也下给不义的人。其实，雨并不公道，因为下落在一个没有公道的世界上。"（第十八节）这是祥子在烈日和暴雨下拉车后，作者生发的一番感慨。透过这种评述语段，我们可以加深对作品主旨的理解，比如这段话中的"一个没有公道的世界"，便揭示了作者的写作思想。

勾画什么，其实本无定律。读者可以根据自己的需要和喜好，边阅读边勾画。勾画在精不在多，关键在于能为自己的阅读、理解、记忆产生一定的推动作用。如果把书页都画满了红道道，这便既不好看也不中用了。

二、批注：我的阅读我做主

批注，指阅读时在文中空白处对文章进行批评和注解，作用是帮助自己掌握书中的内容。它直入文本、少有迂回，多是些切中肯綮的短词短句，是阅读者自身感受的笔录，体现着阅读者别样的眼光和情怀。

据我所知，很多读者是不会做批注的，他们常常无从下笔，似乎生怕把书本"弄脏"了，生怕自己的批注"不正确"。这既是习惯的问题，也是信心的问题。我们不妨这样想：这是我的书，我想怎么写就怎么写；这是我真实的阅读体验，我的阅读我做主。甚至还可以想到，如果三五年、一二十年后，某一天翻阅曾经做过批注的书本，一些情景浮现眼前，一些体验浮上心头，这岂不是人生的一桩快事！

在我看来，批注的过程，是一种对话的过程：与人物对话，与作者对话，与自我对话。在这种对话过程中，读者及时记录当下的阅读体验，加深对作品的理解。也正是在这种对话过程中，读者的思辨能力、表达能力能够不断地得到发展，阅读信心也不断地得以增强。

个人认为，让七年级读者去做详细的、专业的批注，是不太符合实际情况的。我之所以做出这种判断，乃是从课业负担、阅读基础、阅读状态等方面出发的。如果他们能在勾画的基础上，加进一些符号、一些词语、一些短句，便不错了。当然，如果能够在一些"关键点""转折点"上写上一两句话，便更好了。下面以第七节为例，略做说明。

这一节的主要内容是：祥子到曹家拉包月，曹先生一家对他很好，很尊重他。一天夜里，祥子拉曹先生回家，不小心撞到石头上，他和曹先生都摔伤了，祥子很难受，但曹先生丝毫没有责备他。

1. 曹家的人是个例外……在这里，他觉出点人味儿。

（在这里活得有尊严）

2. 在祥子眼里，刘四爷可以算作黄天霸。

（黄天霸?）

3. 一天晚间，曹先生由东城回来得晚一点。祥子为是小心，由天安门前全走马路。敞平的路，没有什么人，微微的凉风，静静的灯光，他跑上了劲来。许多日子心中的憋闷，暂时忘记了，听着自己的脚步，和车弓子的轻响，他忘记了一切。……他的脚似乎是两个弹簧，几乎是微一着地便弹起来；后面的车轮转得已经看不出条来，皮轮仿佛已经离开了地，连人带车都像被阵急风吹起来了似的。

（居安不思危，乐极而生悲）

4. "别管我，先看你自己吧!"曹先生跑了进去。

（曹先生真好!）

5. 祥子还不动。……他顾不得恨谁，只恨自己的命，他差不多想到：从曹家出去，他就永不再拉车；自己的命即使不值钱，可以拼上；人家的命呢？真要摔死一口子，怎办呢？……他不能等曹先生辞他，只好自己先滚吧!

（愧疚，丢人）

6. 祥子的右肘很疼，半夜也没睡着。颠算了七开八得，他觉得高妈的话有理。什么也是假的，只有钱是真的。省钱买车；挂火当不了吃饭! 想到这，来了一点平安的睡意。

（"只有钱是真的"，真的如此吗? 危险了!）

三、拟题：将厚书读薄

这本书共 24 节，每节都只有序号，而没有小标题。阅读有小标题的小说，我们往往可以透过小标题了解到一些信息，比如人物、地点、事件等；同时，读完过后，我们想回过头来搜寻一些信息，也可以通过每节的小标题迅速地进行检索。这种体验，许多读者应该都有。既然如此，我们能否在阅读一节或几节之后，也给每节自拟一个小标题呢？

在我看来，这样做至少有两个好处。好处之一，学会概括，也就是将每节的内容进行高度浓缩。我们常说，善于读书的人，既可将"薄书读厚"，又可将"厚书读薄"。将"薄书读厚"，也就是在阅读时融入自己的生活体验，并以此来指导自己的学习、工作和生活。本文第二部分所讲的批注，也是一种将"薄书读厚"的方法。将"厚书读薄"，则是善于对作品内容进行概括，或从中提炼出作品的要义。好处之二，便于检索，这一点刚刚在上面讲过了，不再重复。

如何给每个章节进行拟题呢？我们可以分两步走。第一步，用简明的语言将每个章节的内容概括出来；第二步，则从概括的语言中把最重要的信息提炼出来。

比如第一节，我们可以将其内容概括为：祥子生长在乡间，失去了父母和几亩薄田，十八岁时进城来拉车。祥子最大的梦想，就是拥有一辆自己的车。经过三年的风里来、雨里去，祥子终于拥有了一辆自己的车。据此，我们就可以将这节标题拟为"三年一梦""第一辆车"等。

再比如第二节，我们可以将其内容概括为：祥子买上新车才半年，北平街上就流传爆发战争的消息。一天，祥子怀着侥幸心理，贪图高额车费，往清华拉客人，结果被军阀队伍抓去当差，车也被抢走。祥子遭受了当头一棒，他开始恨世上的一切。夜里，他听到骆驼的声音，并决定逃走。据此，我们又可以将这节标题拟为"被捉丢车""当头一棒"等。

拟题的时候，应当更精练一些，如果能更对称一些当然更好。下面，笔者将自己所拟的 24 节标题一并呈现出来，供读者参考。

（一）三年一梦　　（二）被捉丢车

（三）三匹骆驼　　（四）人和车厂

（五）杨宅包月　　（六）恨死虎妞

（七）车把断了　（八）只想成功

（九）要紧的事　（十）爷孙车夫

（十一）罐儿破了　（十二）不能当贼

（十三）认了命了　（十四）诀别善良

（十五）新婚之喜　（十六）非得拉车

（十七）第二辆车　（十八）烈日暴雨

（十九）一病一死　（二十）搬走逃离

（二十一）人懒火大（二十二）回到曹家

（二十三）彻底崩溃（二十四）出卖灵魂

上面三步，读者应当将其合并。也就是在阅读的过程中，做些勾画，做点批注；每一节或几节读完后，我们再回过头来，将那些冰冷的"一、二、三"序号分别换成一个有温度的小标题。我相信，读者大多是可以做到的，而且会越做越好，并越发体会到"我的阅读我做主"的快乐。

四、探究：在阅读中发现

七下语文教材在《骆驼祥子》一书的"专题探究"中，给我们留下了四个专题探究，即"专题一：给祥子写小传""专题二：探寻悲剧原因""专题三：话说'洋车夫'""专题四：品味'京味儿'"。我们可以根据各自的兴趣，选择其中的一两个话题，或者另选话题，尝试完成一篇读书报告。若能如此，这便是一种更有深度、更有个性的"我的阅读我做主"了。

下面，我们尝试以"祥子是怎样走向深渊的"为专题进行一些探究。

生长在乡间的祥子，十八岁时进城来拉车。经过三年的吃苦耐劳，他买到了一辆自己的新车，成了北平城一流的洋车夫。然而，《骆驼祥子》一书的末尾却说："体面的，要强的，好梦想的，利己的，个人的，健壮的，伟大的，祥子，不知陪着人家送了多少回殡；不知道何时何地会埋起他自己来，埋起这堕落的，自私的，不幸的，社会病胎里的产儿，个人主义的末路鬼！"同一个祥子，为何前后判如两人？我们将从性格和命运两方面为读者略做梳理。

（一）性格：与梦想一起沉沦

1. **心中有梦，吃苦耐劳**。刚进城的祥子是这样的：他"不怕吃苦，也没有一般洋车夫的可以原谅而不便效法的恶习，他的聪明和努力都足以使他的志愿成为事实"。这时的祥子，"确乎有点像一棵树，坚壮，沉默，而又有生气"。他下了决心，一千天，一万天也好，他得买一辆属于自己的车！此时的祥子不吃烟，不喝酒，不赌钱，没有任何嗜好。整整的三年，他凑足了整整的一百块钱。他花了96块钱买来了一辆新车。此时，他几乎激动得要哭出来了。

2. **被捉丢车，梦破恨生**。祥子买上新车才半年，北平街上就流传爆发战争的消息。一天，祥子怀着侥幸心理，贪图较高的车费，往清华拉客人，结果被军阀队伍抓去当差。"他的车，几年的血汗挣出来的那辆车，没了！自从一拉到营盘里就不见了！以前的一切辛苦困难都可一眨眼忘掉，可是他忘不了这辆车！"此时的祥子，叫天天不应，呼地地不灵。"祥子落了泪！他不但恨那些兵，而且恨世上的一切了。凭什么把人欺侮到这个地步呢？凭什么？"此时，委屈、不公，充斥着祥子的心灵。

3. **绰号骆驼，重新振作**。祥子带着逃兵丢下的三匹骆驼连夜逃命。天亮的时候，他把三匹骆驼卖给一位养骆驼的老人，得到三十五个大洋。他丢了车子，又大病一场。此时，他得了一个"骆驼祥子"的绰号。但命运并没有击垮祥子，他又开始和自己较起劲来："除非一跤栽倒，再也爬不起来，他满地滚也得滚进城去，决不服软！"他给自己打气："自己只要卖力气，这里还有数不清的钱，吃不尽穿不完的万样好东西。"祥子强打精神，回到人和车厂。在厂子里，他不闲着，总是主动找事做，还是那么真诚自然，深得老板女儿虎妞的青睐。祥子把剩余的三十个大洋寄存在车厂老板刘四爷那里，希望继续积攒，再买一辆属于自己的车。

4. **拼命挣钱，善良打折**。祥子从刘四爷那里租来一辆车子，但他恨不得马上就能再买上辆新车。不拉着自己的车，他简直像是白活。他觉得，收拾自己的车，就如同数着自己的钱，才是真快乐。他不大管所谓的声誉，他看到的，只是钱：不管买卖的苦甜，不管是和谁抢生意，只要能拉上买卖，他就像一只饿疯的野兽。这样，骆驼祥子的名誉远不及单是祥子的时候了。他常这样为自己辩护："我要不是为买车，决不能这么不要脸！"祥子越来越讨厌拉散座了，因为抢买卖而被大家看不起，因为每天的收入没有定数。终于拉上了包月，但杨家太太们根本不拿祥子当人看待。祥子实在受不了。"给我四天的工钱！"结账走人。祥子已经没有了当初那种忍辱负重的好脾气。

5. **意乱情迷，酿成大错**。从杨家出来，祥子真想坐下痛哭一场。他不只怨恨杨家那一伙人，更感到一种无望，他担心自己一辈子不会再有什么起色了。他无处可去，只好回到人和车厂。此时，虎妞仿佛是专等着祥子，并请祥子喝酒。酒后，在迷迷糊糊中祥子被虎妞骗上了床。事后，祥子恨死了虎妞，恨虎妞让他失去了"由乡间带来的那点清凉劲儿"，让他成了一个"偷娘们的人"。然而，这能全怪虎妞吗？

6. **摔掉尊严，失去同情**。从杨家出来，祥子碰上了一个好主家——曹先生，大学教师，拿祥子"当个人对待"。但因为之前的一些事情，祥子心里老憋着一股怨气，而且把怨气发泄在拉车上。一天晚间，他跑得太快，因而摔伤了自己，摔伤了曹先生，摔坏了车子，也摔掉了尊严，摔丢了信心。他顾不得恨谁，只恨自己的命。他引咎辞工，情愿不要工钱，尽管工钱是他的命根子。好在曹先生一家人不计较，祥子留了下来。翻车的事逐渐淡忘，祥子的希望又重新发芽。但此时，祥子不管不顾，对挣扎在寒风中的老弱车夫视若无睹。他只想着自己的钱与将来的成功。祥子逐渐失去了善良，失去了同情，而代之以狭隘和自私。

7. **看透自己，无奈认命**。虎妞找上门来，说她怀孕了，要祥子"奉子成婚"。祥子心乱如麻，"他真想一下子跳下去，头朝下，砸破了冰，沉下去，像个死鱼似的冻死在冰里"。慌乱之下，他破了酒戒。一次，在小茶馆里等曹先生，一个五十多岁的老车夫因为又冷又饿晕倒在茶馆门口。老车夫的遭遇给祥子以沉重的打击，他发现即使有了一辆属于自己的车，到老来也是很可怕的："在小马儿身上，他似乎看见了自己的过去；在老者身上，似乎看到了自己的将来！"向来没有轻易撒手过一个钱的祥子，这次竟然为这一老一少买了十个包子。对虎妞的要挟，祥子似乎不必反抗了："看透了自己，便无须小看别人，虎妞就是虎妞吧，什么也甭说了!"

8. **掏钱保命，良知未泯**。祥子拉曹先生回家的途中发现被人跟踪了。他才回到曹家报信，就被孙侦探抓住了。孙侦探威逼利诱，最后祥子把闷葫芦罐里的所有积蓄都给了孙侦探来"保命"。与其说这三十多块钱是用骆驼换来的，还不如说是祥子用生命换来的。曹先生家空无一人，祥子本也想进去拿几件东西作为一种补偿，但此时，祥子的良知还没有泯灭。本分，善良，勤劳，隐忍，骨子里的这些东西，仍然战胜了恶念和贪念："穷死，不偷!"

9. **人和不和，大喜不喜**。祥子无处可去，只有带着委屈、羞愧、无奈，回到人和车厂。腊月二十七，刘四爷庆寿那天，车夫们把怨气都发泄到祥子身上，祥子气得差点和他们打起来。刘四爷父女俩吵得不可开交，虎妞索性公开了她和祥子的关系。虎妞和父亲闹翻了，她在一个大杂院里租到两间小北房。新婚之夜，虎妞在祥子眼里，"像人，又像什么凶恶的走兽"。此时，祥子才知道原来虎妞的怀孕是假的。他气愤难当。第二天，他真想一走了之。可是走到哪里去呢? 最后，他还是回到了虎妞那里。他希望虎妞拿钱给他买车，而虎妞却不要他继续拉车。祥子无可奈何。

10. **二次买车，不愿再跑**。元宵节过后，祥子再也忍受不了清闲的日子了，他不声不响地拉起了租车，而且决心无论虎妞怎么反对，他都要拉车。他偷偷到人和车厂附近观察，发现刘四爷把人和车厂卖了，带着钱外出看世界了。虎妞的计划完全落空，终于同意买来了杂院里二强子的车子。可祥子老觉得心中不痛快，一方面是这辆车的不光彩的历史（二强子用卖女儿小福子的钱买来的车子）；另一方面，这辆车完全是用虎妞的钱买的。祥子似乎天天都在磨洋工，"他不愿再跑，可又不肯收车，犹疑不定地打着长而懒的哈欠"。

11. **大病一场，希望不灭**。六月十五那天，天热得发了狂。祥子原打算下午四点再出去，但在虎妞的催逼下，他无奈出了门。半天烈日，"那毒花花的太阳把手和脊背都要晒裂"；一场大雨，"只觉得透骨凉的水往身上各处浇"。跑回家，祥子"抱着火，烤了一阵，他哆嗦得像风雨中的树叶"。祥子大病一场，躺了十天，"越躺着越起急，有时候他趴在枕头上，有泪无声地哭"。祥子想马上起来，"道路是死的，人心是活的，在入棺材以前总是不断地希望着"。歇了有一个月，他顾不得身体，又拉上了车子。但没过几天，又病了，还患上了痢疾。到八月十五，他决定出车，并暗暗发誓：这回要是再病了，他就去跳河！这既是生活所逼，也是斗志尚在。

12. **卖车葬妻，看透人生**。两场病让祥子明白了自己并不是铁打的。但他总不肯放走一个买卖，该拉就拉。尤其是想到将来有人喊一个"爸"字时，他忽然觉出自己的尊贵："只要有了小孩，生命便不会是个空的。"然而，收生婆给祥子暗示：虎妞恐怕要难产了。守了三天三夜，还请来了"蛤蟆大仙"，祥子始终没有把虎妞送到医院，而是"只好等着该死的就死吧！"虎妞断了气，祥子卖了车。"车，车，车是自己的饭碗。买，丢了；再买，卖出去；三起三落，像个鬼影，永远抓不牢，而空受那些辛苦与委屈"，祥子连哭都哭不出声来。小福子没留住祥子。祥子找好车厂，只休息一天，便照旧去拉车。他似乎看透了拉车是怎么回事，也似乎看透了人生是怎么回事。他开始抽烟了，赌钱了，喝酒了，还在夏太太那里"拾个便宜"。但从此落下了病根——撒不出尿来了！祥子开始自怜，自私，懒惰，打架。遇到刘四爷，连虎妞葬在哪里，他都不告诉……

13. **短暂自强，最终堕落**。"祥子你得从此好好地干哪！"祥子嘱咐着自己。"干吗不好好地干呢？我有志气，有力量，年纪轻！"可以投奔的，可依靠的，在祥子心中，只有两人：小福子与曹先生。曹先生回来了，祥子把一切都告诉了曹先生，曹先生也为祥子安排好了一切。只要找到了小福子，从此便可以另辟一个天地。然而，祥子得到的消息是，小福子"吊死在树林里了"。小福子是祥子唯一的生命希望；希望破灭了，曹先生救不了祥子的命。于是，"他吃，他喝，他嫖，他赌，他懒，他狡猾，因为他没了心，他的心被人家摘了去"。祥子变成了走兽，他把阮明（那个曾出卖曹先生的一名学生）卖了六十块钱，"阮明的血洒在津贴上，祥子把钞票塞在了腰间"。祥子彻底成为一个"堕落的，自私的，不幸的，社会病胎里的产儿，个人主义的末路鬼！"

通过以上梳理，我们可以看到，祥子的性格是随着生活的现实和内心的希望一同起伏、一同波折的。祥子刚来到北平时，苦干三年，凑足一百块钱，买了辆新车。这时的祥子吃苦耐劳，心地善良。当他连人带车被宪兵抓去，希望第一次破灭时，他心生怨恨，但念想犹存。当他卖了骆驼，拼命拉车，准备攒钱买新车时，祥子勤俭节约，但善心打折。当辛苦攒的钱被孙侦探讹去，希望第二次破灭时，祥子屈于现实，开始变坏。当虎妞以低价给祥子买了邻居二强子的车时，祥子虽然不再勤快，但还算敢于担责。当为了置办虎妞的丧事，祥子把车卖掉，希望第三次破灭时，祥子自怜自私，并开始变态。当想到小福子和曹先生时，他焕发生机，短暂振作。当得知小福子上吊而死时，他万念俱灰，彻底变坏。纵观全书，祥子的性格线路图虽有起伏波折，但其主线一路走低，最终跌进深渊，万劫不复。

（二）命运：与自身密不可分

上面，既是祥子性格变化的线路图，也是他命运走向的线路图。祥子的命运是悲惨的，也是有代表性的。这样的人生，这样的命运，是值得同情的，也是值得探究的。显然，祥子的不幸，是时代的不幸，是许多像祥子一样生活在社会底层百姓人家的不幸。然而，这样的不幸产生的根源又是什么呢？

14. **军阀混战，民不聊生。**"战争的消息与谣言几乎每年随着春麦一块儿往起长……春雨不一定顺着人民的盼望而降落，可是战争不管有没有人盼望总会来到。""'要打仗了！'这句话一经出口，早晚准会打仗；至于谁和谁打，与怎么打，那就一个人一个说法了。"（第二节）祥子的第一辆车就是被当兵的抢走的。"东也闹兵，西也闹兵，谁敢走啊！"买骆驼的老者似乎有无限的感慨与牢骚。兵荒马乱的年代，老百姓一个个备受煎熬。

15. **社会黑暗，流氓当道。**"你，你呀，我的傻兄弟，把你放了像放个屁；把你杀了像抹个臭虫！拿钱呢，你走你的；不拿，好，天桥见！""你谁也没招；就是碰在点儿上了！人就是得胎里富，咱们都是底儿上的。什么也甭再说了！"（第十一节）祥子卖骆驼的钱，就这样被孙侦探这个流氓给讹诈去了。同时，一个大好人、祥子的大福星——曹先生，也被这些流氓给逼得背井离乡、四处逃命。勤劳、朴实、善良的老百姓就这样一步步被逼进生活的死胡同。

16. **经济贫困，人性被毁。**"房钱交不上，全家便被撵出去，而且扣了东西。房子破，房子可以砸死人，没人管。""一场雨，也许多添几个妓女或小贼，多有些人下到监狱去；大人病了，儿女们做贼做娼也比饿着强！雨下给富人，也下给穷人；下给义人，也下给不义的人。其实，雨并不公道，因为下落在一个没有公道的世界上。"（第十八节）人是社会的产物，在这种衣不遮体、食不果腹、家徒四壁甚至无家可归的极度贫困之下，一个人想独善其身是何其艰难！

17. **他人影响，催逼变质。**"看看自己的手脚，祥子不还是很年轻吗？祥子将要永远年轻，教虎妞死，刘四死，而祥子活着，快活的，要强的，活着——恶人都会遭报，都会死，那抢他车的大兵，不给仆人饭吃的杨太太，欺骗他压迫他的虎妞，轻看他的刘四，诈他钱的孙侦探，愚弄他的陈二奶奶，诱惑他的夏太太……都会死，只有忠诚的祥子活着，永远活着！"（第二十二节）心理逐渐变态的祥子，其人生悲剧与上面这些人都有着或深或浅、或大或小的联系。而小福子的死，让祥子彻底崩溃，彻底堕落。

18. **性格缺陷，必然结果。**祥子从乡下来到城市，其本质上还是有狭隘的小农意识。身体健壮，但精神残缺。祥子很自私，为了自己的利益，拼命抢座赚钱。甚至对于自己爱着的小福子，他首先想到的还是自己。面对虎妞的引诱与胁迫，他想挣扎反抗，同时又屈服于情欲的诱惑，终于落入虎妞设下的婚姻牢笼。当虎妞难产需要送到医院时，他无动于衷，导致虎妞死去。当夏太太欲勾引于他时，他想到的是拾个便宜，因而惹上了病根。他可以为钱行骗，还可以为钱出卖生命。祥子最终变成了麻木、潦倒、狡猾、自暴自弃的行尸走肉。

"一个人可以被毁灭，但不能给打败。"我们不能奢求祥子成为一个完人，我们每一个人也都不可能成为完人。但我们可以从文学作品中汲取精神养料，将其作为自己的一面镜子，照出各自的真诚与虚伪、善良与邪恶、美丽与丑陋、挺拔与猥琐，以此不断完善自我，超越自我。

下一篇，我们一起走进红色经典《红岩》。

8 《红岩》：倾听英雄话语，感受精神力量

——初中名著阅读个性化攻略之八：倾听式

《红岩》是一本红色经典读本。该书讲述了中华人民共和国成立前夕，重庆地区的地下党人英勇斗争的故事。阅读《红岩》，读者可以欣赏到地下工作者化装侦探、暗号接头、情报传递等跌宕起伏的情节，更可以感受到革命英雄们坚持真理、无私奉献、团结一心、尽心尽力、舍己为人、坚强不屈等"红岩精神"。这，应当是阅读该书与其他名著的不同之处。

言为心声，革命英雄的话语，往往散发着理想的光芒；言行一致，一个真正的革命英雄一定能够言必信、行必果，百折不挠，一往无前。下面，我们试图采用"倾听式"的阅读方法，用心倾听革命英雄的话语，深刻感受他们身上所具有的理想信念。

一、用心倾听英雄的话语中丰富的斗争经验

成岗指着《挺进报》严厉地说道：

"这东西以后不准带回家来，给人发现了可不是好玩的事！"

妹妹像受了天大的委屈，激动地反驳着："我没有碰到危险！"

"你太冒失了。"成岗摇了摇头，"这不是勇敢而是冒险！难道你没有看见到处都在搜查《挺进报》？车站、码头，到处都有特务！"（第三章，P32）

《挺进报》是新中国成立前中共地下党重庆市委的机关刊物。它是理想的火炬，是斗争的武器，是成岗（陈然原型）等人冒着生命危险而编写、刻印、发行出来的。成岗看到妹妹成瑶把《挺进报》装在书包里，带回家中，完全没有意识到这种行为的危险性，便立刻警觉起来，严肃地指出妹妹所犯的错误。革命斗争，仅有热情是不够的，还必须处处谨慎，时时小心，否则一旦暴

露，就会带来非常严重的后果。

这种斗争经验，在几乎所有地下党身上都有不同程度的体现。比如"老大哥"：

"记住新年献词里的话。就是遇到化为美女的毒蛇，我们也要把它识破。"老大哥歇了一下，又低声告诉他，"不过，我担心你不能再回渣滓洞了。"

"为什么？"刘思扬把老大哥的手抓得更紧了。

"这是敌人的习惯。很可能从这里押出去，又关到旁的地方。你要有足够的思想准备。"老大哥看出刘思扬非常痛苦，又和悦地说，"新的地方，也有我们的同志。不要担心！你已经经历了许多考验，足以克服知识分子的脆弱感情……"

"老大哥，我真舍不得同志们，舍不得战斗的集体。"刘思扬的泪水又流出来，声音充溢着激动，"我记着党，记着你的话。"

"如果转移到白公馆，"老大哥的声音更低，"就找齐晓轩同志联系。不能一去就找，到白公馆更要十分警惕……"（第十八章，P329～330）

在集中营里，老大哥把自己的斗争经验传授给年轻战士刘思扬。后来的事实证明，老大哥的判断是非常正确的。

二、用心倾听英雄的话语中积极的担当精神

"我为党做的工作太少了！"

"地下党决定恢复和你的联系，从今以后，你回到了党的怀抱。"

成岗的手抱得更紧，周身热血沸腾，对方也和他一样，紧紧地拥抱着他。

"我们的党，敌人破坏不了。红岩村给我们留下了革命的种子和斗争传统，党的工作，永远不会撤退！"

心里充满了激烈的共鸣，使成岗来不及告诉对方：每天黄昏，遥望着嘉陵江对岸的红岩村，那中共办事处附近的红色巨岩，他都在想，明天，明天党一定会派人来的！

"我叫许云峰。很高兴认识你，党决定派你帮助我工作，"停了一下，像征求意见似的，热情地低声问道，"你愿意吗？"

"只要是为党工作，我没有不愿意的！"（第三章，P44~45）

这是成岗和许云峰第一次会面的情景。我们可以从对话中看到，成岗即便与党组织失去联系，也希望能为党工作；而一旦与组织恢复联系，他便浑身充满了力量，为革命事业而废寝忘食。

"我是地下党市委委员，工运书记，你们也许还知道我和《挺进报》的关系……"

"老许！你？"

刚刚醒来的成岗，突然喊了一声。他的目光惊诧地和许云峰坦然的目光相遇。许云峰低下头来对成岗解释了一句："叛徒早已告诉敌人了。"接着，他对准徐鹏飞狡猾的眼睛，沉着地说下去："我是《挺进报》的负责人。可是叛徒，他连这点也未必知道。"（第九章，P163~164）

这是在监狱里。其实，老许早就没有领导成岗了。《挺进报》过去是江姐，后来是李敬原直接领导的。但为了不让敌人知道更多的秘密，老许有意说他是《挺进报》的负责人。这是为了保护组织，也保护同志。

三、用心倾听英雄的话语中钢铁一样的意志

"我在干什么？"一种自责的情绪，突然涌上悲痛的心头。

这是什么地方？什么时候？自己担负着党委托的任务！不！没有权利在这里流露内心的痛苦；更没有权利逗留。江姐咬紧嘴唇，向旁边流动的人群扫了一眼，勉强整理了一下淋湿的头巾，低声地，但却非常有力地对华为说：

"走吧，不进城了。"

江姐接过行李卷，挥了挥手，叫华为快走。可是自己却站着不动，她再一次抬起头来，凝望着雨雾蒙蒙的城楼……（第四章，P69）

这是在城门前，江姐忽然发现，城门上被斩首示众的竟然是自己的丈夫彭松涛！此时，她热泪盈眶，悲痛无比！但想到党交给自己的任务，想到肩上承担的责任，便忍住悲痛，更加坚强起来。

"你知道最重要的地址吗？万一你急需要找党！"是那灰蓝眼睛，长着黄麻鬈发的魔影，一步步挤进成岗的思路，使他在一瞬间，猝不及防地张开了嘴

巴，完全成了随问随答，似乎脑子里有另一个人急于替他说话！

"……我到林森路三一八号……"正要脱口说出，成岗突然记起：这是党的秘密，找李敬原的地址，不能告诉任何人的！心里一紧，头脑霍然清醒过来，他立刻换了一句话："我搞《挺进报》，不和任何人来往。"（第十九章，P373）

在所谓的"中美合作所特别医院"里，敌人用药物麻痹成岗，想以此从成岗嘴里获取地下组织的重要机密。成岗在药物的麻痹下，精神恍惚，差点把敌人当成许云峰。但是，因为有着钢铁般的意志，成岗在即将崩溃的边缘，识破了敌人的阴谋诡计。

四、用心倾听英雄的话语中大无畏的牺牲精神

"来不及了。"许云峰把茶碗推向一边，急速地交代着，"甫志高不认识你，你赶快走。通知区委、成岗、刘思扬……还有小余，所有甫志高知道的人全都转移！"

靠近他们的旁门边，紧守着便衣特务。甫志高已挤进茶园，卑鄙的目光，在人丛中逡巡着，渐渐转向许云峰这边。

"请不要为我担心……"许云峰又补充一句，"你走，从旁门出去！"

"我们一定设法跟你取得联系！"李敬原退后一步，沉着地说。（第八章，P139）

这是许云峰和李敬原在茶园接头的片段。由于叛徒的出卖，许云峰被暴露。在危急关头，许云峰没有惊慌，果断地安排李敬原离开，丝毫没有考虑个人的安危。李敬原安全逃脱，而许云峰不幸被捕。被捕，意味着受尽折磨，意味着牺牲生命。

胜利的欢乐和永诀的悲哀同时挤压在孙明霞心头，她从未体验过这种复杂而强烈的感情。"江姐，我宁愿代替你去……不能，不能没有了你！"

"明霞，别这样。你们要坚持到底，直到最后胜利。即使只剩下你一个人，也要坚持！"江姐略停了一下，又轻声说道，"如果需要为共产主义的理想而牺牲，我们每一个人，都应该、也可以做到——脸不变色，心不跳。"

孙明霞抬起泪眼，凝望着江姐，一动也不动。（第二十五章，P505）

一九四九年十月一日，毛泽东在北京向全世界庄严宣告，中华人民共和国成立了。然而，此时的重庆依然在国民党反动统治之下。丧心病狂的敌人将屠杀提前了，江姐即将被处决。此时，江姐毫无畏惧，梳好头发，整好衣服，嘱托战友，真正做到了为共产主义的理想而牺牲——脸不变色心不跳。

五、用心倾听英雄的话语中坚定的革命信念

英雄的话语里，还有着忘我的工作精神，如 P85，成岗"要印得又多又快……"

有着纯粹的革命友谊，如 P87，成岗"致以革命的敬礼！"，对方（刘思扬）回复："紧紧地握你的手！"

有着对自由的美好向往，如 P394～395，"'那时候，你画一张——'成岗抬起头来，衷心地说，'你要画一张祖国的黎明。'"

有着革命乐观主义精神，如 P287～294 的狱中联欢庆祝新年。

有着充满柔情的人性之美，如 P222，一个新的生命降生在监狱里，狱友们对婴儿的关爱，并取名为"监狱之花"。

有着丰富的斗争智慧，如 P456，华子良长期装疯，骗过敌人，刘思扬仔细观察，发现隧道里关着人，后来知晓隧道里关着许云峰；等等。

在笔者看来，以上所有的一切，更多的是因为英雄们有着坚定的革命信念。关于革命信念，在书中每一个章节几乎都有呈现。下面，略举几例。

"嗯，一直跟着妈妈。可是我从来没见妈流过眼泪。妈妈常常对我说：'孩子，快长大吧！红军一定会回来的！血仇要用血来报，剩下孤儿寡妇，一样闹革命！'妈妈说的对，现在妈妈不是又上山打游击去了！听说她现在做了司令员咧！"（第四章，P64）

这是华为对江姐说的话。在华为很小的时候，爸爸就被敌人捉去，母子俩认为爸爸早就牺牲了（其实，华为的爸爸就是华子良）。娘俩始终都有一个坚定的信念："红军一定会回来的！"正是这种信念，一个成为英雄妈妈，一个成为英雄儿子。

"我受谁利用？谁都利用不了我！信仰共产主义是我的自由！"他从来没有听过这样无理的话，让党和自己蒙受侮辱，这是不能容忍的事，当然要大声抗议那个装腔作势的处长。

……

"阶级出身不能决定一切，三民主义我早就研究过了，不仅是三民主义，还研究了一切资产阶级的理论和主义，但我最后确认马克思列宁主义才是真理。"（第十一章，P196～197）

刘思扬，乃是"资产阶级出身的三少爷"。他不必为生活所累。但他始终信仰着共产主义，坚信马克思列宁主义，坚信共产党。这便是信仰和信念的力量。也正是这种信仰和信念，后来，他在监狱里不折不挠，经受住诱惑，为解放事业献出了宝贵的生命。

"看见同志们都坚持着，并不害怕，"刘思扬接着说，"我就觉得，在绝食斗争中，想到饿，甚至感觉到饿，都是可耻的事！当然，饥饿并不因此而不存在。可是，我要和它斗争，我要战胜它！这样一来，饥饿的感觉仿佛怕我似的，忽然偷偷地消失了。小余，这真有点奇怪，这是一种新的体会。我觉得，老大哥讲的过去集中营的许多事情，似乎也容易懂了……"

两个人交流着共通的感情，低声谈着话，让时光悄悄地逝去。（第十三章，P243）

敌人毒刑拷打龙光华，龙光华英勇牺牲。监狱地下组织号召狱友们，用绝食的方式来和敌人抗争，要求敌人用棺木礼葬龙光华，举行追悼会来公开追悼龙光华，有重病号要送医院治疗，废除一切非人的迫害和虐待等。

因为心中有着坚定的思想信念，刘思扬、余新江等所有的狱友们，都经受住了断水、绝食考验。敌人担心事态扩大，最后被迫答应了全部条件。当然，答应条件也只是敌人的权宜之计。这些刽子手们还会有更疯狂、更惨绝人寰的摧残。

江姐点了点头，目光落在那依稀可辨的字迹上。看着看着，一阵激情，在江姐心里回旋冲击，她轻声念着：

为了免除下一代的苦难，

我们愿——

愿把这牢底坐穿!

……

晚上,通过墙头上的秘密孔道,渣滓洞每间牢房的战友,在暗淡的狱灯下,传阅着江姐动人心弦的回音。人们静坐在黑暗中,却像在阳光照耀下一样,背诵着江姐信中光芒四射的词句:

毒刑拷打是太小的考验!

竹签子是竹做的,共产党员的意志是钢铁!(第十五章,P279)

十指连心,敌人为了从江姐身上找到"缺口",以破获重庆地下党组织,采用了惨无人道的竹签钉手指的酷刑。但因为心中坚守着必胜信念,江姐坚贞不屈,视死如归,经受住了所有毒刑拷打,直至被特务秘密枪杀,时年仅29 岁。

……

英雄们的这些话语,我们可以勾画,可以批注,可以朗读,甚至可以背诵。因为这些话语,代表着无数革命先烈、仁人志士,在推翻旧世界、建立新社会的艰苦卓绝的斗争中所发出的共同心声。

这些话语,在今天这个和平年代,仍然有着不可磨灭的光辉和力量。这些话语,能够时刻激励着我们尤其是青少年们,坚持理想信念,坚定意志信心,继而用以克服学习、工作、生活中的各种困难。这便是红色经典给予我们的精神养料,也是我们用这种用心倾听的阅读方式所收获的非物质遗产。

此外,阅读这种只有序号而没有标题的文学作品,个人建议,最好能在阅读之后给每个章节拟写一个标题。这,既为了概括,也为了方便二次阅读。

下面,我将本人所拟的标题,供读者参考。

(1)特务纵火   (2)鱼目混珠

(3)成家兄妹   (4)前赴后继

(5)革命敬礼   (6)二处处长

(7)当机立断   (8)茶园接头

(9)秘密审讯   (10)后台老板

（11）喉似火烧　（12）寻找组织

（13）绝食斗争　（14）江姐被捕

（15）十指连心　（16）监狱联欢

（17）记者陈静　（18）欲擒故纵

（19）药物麻醉　（20）小萝卜头

（21）识破伎俩　（22）纸条事件

（23）疯子送饭　（24）地窖内外

（25）五星红旗　（26）他不愿走

（27）丧心病狂　（28）申请入党

（29）越狱行动　（30）血染红岩

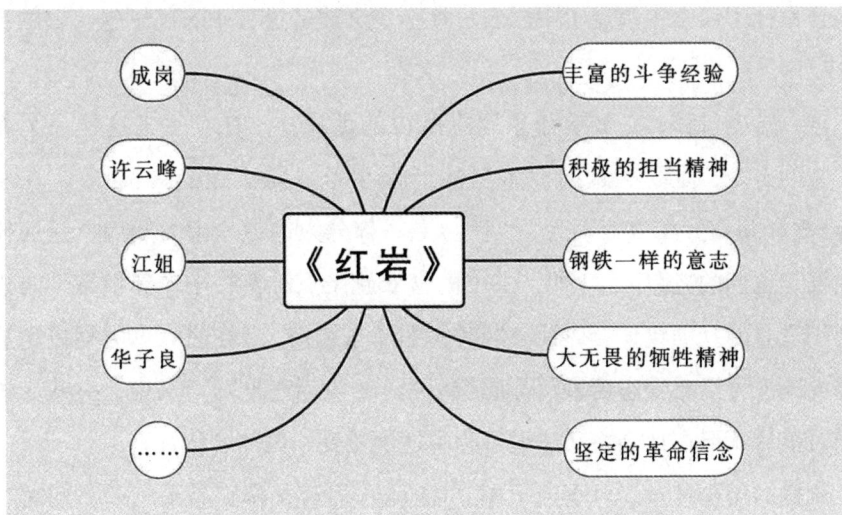

下一篇，我们将走进以农村生活为题材的《创业史》。

9　《创业史》：化整为零，化零为整
——初中名著阅读个性化攻略之九：零整式

　　《创业史》也是一本很厚重的书，而且它的时代特征还很鲜明。该书以中华人民共和国成立初期，中国共产党领导农民推翻了几千年来的封建制度，使农民得到了梦寐以求的土地为历史背景，以一个叫梁生宝的陕西青年成立互助组、合作社为线索，表现了中国农村社会主义改造进程中农民思想认识的不断转变。

　　这一转变过程，正如毛泽东同志所说的那样："社会主义这样一个新事物，它的出生，是要经过同旧事物的严重斗争才能实现的。"斗争，在这本《创业史》里贯穿始终。因为，"社会上一部分人，在一个时期内，是那样顽固地要走他们的老路"。比如，书中的富农姚士杰、富裕中农郭世富，总想破坏刚刚成立的互助组、合作社。同时，毛泽东相信，"在另一个时期内，这些同样的人又可以改变态度表示赞成新事物"（《创业史》）。书中，一些农民思想相对落后，但在社会主义建设过程中逐渐接受、参与合作社。

　　这样的历史背景，对于当下的"00 后"而言，肯定是陌生的，同时也是新鲜的；一些人的思想，对于许多读者来说或许是不能理解的，但也可能是很好奇的。这便是阅读此书所可能存在的挑战性和趣味性。

　　作者柳青（1916—1978），原名刘蕴华，陕西省吴堡县人。曾主编《学生呼声》，担任《西北文化日报》副刊编辑。后来当过随军记者、文化教员、乡政府文书。新中国成立后，历任《中国青年报》编委、文艺部主任，中国作协西安分会副主席，长安县委书记。1952 年 5 月，作者到陕西省长安县皇甫村落户，身体力行地投入农村生产劳动中。《创业史》就是以秦岭山脚黄堡区下堡乡第五村蛤蟆滩互助组的曲折发展过程，来反映中国的农业生产互助的进

程和必然趋势的。

该书的语言朴实易懂，并富有陕西地域特色和解放初期的时代特征，读者阅读起来，应当不是很困难。但为了让更多的读者能在课业负担较为沉重的背景下阅读好此书，笔者提出两点建议：一是分章节分别用一句话概括一下主要内容，这算是一种"化整为零"的阅读策略；二是紧扣书名中的"创业"二字来感受人物形象，汲取思想精华，并内化为读者学习、生活的动力和韧劲，这便又是一个"化零为整"的过程。

一、化整为零：拟写小标题

《创业史》分为两部，每部又分为上下卷。在第一部之前，有一个"题序"。我们先以"题序"为例，简要说说勾画、概括。

先说勾画。

时间："一九二九年，就是陕西饥饿史上有名的民国十八年"，这其实也交代了社会背景，"饥饿史上有名"。

地点：下堡村，渭河以南，"是沿着秦岭山脚几百里产稻区的一个村庄"。这里，"吸引来无数的受难者"。

人物：梁三。"那强壮的体魄里，蕴藏着充沛的精力"，"他总是紧追着饥民里头带小孩的或不带小孩的中年妇女跑"。这个四十岁上下的汉子，显然别有用心。在神不知鬼不觉中，他重新成家了：一个中年寡妇，一个四岁男孩，"竟跟他到汤河南岸的草棚屋里过日子去了"。

这个男孩，就是本书的主人公：梁生宝。这个题序，先交代了梁生宝的出生。在他十三岁时，妈妈说，"要得不受人家气，就得创家立业，自家喂牛，种自家地……"这是宝娃所上的"庄稼人生活哲学的第一课"。也正是在这种生活哲学的支配下，"到十八岁的时候，他已经对庄稼活路样样精通了"，"创家立业的锐气比他继父大百倍！"

但后来，"他已经对发家淡漠了，而对公家的号召着了迷"。就是凭着这种思想，生宝入党了！"一九五三年的春天，梁生宝的劲头比从前更大，把自己完全沉湎在互助组的事务里去了，做出一些在旁人看来是荒唐的、可笑的、几乎是傻瓜做的事情。"

梁生宝的"傻"是什么呢？是大公无私，公而忘私，舍小家顾大家。中国农业社会主义改造，就需要这样的"傻劲"。

通过这样的勾画、梳理，我们可以概括这个"题序"的标题：梁生宝越来越"傻"。

其实，本书每一个章节，大多是围绕一个人物来展开叙述的。因而，在概括每个章节主要内容，尤其是列小标题时，我们都可以用主谓短语的形式来表达。大家可以用一些标题做参考。

第一部上卷：（1）梁三老汉很寒心；（2）徐改霞碰上了难题；（3）郭振山彻夜难眠；（4）高增福心凉腿软；（5）梁生宝去买急稻子；（6）改霞的心偏向生宝；（7）生宝的人生哲学让他爹大吃一惊；（8）生宝只忠于党和人民；（9）梁生宝心如刀绞；（10）梁士杰和郭世富在谋划；（11）高增福不害怕艰难；（12）郭振山的思想在斗争；（13）梁生宝要让人看到团结的意义；（14）徐改霞接到求爱信；（15）改霞等着生宝反对；（16）梁生宝想探索新生活；（17）梁生宝一行向苦菜滩进发。

第一部下卷：（18）赵素芳要进四合院；（19）秀兰搬到未来的婆婆家；（20）任欢喜迎来了韩技术员；（21）赵素芳后悔了；（22）梁生宝领导割竹子；（23）高增福翻山越岭会见梁生宝；（24）徐改霞不考工厂了；（25）郭世富决定不和梁生宝互助组较量了；（26）韩培生头疼的两个人退组了；（27）韩培生等回了梁生宝；（28）姚士杰等待"世事变化"；（29）梁生宝要帮郭振山认识错误；（30）徐改霞开始怀疑人生。第一部的结局：梁生宝当上了合作社主任。

第二部上卷：（1）郭世富明白了当前形势；（2）姚士杰烧掉了国民党证；（3）梁生宝不去和新对象见面；（4）高增福和冯有万光荣入党；（5）梁生宝明白了素芳为何哭得那么伤心；（6）赵素芳下决心好好劳动；（7）刘淑良找主任妈聊天；（8）郭振山在家等着卢明昌；（9）县委陶书记不放心；（10）梁生宝打开了内心深处秘密；（11）县委杨副书记来到蛤蟆滩；（12）梁三老汉怀疑是在做梦；（13）杨国华书记组织夜谈。

第二部下卷：（14）姚士杰咽不下一口气；（15）生宝发现对方的脸红了；（16）郭振山很得意；（17）徐改霞说她不回来了；（18）生宝爹妈意见不一致；（19）梁大老汉开始反感生禄；（20）梁生宝托付高增福；（21）梁生禄说动了梁大老汉；（22）梁生宝与刘淑良约上了；（23）刘淑良心头喜欢听着；（24）高增福闷闷不乐；（25）梁大老汉把牲口牵走了；（26）白占魁认错了；（27）梁生宝在县委会议室发言；（28）两个区干部同情郭振山。

用这种列小标题的形式，可以很简洁地概括出各章的主要内容，很清晰地知晓整本书的情节走向，也使第二次阅读方便多了。化整为零，各个击破，不失为阅读此类作品的一种好方法。而且，阅读后列标题难度并不大，耗时也不多。

二、化零为整：紧扣大题眼

《创业史》，题眼在"创业"二字。小而言之，是梁生宝合作社的创业；大而言之，是中国农村社会主义的创业。创业，首先是思想的改造，更是行为的跟进，困难的克服，信念的坚持。阅读本书的过程中，读者可以把关注点更多地放在这个题眼上，换一句来说，对于其他内容，则可以略读。下面，笔者将就这一思路略做说明。

首先看梁三老汉的创业。梁三老汉曾发誓为了他们的老年和宝娃，说什么也得创立家业。然而，十年过去了，他"累弯了腰，颈项后面肩背上，被压起拳头大一块死肉疙瘩"，还得了咳嗽气喘病。但是，家业就是没有创起来。其原因，大概就是思想保守、单打独斗吧。

梁生宝所走的，则是另一条路。

他坚信党的领导。"他不知道世界上有什么可以叫作'困难'！他觉得：照党的指示给群众办事，'受苦'就是享乐"（P74）；"这给生宝很大的鼓励：庄稼人尽管有前进和落后、聪明和鲁笨、诚实和奸猾之分，但愿意多打粮食、愿意增加收入，是他们的共同点。这就使得互助合作有办法，有希望了。大概党就是根据这点，提出互助合作道路来的吧？——想到这里，获得了新认识的年轻共产党员，兴奋起来了"（P95）。

他胸怀理想。"他心中燃烧着熊熊的热火——不是恋爱的热火，而是理想的热火。年轻的庄稼人啊，一旦燃起了这种内心的热火，他们就成为不顾一切的入迷人物。除了他们的理想，他们觉得人类其他的生活简直没有趣味"（P78）。

他大公无私。"他笑继父的做人标准——自私自利是精明，弄虚作假是能人，大公无私却是愚蠢……"（P97）；"汤河滩里最后一块没挖的荸荠是他家的，这是生宝希望能把卖荸荠的钱留给互助组进终南山割竹子时给组员们做底垫的"（P108）。

他坚信劳动的作用。"爹，你说：人一不爱劳动，还有好思想吗？成天光想着对旁人不利、对自个有利的事情！"这让他的继父吃力地考虑着生宝这些使他大吃一惊的"人生哲学"（P99）；"劳动是人类最永恒的崇高行为！人，不论思想有什么错，拼命劳动这件事，总是惹人喜爱，令人心疼，给人希望"（P404）。

他坚信集体的力量。"年轻的生宝把世富老大的挑战，根本没放在眼里头。他更重视窦堡区大王村的新发展。至于苍头发老汉的活跃，是暂时的。右眼上眼皮有一块疤痕的姚士杰恶狠，也是暂时的。他们要重新服软的。生宝感觉到：蛤蟆滩真正有势力的人，被一个新的目标吸引着，换了以他的互助组为中心，都聚集在这里。坚强的人们，来吧！梁生宝和你们同生死，共艰难！现在，他已经分明感觉到：向终南山进军的意义，是更重大了"（P172～173）；"现在，他看出一点意思来了，改造农民的主要方式，恐怕就是集体劳动吧？不能等改造好了才组织起来吧？要组织起来改造吧？"（P304）。

他们吃苦耐劳。"在终南山里，再没比割竹子苦了。爬坡的时候，低下用头巾保护的脑袋，拿两手在灌木丛中给自己开路。灌木刺和杜梨剐破衣裳，划破脸皮和手，这还能算损失和受伤吗？手里使用着雪亮的弯镰，脚底下布满了尖锐的刀子——割过的竹茬。人站在陡峭的山坡上，伸手可以摸着蓝天，低头是无底的深谷，可真叫人头昏眼花！割竹子的时候，你还要提高警惕，当心附近的密林里，有豹子和狗熊窥视……"（P306）。

他以苦为乐。"生宝背着拴拴一边走，一边想：什么叫艰难？'艰难'二字怎样讲？他明白了：鬼！当自己每时每刻都知道自己要达到什么目的的时候，世上就根本没有什么艰难了！整党的时候，人们说红军长征，就是这样的。因为一天比一天离目的地近，所以艰难变成了快活"（P314）。拴拴约有190斤，割竹子受伤了。生宝背着拴拴行走在山林里，每一步都是非常艰难的。也正是这种自我牺牲精神，都使大家在互助组更加坚定，对互助组更加热心。

他帮助落后。"不敢收白占魁，太没共产党员的气魄！难道退出去两户，我就胆小怕事成这样了吗？……""鬼！不敢收你白占魁，还想改造全社会吗？收！坚决收！收下你郭锁也寻不下对象合伙买牛了"（P401）。他不但要帮助曾经当过国民党兵的白占魁，他还要帮助他的入党介绍人郭振山，"直至今天，他才明确地感觉到：他和郭振山之间，存在着相当程度的斗争。尽管郭振山那股神气，使他那么反感，他还是要竭力控制自己，不要使斗争发展到直接的冲突。他决心以互助合作的成功，促使郭振山认识自己的错误"（P409）。

鲁迅先生说，中华民族自古以来就有埋头苦干的人，就有拼命硬干的人，就有舍身求法的人，就有为民请命的人，他们是中国的脊梁。梁生宝就是那个年代埋头苦干、拼命硬干的典型代表，他们无疑就是"中国的脊梁"。

《创业史》围绕"创业"二字，还刻画了其他一些人物。阅读时，我们也应当看到他们身上所具有的创业精神。

比如高增福。"痛苦和忧愁，是这三十几岁的人瘦削的脸上固定的表情。高增福是沉默寡言的。无论你什么时候看见他，他总像刚刚独自一个人哭过的样子；其实他即使在埋葬女人的时候，也没掉过一颗眼泪珠。他的出身已经给他精神上，注入了一种特别的素质，使他能够用咬牙的沉默，抵抗命运给他的一切打击"（P65）。"受过三天三夜也诉不完的苦，高增福自己并不惧怕艰难。你看他无论什么时候，总是绷着瘦长脸，咬着牙巴；他是在心里鼓着劲，准备经受生活中的任何考验"（P150）。正是因为高增福有着这样的韧劲和信念，梁生宝才有了一个能与他同甘共苦、分忧解难的好帮手。

再比如徐改霞和刘淑良。这两位女性，有着共同的特点，那就是敢于和不幸的婚姻做斗争：前者解除了父母给包办的婚姻，后者主动提出和一个不爱自己的男人离了婚。在徐改霞身上，可以看到女性摆脱男性束缚、独立思考人生的品质。但作者借王亚梅的话语，委婉地批评了当时农村姑娘为摆脱贫穷生活而盲目进城的做法。相反，对于能坚守农村、能下地劳动、能操持家务、能吃苦耐劳的刘淑良一类的农村女性，作者含蓄地进行了肯定和赞美。因为，刘淑良的身上自始至终有着一股不畏困难、勇往直前的创业精神。

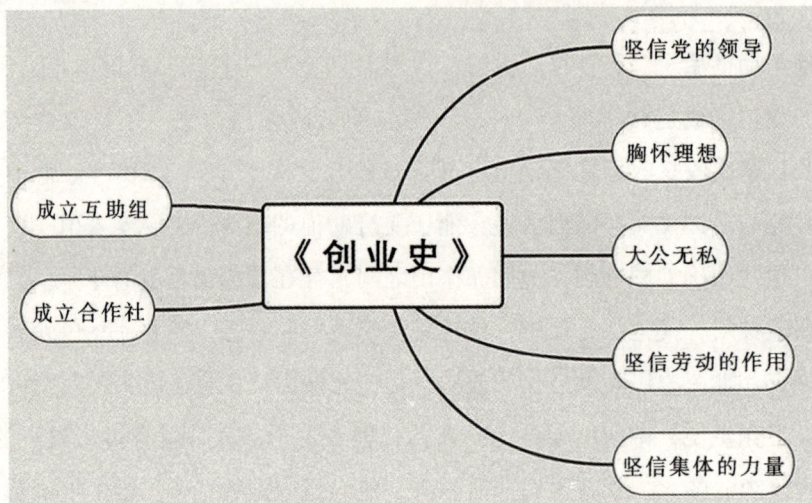

此后我们将欣赏一组外国名著。从《海底两万里》开始。

10 《海底两万里》：带着问题，有所关注
——初中名著阅读个性化攻略之十：快读式

《海底两万里》一书，我想分作两部分来导读。第一部分，主要是内容梳理；第二部分，主要是方法指导。

第一部分：诺第留斯号的那些惊险时刻

法国作家儒勒·凡尔纳的《海底两万里》，在一定程度上，就是一部关于诺第留斯号（鹦鹉螺号）潜艇的历险记。故事发生在 1866 年。当时海上发现了一只被称为"飞逝的巨礁""独角鲸"的大怪物，法国博物学家阿龙纳斯教授接受海军部部长的邀请，一同参加对大怪物的追捕，结果阴差阳错地与大怪物——诺第留斯号潜艇一起进行了"海底两万里"的旅行，并由此见证潜艇在"太平洋—印度洋—红海—地中海—大西洋—南极海域—大西洋—北冰洋"的行进线路中所历经的大大小小的惊险片段。本文将这些惊险片段略做梳理，以便读者大体了解该书的故事情节。

一、被炮弹击中

炮弹打中了，正打在怪物身上，但是并没有给它致命的打击，而是从它圆圆的身上滑过去，落在两海里远的海中。（第一卷　第六章《开足马力》）

这是诺第留斯号第一次所遇到的惊险。不过，炮弹对它而言似乎还没构成真正的威胁。但也是这一对决，"我"——阿龙纳斯教授及仆人康塞尔、加拿大捕鲸手尼德·兰都被冲进了大海里，并被八个又高又大的壮汉，一声不响地拉进了他们的可怕机器中。"我们"从此被留置在诺第留斯号上。这一天的日

期是 1866 年 11 月 5 日。

二、整个搁浅在海里面

自从日本海出发到 1867 年 1 月 2 日，诺第留斯号已经行驶了 11340 海里，在这将近两个月的航行时间里，诺第留斯号总体而言是比较顺利的。而现在诺第留斯号的冲角面前望见的，就是澳大利亚洲东北边岸珊瑚海的危险海面。诺第留斯号在距离几海里远的地方沿暗礁脉驶过去。这条长 360 法里的暗礁脉，常有波涛汹涌的海水冲击，奔腾澎湃，十分凶猛。

潜水艇搁浅了！叫天天不应，呼地地不灵。他们又是如何解决这个不大不小的问题的呢？此时，尼摩船长胸有成竹。

搁浅的诺第留斯号被土著人包围了，他们还向"我们"发起了攻击。敌众我寡，形势十分危急。然而，"第一个土著人，那个把手放在铁梯扶手上的，马上被一种神秘不可见的力量推到后面去，他发出怕人的叫喊，做出奇怪的跳跃逃跑。他的十个同伴陆续前来按扶挡，十个同伴也得到相同的命运，受到打击，向后逃走"。这便是尼摩船长的"雷"——一道电网。此后不久，诺第留斯号被海潮托了起来，又可以扬帆起航了。

三、被强制入眠之谜

1 月 18 日，诺第留斯号到了东经 105°、南纬 15°的地方。海面风大浪急，波涛汹涌，暴风雨将至。当日，大副显得很激动，而船长更为反常——

他的眼睛闪着阴沉的火光，从紧促的睫毛中露出来。他的牙齿半露，有些可怕。他直挺的身子，紧握的拳头，缩在两肩膀间的脑袋，证明他有了正从他全身发出来的强烈的仇恨。（第一卷 第二十三章《强逼睡眠》）

而就在当日，"我"被强制性入眠。次日，"我"醒来后，船长来到"我"的房间里，他心烦意乱，坐立不安，焦躁不已。原来是一名船员受了重伤。

伤者因何而伤，这是一个不解之谜。显然，在"我"被强制入眠的夜里，诺第留斯号经历了一场生死浩劫。

四、望而生畏的鲛鱼时常冲撞客厅的玻璃

《海底两万里》第二部分从这里开始。1868 年 1 月 26 日，诺第留斯号在东经82°上穿过了赤道线，船又回到北半球了。这一天，一大群鲛鱼紧随着潜艇，形势十分严峻。

不过，这对于诺第留斯号来说，仅仅是一道奇异的风景而已。潜艇加快航速，不久就把这些鲛鱼都甩在后面了。

五、船长眼看就要被鲨鱼吃了

尼摩船长带着"我们"参观采珠场。我们见识了一颗硕大无比的珍珠，更见证了尼摩船长冒着生命危险从鲨鱼之口去抢救印度采珠人的侠义之举。

船长被压在他身上的巨大躯体所翻倒，摔在水底地下。一会儿，只见鲨鱼的牙齿大得怕人，像工厂中的大钳一般，尼摩船长的性命眼看就要不保了，忽然，尼德·兰手拿鱼叉，转眼之间，迅速向鲨鱼冲去，他投出可怕的利叉，打中了鲨鱼。（第二卷　第三章《价值连城的珍珠》）

情况十分危急，尼摩危在旦夕！幸亏有捕鲸手尼德·兰的及时相助，尼摩才幸免于难。船长得救了，采珠人也脱险了。

六、穿越海底隧道

1 月 30 日，诺第留斯号驶入红海。红海是世界上最危险的海，已有大量的船只在这一带的沙洲触礁沉没。船长告诉"我们"，在红海与地中海之间有一条隧道。2 月 12 日，诺第留斯号将穿越这条危机四伏的海底隧道。

地道两边狭窄的高墙上，我只看见飞奔的速度在电光下所画出的辉煌线纹、笔直线条、火色痕迹。我的心跳动不止，我用手压住心头。

十点三十五分，尼摩船长放下舵上的机轮，向我回过头来，对我说："到地中海了。"不到二十分钟，诺第留斯号顺着水流，就通过了苏伊士地峡了。（第二卷　第五章《阿拉伯海底地道》）

看似波澜不惊，其实惊心动魄。这里的惊险，我们可以从尼摩船长的亲自

把舵，从"我"的心跳不已等细节看出来。

七、在沸水流中航行

嵌板打开，我看见诺第留斯号周围的海完全是白的。

一阵硫黄质的水蒸气在水流中间升起，水流像火锅中的水一般沸腾。我把手放在一块玻璃上，但热得厉害，我赶快把手缩回来。（第二卷　第六章《希腊群岛》）

按常理，诺第留斯号潜入水下，温度不应该升高的，但现在温度计显示四十二度。如果温度继续上升，大家都会无法忍受。是机器出现了故障吗？尼摩船长告诉"我"答案："我们现在在桑多休岛附近……我是想给您看一看海底喷火的新奇景象。"原来，诺第留斯号是在沸水流中航行。这也显示出潜水艇的设备精良，能耐高温。

八、海面大屠杀

时间到了 3 月 14 日，诺第留斯号航行的方向还是往南，朝南极地区驶去。"到南极去吗？那真是疯了。"这种行驶路线让大家深感不安。而下面的这一幕，更让人惊心动魄。

好一场恶斗！就是尼德·兰，不久也兴高采烈起来，终于大拍其掌。诺第留斯号变成一支厉害的鱼叉，由船长的手来挥动。投向那些肉团，一直穿过去：穿过之后，留下那怪物的两半片蠕动的身躯……（第二卷　第十二章《大头鲸和长须鲸》）

这场恶斗，可以说完全是尼摩单方挑起的。虽然诺第留斯号貌似稳操胜券，但其危机也只在瞬息之间。一向冷峻的尼摩为何会突然成为"屠夫"？显然，他把大头鲸当成了某一类人的替代品。

九、被冰原完全给封堵死了

3 月 16 日这一天，"我们"被冰原完全给封堵死了。3 月 18 日，经过无数次左冲右突之后，诺第留斯号已经是彻底的无能为力了。此时，真正的危险已经到来。

诺第留斯号几乎完全被冰山困住。时间每过去一秒，危险便增添一分。"我们"危在旦夕！然而，这在尼摩船长看来并不是问题："不仅诺第留斯号可以脱身，而且它还要前进。""到南极去、到地球上所有的子午线相交的、以前没有人到过的那一点去。"这简直太疯狂了！

十、触礁了

3月22日，诺第留斯号已经行驶了五个半月，航程已达14000海里了，这比绕地球一周还要长。

诺第留斯号触礁了！船长告诉"我们"，一群巨大的冰，整整一座冰山，翻倒下来了。诺第留斯号困在一条宽约20米的隧道中。早晨5点，诺第留斯号的前部又发生了撞击。8点25分，发生了再一次的碰撞。冰山倾倒，所有的路全部给堵住了！

十一、有两种死的方式

诺第留斯号被冰山俘虏了。船长发言了：

"在我们目前所处的情况下，有两种死的方式。"

"第一种死的方式是被压死。第二种是被闷死。"

"这些空气只能使用两天，现在我潜入水中已经有三十六小时了，诺第留斯号的浑浊空气需要更换。到四十八小时，我们储藏的空气就用完。"（第二卷　第十六章《缺少空气》）

在这种极度危险的情况下，所有人放下成见，同舟共济，一起下海去挖冰，并用沸水去冲击两侧冰块。最感人的是，在"我"奄奄一息之际，尼德·兰和康塞尔对"我"舍命相救。在大家的齐心协力下，诺第留斯号终于冲上了冰面。洁净的空气像潮水一般涌入诺第留斯号的每个角落。

十二、螺旋桨无法转动

连日来，诺第留斯号一直远离着美洲海岸行驶。4月20日上午十一点光景，大型海藻丛中出现了异乎寻常的骚动。之后，诺第留斯号突然停下不动了：一条章鱼的角质腭骨缠住了螺旋桨的叶片，螺旋桨无法转动。

那时诺第留斯号已经浮上水面来了。一个水手站在楼梯的最高的一级上，把嵌板上的螺钉松下来。可是母螺旋刚放开，嵌板就十分猛烈地掀起，显然是被章鱼一只胳膊的吸盘所吸住了。

……多么惊心动魄的场面！这个不幸的人，被触须缠住，粘在吸盘上，让这条庞大卷筒随意在空中摇来摆去。他气喘，他窒息，他叫喊："来，救我！来，救我！"（第二卷　第十八章《章鱼》）

这次战斗持续了一刻钟。怪物被打败了，死的死，伤的伤。然而，那个水手永远地消失了。船长流下痛苦的泪水。

十三、复仇者

诺第留斯号向欧洲海域驶去。5月31日，它一直在海上兜圈子；6月1日，依旧绕来绕去。之后在海底凭吊了一艘叫作"复仇者"的船只。6月2日清晨，尼摩船长正式对一艘炮轰诺第留斯号的战舰实施复仇。

那艘巨大战舰慢慢地下沉。诺第留斯号追随着它，窥伺着它的所有动作。忽然战舰上发生了爆炸。被压缩的空气把战舰的甲板轰跑了，就像船舱中着了火一样。海水涌入的力量十分强大，影响到诺第留斯号，它也倾斜了。这么一来，那艘不幸受害的战船就迅速地下沉。（第二卷　第二十一章《屠杀场》）

尼摩船长对炮轰诺第留斯号的军舰展开了血腥的大屠杀。战斗十分激烈，幸运的是诺第留斯号胜利了，"我们"有惊无险。但船长再一次落泪了。

十四、北冰洋大风暴

击沉了战舰的尼摩船长痛苦万分。而此时，诺第留斯号遇上了北冰洋大风暴（迈尔大逆流）——

在北冰洋的大风暴面前，在大自然的狂飙之下，即便再坚固再强大的诺第留斯号也无法保全。"全能的上帝！够了！够了！"这是尼摩船长最后的留言。他已无心与自然斗争，他已将命运交与大海。"我"的头撞到了一根铁杆上，立即被撞晕了过去。当"我"苏醒过来时，已躺在罗佛丹群岛上一个渔人的木房子里。两个同伴，安全无事。可是，诺第留斯号后来怎么样了呢？尼摩船长还活着吗？

纵观《海底两万里》一书，诺第留斯号所遇到的危险，有"人祸"（敌人的追杀），有"物难"（如章鱼），但真正给它造成灾难的还是"天灾"（如冰盖和大风暴）。在大多数的威胁与灾难来临之际，尼摩船长都能凭着过人的智慧给予克服和瓦解。

第二部分：带着问题，有所关注

快速阅读是一种基本的阅读技巧，可以帮助我们尽快地把握全书的内容。特别是像《海底两万里》这样的科幻小说，往往有跌宕起伏的故事情节，有扣人心弦的悬念，读者很急切地想知道故事或者人物的结局，这时不妨采取快速阅读的方式，先把小说读完再说。

——七下语文教材 P157

一、快速阅读：带着问题出发

教材指出，快速阅读可以从四个方面加以训练。一是集中精力，专心致志；二是以默读为主，每分钟不少于400字；三是眼睛的视域要宽，从一眼一行，到一目十行；四是善于抓住书中的关键信息和主要线索，有所取舍。

上述前三点，个人认为，读得多了，自然就熟能生巧了。下面单说第四点，如何取舍的问题。

取，就是获取有价值的东西，或是自己想要的东西；舍，即是舍弃价值不高的东西，或是自己不想要的东西。无论是取还是舍，关键在于读者个人的阅读经验和关注焦点。有经验的读者，既能从个人的主观出发，同时还能兼顾作品中普遍认为较有价值的问题。

教材向我们介绍了这本书的主要内容：一位叫尼摩的船长驾驶自己设计制造的潜水艇"诺第留斯号"（鹦鹉螺号）在大海中自由航行。而事实上，当时人类还没有发明如此先进的潜艇，更没有人潜入过深海底部，这不过是凡尔纳的幻想。同时，反对殖民压迫也是这部小说的重要主题。

这样，作为一个有着一定阅读经验的读者，也许会产生以下一些问题：

（1）尼摩是个怎样的人？他为什么会用"海底两万里"的方式来反对殖民压迫？他又是如何在海底进行斗争的？

（2）诺第留斯号会是怎样的结构？是如何设计和建造的？

（3）"海底两万里"经过了哪些地方？沿途有怎样的风景？

（4）行经途中会遇到怎样的困难或危险？尼摩船长等人是如何克服的？他们最终的结果会是如何？

……

带着上述问题，我们在阅读过程中便会有所侧重，有所取舍。这样，阅读效率自然会提高。如果在阅读过程中有自己预设的关注点，阅读起来便会"有的放矢"。下面，笔者将个人的关注点与读者分享。

二、关注一：人物素描与人文情怀

《海底两万里》是一部科幻小说。既然是小说这种文学样式，它必定也是"以刻画人物为中心，通过完整的故事情节和具体的环境描写反映社会生活"的一部作品。小说中，尼摩船长、阿龙纳斯（有的译为"阿罗纳克斯"）教授、仆人康塞尔（有的译为"孔塞伊"）、捕鲸手尼德·兰（有的译为"内德·兰德"）等人物形象鲜明，这应当首先值得读者关注。我们且以尼摩船长为例，做简要分析。

用不着迟疑，我立刻看出这个人的主要特点：第一，自信，因为他的头高傲地摆在两肩形成的弧线中，他那漆黑的眼睛冷静地注视着人；第二，镇定，因为他的肤色，苍白不红，表示他血脉的安定；第三，强毅，这从他眼眶筋肉的迅速收缩看出来；最后，勇敢，因为他的深呼吸就表明了他的活力强。（第一卷　第八章《动中之动》）

素描的这个人，便是尼摩船长，自信、镇定、强毅、勇敢、高傲的船长。"我"——阿龙纳斯教授认为，这位船长是"我所见过的最完美的一个人"。

"海是大自然的仓库。可以说，地球是从海开始的，谁知道将来地球不是归给于海呢！海中有无比和平的环境。海不属于压迫者。在海面上，他们还可以使用他们的暴力，在那里互相攻打，在那里互相吞噬，把陆地上的各种恐怖手段都搬到那里。但在海平面三十英尺以下，他们的权力便达不到了，他们的气焰便熄灭了，他们的威势便消失了！啊！先生，您要生活，就生活在海中吧！只有在海中才有独立！在海中我不承认有什么主子：在海中我是完全自由的！"（第一卷　第十章《水中人》）

据尼摩船长介绍，大海不仅为他提供食物，还为他提供衣着、香水、床、笔、墨等生活物资。同时，大海还是他的精神寄托：大海是动，是爱，是无限的生命；在大海里，人可以拥有真正的独立和自由。这位神秘的"海洋人"，一方面充满了生活智慧；另一方面也对尘世充满厌倦，对自由生活充满向往和热爱。这是一个不大不小的谜团。

我知道有些潜水人可以留到五十六秒，最有能耐的可以留到八十六秒，不过这种人是很少的，并且，回到船上来，这些可怜人的鼻孔和耳朵都流出带血的水来……我认为这些采珠人可以留在水里面忍受的平均时间为三十秒，在这三十秒内，他们得赶快把自己采得的珍珠贝塞在一个小网中。一般来说，这些采珠人不能活得很久，他们的眼力很早就衰退，眼睛上发生溃疡，他们的身上有许多创伤，他们有时甚至于在水底下就中风了。（第二卷　第二章《尼摩船长的新提议》）

使用方法原始，损伤身体严重，所获收入低微，这便是采珠人的命运。这些文字，表现了尼摩船长同情底层劳动人民、痛恨殖民统治的感情。后来，一位采珠人遭遇一条大鲨鱼攻击。采珠人岌岌可危，尼摩船长舍身相救。尼摩船长的勇敢、沉着、牺牲精神令人感动。同时，他还取出一小袋珍珠交给采珠人，希望采珠人能彻底摆脱悲惨的命运。从这里，我们可以感受到尼摩船长的善良和仁慈。

尼摩船长在第二卷第三章《价值连城的珍珠》中说："这个采珠人是一个被压迫国家的人民，我的心向往着被压迫国家的人民。只要我还有一口气，我就永远地站在被压迫国家的人民这一边！"

　　我们关注着尼摩船长的一言一行，在逐渐揭开谜团的同时，也能真切地感受到他冷漠的外表下掩藏着一颗火热的心。这便是他身上人文精神的魅力。

　　作品中，阿龙纳斯教授身上的人文精神也不时可见。比如下面这一段：

　　我看见有四具尸体——四个男子，其中一人站在舵边，还有一个妇人手中抱着一个小孩，在船尾跳板格子上站着。这妇人还年轻。有诺第留斯号的电光的照亮，我可以看出她那还没有被海水所腐蚀的面容。她做最后绝望的努力，把小孩举在她头上，这可怜的小生命正把两只小手抱着妈妈的脖子呢！（第一卷　第十八章《太平洋下四千里》）

　　在太平洋海底，"我"目睹了一起海难事故的惨烈场面。精细、逼真的场面描写让人唏嘘不已。也是在这段描写里，年轻女子用尽最后力气，把孩子举过头顶，这是一种人性的光辉，一种母爱的伟大。舵手的冷静与严峻，也体现了他们的一种职业精神：死亡面前，从容淡定。这段描写表现出作者对历史上所有海难的追思和哀悼，也表达了作者独有的人文情怀。

三、关注二：鹦鹉螺号与科学素养

　　作者儒勒·凡尔纳（1828—1905）是19世纪人。但在19世纪，潜水艇尚未问世，可作者笔下的潜水艇与今天现实中的潜水艇几乎没有差异。难怪有人曾这样评价凡尔纳以及《海底两万里》："现代科学只不过是将凡尔纳的预言付诸实践的过程而已。""凡尔纳的目的在于概括现代科学积累的有关地理、地质、物理、天文的全部知识，以他特有的迷人的方式，重新讲述历史。"

　　鹦鹉螺号到底是什么样子的？里面包含了哪些科学原理？这些问题，应当值得我们关注。

　　"……教授，让我跟您说，您决不至懊悔您在我船上度过的时光。您以后将到神奇的世界中游历。震惊、奇怪，将是您心情中惯有的状态。那不断呈现在您眼前的奇异景象会使您百看不厌……"

　　我不能否认船长的这些话对我发生了很大的影响，正好说中了我的心事；我暂时忘记了观看这些伟大的东西并不能抵偿我们失去了的自由！我甚至于想搁下自由的问题，留待以后再作打算。（第一卷　第十章《水中人》）

　　科学源于好奇。作为一名科学家，为了探究大自然的秘密，不惜失去自由，这是教授的弱点，但也正是从事科学工作的乐趣所在。正如教授所说："我得承认，这艘诺第留斯号，它内部的动力使它行动的机器赋予它生命的强大原动力，所有这一切，都引起我的最大好奇心。"（第一卷　第十一章《诺第留斯号》）教授如此，船长又何尝不是这样呢？只不过在书中，船长是一个科学的先行者。

　　"先生，"尼摩船长指着挂在他房中墙壁上的仪表说，"这些就是诺第留斯号航行所必需的仪表。在这里跟在客厅里一样，我总是注意着它们，这些仪表给我指出我在海洋中间的实际位置和准确方向。其中有些仪表您是知道的，例如温度表，指出诺第留斯号内的温度；风雨表，测出空气的重量和预告天气的变化；湿度表，指示空气干湿度数；暴风镜，每当镜中的混合物分解时，便预告着暴风雨就将来到；罗盘，指引我的航路；六分仪，测太阳的高低，使我知道船所在的纬度；经线仪，使我可以算出船所在的经度；最后是日间用的望远镜和夜间用的望远镜，当诺第留斯号浮上水面时，我可以侦察天际四周。"（第一卷　第十二章《一切都用电》）

　　在这一章里，作者借尼摩船长之口，具体解释了诺第留斯号的各种仪器以及强劲动力来源：一切都用电。而电又从哪里来呢？电的获得又完全依靠大海。这是大海的魔力，也是船长的魅力，说到底还是科学的魅力。

　　"……它是一只特殊优异，独一无二的船！对于这只船，设计工程师可能比监造建筑师有信心，监造建筑师可能又比船长更有信心，如果真是这样，那您就可以理解到我对我的诺第留斯号为什么完全信赖了，因为我同时是这只船的船长、建筑师和工程师！"

　　尼摩船长滔滔不绝地雄辩地说着。他眼中的火焰，他手势的激动，使他完全变成另一个人。是的！他爱他的船，像一个父亲爱他的孩子一样！（第一卷　第十三章《一些数据》）

　　在《一些数据》里，还包括潜水艇的体积、排水量、钢板密度、总重量等数据。这也体现了作者凡尔纳严谨的创作态度，既能让我们感知到诺第留斯号的"有模有样"，还能让我们感受到凡尔纳科幻小说的"有理有据"。

请注意，本书创作于距今 150 多年前，那时人们对于潜水艇几乎是一无所知。也就是说，本书的创作，既立足于丰富的想象能力，还依赖于严谨的科学精神。

四、关注三：海底世界与陆地世界

海底世界，是一个神秘的领域，也是一个让人神往的去处。我相信，大多数读者应当会关注书中关于海洋的描述。

海洋跟大陆一样，也有江河。这些江河是特殊的水流，从它们的温度、它们的颜色，可以辨认出来，其中最显著的是大家所知道的"暖流"。科学决定了在地球上有下面的五条主要水流路线：第一条在大西洋北部，第二条在大西洋南部，第三条在太平洋北部，第四条在太平洋南部，第五条在印度洋南部。很可能在印度洋北部从前有第六条水流存在，那个时候，里海和阿拉伯海还跟亚洲的各大湖连起来，成为一片大海。（第一卷 第十四章《黑潮暖流》）

暖流，黑水流，在这里介绍得很清楚。科学知识、地理知识，在本书中时时可见。对于一直在陆地生活的人来说，透过舷窗看海水，看鱼儿，看海底，该是多么惊奇的啊。性情急躁的尼德·兰也常常被深深吸引了，这从侧面表现出海底景色的美不胜收，让人无法抗拒。

这时是早晨十点。太阳光在相当倾斜的角度下，投射在水波面上，光线由于曲折作用，像通过三棱镜一样被分解，海底的花、石、植物、介壳、珊瑚类动物，一接触被分解的光线，在边缘上显现出太阳分光的七种不同颜色。这种所有浓淡颜色的错综交结，构成了一个红、橙、黄、绿、青、蓝、紫的彩色缤纷的万花筒，总之，它就是画家手中色彩最丰富的调色板！看来实在是神奇，实在是让人大饱眼福！……（第一卷 第十六章《漫步在海底平原》）

这便是海底平原的胜景。请注意几个喻体：三棱镜，万花筒，调色板。这些喻体，生动地描绘出阳光穿透海水给海底带来的奇特色彩变化。

阅读时，我们还可以了解一些常识，学到一些知识，比如："对于声音，水比空气是更好的传音体，它传播声音比空气快四倍。"这将是我们阅读中意外的收获。

海底世界，有时也危险异常。比如在南极，鹦鹉螺号遇上了大麻烦！此时，气压计竟然指在 360 米的深度上。尼摩船长那平时声色不露的脸上，浮现了一丝焦虑不安来。

是由于大自然的任性造成的，并非人为的。我们的操作没有丝毫的错误。然而，我们无法阻止平衡规律发生作用。我们能战胜人类的法规，而不能违抗自然的法则。（第二卷　第十五章《意外还是偶然呢》）

冰山翻倒，所有的路全都给堵住了。鹦鹉螺号遭遇了前所未有的大磨难。船长将如何突围呢？这样的悬念常常出现，吸引着读者对作品充满期待，并不断深入。

海底世界有时美丽诱人，有时又惊恐异常。陆地世界又是如何呢？尼摩又将如何跟陆地联系呢？

在几分钟内，船长站住不动，不离开他目标内的那个点。一会儿，他把镜子放下，跟船副交换了十多句话。

……

我转过身来，尼摩船长站在我面前，我简直不认识他了，他的面容完全变了。他的眼睛闪着阴沉的火光，从紧促的睫毛中露出来。他的牙齿半露，有些可怕。（第一卷　第二十三章《强逼睡眠》）

一向沉着冷静的船长，在这一章开始反常了。焦急，担忧，愤怒，仇恨，与以往的温文尔雅截然不同。那目标点是什么？他又在期待着什么？他为什么又强迫"我们"进入睡眠状态呢？

这时，船长并不在意我在场，他打开了箱子。那是一个装满着大量金属条的保险箱。

那些金属条都是金条。这么大量的贵重金属是从何而来的呢？船长是从哪里弄来了这些金子呢？他想拿来做什么呢？（第二卷　第六章《希腊群岛》）

尼摩船长的身份在这里又开始神秘起来了。关注这些，我们便可以更多地了解尼摩船长：他既热衷于科学探险，更关注反对殖民统治、追求民主平等的解放斗争。其实，这又何尝不是作者凡尔纳的追求呢？

综上所述，当我们带着问题、有所关注地阅读，便逐渐地学会取舍，提高阅读效率，使得我们的阅读快而不乱，速而有序。

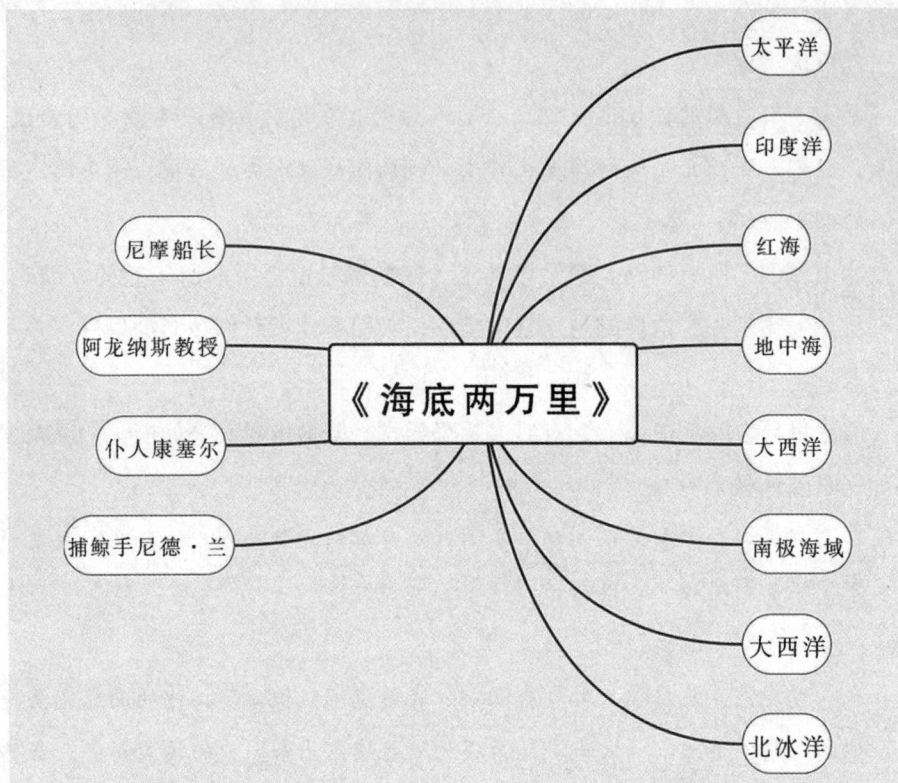

下一篇，继续科幻。请看阿西莫夫的《银河帝国1：基地》的导读。

11 《银河帝国 1：基地》：概括做桥梁，天堑变通途
——初中名著阅读个性化攻略之十一：概括式

"我们是否有勇气，带着地球去流浪？"这是被称为"中国硬核科幻"的《流浪地球》里发人深思的一问。

在阿西莫夫的《银河帝国 1：基地》（以下简称《基地》）里，也有类似的问题："川陀什么时候会毁灭？""人类整体历史也能改变吗？"

一位名叫谢顿的博士毫不拖泥带水地说，"川陀的覆灭，是任何努力都无法阻止的"，"心理史学不但可以预测帝国的覆亡，还能描述接踵而来的黑暗时代"，"我们必须对抗这种厄运"。

在死刑与流放之间，谢顿选择了流放。他与两万多户人家，一起迁移到一个叫"端点星"的星球上。那个星球在银河的边缘。

要拯救川陀的博士为什么还要被流放？他们如何到达端点星？在端点星上，他们将如何来拯救人类？《基地》一书，给我们提供了答案。

阅读、概括、摘录

这本《基地》不算厚，也没有多少生僻字。只是这种科幻类小说，时空跨度大，科技术语多，篇章内容跳跃性强，许多人物之间联系不大，还加上外国作品本身的阅读障碍（比如文化、地名、姓名）等，这都给读者增加了一定的难度。

鉴于此，笔者建议，可采用一种很传统的"概括式"的阅读方法，也就是把每一小结的内容简要概括，并将相关科技名词摘录下来。这样，便可以"天堑变通途"，并能收获更多的养料。

下面，笔者将自己的概括内容整理如下，供读者参考。

第一篇　心理史学家

1. 住在辛纳克斯行星上的盖尔，带着邀请函，前往川陀，准备加入"谢顿计划"。（名词：星船，超空间，跃迁）

2. 抵达川陀，盖尔乘坐计程飞车到达豪华旅馆。（名词：计程飞车，信用点）

3. 从观景高塔下来后，盖尔在房间里意外地见到了谢顿博士。（名词：银河标准时间，反重力，颈动脉）

4. 谢顿通过"社会运算"得出一个结论：川陀将在三个世纪内完全毁灭的概率是92.5%。（名词：电算笔记板，集合变换，社会运算，场微分）

5. 盖尔被限制行为，并获悉谢顿已经被捕。（名词：间谍波束）

6. 谢顿和盖尔受到公共安全委员会的审判。（名词：心理史学趋势，银河百科全书，心理史学方程式）

7. 谢顿接受流放，同意迁移到端点星。

8. 谢顿告诉盖尔，他已为迁移到端点星准备了两年半。（名词：接目镜，科学避难所）

第二篇　百科全书编者

1. 50年过去。端点星上，哈定市长告知理事会主席、钦命代表皮翰纳：安纳克里昂星自主为王了，他们将派特使来端点星。（名词：超波接收站，穹窿）

2. 谈判中，哈定用核能吓走了安纳克里昂星的特使若缀克。（名词：秒差距，核能）

3. 帝国总理大臣即将来访，庆祝基地成立五十周年。谢顿的穹窿即将开启，哈定发现了一个重要的发展方向。

4. 哈定找到了来访的帝国总理大臣道尔文。（名词：起源问题，炉心融解，放射性污染）

5. 安纳克里昂向端点星发出最后通牒。理事会上，哈定指出谢顿的真正用意：让端点星的人们四处摸索，模糊地窥见一小部分真相。（名词：符号逻辑）

6. 哈定发动政变。

7. 穹窿开启，谢顿现身，揭秘。哈定、约翰政变成功。（名词：缈子流，蛮荒时期，第二银河帝国，核能之岛）

这样的梳理其实并不困难，只要做一个阅读的"有心人"即可。这样的梳理，可以把时空的跨越、情节的跳跃、内容的伏脉千里、人物的藕断丝连等串联起来，形成一个完整的阅读印象；同时还能更深入地理解其中蕴含的科学知识和人文关怀，理解作者对未来科学发展的想象和对人类文明进程的沉思。

谢顿、哈定、彭耶慈、马洛

这一部分，我们将尝试从书中四个不同时期的主要人物身上，发现他们的高瞻远瞩和担当精神。

一、心理史学家：谢顿

谢顿，是"基地"的一位传奇英雄，可称之为"基地之父"。他创立了一种"心理史学"：用统计学方法，预测人类平均行为。他预测川陀（"银河帝国"的首都）将于三个世纪以后完全毁灭。这令统治阶级惶恐不安。于是，"公共安全委员会"对其实施抓捕，并组织审判。

在审判中，他说：

川陀将要面临的毁灭，并非人类发展过程中的孤立事件，而是一出大戏的最高潮。这出戏在几世纪前便已开演，今后还会继续加速进行。

……

这是数学所作的预测……帝国的覆亡是一件牵连甚广的大事，可没有那么容易对付。它的原因包括官僚的兴起、阶级流动的停滞、进取心的衰退、好奇心的锐减，以及其他上百种因素。正如我刚才所说，它早已悄悄进行了数个世纪，而这种趋势已经病入膏肓、无可救药了。

——《心理史学家·06》

谢顿认为，其后的黑暗时代将会持续三万年，然后"第二帝国"终将兴起。但在这两个文明之间，将有一千代的人类要受苦受难。因而，必须对抗这种厄运。只要允许他的人立刻行动，便有可能把无政府时期缩短到一个千年，足以从人类未来的历史中消除两万九千年的悲惨时代。他的整个计划，是手下的三万人和他们的妻小，都将献身于《银河百科全书》的准备工作。因为，当社会组织毁败之后，科学也将分裂成上百万的碎片。到时候，每个人学到的都仅仅是极零碎的片段知识，无用又无益。知识的碎片起不了作用，也不可能再传递下去。但是，假如将所有知识集中起来，也就是编撰《银河百科全书》，知识就永远不会再遗失。

他说，他自己还剩不到五年的寿命，可是对未来关心至极；你可以说这是一种理想主义，也可以说是他认同了"人类"这个神秘而抽象的概念。为此，他同意离开川陀，到端点星去实施他的"谢顿计划"。

我们可以从上述内容感受到，作为一名科学家，谢顿身上所具有的对人类未来的担当精神。在这个担当过程中，将自己的荣辱生死置之度外；在这个担当过程中，也体现了他的远见卓识，这在后两次"时光穹窿"的开启得到了进一步印证。

二、首任市长：哈定

时光一下子过去了五十年，基地的男一号变成了哈定市长。然而，哈定市长并没有所谓的实权，处处受制于"代表理事会"，受制于钦命代表皮翰纳。安纳克里昂国王派来的特使，要在端点星建立军事基地，意欲吞并端点星；《银河百科全书》即将出版第一册；帝国的总理大臣即将莅临端点星；谢顿的穹窿将会开启；端点星与银河帝国的联系中断；金属的缺乏，使得端点星无法自给自足：这一切，都在考验哈定的智慧。

当基地一些人都把希望寄托在谢顿穹窿的开启时，他却有自己的独立判断：

"不，当然不否认。"哈定吼道，"但是我们不能指望他为我们提供解决之道。他顶多只能指出问题的症结，但若是真有解决的办法，我们必须自己设法找出来。他无法为我们代劳。"

"……请你们问自己一个问题：为什么当年来到基地的第一批人员，只有玻尔·艾鲁云一位一流的心理学家？而他却小心翼翼，只是教授基本课程，从不将这门学问的精髓传给学生。"

"也许因为心理学家能够看透背后的一切——会太早识破哈里·谢顿的安排。如今我们只能四处摸索，模糊地窥见一小部分真相。这就是哈里·谢顿真正的用意。"

——《百科全书编者·05》

随着穹隆的开启，哈定的判断得到了验证：编撰《银河百科全书》是谢顿的一个幌子；所有困难的克服，危机的解决，只能靠基地人的智慧。

为了不再受制于理事会，谢顿通过政变掌握了全局（政变，没有办法的办法，但这种方式值得商榷）。理事会再也无法发号施令。也就是说，哈定至此拥有了制定决策、发号施令的权力。

科学援助，是哈定在特定背景下采用的一种策略。他以宗教的形式，让科学援助进入邻国，以降低四国联合侵犯端点星的可能性，并逐渐将科技人员伪装为魔法师或圣人，接受当地人民的膜拜。显然，哈定的宗教只是外衣，而科学才是实体。我们可以看看安纳克里昂小王子的加冕之夜，哈定与摄政王温尼斯之间的斗争——

哈定市长身旁有一个手提式核灯泡，发出珍珠般的光芒。他根本不理会温尼斯，只是静静地坐着，脸上挂着一丝嘲弄的微笑。

"陛下，早安。"哈定对列普德说，"恭喜您顺利加冕。"

"哈定，"温尼斯再度吼道，"命令你的教士回去工作。"

哈定冷静地抬起头来。"温尼斯，你自己下令吧，看看我们两人到底谁在玩火。现在整个安纳克里昂，除了灵殿之外，没有任何机械在运转；除了灵殿之外，没有任何灯泡发光；除了灵殿之外，没有一滴自来水；处于冬季的半球，除了灵殿之外，连一卡的热量都没有。医院无法再接受病患，发电厂也将被迫关闭，所有的太空船都被困在地面。温尼斯，如果你不喜欢这种情况，大可自己命令教士回去工作，我可不想管。"

——《市长·06》

哈定，实际上就是凭借科学的力量，使得摄政王阴谋落空，也让自己面临的危机得以化解。在系列危机面前，哈定始终能够保持从容，冷静面对，运用智慧，化险为夷。

三、行商：彭耶慈，马洛

穹窿第二次开启时，谢顿预言："'形而上的力量'虽然足以抵挡'形而下的力量'所发动的攻击，却不足以反过来主动出击。由于地方主义或国家主义等阻力必然不断成长，'形而上的力量'无法永远保持优势。"（《市长·08》）"形而上的力量"指的是上文的科学宗教，"形而下的力量"则指的是后文的经济贸易。

也正是随着时间的推移，行商——基地派出的太空商人，凭借着他们的胆略，逐渐成为基地的主人、太空的强者和时代的骄子。

"你的意思是说，你愿意为一件与你无关的事冒生命危险？"哥罗夫笑了笑。

彭耶慈答道："而你的意思是说，行商都没有爱国心，不会有这种爱国行为？"

"行商是出了名的不爱国，所有的拓荒者都一样。"

"好吧，我承认这一点。我并不是为了拯救基地或类似目的，才在太空中忙碌奔波。我跑码头只是为了赚钱，而这个机会十分难得。如果同时又能帮基地一个忙，那岂不是一举两得？即使是一点点的机会，我都曾经用生命下过注。"

——《行商·03》

这是彭耶慈在阿斯康监狱中，与来自基地的间谍（外交官）哥罗夫的对话。从对话中，我们可以看到彭耶慈这一代行商的主要特点——跑码头只是为了赚钱。当然，说他们没有爱国心也不客观，比如他甘于冒险营救哥罗夫也是一种爱国的表现。但是，他营救哥罗夫的同时，更是为了推销自己的商品。

但到了下一代行商，比如马洛，他们就不光是为了赚钱了。请看：

"听好，假如真有必要，我会以武力夺取政权——就像一百年前塞佛·哈定那样。另一个谢顿危机已经逼近，当危机来到时，我一定要成为市长兼首席教长。缺一不可！"

……

"等到我能够替基地当家做主，我什么都不要做，百分之百地无为而治，这正是渡过这次危机的秘诀。"

——《商业王侯·15》

马洛作为一个行商会长，不仅想取得市议员席位，还想成为市长，并自信只有他才知道如何应对这次危机——无为而治。后来，他果真做了市长，应对敌国的侵略，说了这样的一段话：

"瑟特，目前我们正面临另一个谢顿危机。而谢顿危机绝不能靠个人来解决，必须仰赖历史的力量才行……"

"我是对谢顿危机，以及解决之道的历史合理性——内在和外在皆然——具有充分的信心。有些事我刚才并没有告诉瑟特。他试图仿照他控制其他世界的方法，用宗教的力量控制基地本身，结果失败了——这就明确表示在谢顿计划中，宗教已经功成身退。"

"经济的力量却完全不同。套用塞佛·哈定著名的警语，它对敌我双方一视同仁。假如科瑞尔由于和我们贸易而变得繁荣，我们自己的经济也会一并受惠。反之，假如因为和我们贸易中断而使科瑞尔的工厂倒闭，其他世界又因为贸易孤立而萧条，我们的工厂同样会关门，基地也会因而陷入不景气。"

——《商业王侯·18》

在马洛看来，端点星必须依靠经济的力量来不战而屈人之兵，用共赢的法则与邻国和平共处。显然，他在科技、宗教、贸易、政治等方面的认识上，更能符合时代发展潮流。也就是说，马洛为代表的行商，已经成为名副其实的"商业王侯"。

通过上面两个方面的梳理，我们应当可以逐渐地形成一些阅读经验，也就是在阅读类似于《基地》这样的科幻作品时，我们不仅要关注作品中天马行空的科学幻想，还应当关注其中所蕴含的关于"人"的一些特质，比如国家认同、担当精神、创新意识、吃苦耐劳、百折不挠、与时俱进等，甚至还可以在对世界的发展方面有自己独特的认识。这一切，也许比那些科幻的东西更有价值。

"银河帝国"到底会不会毁灭？谢顿危机还会不会爆发？"基地"还能持续坚挺多久？这里，我们不妨借用《流浪地球》中的一句台词，作为本文的结束：

不论最后结果

将人类历史导向何处

我们决定

选择希望

附：后三篇内容概括

第三篇　市长

1. 新科市长议员瑟麦克要组建新的政党。哈定市长与之论辩，解释"科援"四个星球的目的。（名词：地面车，星际舰队，教士阶级）

2. 驻安（安纳克里昂）大使维瑞索夫回到基地（端点星）报告危机：安国向基地索要星际巡弋舰。哈定决定，当危机爆发，将亲自到安国。（名词：太空客船，放射性合成物质，科学性宗教，核炮，星际巡弋舰，抗 Q 能束，时光穹窿，气体运动论）

3. 安国王与摄政王面对面的语言较量。（名词：高速空中飞车，针枪，无人太空船）

4. 行动党商议，弹劾哈定市长。（名词：放射性灵光）

5. 行动党弹劾未能成功，哈定提前出访。（名词：核铳，飞航站，太空船）

6. 国王加冕之夜，安纳克里昂在哈定的指挥下全面"教禁"，摄政王温尼斯阴谋落空。（名词：教禁，手提式核灯泡，影像电话，超波中断器）

7. 温尼斯号旗舰完全熄灭，旗舰司令官被解职。

8. 安纳克里昂等四国国王接受科学性宗教，温尼斯自杀身亡。

9. 时光穹窿二度打开，谢顿预言，"形而上的力量"无法永远保持优势，并宣布"第二银河帝国起点"。

第四篇　行商

1. 太空行商彭耶慈获悉，行商长、基地间谍哥罗夫在阿斯康国被捕。（名词：太空商船，空气甬道，次乙太）

2. 彭耶慈向阿斯康大公为哥罗夫虔诚求情。（名词：高速太空游艇）

3. 彭耶慈与哥罗夫在牢房里相见，彭耶慈自信能把存货卖光。（名词：电磁场扭曲器）

4. 彭耶慈为大公变铁为金。

5. 彭耶慈与顾问官法尔谈交易。

6. 哥罗夫获救。彭耶慈向哥罗夫揭开了"吃定"法尔的真相。（名词：高传真乙太波束，辐射烹饪炉，微缩影片记录仪）

第五篇　商业王侯

1. 市长机要秘书瑟特派遣斯密尔诺人、行商长马洛到科瑞尔去寻找核能来源。（名词：三维星图，核弹和力场防护罩，核武船舰）

2. 第三次谢顿危机出现，瑟特希望市长、内阁外长、首席教长曼里欧担当重任。

3. 在端点市的另一端，杜尔与马洛密谋，决定与马洛同行。

4. 马洛通过了"传教士帕尔玛"测试，接到科瑞尔领袖邀请。

5. 马洛与科瑞尔领袖阿斯培谈妥第一笔生意。

6. 科瑞尔领袖对夫人软硬兼施，令其安静、服从。领袖虚伪而残忍的面目浮现出来。

7. 领袖派来专车，接马洛去炼钢厂。

8. 参观炼钢厂，马洛进行了切割钢板系列表演，并发现帝国国徽"星舰与太阳"标志。

9. 马洛在远星号上向卓特上尉交代"后事"，并向基地报告。（名词：定位信囊）

10. 西维纳老贵族向马洛说起他悲惨的家事和混乱的国事，并送给马洛一张伪造的护照。

11. 马洛用一件人力场地防护罩，同技官换来察看当地发电机的机会。

12. 马洛参观发电厂。之后，技官的防护罩失灵。

13. 瑟特对马洛威逼利诱。前教育部长杰尔说服马洛。（名词：太阳室，人工日光）

14. 马洛受到公审，他用之前录制的"传教士帕尔玛"影像资料证明了自己的清白和智慧，受到万人拥戴。

15. 马洛想当市长兼首席教长，并希望无为而治。

16. 科瑞尔已拥有五艘星舰，准备向基地开战。

17. 黑暗星云号向基地示警。

18. 马洛当上了市长，面对科瑞尔发起的战争，他选择了经济战略，以图不战而屈人之兵。

下一篇，我们一起走进久负盛名的《哈利·波特与死亡圣器》。

12 《哈利·波特与死亡圣器》：你是哈利，我是麻瓜
——初中名著阅读个性化攻略之十二：麻瓜式

翻开这本书，你的身份就变成了"麻瓜"。

——七下语文教材 P161

麻瓜，什么意思？在 J. K. 罗琳的《哈利·波特》系列小说中，麻瓜表示非魔法人类，也就是像我们这样的普通人。

有人说，如果有一天，有人喊你"麻瓜"而你一头雾水，那就证明你落伍了；但如果你不以为然，那你一定就是"哈迷"。

一、有这样一个"抗魔家族"

你是"哈迷"吗？估计像我这样的落伍的"麻瓜"不在少数。而对于这本《哈利·波特与死亡圣器》，我更"麻瓜"了。因为，该书是《哈利·波特》系列小说的第七本，此前有《哈利·波特与魔法石》《哈利·波特与密室》《哈利·波特与阿兹卡班的囚徒》《哈利·波特与火焰杯》《哈利·波特与凤凰社》《哈利·波特与混血王子》等六本。

七本小说，尽管都能独立成书，但其人物之间的关系却一脉相承。如果读者没读过该书之前的一两本书，这本《哈利·波特与死亡圣器》会让我们时常有一种"乱花渐欲迷人眼"的迷糊之感。我们且看下面这一段话：

哈利领他们进了厨房，他们有的坐在椅子上，有的坐在佩妮姨妈闪闪发亮的案板上，还有的则靠在她那些一尘不染的器具上，有说有笑。罗恩还是又高又瘦；赫敏把她乱糟糟的头发扎成了辫子；弗雷德和乔治露出一模一样的笑容；比尔脸上满是疤痕，头发也长了；韦斯莱先生还是和以前一样的和蔼，秃着头，眼镜也戴歪了；疯眼汉穿着战斗装，瘸着腿，那只魔法眼在眼窟窿里不

停地转；唐克斯的短发已经成了她最爱的亮粉色；卢平的头发更白了，有了更多的皱纹；芙蓉一头柔顺的银发，比以前更窈窕美丽了；金斯莱还是秃顶宽肩膀；海格的乱发和胡须还是老样子，为了不撞到天花板他不得不微微地弯下腰；蒙格顿斯，还那么瘦小、猥琐，长着一对猎犬般的珠泡眼。看见他们大伙让哈利的心里暖洋洋的。他发现自己从来没这么喜欢过他们，就连蒙格顿斯这个他上次还差点掐死的人也是一样。（第四章《七个波特》）

这一段话中，出现的人物有 15 个。他们分别是谁？相互之间有着怎样的关系？哈利之外，他们中间的关键人物是谁？这几个问题，想必非"哈迷"的"麻瓜"们都会非常困扰。因此，我们应当用一种很老土、很务实的办法——把人物的姓名摘抄下来，让自己的印象更深刻一些。同时，还应当通过网络搜寻等办法，把人物之间的关系尽可能地理顺。笔者尝试梳理如下：

1. 佩妮姨妈。哈利·波特的姨妈，也就是哈利的母亲莉莉·伊万斯的姐姐，弗农·德思礼的妻子，达利·德思礼的母亲。

2. 韦斯莱先生，即亚瑟·韦斯莱。妻子，莫丽·普维特·韦斯莱，就是书中的韦斯莱夫人。他们有六个儿子，分别是：老大比尔·韦斯莱，老二查理·韦斯莱，老三珀西·韦斯莱，老四弗雷德·韦斯莱，老五乔治·韦斯莱，老六罗恩·韦斯莱。其中，老四和老五是一对孪生兄弟。还有一个女儿，金妮·韦斯莱。金妮，后来成为哈利的妻子。

3. 赫敏·格兰杰。系哈利·波特和罗恩·韦斯莱的好朋友，后来成了罗恩的妻子。

4. 疯眼汉，即阿拉斯托·穆迪。因有一个会动的魔眼，可以透视，故有"疯眼汉"绰号。

5. 莱姆斯·卢平。哈利三年级时的黑魔法防御术课教授，哈利·波特父亲的好友，唐克斯的丈夫。

6. 芙蓉·德拉库尔。后来成为比尔·韦斯莱的妻子。

7. 金斯莱·沙克尔。魔法部一役中营救哈利的五人中的一员。另四人为小天狼星布莱克（哈利的教父）、莱姆斯·卢平、疯眼汉穆迪以及唐克斯。

8. 鲁伯·海格。系霍格沃茨校长邓布利多曾经派来接哈利上学的巫师。

这种梳理尽管有些费时、低效，但梳理之后，人物之间的关系便豁然开朗了。往后阅读起来，头绪清晰了许多。

通过梳理，我们发现，韦斯莱先生一家都是哈利的"一边人"。这个家族，可以说是一个"抗魔家族"——抗击伏地魔的家族。也正是因为有许多这样具有正义感、不怕牺牲的家族，所以像伏地魔这样的魔头，虽然魔力广大、不可一世，但最终邪不压正，以毁灭告终。

其实，在阅读一些人物关系比较复杂的小说（比如《水浒传》《三国演义》《红楼梦》）时，我们都可以利用这种梳理人物的方法，化繁为简，一劳永逸。

二、何谓死亡圣器

我们都是麻瓜，对魔法一无所知。因而，书中所描述的魔法会让我们大开眼界，会让我们觉得不可思议。请看下面这几段话：

那个头发蓬乱的司仪在比尔和芙蓉头上一挥魔杖，奇幻的银色小星星在他们四周升起盘旋，随着乔治和弗雷德所引领的一片掌声，金色的气球纷纷爆炸，变成一只只快乐的飞鸟和金色的挂钟在空中飘摆，美妙的乐曲声也随即响起。

"女士们先生们，"司仪再次开口，"请全体起立。"

大家全都照做了，只是穆莉尔姨妈有些抱怨，巫师再次挥动魔杖，帐篷随之消失，他们刚才落座的座位也飞了起来，天空中幻化成华美的金色的拱顶，令人叹为观止。随后，一点金光从中央向四周铺展开来，变成一个巨大的舞池，刚才飞起的座椅纷纷落下，围着一张张的白色小桌分布在舞池周边，乐队也随之登上了舞台。（第八章《婚礼》）

这便是魔杖的奇特，也是魔法的魅力。比尔和芙蓉的婚礼，因为魔法而与众不同，而精彩绝伦。

"这是一个魔法的国度：壁画中的人物可以打牌聊天，城堡的楼梯能够调转方向，书本可能会咬人，小宠物也许在说话。神奇的咒语和魔药使得这个世界生机勃勃。"（七下语文教材 P161）当然，也因为魔法，便有了正义与邪恶的对决，有了伏地魔对哈利·波特的追杀，也有了哈利·波特对死亡圣器的寻找。

死亡圣器是什么？死亡圣器在哪里？死亡圣器有何法力？这应当是读者普遍关注的几个问题。这也是一种阅读方法：紧扣书名，提纲挈领。

其实，这几个问题不光困扰着你我这些麻瓜，也一直困扰着哈利·波特等人。一位叫谢诺菲留斯的人（卢娜的爸爸）为哈利、罗恩、赫敏三人讲述了一个故事：《三兄弟的传说》。

死神对他们说话了。死神很生气，他失去了三个新的祭品——因为旅行者通常都会淹死在这条河里。但是死神很狡猾。他假装祝贺兄弟三人的魔法，说他们凭着聪明而躲过了死神，每人可以获得一个奖励。

老大是一位好战的男子汉，他要的是一根世间最强大的魔杖：一根在决斗中永远能帮主人获胜的魔杖，一根征服了死神的巫师值得拥有的魔杖！死神就走到岸边一棵接骨木树前，用悬垂的树枝做了一根魔杖，送给了老大。

老二是一位傲慢的男子汉，他决定继续羞辱死神，想要的是能够让死人复活的能力。死神就从岸上捡起一块石头给了老二，告诉他这块石头有起死回生的能力。

然后死神问最年轻的老三要什么。老三是最谦虚也是最聪明的一个，而且他不相信死神。因此他要一件东西，可以让他无论走到哪里，死神都找不到他。死神极不情愿地把自己的隐形衣给了他。（第二十一章《三兄弟的传说》）

谢诺菲留斯说，老魔杖、复活石、隐形衣合在一起就是死亡圣器。死亡圣器有何作用呢？哈利这样想象着：这三样东西合在一起，就会使拥有者成为死神的主人，征服者，胜利者，最后一个要消灭的敌人是死亡。

然而，这三样圣器是什么样子，而今在何方？

他掏出隐形衣，让它从指缝间流过，织物像水一样软，像空气一样轻。哈利在魔法世界生活了七年，还从没见过与它匹敌的东西。这隐形衣完全符合谢诺菲留斯的描述：一件让人真真正正、完完全全隐身的斗篷，永久有效，持续隐形，无论用什么咒语都不可破解……（第二十二章《死亡圣器》）

隐形衣远在天边，近在眼前！隐形衣就在哈利的身上。

同时，复活石也在哈利身上，复活石——戒指——在金色飞贼里。金色飞贼具有肉体记忆，能记住第一次用身体碰到它的人。邓布利多就是利用这个特性将复活石交给了哈利。但是，复活石并不能使死者真正复活，而且是一波三折，险象环生。

哈利需要寻找的是老魔杖——伏地魔一直在寻找老魔杖，而且早已布下天罗地网，等待着哈利……

当我们紧扣书名，把"死亡圣器"作为一条阅读主线时，即便我们都是"麻瓜"，也一定不会"不识庐山真面目，只缘身在此山中"了。

三、"爱"的力量有多大

哈利的额头上，有一道闪电形的伤疤。这道伤疤一直是人们热议的一个话题，也是哈利的一个显著特征。同时，这道伤疤还有一个特殊的功能。我们先看下面这几段话。

然后，毫无来由地，疼痛突然变得尖锐。他拼命捂住前额闭上眼，一个声音在他脑子里尖叫。

"你告诉过我，换个魔杖就可以解决问题！"

突然一幅画面闯入他的脑海，一个瘦弱的老人躺在石头地面上的一堆破布里，尖叫着，用一种极可怖的拖长了的声音，声音里有难以忍受的痛苦……

……

然后哈利看到那只白色的大手举起了魔杖，他感觉到了伏地魔恶毒的怒火在翻涌，地上那个羸弱的老人痛苦地打着滚——

"哈利？"

剧痛结束得就像它来临得那么迅速：哈利在黑暗中发着抖，紧紧抓着通向花园的门使自己不至于倒下，他的心脏在狂跳，伤疤在剧痛。（第五章《战士陨落》）

原来，这道闪电形伤疤一疼痛起来，便接通了伏地魔的大脑。伏地魔的一些情绪变化，往往会引起这道伤疤的疼痛。

……他的伤疤仍然在痛，这使得他很难集中精神，"我——我觉得只要他失去控制的时候，这个联系就会打开，这就是他以前——"

"但是你必须封闭你的大脑！"赫敏尖声说，"哈利，邓布利多不希望你使用那种联系，他希望你封闭它，所以你才应该用大脑封闭术！否则伏地魔就可以在你的脑中放一些假的图像，你还记得——"

"是的，我记得，谢谢！"哈利紧紧咬着牙；他不需要赫敏提醒他伏地魔曾经就是利用这种联系将他诱入圈套，更不用提醒他小天狼星就是因此而死。他真希望自己没有告诉过他们他的所见所感——这使得伏地魔更危险了。他把伤疤紧紧地压在房间的窗户上，但它还是不住地痛，他强忍着剧痛，就像强迫自己忍住恶心的感觉一样。（第九章《藏匿之地》）

伤疤的疼痛，大脑的联通，有时是一件非常危险的事情：伏地魔可以利用，可以诱导。真真假假，难以辨别。这让哈利和伏地魔之间的斗争充满了复杂性。

伤疤虽痛，甚至痛得撕心裂肺，但一些时候，哈利却宁愿去忍受这种疼痛。因为，哈利可以借此来了解伏地魔的思想，发现伏地魔的行踪。当然，哈利后来还是学会了控制疼痛。这种控制的策略，是一个"爱"字。

他的伤疤仍在灼烧似的疼痛，但是他在控制着疼痛感，他去感受它，尽可能地远离它。他最后开始真正尝试去学着控制它，学着封闭自己的大脑，切断与伏地魔的思想联系，他做的每一件事，都是邓布利多曾希望斯内普教给哈利的。要是那样，伏地魔就不会迷惑哈利，让他被失去教父小天狼星的痛苦所吞噬，也就不会在哈利哀痛失去多比（一种被巫师当作奴隶的神奇生物）时进入他的思维。似乎是悲伤赶走了伏地魔……邓布利多称之为爱。（第二十四章《魔杖制作人》）

人之所以会悲伤，是因为人类有一种情感，那就是"爱"。也就是这种"爱"，使伏地魔不能完全控制哈利的大脑。

爱，还是一种法宝，一种战胜邪魔的法宝。

"又是爱？"伏地魔说，那张蛇脸上满是嘲讽，"邓布利多的法宝，爱，他声称能征服死亡，却没能阻止他从塔楼上坠落，像个旧蜡像一样摔得支离破碎！爱，没有阻止我把你那泥巴种母亲像蟑螂一样碾死，波特——这次似乎没有一个人因爱你而挺身而出，挡住我的咒语。那么，我一出手，你怎么可能不死呢？"

"如果这次救你的不是爱，"伏地魔说，"你一定认为你知道我不知道的魔法，或者有比我的更厉害的武器？"

"我想这两样我都有。"哈利说。他看到了那蛇一般的脸上掠过了一丝恐惧，尽管那马上就消失了。伏地魔又开始狂笑，那笑声比他的尖叫声更可怕。疯狂的没有人性的笑，在寂静的大厅里回荡。

这是哈利和伏地魔决战之前的一段对话。伏地魔不懂得爱，而爱又是一件强大的武器。

哈利的母亲在保护哈利的时候，把"爱"留存在他的血液里。正是因为爱，伏地魔的魔咒从哈利身上反弹到了伏地魔自己身上。

伏地魔死了，被他自己的咒语反弹回去杀死了。但说到底，伏地魔的毁灭，是因为他没有"爱"。

伏地魔从最开始的缺少爱，到心中生成恶念，直至后来成为一个无恶不作、万恶不赦的大魔头。如果我们身边有这样的一个人，那就太恐怖了。

道德中最大的秘密是爱。如果每个人心中都充满爱，充满善，而没有歧视，没有仇恨，那么，我们的社会就是真正的和谐社会了。

爱，其实就是《哈利·波特》系列小说中的一个主题，也几乎是所有文学作品中的一个永恒的主题。阅读本书时，我们一定不要忽略这一个"爱"字。

"爱在左，情在右，在生命的两旁，随时撒种，随时开花，将这一径长途点缀得花香弥漫，使得穿花拂叶的行人，踏着荆棘，不觉痛苦，有泪可挥，不觉悲凉！"

让我们在"爱"的力量中，去感受本书的魅力吧。也让我们在冰心的这首"爱"的诗篇中，结束本文吧。

哈利·波特

伏地魔

《哈利·波特与死亡圣器》

老魔杖

复活石

隐形衣

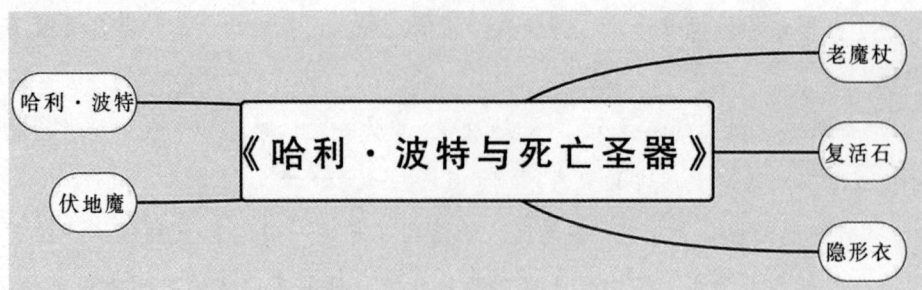

读到此处，想必七年级的 12 本名著都读完了吧。

真的读完了吗？

八年级 · 上学期

13　《红星照耀中国》：摘其要点，辨其观点
——初中名著阅读个性化攻略之十三：摘要式

八年级名著阅读，从《红星照耀中国》开始。

1936 年，一名美国记者，只身匹马，冒着生命危险，穿越重重封锁，进入陕甘宁边区，深入西方媒体眼中"土匪聚集的地方"，只为解开苏区和红军之谜；一本书，一问世便引起轰动，几个星期内就销售 10 万册以上。这个记者便是埃德加·斯诺，这本书便是《红星照耀中国》（又名《西行漫记》）。

《红星照耀中国》是一部纪实作品。它真实地记载了斯诺在红色中国的所见所闻，客观地向全世界报道了中国共产党和中国工农红军的真实情况，如实而全面地展现了毛泽东、朱德、周恩来等人的生活经历和领导风采。从某种程度看，阅读此书，也是在阅读一部中国近代史。只不过，它是一个片段，而且是用报告文学的笔法写成的。也就是说，这本书既有历史的真实性和严肃性，又有文学的艺术性和形象性。这也就意味着，我们在阅读此书时，既可欣赏到作者灵动而个性的文笔，也可知晓 20 世纪 30 年代中国的一段历史，还可以领略毛泽东等人的思想光辉。

基于上述原因，笔者建议，读者可采用"摘要式"的阅读方法：一边阅读，一边摘记，一边思考。下面，笔者将从三个方面做简要说明。

一、序言与目录

有很多读者，一拿到书便直接翻到正文，总想尽快地欣赏书中的故事情节。这种读书方法似乎也没什么毛病。但对于像《红星照耀中国》这类的纪实作品，最好还是先看看正文之前的序言和目录，甚至包括目录之前的照片。

看照片的好处，在于能够尽可能获取一些关于本书写作背景的感性认识。

比如作者埃德加·斯诺的照片、毛泽东的照片、朱德的照片、"高歌与战斗"的照片，能够真实再现当年的人物形象和生活场景；尤其是"穷人也要读书"的照片，可以让读者形成一种与现实生活的视觉反差；红小鬼的照片与第十篇的"红小鬼"一节遥相呼应。经验告诉我们，感性认识越丰富，阅读的兴趣便越浓厚，对于人物的个性和作品的主题，也认识得越深刻。

正文的第一句话便是"我在中国的七年中间，关于中国红军、苏维埃和共产主义运动，人们提出过很多很多问题"（P2）。这七年里，作者有怎样的工作经历呢？《中文重译本序》（作者：胡愈之）里给我们提供了答案："一九二八年，在中国大革命陷入低潮的时候，他到了上海，担任《密勒氏评论报》的助理编辑……"通过阅读《目录》《中文重译本序》《一九三八年中译本作者序》，我们可以发现，本书是按照作者的行程来写作的：北平—西安—保安—预旺—保安—西安—北平。而当作者回到北平时，正是西安事变的爆发前夕。

作者在《一九三八年中译本作者序》中说："而且从严格的字面上的意义来讲，这一本书的一大部分也不是我写的，而是毛泽东、彭德怀、周恩来、林伯渠、徐海东、徐特立、林彪这些人——他们的斗争生活就是本书描写的对象——所口述的。"这是一种很客观也很谦逊的说法，这也为我们揭示了该书的基本内容——人物访谈，《目录》与上述人物出场顺序也基本对应。作者还说："还有几十篇和无名的红色战士、农民、工人、知识分子所作的对话，从这些对话里面，读者可以约略窥知使他们成为不可征服的那种精神，那种力量，那种欲望，那种热情。"这又为我们补充提示了该书的其他内容，也让我们大体了解到作者的情感、态度和价值观。

你看，当我们把图片、序言阅读之后，全书的基本轮廓便呈现在眼前了。这样，我们阅读起来，就像手里拿着一张导游图，对于即将开启的阅读之旅，既充满期待，又不觉混乱。

二、问题与人物

这一部分，笔者从四个方面来说。

1. 关于"问题"。作者因为有着"一些未获解答的问题",便开始了冒险之旅。这些问题,既是作者个人的疑问,也是当时中国苏区以外的人们普遍存在的疑问,乃至是关注中国国情的外国人共同存在的疑问。列举这些问题,也正好总起全书。这些问题,我们可以用概括的方式来摘要。比如:

中国的红军是不是一批自觉的马克思主义革命者,服从并遵守一个统一的纲领,受中国共产党的统一指挥的呢?如果是的,那么那个纲领是什么?(可概括为:中国红军的纲领是什么?)

成千成万的农民、工人、学生、士兵参加了红军,同南京政府的军事独裁进行武装斗争。这是为什么?有什么不可动摇的力量推动他们豁出性命去维护这种政见呢?(可概括为:中国红军的魅力在哪里?)

共产党怎样穿衣?怎样吃饭?怎样娱乐?怎样恋爱?怎样工作?他们的婚姻法是怎样的?他们的妇女真的像国民党宣传的那样是被"公妻"的吗?(可概括为:共产党人生活方式是怎样的?)

爱因斯坦曾说:"提出一个问题,往往比解决一个问题更重要。"这大概说的是科学发现。在社会学中,提出问题同样需要一定的洞察力。然而,当时的中国"九年以来一直遭到铜墙铁壁一样严密的新闻封锁而与世隔绝",要寻求这些问题的答案,唯一的办法就是进入苏区,直接面对、观察、采访中国共产党人。"难道不值得一个外国人的脑袋去冒一下险吗?"作者认为,这个代价不算太高。

为了保险起见,作者身上注射了凡是能够弄到的一切预防针,在臂部和腿部注射了天花、伤寒、霍乱、斑疹伤寒和鼠疫的病菌。这种做法,是很能打动读者的。同时可见,冒险精神还需要科学精神做支撑。

2. 关于张学良等人。正面采访人物,从杨虎城将军开始。但是他拒绝讨论政治问题,只是客气地派他的秘书陪作者参观市容。陕西省主席邵力子在他的花园里接见了作者。邵力子认为,中国不应该同日本打仗;同时,他对日本的看法不能向外发表。这里之所以列举本书中的两个"非主要人物",笔者的意思是,关于本书的摘要,应当重在摘录人物的政治观点。

在《汉代青铜》一节中,关于张学良的篇幅不小。但单从"政治观点"

来看，我们可以摘录如下：支持"抗日民族统一战线"；曾公开激烈反日，很想把日本赶出中国和把满洲现代化；对总司令蒋介石还没有失去信心；他们所打的"土匪"实际上是由抗日爱国的能干指挥员领导的；凡是抗日的学生，不论政治信仰如何，都可以投奔到西安府来；等等。显然，后来的西安事变与上述政见之间有着很大关系。

3. 关于周恩来，作者用了"造反者"三个字做标题。在作者看来，这位红军指挥员，"他显然是中国人中间最罕见的一种人，一个行动同知识和信仰完全一致的纯粹知识分子。他是一个书生出身的造反者"。下面这段话，作者正面刻画了周恩来：

我一边和周恩来谈话，一边深感兴趣地观察着他，因为在中国，像其他许多红军领袖一样，他是一个传奇式的人物。他个子清瘦，中等身材，骨骼小而结实，尽管胡子又长又黑，外表上仍不脱孩子气，又大又深的眼睛富于热情。他确乎有一种吸引力，似乎是羞怯、个人的魅力和领袖的自信的奇怪混合的产物。他讲英语有点迟缓，但相当准确。他对我说已有五年不讲英语了，这使我感到惊讶。

这样的句段，读者不用摘录，但可以细细品读，因为作者把叙述、描写、议论等表达方式融为一体，可以让我们更加感性、更加多维地认识周恩来。而关于周恩来在领导革命中的一些大事件，我们应当摘录，比如：

周恩来二十六岁就成了广州政治生活中的一个领袖人物；北伐时，奉命去上海准备起义；到上海的时候，唯一的武装是他的革命决心和坚定的马克思主义理论知识；上海起义失败后，他先逃到武汉，又到南昌，参加组织著名的八一起义；后来他又去了广州，组织著名的广州公社；广州公社失败后，周恩来只得转入地下活动——一直到一九三一年，他终于"闯破封锁"，到了江西和福建的苏区；他在南方进行了多年的艰苦斗争；他身罹重病，九死一生，终于长征到了西北的红色新根据地。

通过这样的摘要和梳理，我们不光了解了周恩来的战斗生涯，同时还能从中体会到他的坚定信念，对中国革命始终不动摇的信念。

4. 关于毛泽东，作者用的篇幅最大，在总共十二个篇章中，几乎用上了

《在保安》《一个共产党员的由来》两个篇章。大体来说，前者是一种"现代进行时"，后者是一种"过去进行时"。这里，笔者只是针对其中的部分章节，将毛泽东的"世界观""政治观"以及个性特点摘录下来，便于读者们仿效和发展。

他似乎一点也没有自大狂的征象，但个人自尊心极强；他熟读世界历史，对于欧洲社会和政治的情形，也有实际的了解；他相信罗斯福是个反法西斯主义者，以为中国可以跟这样的人合作；他是个认真研究哲学的人，读书的范围不仅限于马克思主义的哲学家，而且也读过一些古希腊哲学家、斯宾诺莎、康德等人的著作；马克思主义虽然是他思想的核心，但阶级仇恨对他来说，大概是他的哲学体系中的一种理性的产物；他的身上似乎没有什么可以成为宗教感情的东西；在六千英里的长征途中，除了几个星期生病以外，他和普通战士一样都是步行的。（摘自《苏维埃掌权人物》）

毛泽东认为，当时中国人民的根本问题是抵抗日本帝国主义；日本帝国主义不仅是中国的敌人，而且也是全世界所有爱好和平的人民的敌人；对于外国希望，友好各国至少不要帮助日本帝国主义，而采取中立的立场；只有当南京决定停止内战，对日本帝国主义发动抗战，并且与革命的人民联合起来组成一个民主的国防政府的时候，这样的援助于中国民族才有真正的利益；对于友邦，中国愿意和平谈判互利的条约；至于日本，中国必须以解放战争的行动，来废除一切不平等条约；要抗日成功，中国也必须得到其他国家的援助；但是如果没有一个国家加入我们，我们也决心要单独进行下去！（摘自《共产党的基本政策》）

通过这样的摘要和梳理，一方面我们能更明了毛泽东的思想观点，同时还能深切地体会到他所具有的那种深邃的判断力和高瞻远瞩的远见性。这样的摘录，大多数读者应当是可以做到的，也可以在实际的阅读和提炼中慢慢习得。

三、立场与情感

内容真实、语言翔实、文风朴实是纪实作品的基本特点。但是，这并不意味作者在创作过程中没有渗透立场与情感。相反，往往因为某些立场和情感，作品更具可读性和感染力。当然，这种立场与情感，必须建立在仁爱、善良、正义等基础之上。下面，笔者尝试从书中一些文句中，去搜寻作者的立场和情感。

"我很喜欢他。他是一个外貌诚实的青年，长得很匀称，红星帽下一头乌亮的黑发。在寂寞的山谷中遇见了他，令人安心。"（《遭白匪追逐》）这是作者在"去红都的路上"遇到的第一个红军，一个姓姚的、22岁青年战士。应该说，作者在到达苏区之前，对红军是有所怀疑的，态度也基本是中立的。但随着采访的深入，这种情感、态度逐渐地发生着变化。

"我想，这些孩子真了不起。我从来没有在中国儿童中间看到过这样高度的个人自尊。可是，这第一次遭遇不过是少年先锋队以后要使我感到意外的一系列事情的开端而已，因为我深入苏区以后，我就会在这些脸颊红彤彤的'红小鬼'——情绪愉快、精神饱满，而且忠心耿耿——的身上发现一种令人惊异的青年运动所表现的生气勃勃精神。"（《造反者》）这是作者首次与"红小鬼"接触而生发的赞叹，这种情感完全来源于他与红军的直接交往。

"在共产主义运动中，没有比红军剧社更有力的宣传武器了，也没有更巧妙的武器了。""这种'共产主义'究竟意味着什么？从某种意义上来说，这是历史上第一次，成千上万的知识青年，由于突然得到大量的科学知识，引起了伟大的梦想，开始'回到民间去'，到他们国家的基层乡土中去……一起来建设一种'比较富裕的生活'。"（《红军剧社》）这是作者在红军剧社观看演出后所产生的一些感想。他为之惊叹，并从中洞察到红军的精神生活和精神境界。

"不论你对红军有什么看法，对他们的政治立场有什么看法（在这方面有很多辩论的余地），但是不能不承认他们的长征是军事史上最伟大的业绩之一。"（《过大草地》）在作者看来，长征的统计数字是触目惊心的，比如几乎平均每天就有一次遭遇战，平均每天行军七十一华里，这可说"近乎奇迹"！作者还认为，"在某种意义上来说，这次大规模的转移是历史上最盛大的武装巡回宣传"，宣传着"自由、平等、民主"。即便是21世纪的今天，"自由、平等、民主"依然是人类最宝贵的精神财富。而国民党呢？"当然历史上从来没有一个独裁政党出让过一点点政治权力给人民，除非是在极大的压力之下，国民党也不会是例外。"（《红色的天际》）显然，有意无意之间，作者把共产党与国民党进行着对比，这一对比，是与非、褒与贬不言而喻。

"中国已有成千上万的青年为了民主社会主义思想捐躯牺牲，这种思想或者这种思想的背后动力，都是不容摧毁的。中国社会革命运动可能遭受挫折……可能甚至有一个时期隐没无闻，被迫转入地下，但它不仅一定会继续成长，而且在一起一伏之中，最后终于会获得胜利……而且这种胜利一旦实现，将是极其有力的，它所释放出来的分解代谢的能量将是无法抗拒的，必然会把目前奴役东方世界的帝国主义的最后野蛮暴政投入历史的深渊。"（《红色的天际》）这是作者的大胆预测。这和中国共产党的政治预见几乎统一，而随着中国工农革命的深入，历史已经不断地证明了这种预见是多么正确，多么高瞻远瞩！

随着采访的推进和深入，原定 92 天的行程拖过了四个月。归期已到，作者依依惜别。至此，斯诺行前的困惑——被解开，疑虑——被打消。他确信，红色中国创造的是"人类历史本身的丰富而灿烂的精华"，并祝福英勇的中国取得"最后胜利"。

《红星照耀中国》一书，在当时，它如实、及时地向全世界报道了中国共产党领导下的工农革命；在后来，无数读者通过阅读此书了解红军、了解红色中国；在今天，它将激励着我们团结一心、积极乐观、克难奋进、甘于奉献，勇敢地探寻中国前进的方向。

红星照耀中国，红星照亮世界。作为中国读者，我们应当真诚感谢埃德加·斯诺这位美国记者，感谢这位中国革命的见证人。

下一篇，我们将解读红色经典作品：王树增的《长征》。

14　《长征》：苦不苦，想想长征二万五

——初中名著阅读个性化攻略之十四：梳理式

一、通读：长征印象

讲到长征，读者大多会想起毛泽东的一首同名诗：

> 红军不怕远征难，万水千山只等闲。
>
> 五岭逶迤腾细浪，乌蒙磅礴走泥丸。
>
> 金沙水拍云崖暖，大渡桥横铁索寒。
>
> 更喜岷山千里雪，三军过后尽开颜。

《七律·长征》一诗，既是中国工农革命的一部壮丽史诗，也是中国诗歌宝库中的一颗灿烂明珠。

"红军不怕远征难"。长征有多长？全程共经过 14 个省，累计总行程超过六万五千里，其中红一方面军（即中央红军）走过的路程最长，约二万五千里，即通常所说的"二万五千里长征"。

远征有多难？"十二个月光阴中间，天上每日几十架飞机侦察轰炸，地下几十万大军围追堵截，路上遇着了说不尽的艰难险阻，我们却开动了每人的两只脚，长驱二万余里，纵横十一个省。"（毛泽东《论反对日本帝国主义的策略》）据统计，长征途中共进行四百余次重要战役，平均每三天就有一次较大的遭遇战；湘江战役、四渡赤水、飞夺泸定桥等重要战役无比惨烈。单从战役角度看，就无比艰难了。

"万水千山只等闲"。中央红军总共爬过十多座巨大山脉（其中五座终年积雪），共跨越二十多条大河。诗中的"五岭"（即越城岭、都庞岭、萌渚岭、骑田岭、大庾岭，分布在江西、湖南、广东、广西四省边境）"乌蒙""岷山"

"金沙""大渡"是长征中"万水千山"的代表。

然而，中国工农红军的英雄气概和乐观精神却始终不渝。诗中的"不怕""等闲""腾细浪""走泥丸""更喜""开颜"等词语，可以看出作者的革命乐观主义精神。而这种精神，便是中国工农红军精神面貌的一种折射。

长征，有何意义？毛泽东在《论反对日本帝国主义的策略》一文中说："长征是宣言书，长征是宣传队，长征是播种机。"怎么理解呢？毛泽东是这样解释的：

长征又是宣言书：它向全世界宣告，红军是英雄好汉，帝国主义者和他们的走狗蒋介石等辈则是完全无用的。长征宣告了帝国主义和蒋介石围追堵截的破产。

长征又是宣传队：它向十一个省内大约两万万人民宣布，只有红军的道路，才是解放他们的道路。不因此一举，那么广大的民众怎会如此迅速地知道世界上还有红军这样一篇大道理呢？

长征又是播种机：它散布了许多种子在十一个省内，发芽、长叶、开花、结果，将来是会有收获的。

读了毛泽东的一首诗、一段话，我们便对长征有了感性的认识。但具体情况如何，我们还得阅读王树增的《长征》一书（分上、下册）。

阅读之前，我们首先来了解一下参加长征的红军的基本情况。红军共四路：红一方面军，也就是中央红军；红二十五军；红四方面军；红二、红六军团（红二方面军）。

关于"方面军"需稍做解释。方面军，系"诸兵种合成的战略战役军团，由若干个集团军及战斗、勤务保障部队编成的军队一级组织，属于统帅部之下最高一级的作战建制单位"。也就是说，方面军是中央军委领导下的最高级别的军团。

由于参加长征的时间长、人员多、头绪多、战役多、战线长，阅读时，读者往往容易混淆。因而，笔者建议阅读此书可采用"通读—梳理—聚焦"的方式（简称为"梳理式"），以此化繁为简，抓大放小。

"通读"，也就是把书籍从头到尾浏览一遍。浏览时，可连滚带爬，可囫囫吞枣。只是，最好要做一些勾画，比如时间、地点、人物、战役、会议、基本观点等。做勾画，并不影响阅读速度；相反，因为勾画，读者抓住了主要信息，在后面"梳理"时，能较大地提高效率。关于"通读"，不必多说，但需要时间和耐力。

二、梳理：长征经过

本文只就红一方面军（中央红军）的长征经过进行简要梳理。其实，把红一方面的长征情况梳理清楚了，本书的脉络也就基本清晰了。

（一）起因

1933 年，国民党开始对中央苏区的第五次"围剿"。蒋介石认为，这是与共产党武装的最后一战。

毛泽东提出一个惊人的建议：红军主力抓住机会，立即离开中央苏区，去开辟新的游击区。但这样的军事思想在中央苏区并不被接受。

1934 年 1 月，国民党军队对中央苏区发起孤注一掷的军事进攻。

此时的毛泽东，孤独地住在一座破旧的寺庙中。他刚刚受到党内的严厉批判。春节后，他来到瑞金，之后乘上一条小船赶到赣州。在赣县的江口圩会议上，毛泽东重新拥有了军事指挥权，但与苏区中央局的矛盾更加激烈了。

在宁都会议上，毛泽东被撤销红一方面军总政委职务。请了病假的毛泽东从宁都走了两天才回到瑞金。

就在国民党军逐渐逼近瑞金的时候，中央苏区召开了"中华苏维埃共和国第二次全国苏维埃代表大会"。毛泽东当选为中央执行委员会主席。

1934 年 4 月，国民党军逼近中央苏区的北部门户——广昌。4 月下旬，广昌被国民党军三面包围，红军被迫撤离。

6 月，国民党军占领广昌后，调集 31 个师的兵力，于 7 月初向中央苏区的中心地带发起全面进攻。历经高虎脑、万年亭、驿前、兴国等战役，红军损伤惨重。

10 月 6 日，国民党军占领石城地区，十分接近中央苏区的核心部位，拟于 10 月 14 日对瑞金发起总攻。

瑞金危在旦夕。中央苏区危在旦夕。中央红军危在旦夕。

身在于都的毛泽东被要求立即回到瑞金。在瑞金的"独立房子"里，正在召开小型会议，与会者有李德、博古、张闻天、周恩来和朱德。会议做出了一个没有文字记载的重大决定：放弃中央苏区，进行大规模军事转移。（第二章《绚丽之梦》）

（二）经过

1. 准备。包括舆论准备、物质准备，但最重要的准备是大规模地"扩红"。仅瑞金一县参加红军的青年就有五万之多。

2. 留在苏区坚持斗争的"中央分局"。留下的领导人包括项英、陈毅、贺昌、瞿秋白、陈潭秋；高级干部有何叔衡、刘伯坚、毛泽覃、古柏……留下来，意味着九死一生！奉命坚守苏区的部队，共计 16000 余人。

3. 由于孔荷宠的叛变，中央红军大规模军事转移计划将被泄露。10 月 8 日，中共中央发布关于"红军主力突围转移，中央苏区广泛发展游击战争"的训令。这一训令被认为是长征最早的军事和政治命令。

4. 1934 年 10 月 10 日，这一天，中国共产党和中国工农红军（86859 人）离开了中华苏维埃共和国首都瑞金。美国记者斯诺称之为"整个国家走上了征途"。

5. 10 月 17 日，中央红军主力部队出发。三天之内，他们将全部走出苏区，开始"长征"。于都河边的十个渡口同时拥挤着渡河的队伍。

6. 10 月 18 日，毛泽东来到于都县城北门与军委的队伍会合。他的随身物品只有一袋书、一把雨伞、两条毯子和一块旧油布。苏区响起了流传至今的《十送红军》歌声。（第三章《十送红军》）

7. 10 月 25 日，中央红军以伤亡 3700 多人为代价，渡过桃江（今属湖南益阳），突破了国民党军设置的第一道封锁线。当日，蒋介石召开军事会议，发布了把朱毛红军消灭在第二封锁线的作战命令。

8. 中央红军依旧分成三路，在广东东北部边界折向正西，沿着岭南山脉巨大的山谷向湖南方向挺进。29 日，中央红军接近广东与湖南的交界处。此时，国民党军第二道封锁线已经部署完毕。

9. 11 月，中国工农红军突破国民党第二道封锁线从袭击广东仁化城口镇开始。5 日，军委纵队和红军主力开始陆续在先头部队开辟出的通道间穿越封锁线，向湖南与广东交界处的宜章、乐昌方向前进。

10. 7 日，中革军委发布红军主力部队通过"第三道封锁线"的行动电令。九峰山阻击战是粤军与红军的最后一战。

11. 蒋介石获悉红军全部通过九峰山一线，做出"五路大军协同作战"的部署，想在湘江东岸给朱毛红军以毁灭性重创。

12. 此时，中央红军的前面横着两条大河：潇水和湘水。如果陷入包围，大军等同置于绝境。为此，根据中革军委"突破第三道封锁线"的部署，红三军团团长彭德怀和政治委员杨尚昆提出抢占潇、湘两水主要渡口的建议。

13. 中央红军自军事转移开始，一直避免攻打县城。但湘南的宜章，是必经之地，因此必须占领宜章。10 日，攻城的第一枪打响，宜章城门突然大开，百姓从城内汹涌而出。军委纵队和主力红军进入了宜章。（第四章《路在何方》）

14. 17 日，为了尽快打通红军西进的必经之地，周恩来亲自赶到前线，指挥第九军团，占领了蓝山（今属湖南省永州市）县城。

15. 22 日天亮，红军主力部队开进道县县城。这是潇水河上著名的渡口。第二师第四团仅用一天一夜的时间，行军约两百里。

16. 23 日，军委纵队到达道县的那一天，朱德发布"关于野战军二十五日晨前西渡潇水的部署"。红一军团第一师师长李聚奎指挥部队进行阻击。几乎用了整整一天的时间，两支军委纵队才全部渡过潇水。

17. 25 日，中共中央和红军总政治部发出"关于野战军进行突破敌人第四道封锁线战役渡过湘江的政治命令"。但从潇水到湘江之间，横在路上的是南岭山脉中的都庞岭。都庞岭山峰险峻，道路崎岖。

18. 27 日，军委纵队翻越都庞岭进入广西境内，到达一个名叫文市的小城镇，距离预定湘江渡口还有七十公里。敌情比想象的严重。敌人从南、北、东三面围来，而西面就是湘江。李宗仁和白崇禧预感，即将爆发在湘江边的决战很可能是与中央红军的最后一战。

19. 中央红军抢渡湘江的作战命令最后下达。由林彪和聂荣臻指挥的第一军团、由彭德怀和杨尚昆指挥的第三军团负责阻击，确保军委纵队和中央红军渡过湘江。11月28日，红军总司令朱德发出"至三十日止全部渡过湘江"的战斗命令。（第六章《橘子红了》）

20. 湘军兵力超过阻击他们的红军十倍以上。11月29日，周恩来和朱德在湘江东岸开设指挥部。30日上午开始，军委纵队的人马陆续到达湘江渡口。直至12月1日17时30分，军委纵队全部渡过了湘江。湘江一战，中央红军由从苏区出发时的86000余人锐减到3万余人，其中仅牺牲和失踪的红军官兵就高达35000人！

21. 中央红军主力部队掩护着军委纵队，向湘江西面的大山老山界匆忙而去。老山界是中央红军军事转移以来遇到的第一座真正的高山。只要进入苍苍茫茫的大山，危险就会相对减少。桂军对中央红军进行了穷凶极恶的追击。

22. 中央红军在黑暗的大山里辗转前行，上千公里之外的蒋介石夜夜无眠。12月5日，中央红军终于翻过了老山界主峰。（第七章《血漫湘江》）

23. 中央红军越过老山界后，12月12日，共产党中央就红军到底往哪里走这个问题进行了一次短暂的讨论。这被称为"通道会议"。当天，中革军委向各军团发出西进贵州的命令，目的是迅速脱离桂军，以便寻机机动转入北上。这是自1932年宁都会议以来，毛泽东第一次参加的高层军事会议。他的"西进贵州"的意见，得到了一致同意。

24. 中央红军主力部队很快进入了贵州。12月18日，共产党中央政治局会议（黎平会议）召开，政治局认为"新的根据地应该是川黔边区地区，在最初应以遵义为中心地区"。根据会议决定，刘伯承重新当上了中国工农红军的总参谋长。

25. 在黎平地区休整六天之后，中央红军开始向遵义方向移动。其时，国民党军以中央红军十倍以上的兵力向红军包抄过来。

26. 1934年的最后一天，中央红军到达距离乌江南岸不远的瓮安县猴场。

中央政治局会议再次召开（猴场会议），会议决定中最重要的一句话是："关于作战方针，以及作战时间与地点的选择，军委必须在政治局会议上做报告。"

27. 军团长林彪亲自到第二师师部，给四团下达攻占乌江渡口的作战命令："要赶在敌人到达之前把渡口拿下来！"1935年的第一天，一支侦察分队出发了。2日拂晓，四团官兵捆扎了60多个竹筏，在猛烈的火力掩护下实施强渡。3日，军委纵队在江界河渡口渡过乌江。至此，黔军的乌江防线全线崩溃。

28. 1935年1月5日，中央红军主力部队大规模渡过乌江后，开始向黔北重镇遵义前进。（第八章《恭贺新年》）

29. 1月7日凌晨，中央红军占领遵义城。1月9日，军委纵队进入遵义城。中央红军迫不及待地在整个遵义城地区开始建立根据地工作。遵义县革命委员会正式成立。遵义工农兵临时政府正式成立。中华苏维埃共和国的首都定在遵义。这就是说，贵州的遵义取代了江西的瑞金，成为中华苏维埃共和国的首都。

30. 1月中旬，国民党军近40万大军一齐向遵义地区压来。1月15日，"追缴军"总指挥何键向国民党军发出向遵义地区发动全面进攻的作战命令。

31. 也是在15日，中国共产党中央在遵义召开了政治局扩大会议，史称"遵义会议"。会议有两个议题：一是就中央红军下一步的行动做出决策；二是总结第五次反"围剿"以来的经验和教训。会议最后补选毛泽东为中央政治局常委，这是毛泽东第一次进入党的最高决策层。会议解除了博古的中央总负责人和李德的军事顾问职务。中国共产党第一次在政治和军事上同时中断了共产国际的领导。遵义会议无疑是中国共产党历史上极其重要的一次会议。

32. 19日，朱德发布命令，将"军委纵队"改为"中央纵队"。同一天，红军总部和中央纵队撤离了遵义。当日，蒋介石发布"关于在长江南岸'围剿'中央红军的计划"。

33. 20日，中央纵队到达黔北重镇桐梓，在那里正式下达"中革军委关于渡江的作战计划"，再次明确中央红军即将冲出贵州，进入四川，在川南的泸州与宜宾之间北渡长江，然后与位于川陕甘边界的红四方面军实现最终会合。

34. 26 日，中央纵队到达土城。27 日，中革军委决定集中优势兵力，在土城附近与川军进行决战，为中央红军北渡长江开辟道路。28 日凌晨，红三军团和红五军团分兵两路，对川军阵地发起进攻。

35. 28 日下午五时，在土城指挥部里，中央政治局召开紧急会议。这是中央红军踏上长征征途以来，唯一的一次在战斗还在进行时召开的政治局会议。

36. 29 日凌晨，朱德发布中央红军西渡赤水河的命令。中午 12 时，中央红军从三个渡口全部渡过赤水河（一渡赤水）。

37. 2 月 4 日，在叙永县城久攻不下的情况下，中革军委做出新的决定：放弃叙永一带北进的计划，向云南东北部的威信和扎西转移。2 月 6 日，大年初四，中央红军在天寒地冻中到达扎西镇。中央红军在这里停下了一直向西的脚步。

38. 共产党中央又一次召开政治局会议。“扎西会议”实际上是遵义会议的延续。博古将党中央的领导权交给了张闻天。会议讨论通过了遵义会议决议，并且决定“暂缓执行北渡长江的计划”，将中央红军的征战目标改为“以川、滇、黔边境为发展地区”。会议还决定对部队进行整编。毛泽东建议：向东，再渡赤水，回到遵义去。（第九章《夜郎之月》）

39. 2 月 11 日，中央红军各军团和中央纵队开始从扎西镇向东进发。14 日，川南“剿匪”总指挥潘文华发布命令，要求各路川军继续向中央红军进逼。在连续四天的阴雨中，中央红军到达川黔边界的古蔺县境内。16 日，中共中央、中革军委发出通知，“停止向川北发展，而最后决定在云贵川三省地区中创立根据地”。这一天，中央红军再一次到达了赤水河边。

40. 18 日，中央军委发布“二渡赤水”电。23 日，黔北重镇桐梓再一次被红军占领。中革军委发布命令：向南，冲过娄山关，再占遵义。娄山关一战，红三军团付出了巨大的牺牲。

41. 27 日夜，红三军团向遵义发起进攻。凌晨，遵义城被红军占领。28 日零点，中革军委发出作战命令，乘胜南下，坚决猛追敌军。接近中午时，两军相峙于遵义城南的红花岗和老鸦山。彭德怀上了最前沿，朱德也上来了，中革军委命令：干部团上！敌军吴奇伟部溃退。

42. 在遵义的天主教堂里，中央红军召开团以上干部会议。这是毛泽东第一次出现在中央红军团以上干部会上。会上，毛泽东当选为中共中央政治局常委，成立由周恩来、毛泽东和王稼祥同志组成的军事指挥小组。

43. 3月5日凌晨，毛泽东第一次签署中央红军作战命令。中央红军主力部队离开遵义，向着蒋介石预测的完全相反的方向开进。3月7日，中革军委命令中央红军主力向西移动。中央纵队也撤出了遵义县城。

44. 3月14日，前敌司令部发出战斗命令，要求全体红军官兵"以全部力量和毫不动摇的决心"，与坚守在鲁班场的敌军八个团战斗。

45. 久攻不下，伤亡惨重。16日黄昏，中革军委下达命令：放弃鲁班场，立即向北，17日12时前，在茅台镇附近全部渡过赤水河。这便是"三渡赤水"。

46. 20日，已经渡过赤水河并在西岸附近隐藏休息的红军各部队接到立即疾行的命令，限3月20日内由二郎滩至林滩地段渡过赤水河东岸。中革军委指出，再渡赤水，是"野战军此后行动的严重紧急关头"。这便是"四渡赤水"。

47. 蒋介石偕同夫人宋美龄抵达贵阳，严令收复桐梓。他哪里知道，此时的中央红军正大举南下已经抵达乌江岸边。3月31日，蒋介石收到此报告，不知所措。新的报告到了：红军已到贵阳附近，向贵阳机场靠拢。国民党军的重兵已调到距离贵阳起码有两百公里的桐梓。

48. 中央红军并没有进攻贵阳，而是迅速从贵阳郊区穿了过去。飞到昆明的蒋介石又回到贵阳，因为贵阳已经没有危险了。

49. 中央红军继续以每天60公里的速度向西疾行。毛泽东在白层渡口渡过了北盘江。4月25日，中央红军进入了一个名叫黄泥河的小集镇。至此，中央红军已从黔西进入云南境内。从中央红军第一次突破乌江算起，红军在贵州整整徘徊了两个月，历尽千难万险之后，终于走出来了。（第十章《残阳如血》）

50. 4月27日中央纵队到达寻甸。是日晚，中央红军在哨子村召开紧急会议。毛泽东详尽阐述了红军抢渡金沙江的具体部署和作战原则。各部队务必在四天之内赶到金沙江边抢占渡口。

51. 30 日，就在滇军主力火速回援之际，中央红军分成三路纵队突然北返，开始了对金沙江的偷袭。为确保抢渡成功，干部团在皎平渡口参加战斗。由刘伯承和干部团政委宋任穷率领的三营，当天以 160 里的急行军速度赶到渡口，消灭渡口敌人。

52. 5 月 3 日晚，毛泽东赶到皎平渡口，并从那里渡过金沙江。4 日开始，数万红军聚集在这个峡谷中，从容有序地乘船摆渡。摆渡全部靠七条木船完成。这不能不说是一个奇迹。就在中央红军主力在皎平渡口渡江的时候，第九军团在金沙江下游的一个名叫盐井坪的小渡口也安全渡过了金沙江。

53. 中央红军突破金沙江后进入川西北。此时，包括蒋介石在内，没有人怀疑这样一个事实即将发生：中央红军即将和红四方面军会合。

54. 土门战役（红四方面军在西渡嘉陵江后发起的一次大规模山地争夺战）进行得最激烈的时候，中央红军逼近了位于金沙江北岸的会理县城。5 月 8 日夜，中央红军包围了会理。

55. 5 月 12 日，中央政治局扩大会议在一个草棚子下召开（会理会议）。会议确定了中央红军下一步的行动计划：向北行进，穿过彝区，抢渡大渡河，实现与红四方面军的会合。15 日，中央红军从会理出发。但在中国工农红军两支重要的主力军即将会合之际，张国焘以"主席"的名义发布《中华苏维埃共和国西北联邦政府成立宣言》。但是，苏维埃中央政府从来没有批准成立这样的一个"联邦政府"。这与他彻底放弃川陕根据地一样，是张国焘独自做出的决定。（第十二章《金沙水畔》）

56. 5 月 16 日，中央红军顺利进入德昌（现隶属于四川省凉山彝族自治州）县城。20 日，中央红军先遣部队绕过西昌到达泸沽。21 日，中革军委向中央红军各军团下达向安顺场前进的命令。中央红军没有退路：后有追兵，西有布防，东有阻截，前是大渡河——大渡河的主要渡口已经布满川军。距此 72 年前，太平天国石达开的部队在大渡河被清军包围，四万起义军最终全军覆灭。

57. 24 日夜晚，中央红军的主力部队朝着安顺场方向冒雨奔袭。晚 22 时，在团长杨得志的率领下，一营分成三路，在大雨中向安顺场扑了过去。25 日拂晓，大雨停了，早晨七时，17 名勇士，8 名船工，在南岸红军的火力掩护下首发抢渡……大渡河安顺场渡口北岸被红军突击队占领了！大渡河渡口被我军突破。

58. 26 日，大雨倾盆。中央红军主力部队和中央纵队在大雨中向安顺场急促前进。但一共只有四条船，如果只是依靠这仅有的四条船，中央红军全部渡过大渡河，需要整整一个月的时间。只有兵分两路，一路在安顺场渡河，一路奔袭至上游的泸定桥，在那里夺桥渡河。但这里距离泸定桥有 160 公里的路途，而且必须在两天半内到达！

59. 当日，中央红军兵分两路夺取泸定桥的决定，被国民党军的情报部门截获。蒋介石紧急由重庆飞往成都。敌对两军在赛跑，目标是泸定县城西面那座在 13 根铁索上搭成的摇摇晃晃的吊桥。

60. 29 日清晨，沿着大渡河南岸一路奔袭而来的红一军四团，向泸定桥守军发起进攻。下午四时，中国工农红军飞夺泸定桥的战斗打响。22 名年轻的红军勇士向铁索冲去……傍晚时分，刘伯承率领的红一军团第一师和干部团沿着大渡河北岸到达泸定桥边。两军在桥头会合。30 日，红一军团主力和红五军团主力以及中央纵队先后到达泸定桥。

61. 在泸定城召开的中共中央政治局会议决定派陈云去莫斯科，恢复与共产国际的联系。会议还讨论了中央红军下一步的行军路线：翻越连马帮都很少通过的大雪山。但首先得拿下一个名叫化林坪的集镇。

62. 中央红军主力部队翻过雪山后，突破敌军阻击线，接近了大雪山夹金山。6 月 8 日，中共中央、中革军委首次以命令的形式发出指示，明确中央红军要与红四方面军会合的战略目的。会合的地点被确定为懋功（在四川西北部）。

63. 夹金山主峰海拔 4260 米。要翻越雪山，红军必须把一些伤员和病号留下来。6 月 12 日，上午 9 时，部队向夹金山大雪山出发。翻越大雪山是比任何残酷的战斗更为艰难的过程。毛泽东在山脚下也喝了一碗辣椒汤，然后挂着木棍向大雪山出发。

64. 中午时分，在夹金山北麓达维小镇以南的一个名叫木城沟的藏族村庄，中央红军第一军团第二师四团和红四方面军胜利会师。晚上，两支红军部队召开联欢会。

65. 6月14日下午，红四方面军的第二十五师官兵在达维列队欢迎从雪山上下来的中共中央和中央红军的领导：毛泽东、张闻天、周恩来、朱德、刘伯承、王稼祥……

66. 15日，以毛泽东、周恩来和张闻天的名义向红四方面军首长发出电报，明确了中共中央和中革军委关于两军会合后的战略总方针，即"占领川陕甘三省，建立三省苏维埃政权，并于适当时期以一部组织远征军占领新疆"。

67. 17日，中革军委收到张国焘、陈昌浩的电报。电报对两军会合后的战略总方针表示出疑议，不但不同意红军向东或向北发展，反而提出了向西南更荒凉之地发展的设想。

68. 6月24日，毛泽东一行离开懋功北行，前往相距130公里的东门（今名东门口，位于四川汶川）。25日，在一个名叫抚边的村庄里，张国焘在卫兵们的簇拥下从雨雾中出现了。这是中国革命史上难以形容的重要时刻。在大雨中久候的毛泽东异常憔悴，向着张国焘的那匹白色的高头大马缓慢地迎了上来。（第十三章《喜极之泪》）

69. 6月26日上午，中共中央政治局会议在一座喇嘛寺庙里召开，史称"两河口会议"。毛泽东在发言中针对红军为什么选择北进做出阐述。张国焘并没有坚持反对北进，这出乎与会者预料。会议形成一个决议，即《关于红一、四方面军会合后的战略方针》，将集中主力向北进攻，创造川陕甘苏区根据地。当时，在中国的陕北，有一片由刘志丹创建的红色根据地，而在红一、红四方面军中，没有人确切地知道那里的情况。

70. 毛泽东敏感地意识到，张国焘也许会自恃兵强马壮为保存实力而按兵不动。张国焘在抚边村停留三天，忙着与各种人谈话。毛泽东则忙着部署即将开始的松潘战役。6月29日，中共中央政治局召开常委会议，会议宣布了组织人员的调整：增补张国焘为中革军委副主席，陈昌浩、徐向前为中革军委委员。两个方面军会合之后的十万兵马，终于从不同方向和地点开始向北移动了。

71. 北进的红军一直艰难地走在没有人烟的山路上。前面就进入芦花地区了，这意味着红军自此从中国的长江流域进入了黄河流域。此时，红军最严重最实际的问题，仍是粮食的短缺。7月7日，彭德怀和徐向前在黑水河岸边见面。两人立即交换军情：部队行动速度很不理想。中央军委已经感到张国焘是在有意拖延部队北进的速度。

72. 7月18日，中共中央政治局常委扩大会在芦花（今四川黑水县城）召开。芦花会议只有一项内容：解决组织问题。军委设总司令，由朱德担任；张国焘任总政治委员，军委的总负责者；周恩来调至中央工作。7月20日，参加政治局会议的各部队军事指挥员陆续到达芦花。事后证明，会议没有达成中央希望的团结，张国焘与中央的背道而驰反而加剧了。

73. 8月初，毛泽东到达一个名叫沙窝的地方。由于内部矛盾激化，北上毛儿盖的行军被再次耽搁。8月4日，沙窝会议在一座喇嘛寺院里召开。会议中，周恩来被任命为红一方面军司令兼政治委员。但此时的周恩来，病情已经到了危在旦夕的地步。

74. 8月21日，红军陆续进入无边无际的松潘大草地。饥饿、寒冷让许多战士失去了生命。先头部队出发后的第三天，毛泽东走进大草地。

75. 胡宗南终于知道红军已经穿过松潘大草地。他立即派兵火速赶往包座，阻截红军。这是红军走出松潘大草地后的第一仗。8月30日下午三时，国民党军进入红军的伏击圈。但这是一场装备悬殊的生死之战。

76. 在中央的一再催促下，9月1日，张国焘终于下达了东进的命令。但第三天，张国焘要求右路军掉头重新向南进攻松潘。这一决定带来的后果是灾难性的。

77. 到达红三军团的驻地巴西后，包括毛泽东在内的五位政治局委员立即召开了中国革命史上著名的"巴西会议"。会议决定，由红三军团和军委纵队一部，组成临时北上先遣支队，迅速向红一军团靠拢，之后与红一军团一起向甘南前进。巴西会议又一次将红军从危机中解救了出来。

78. 9月10日，叶剑英率领军委二局等直属单位以"打粮"为名向红三军

团的驻地巴西出发。毛泽东多次说是叶剑英"救了党，救了红军，救了我们这些人"。（第十四章《黑暗时刻》）

79. 9月11日，从万分危急的情况下脱身而出的红军，陆续到达甘南与川北交界处的俄界（位于甘肃省迭部县高吉村）。毛泽东在这里与红一军团会合了。9月12日，召开"俄界会议"，会议做出《中共中央关于张国焘同志的错误的决定》。

80. 9月17日。腊子口，从川西进入甘肃唯一一条通道上的险要隘口。守敌决心利用天堑与红军决一死战。这是北上红军最急迫的求生之战。红一军团第二师四团攻克后，继续向岷县方向追击。

81. 红军大部队通过腊子口向北翻越岷山。"更喜岷山千里雪，三军过后尽开颜。"但此刻的毛泽东在思索着一个问题：下一步红军往哪里去？毛泽东让人找"精神食粮"，从报纸杂志上获悉：徐海东率领的二十五军已到达陕北，与刘志丹的陕北红军会合了！这个晚上，毛泽东说他睡了一个好觉。

82. 毛泽东明确了红军前进的目的地：陕北苏区。在哈达铺的关帝庙里，红军召开了团以上干部会议。周恩来重病之后逐渐好了起来。会议决定对部队进行整编：中央纵队和红一方面军主力正式整编为中国工农红军陕甘支队。9月23日，陕甘支队离开哈达铺向北出发了。（第十五章《北斗高悬》）

83. 红军连续行军两百余里，到达渭河南岸。如此急切的行军，只是为了安全地渡过渭河。9月27日，在榜罗镇，部队休息一天。清晨五时，中共中央在此召开政治局常务会议，再次确定陕甘支队前进的目标是陕北苏区。

84. 部队继续北上。10月4日，分成三路行军的陕甘支队占领了西兰公路。陕甘支队翻越六盘山主峰后，遇到张学良东北军的骑兵。战斗只进行了半个小时，缴获的物资让红军极其兴奋。毛泽东建议就此成立红军骑兵部队。翻越了六盘山，意味着中央红军越过了长征路上的最后一座大山。陕北已经遥遥可见。

85. 甘肃与陕西交界处的分水岭，当地人叫老爷山。这里也是白区与苏区的分界。徐海东派出来寻找中央红军的战士来了，叶剑英等人在庙宇里等待。下了老爷山，就进入陕西境内了。刘志丹给毛泽东的信也来了。

86. 1935 年 10 月 19 日，红军走进了吴起镇。这一天，离红一方面军撤离中央苏区开始长征，已经过去了一年零九天。不过，到达吴起镇还得打一仗，这是红军进入陕北根据地后的第一场战斗。

87. 10 月 20 日，中共中央在吴起镇召开政治局扩大会议。会议的一个重要内容是：宣布红一方面军的长征胜利结束。11 月 2 日，陕甘支队和红十五军团召开胜利会师大会。（第十六章《北上北上》）

三、聚焦：长征精神

上面这种梳理方式，是有些费功夫。但深度的阅读，就应当舍得花功夫。通过梳理，我们可以更感性地知晓红一方面军从 1934 年 10 月 10 至 1935 年 10 月 19 日期间，一年零九天里，途经江西、福建、广东、湖南、广西、贵州、云南、四川、西藏、甘肃、陕西共 11 省，一路上跋山涉水、艰苦斗争。关于红一方面军的长征经历，读者可直接参考本文的第二部分；而关于红二十五军、红四方面军、红二方面军（红二、红六军团）的长征经历，读者则可以简要梳理。若能如此，中国工农红军的长征路线图，我们就比较清晰了。

只要是静心阅读此书的读者，一定会不时被里面的一些知名的与不知名的人物、一些寻常而又不寻常的细节所打动。打动我们的，简而言之，就是"长征精神"。

何谓长征精神？习近平总书记在纪念红军长征胜利 80 周年大会上的讲话（2016 年 10 月 21 日）把长征精神概括为以下五点：

伟大长征精神，就是把全国人民和中华民族的根本利益看得高于一切，坚定革命的理想和信念，坚信正义事业必然胜利的精神；

就是为了救国救民，不怕任何艰难险阻，不惜付出一切牺牲的精神；

就是坚持独立自主、实事求是，一切从实际出发的精神；

就是顾全大局、严守纪律、紧密团结的精神；

就是紧紧依靠人民群众，同人民群众生死相依、患难与共、艰苦奋斗的精神。

若要把上述五点与书中内容一一对号入座，一定不难。但笔者只想就其中的第二点，也就是"一不怕苦，二不怕死"的革命精神，略找几例和读者一起感受。

（一）陈毅："取义成仁今日事，人间遍种自由花。"

1934 年 9 月，瑞金。所有的人都知道，留下来便意味着九死一生。当博古找到陈毅告诉他将被留下时，陈毅正忍受着剧烈的伤痛。在以后的几年间，他在人烟罕见的荒山中过着野人般的生活，创伤复发的剧痛和极度的饥饿常常令他感到濒临死亡。这位后来成为新中国外交部部长的红军将领能够生存下来，无论在革命者的意志上还是在人类生存的极限上，都是一个奇迹。（第三章《十送红军》）

（二）"七仙女"："红军走到哪儿，我们就跟到哪儿！"

红二十五军七名年仅十六七岁的女战士，不但没有成为部队的累赘，反而在最需要的时候成了最勇敢的战士。她们从没有骑过分配给她们的马，马背上总是驮着她们救护的伤员。她们中间有的人曾经缠过足，在翻山越岭涉水过河的艰难行军中，她们抬着好几副担架从没有一个人掉队。在枪弹横飞的战场上，她们无所畏惧地奔跑，在任何一个交战的空隙间寻找红军伤员并把他们抢救下来……（第五章《山河苍茫》）

（三）陈树湘："万一突围不成，誓为苏维埃流尽最后一滴血！"

师长陈树湘腹部中弹，在昏迷中被俘。国民党道县保安司令命令将陈树湘放在担架上，由他本人亲自监督，押往湖南省会长沙。在弯弯曲曲的山路上，抬着担架的国民党士兵突然脚下一滑，他们这才看见躺在担架上的陈树湘从腹部的伤口处把自己的肠子掏出来，扯断了。（第七章《血漫湘江》）

（四）徐海东："只要革命还没有胜利，敌人就打不死我。"

副军长徐海东怒目圆睁，他跃出掩体率领官兵出击，但是没冲几步便一头扑倒在地。一颗子弹从他的左眼下射进去，再从颈后穿出。这是徐海东自参加

红军以来第九次负伤。每一次他都奇迹般地活了下来。他说:"只要革命还没有胜利,敌人就打不死我。"(第十一章《巴山蜀水》)

(五)贺子珍:"我不能和你们在一起了。"

红军卫生员不得不就地抢救贺子珍,她身上一共嵌进了大小不一的十七块弹片,其中的一块弹片从她的后背一直划到右臂,形成了一条又长又深的血口子。紧急手术在没有麻醉的情况下开始了,这位坚强的女红军在难以想象的剧痛中没有呻吟一声。

为了不拖累部队,贺子珍要求把自己留下,她觉得自己这一回活不了了。(第十二章《金沙水畔》)

(六)大渡河:红军突击队

早晨七时,一营在大渡河边集合完毕,战士们都要求第一个抢渡……

木船离岸了。八名船工奋力划桨。对岸的川军很快就发现了红军的这条船,射出的子弹和炮弹把木船四周的河水打开了锅。南岸红军的掩护火力也异常猛烈。木船在急流和弹雨中艰难地向北岸靠近的过程显得十分漫长,站在南岸边的红军官兵眼看着船上的突击队队员中弹,眼看着船一头撞向河水中的礁石上。……在红军官兵焦急的呐喊声中,操船的四个船工跳下水,脚踏礁石背靠船帮用力将船再次推进水里。船在极大的旋涡中随时有翻覆的危险,船上剩下的四名船工奋力掌握着船的平衡。(第十三章《喜极之泪》)

(七)铁索桥:二十二个红军勇士

二十二个年轻的红军勇士向铁索冲去。铁索剧烈地摇晃起来。川军开始了疯狂的射击,红军的掩护火力也开始了猛烈的压制。炮弹呼啸,大河两岸皆成一片火海。川军的子弹打在铁索上,火星迸溅。红军一手持枪,一手抓索,毫无畏惧地一点点向北岸靠近。三连连长王友才带领的战士紧紧地跟在后面,他们人人抱着木板,只要前面的突击队队员前进一步,他们就在铁索上铺上一寸……(第十三章《喜极之泪》)

（八）爬雪山："只有神仙能过，如今我们上来了，岂不成了神仙！"

在陡峭的雪路上，穿着单衣的红军战士用刺刀在坚硬的冰面上挖出脚窝，后面的队伍踩着这些脚窝前进。山势越来越陡，空气逐渐稀薄，战士们开始剧烈地喘息，雪面上反射的强光令他们睁不开眼睛。黄开湘团长建议鼓动一下，杨成武政委就站在一个雪坎上喊："同志们，老乡都说雪山是神仙山，只有神仙能过，如今我们上来了，岂不成了神仙！"阳光刹那间就不见了，狂风骤起，卷起了漫天雪雾。（第十三章《喜极之泪》）

有人问，《长征》在写什么？王树增说：四个字——永不言败。上面这些人物、事例，在长征路上可以说是数不胜数。这些事例，其实不光在不断证实着中国工农红军不怕困难、不怕牺牲的精神，也是在间接地印证着"红军精神"的其他方面，比如理想信念，比如顾全大局，比如严守纪律，比如艰苦奋斗等。

"苦不苦，想想红军二万五；累不累，看看革命老前辈。"今天我们阅读《长征》一书，其实也只是一种"纸上得来终觉浅"。长征实际的艰难，比起书上所记载的何止千万倍！

我们今天阅读《长征》一书，一方面了解长征行程和故事；另一方面则需要我们从中汲取"长征精神"的养料，以此来激励自己在学习、生活、创业、科研等方面不断克服实际困难，在各自岗位上实现个人的人生价值，并为实现中华民族的伟大复兴贡献出应有的力量和智慧。

下一篇，我们将阅读关于另一种"长征"的作品：《飞向太空港》。

15 《飞向太空港》：关注 "飞天" 的台前幕后
——初中名著阅读个性化攻略之十五：报告式

德国著名的哲学家康德说："世界上有两样东西能够深深地震撼人们的心灵，一是我们心中崇高的道德准则，一是我们头顶灿烂的星空。"

星空为何能震撼人们的心灵？我想至少有三个原因：一是星空太美丽，即便是再著名的画家的再卓越的画作，也无法和星空媲美；二是星空太辽阔，星空是一种名副其实的"无边无际"，再多的光年恐怕也无法测算它的大小；三是星空太神秘，地球之外还有哪些星球上有生物？外星人是否真的存在？太空对于人类有多大利用的空间？等等的一切几乎都是未知数。

总之，自从有了人类，便有了对星空的畅想；自从有了望远镜，便有了对星空的遥望；自从有了飞行器，便有了对星空的探索。《飞向太空港》便是一本关于探索"星空"的著作。

一、作为报告文学的《飞向太空港》

《飞向太空港》是一部报告文学。从字面上看，"报告文学"这一名词由两个词语组成，一是"报告"，二是"文学"。报告，立足于新闻事件；文学，侧重于艺术形式。茅盾先生认为，报告文学是散文的一种，介乎于新闻报道和小说之间，也就是兼有新闻和文学特点的散文。

从"报告"角度看，《飞向太空港》一书讲述了中国航天人第一次和国外（美国）科学家合作，用"长征三号"运载火箭把"亚洲一号"同步通信卫星送入预定轨道过程中所发生的一系列的故事。该书记录了中国航天事业继往开来的辉煌时刻。

从"文学"角度看，该书在史料的穿插、人物的刻画、气氛的烘托、语言的运用、矛盾的冲突等方面都可圈可点。这也正如茅盾在《关于报告文学》中所说的那样，好的报告，须要具备小说所有的艺术上的条件——人物的刻画，环境的描写，氛围的渲染等。

鉴于该书的自身特点，笔者权且将其阅读方式命名为"报告式"。建议读者可以从新闻事件、背景资料、人物刻画三方面着手。

二、事件梳理：读懂新闻本身

全书的新闻事件，上文已做概括。下面，就每一章节进行简要梳理。

序章　本书参考消息。作者援引了 1990 年前 4 个月世界范围内 5 则关于发射卫星方面的消息。前三则发布的是法、美两国发射失败的消息；后两则是即将发生的事件：中国将用"长征三号"运载火箭把"亚洲一号"通信卫星送入轨道。西方有人声称：1990 年是世界航天史上的"灾星年"。这给本书的主体事件蒙上了一层阴影。

第一章　通向宇宙的门前。介绍西昌发射场，包括西昌的地理位置、气候特征、民族居住、当地特产、悠久历史、发射场的来历、大自然的挑战、火箭专家和技术人员等。

第二章　历史，从昨天的弯道走来。回顾"长征三号"打入国际商业市场的曲折历程，以及中美关于"亚洲一号"通信卫星出口谈判的复杂经过。

第三章　卫星，一次总统待遇的远行。叙述"亚洲一号"通信卫星从美国洛杉矶机场，起运到中国首都机场，再到西昌机场，最后用卡车装载抵达西昌发射场的经过。

第四章　火箭，另一个伟大的发明。回顾中国火箭从古至今，从无到有，从小到大，从发射国内卫星到发射国外卫星的艰难历程；刻画了任新民、谢光选、王之任等火箭专家及技术人员。

第五章　我们都是地球人。介绍了中美技术人员，特别是美方技术人员在西昌发射中心的生活冲突和工作要求；强调了英语在矛盾冲突、沟通融合方面的重要作用。

第六章　跨越国界的飞行。介绍了"长征三号"火箭运载"亚洲一号"

卫星发射前气象预报、燃料加注等惊心动魄的经过，描写了卫星发射成功后的欢乐场面。

尾声　走向新大陆。介绍了"长征三号"火箭成功发射"亚洲一号"卫星后全球各大媒体对此事的评价，以及作者对 21 世纪中国航天事业的展望。

笔者之所以要进行这样的梳理，乃是从作品及读者角度的考量。因为本书是一种"散文笔法"，它涉及的背景资料多、时空跨度长，没有经验的读者也许会陷入一种迷茫和混淆的阅读状态：主次不分，顾此失彼。经过对新闻事件的简要梳理，我相信绝大多数读者能抓住该书的主要信息了。

三、背景了解：关注台前幕后

新闻背景，是指新闻事实发生发展的历史条件和环境条件。了解背景，便于了解事件发生发展的来龙去脉，加深对事件的认识和理解，还能够从中获得一定的知识和趣味。

《飞向太空港》一书中的背景资料非常丰富，几乎每一章节都有许多可读的材料。这里，以第二章《历史，从昨天的弯道走来》（包含 4 至 12 小节）为例，略做分析。

四、20 世纪的中国与美国。美国总统尼克松访华、中美正式建交等史料。因为 1972 年中美两国领导人的"握手"，才有了后来中国的火箭与美国的卫星的"握手"。

五、举起火箭的大旗。主要交代 1984 年中国"长征三号"在西昌成功发射第一颗同步通信卫星，组建"航天开发十人小组"，开始中国空间技术走向世界的早期活动。

六、序幕在戴高乐机场拉开。主要交代 1985 年中国参加在巴黎举行的国际航展，宣布"长征二号"和"长征三号"运载火箭将投入国际市场的经过。

七、天时·地利·人和。交代 1986 年美国、法国航天事故与连连惨败，中国火箭获得走向世界的有利契机的相关信息。

八、周游列国的中国专家们。交代了 1986 年 4 月中国商业卫星发射代表团前往美国洽谈有关卫星发射的商务活动中所遭受的屈辱经过，以及获得的一些收获。

九、轨道大转移。回顾中国航天技术实现三次重大突破（飞向太空；返回地面；发射同步通信卫星），以及国务院、中央军委将发射外国卫星列入国家重点工程的经过。与其说是"轨道大转移"，不如说是国家的战略大转移。

十、面对世界的挑战。回顾1986年中国签订发射外国卫星的第一个正式合同，但随后惨遭退订的经过；中国科技错过四次腾飞机会的历程；1988年美国国务院正式批准一项用中国火箭发射三颗美国通信卫星的计划。

十一、外交场上的风云。回顾中美两国政府之间艰难的谈判过程。

十二、布什：不愿得罪十亿中国人。回顾从提议发射外国卫星到正式签订发射合同五年期间的奋斗、辛酸、风雨、坎坷之路，以及"亚星"发射许可证遭到冻结、最终获准的曲折过程。

通过梳理，我们发现该章9节内容，既有本国火箭发展历程，又有国际风云变幻，特别是中美之间的艰难谈判。这些历史资料、国际环境以及曲折过程，让我们深深体会到，中国空间技术走向国际市场是多么的来之不易。

四、人物扫描：体验创业维艰

人物刻画，是报告文学的一部重头戏。通过对人物生平经历的叙述，对外貌、神态、语言、动作、心理等方面的描摹，可以较大地增强作品的可读性和感染力。《飞向太空港》一书，也正是成功地刻画了许多人物，让我们从中更加真切、细致地体验到"飞向太空港"的每一步，都是无数航天人夜以继日、殚精竭虑的辛勤付出。下面，略举几例。

一位叫余福良的火箭专家。15岁的女儿患有一种疾病，他却不能在身边陪她。为了保证"亚星"的成功发射，余福良白天黑夜连续攻关，他早就感到肚子疼痛，却一直顾不上去医院，一检查才发现已是直肠癌晚期……舍小家顾大家，弃小我为大我，在余福良的身上得到了充分的体现。

成吉思汗的后裔乌可力。1967年，乌可力因为父亲问题受到牵连，锒铛入狱。然而四年的监狱生活并未折断乌可力鹰一般的翅膀，反而铸就了他一颗蒙古大汉的雄心。每次他被发配埋死人时，总会想到另一个问题：一个没死的人，该为祖国干点什么呢？——忍辱负重，壮心不已，不愧是成吉思汗的后裔！

机场四周，上百名武警战士迎风伫立，如同一棵棵风中挺拔的大树……昏迷的武警战士胳膊摔肿了，脸皮蹭破了，鲜血浸在冰冷的水泥地上，瞬间便被狂风的舌头一舔而净。但昏倒的武警战士则一苏醒过来就马上一跃而起，又以中国军人标准的立正姿势，挺立于狂风沙尘之中。——中国航天事业，不仅需要科研人员的孜孜不倦，也需要无数官兵的辛勤守卫。

不唯书，不唯洋，不唯上，是中国航天工程总设计师任新民一生的座右铭，每当有人汇报技术问题时，不管问题大小，他都仔细地听，并将一个小本放在膝盖上，认真地记；不懂的地方，还不耻下问，从不摆一副领导者和大专家的架子。但一次火箭总检查时，工作人员检查不出问题来，有人灰心了，甚至主张干脆不查了，让它到天上去受考验算了。任总知道后，气冲冲地赶到现场，劈头盖脸就是一顿"训"，接着下了死命令："一定要把问题查清，决不能带一丝隐患上天。要是查不清，宁可全航区等着你们。什么时候查清了，什么时候再发射！"——温和而严厉的任总！正因为有许多这样的领导和专家，才能保证中国的航天事业从一个胜利走向另一个胜利。

关于美国科技人员书中也有很多刻画，阅读他们，我们可以体验到不同文化背景下生活的人们不同的生活习惯，不同的工作作风。但是，无论是中国还是美国的科技人员，他们身上所表现出来的严谨务实、一丝不苟的科学精神却异曲同工。

通过关注人物刻画，我们可以发现，中国航天事业的发展史，既是中国综合国力的增强史，也是中国科技人员的成长史。也正是因为这些原因，进入21世纪以来，中国航天事业从一个辉煌走向另一个辉煌。

2003年10月15日，中国第一艘载人飞船"神舟五号"成功发射，中国首位航天员杨利伟成为浩瀚太空的第一位中国访客；2005年10月12日，中国第二艘载人飞船"神舟六号"成功发射，航天员费俊龙、聂海胜被顺利送上太空。此后，"神七""神八""神九""神十""神十一"陆续升空。同时，2004年开始，中国"嫦娥工程"——月球探测工程正式开始实施，"绕"

"落""回"三步正在有条不紊地进行……"长征三号"运载火箭把"亚洲一号"通信卫星送入轨道，真正是中国航天事业承前启后、继往开来的一大盛事。

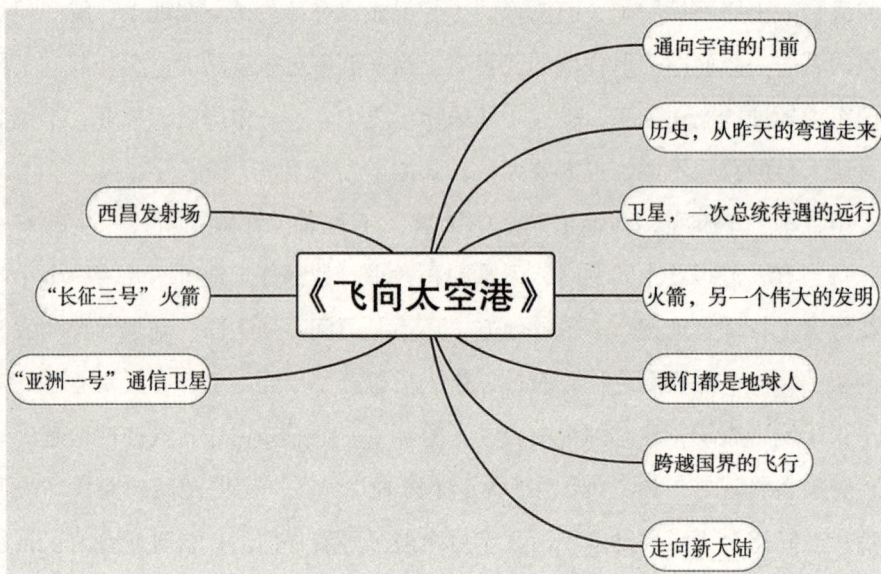

《飞向太空港》

- 西昌发射场
- "长征三号"火箭
- "亚洲一号"通信卫星

- 通向宇宙的门前
- 历史，从昨天的弯道走来
- 卫星，一次总统待遇的远行
- 火箭，另一个伟大的发明
- 我们都是地球人
- 跨越国界的飞行
- 走向新大陆

下一篇，我们将一起欣赏科普名著《昆虫记》。

16 ｜《昆虫记》： 在轻松愉悦中感受科学精神
——初中名著阅读个性化攻略之十六：科普式

　　法国昆虫学家、文学家法布尔的《昆虫记》，大概是目前科普著作中尚无人跨越的巅峰之作。法国大文豪雨果曾这样评价它：" 《昆虫记》不愧为'昆虫的史诗'"。我国著名作家巴金则这样评述：" 《昆虫记》融作者毕生的研究成果和人生感悟于一炉，以人性观察虫性，将昆虫世界化作供人类获取知识、趣味、美感和思想的美文。"

一、轻松走进《昆虫记》

　　据了解，这部著作的法文书名直译为《昆虫学的回忆》。全书共 10 卷，有二三百万字，可谓是鸿篇巨制。而今天摆在我们面前的大多是节选本。比如，笔者手头的这本是由陈筱卿翻译的一个版本，它包括"昆虫纲"和"蛛形纲"两章。

　　"昆虫纲"一章里包括"鞘翅目""膜翅目""鳞翅目""双翅目""螳螂目""直翅目"和"同翅目"等 7 节。

　　"蛛形纲"一章里包括"蜘蛛目"和"蝎目"两节。

　　全书共有选文 30 篇。它虽然不是足本，但我们仍可以借此体会到法布尔的科学精神和人文情怀，以及他的哲学思想和语言风格。

　　作为科普著作，其主要作用就是宣传普及科学知识。因此，科普作品必然同时具备专业性和通俗性的特点。也就是说，作者把严肃的科学知识，通过通俗易懂的语言表达出来。这样，读者就可以在较为轻松的阅读状态下，了解科学知识，感受科学精神。

　　细心的读者，一定不会放过书中的"小百科"。"小百科"里的语言虽然不是"科普式"，但是它平实、简洁——

昆虫纲动物与其他纲动物的主要区别特征是：

昆虫的身体分为头、胸、腹三部分；

昆虫通常有2对翅和3对足（所以也曾经被称为"六足虫纲"），一般还有1对触角……

你看，我们仅用一两分钟，便可以把昆虫纲动物的基本特点迅速抓住。也就是说，阅读科普作品时，知识性的内容，我们也是需要了解的。

法布尔是科普作家中公认的一位世界级大家。在语言的表述上，不仅通俗易懂，而且诙谐幽默。因此，我们阅读起《昆虫记》一书来，是大可不必望书生畏的，最好用一种好玩的心态来阅读。我们且看：

母爱旨在维护族类长期繁衍，是远胜于保护个体的更加利害相关的大事，因此母爱唤醒最迟钝的智力，使之高瞻远瞩。母爱是远远高于神圣的源泉，不可思议的心智灵光孕育其中，并会突然迸射而出，使我们顿悟一种避免失误的理性。母爱越坚，本能越优。（《圣甲虫》）

你看，这哪里是在写昆虫的母爱，这分明是在写人类的母爱。在法布尔的心目中，昆虫与人类的母爱是如此的相通相连。

母亲从温柔甜蜜的育婴工作中摆脱出来，那么一切特性中最优秀的智能特性也就逐渐减弱，直至泯灭，因为不管是对于动物还是对于人类，家庭的确是尽善尽美的源泉。（《圣甲虫》）

除了母爱，还有家庭。在作者的笔下，母爱和家庭是如此的柔美，如此的让人眷恋不舍。

而奇怪的是，这类在细腻的母爱方面可与以花为食的蜂类相媲美的昆虫，竟然是以垃圾为对象，以净化被牲畜污染的草地为己任的食粪虫类。（《圣甲虫》）

读到此处，其名不雅的食粪虫，在我们心中陡然高尚起来了。它们身上竟然仿佛具有了一种"我不入地狱谁入地狱"的奉献精神和牺牲精神。

螳螂在休息时，捕捉器折起来，举于胸前，看上去并不伤害别人，一副在祈祷的架势。但是，一旦猎物突然出现，它就立刻收起它那副祈祷姿态。捕捉器猛然地伸展开去，抓住猎物后便收回来，把猎物送到两把钢锯之间。老虎钳宛如手臂内弯似的，夹紧猎物，这就算是大功告成了：蝗虫、蚱蜢或其他更厉害的昆虫，一旦夹在那四排尖齿交错之中，便小命呜呼了。无论它如何拼命挣扎，又扭又蹬，螳螂那可怕的凶器都是死咬住不放的。（《螳螂捕食》）

这就是螳螂捕食。伪装善良，原形毕露，雷霆出击，彻底胜利！你看，法布尔描写这种打斗场面是多么的生动形象，多么的令人恐怖，多么的让人兴趣盎然。阅读时，我们是赞叹，还是愤恨，还是惋惜，大概兼而有之吧。

通过上面的几个例子，我们初步体验到法布尔"像诗人一样去感受和表达"的语言风格。我们完全有理由相信，走进《昆虫记》是可以轻轻松松、快快乐乐的。

二、法布尔的"钟情宝地"

说起实验室，我们的脑子里大多会浮现出这样的一幅画面：洁白的墙面，一尘不染的实验桌，各种各样的实验仪器和化学药品，穿着白大褂的科学人员等。那样的实验室给人的感觉是清冷，是严肃，是令人敬畏的。但是，法布尔的实验室却与众不同：

我想说的是我长期以来一直魂牵梦绕着的那块计划之中的土地，我一心想着把它变成一座活的昆虫实验室。这块地，我终于在一个荒僻的小村子里寻觅到了。这块地被当地人称之为"阿尔玛"，意为"一块除了百里香恣意生长，其他植物几乎没有的荒芜之地"。（《荒石园》）

在这块"极其贫瘠，满地乱石"的荒石园里，法布尔说自己尝遍了世态炎凉，许多时候心力交瘁，心灰意冷。但是他"始终深信节腹泥蜂的秘密洞穴中还有许多尚待我们去探索的有趣的秘密"，"飞蝗泥蜂的猎食活动还会向我们提供许多有趣的故事"。于是，法布尔忘掉孤苦寂寥，在荒石园里兴致勃勃："四十年如一日，凭借自己顽强的意志力，与贫困潦倒的生活苦苦斗争着。"坚韧不拔，艰苦探究，用心记录，法布尔终于在这块"钟情宝地"里完成了举世瞩目的《昆虫记》。

《昆虫记》之所以能广泛流传，与作者的人文情怀和哲学思想密不可分。

我们先看作者对"那帮嗓门儿很大的人"是怎么说的：

你们对昆虫是开膛破肚，而我却是让它们活蹦乱跳地生活着，对它们进行观察研究；你们把它们变成了又可怕又可怜的东西，而我则是让人们更加地喜爱它们；你们是在酷刑室和碎尸间里干活，而我却是在蔚蓝色的天空下，边听着蝉儿欢快的鸣唱边仔细地观察着；你们是使用试剂测试蜂房和原生质，而我则是在它们各种本能得以充分表现时探究它们的本能；你们探索的是死，而我探究的则是生。（《荒石园》）

对，许多科学家所用的实验方法是解剖，而法布尔则是观察，观察活蹦乱跳的昆虫。当然，作为科学实验在必要时必须采用解剖的方法。但法布尔探究"生"的方式，似乎更加人性。作者的人文情怀和哲学思想几乎每篇文章都可看到。下面略举几例。

世界只有在我们认识了它之后才使我们感兴趣。认识不了，一切都变得枯燥无味，混沌虚无。一大堆事实并非科学，那只不过是一篇寡味的目录而已。必须解读这篇目录，用心灵之火化解开来；必须发挥思想和理想之光的作用；必须诠释。（《圣甲虫的梨形粪球》）

世界，到底是认识它之前，还是认识它之后，才使我们感兴趣，这不能概而论之。但用"心灵之火""思想和理想之光"来化解，来诠释，这应当是放之四海而皆准的真理。试想一下，如果没有了"心灵之火"和"思想和理想之光"，人类将情何以堪？科学将何以进步？世界将何以安宁？

在疼爱子女方面，西班牙蜣螂克制自己的精神确实非常感人，宁可自己挨饿也绝不让子女缺少吃喝。（《西班牙蜣螂》）

这是在说昆虫吗？这似乎是在说人类。我们的父母，不就是这样奉献自己、爱护子女吗？

我的小保尔，咱们就在乡村里待着吧。置身于迷迭香和野草莓丛中，尽可能地学习这些活生生的知识。这样，我们的身体和智力就会得到很好的发育。在这里，我们一定会比在故纸堆中和死板的教科书里更能发现什么是美、什么是真。（《舒氏西绪福斯蜣螂与蜣螂父亲的本能》）

小保尔，是作者的儿子，只有7岁，也是他的助手。阅读上面这一段话时，我们仿佛看到的是一位教育家在讲述着他的教育理念，而这种教育理念，在今天的教育背景下，依然闪烁着夺目的光辉：大自然是最好的教科书，用心观察、动手实践是最好的学习方法。

这样的例子不胜枚举。作者在科学与文学之间，不时语露机锋，提出对生命价值的哲学思考，给科学融入更深层的含义：对生命保持一种敬畏的关爱，对生存保持一种清醒的认识，对生活保持一种深沉的情感。阅读起来，我们可以感受到字里行间始终充满着一种人情味。在文学作品中，这是非常难得的，也是非常打动人心的。

三、"无与伦比的观察家"

英国生物学家、进化论的奠基人达尔文曾赞美法布尔是一位"无与伦比的观察家"。这种赞美应当是非常客观的，并非那种言不由衷的溢美之词。关于作者观察、探究的故事，几乎充溢着整本《昆虫记》。我们不妨以大家都很熟悉的萤火虫和蟋蟀为例，略做体验。

我在一个大玻璃瓶里放上一些草，把捉到的几只萤火虫和几只蜗牛也放了进去。蜗牛个头儿正合适，不大不小，正在等待变形，正符合萤火虫的口味。我寸步不离地监视着玻璃瓶中的情况，因为萤火虫攻击猎物是瞬间发生的事情，不高度集中精力，必然会错过观察的机会。

我终于看到了。萤火虫稍稍探了探捕猎对象。蜗牛通常全身藏于壳内，只有外套膜的软肉露出一点点在壳的外面。萤火虫见状，便立刻打开它那极其简单的、用放大镜才能看到的工具。这是两片呈钩状的颚，锋利无比，细若发丝。用显微镜观察，可见弯钩上有一道细细的小槽沟。这便是它的工具。

它用这种外科手术器械不停地轻轻击打蜗牛的外套膜。其动作不像在做手术，而像在与猎物亲吻。用孩子们的话来说，它像与蜗牛"拉钩"。（《萤火虫》）

显然，这种细致的观察是很费时费神的，因为一切都是动态的，是转瞬即逝的。同时，作者的这种观察也是充满着温情的。这一点，我们从他描述的语言中完全可以体会到。

观察，不仅仅为了记录，更为了探究。我们再来看看作者对萤火虫发光的观察和思考。

它真正名扬四海的原因在于它能在尾部亮起一盏明灯。我们来特别仔细地观察一番雌性萤火虫吧。它在达到婚育年龄，在夏季酷热期间发出亮光的过程中，一直保持着幼虫状态。它的发光器位于腹部的最后三节，其中前两节的发光器呈宽带状，另外一个发光组群是最后一个体节的两个斑点。只有发育成熟的雌萤火虫才具有那两条宽带；未来的母亲用最绚丽的装束来打扮自己，擦亮了这光灿灿的宽带，以庆贺自己的婚礼。而在此之前，自刚孵化的时候起，它只有尾部的发光点。这种绚丽的彩灯显示着雌萤火虫惯常的身体变态。（《萤火虫》）

我们不妨试想一下，如果不是观察了千百只萤火虫，如果不是进行了全方面的综合比较，作者又怎么知晓萤火虫尾部亮起的一盏明灯里竟然会有这么多的学问？观察—假想—比较—验证，大概所有的科学实验都是这样循环往复地探究的吧。

6月的第一个星期，我持之以恒的观察有了初步满意的结果。我突然发现雌蟋蟀一动不动，输卵管垂直地插入土层里。它并不在意我这个冒失的观察者，久久地待在同一个地点。最后，它拔出输卵管，漫不经心地把那个小孔洞的痕迹抹掉；歇息片刻，溜达了一会儿，随即在花盆内它的地盘里继续产卵。它像白额螽斯一样重复干着，但是动作要慢得多。二十四小时后，产卵似乎结束了。为了保险起见，我又继续观察了两天。（《田野地头的蟋蟀》）

这一段所描述的是蟋蟀产卵的过程。"谁想观看蟋蟀产卵都用不着做什么准备工作，只要有点儿耐心就行。"这种看似漫不经心的表达，其实煞费心血。这一观察过程，作者其实是从四五月就开始准备的。为了揭示蟋蟀的生活习性，作者从蟋蟀产卵，到卵的孵出，到卵的成长，到"小魔鬼"的问世，到蟋蟀的家庭，到蟋蟀的惨遭杀戮，以及蟋蟀的筑巢、歌唱、求欢等过程，都进行了非常详细而又富有诗意的描述。这种描述的背后，是作者从四五月间开始，一直持续到当年十月间的不间断工作。也就是说，作者仅仅为了蟋蟀，便花上了半年的功夫。

综上所述，法布尔在他的"荒石园"里，用最简陋的设备观察着昆虫最为真实的生活，并记录了如此珍贵、如此丰厚的资料。这是作为读者的我们的一大幸事。他笔下的昆虫是那么生动、美丽、聪颖、可爱。如果昆虫们也懂人类的语言，它们一定会深感庆幸。

今天，我们阅读《昆虫记》，在品味作品富有诗意的语言的同时，也必然会被作者那种对昆虫、对自然的尊重与热爱，对科研工作严谨、细致、持之以恒的精神所深深打动。

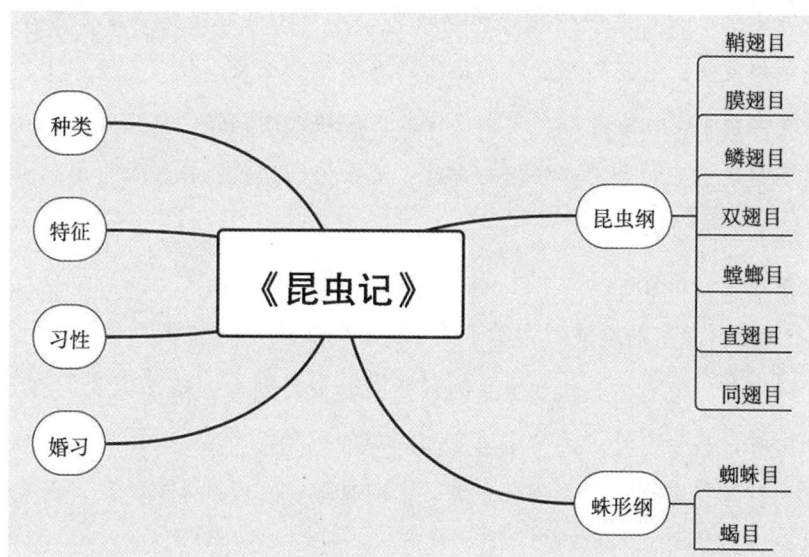

下一篇，我们继续阅读科普著作。它便是《星星离我们有多远》。

17 《星星离我们有多远》："量天尺"与"量天人"

——初中名著阅读个性化攻略之十七：问天式

　　我仰望星空，它是那样辽阔而深邃；那无穷的真理，让我苦苦地求索追随。我仰望星空，它是那样庄严而圣洁；那凛然的正义，让我充满热爱、感到敬畏。我仰望星空，它是那样自由而宁静；那博大的胸怀，让我的心灵栖息依偎。我仰望星空，它是那样壮丽而光辉；那永恒的炽热，让我心中燃起希望的烈焰、响起春雷。

　　这首题为《仰望星空》的诗歌，由国务院前总理温家宝同志创作。2010年 5 月 13 日，北京航空航天大学正式宣布，将其确定为校歌。

　　导读之前，笔者将其作为本文的开场白，乃是因为《星星离我们有多远》一书所讲的是古今中外一群仰望星空的人。他们自制"量天尺"，去丈量着地球有多大、月亮有多远、太阳有多高、银河有多宽，以此不断为人类开启探究星空奥秘之旅。

　　他们是哪些人？他们是如何丈量星空的？这应当是我们阅读该书所应关注的主要内容。

一、地球有多大

　　地球有多大，对于今天的我们来说，早已不是问题，上网一百度就有答案了。然而在 2200 多年前，也就是公元前 240 年前后，埃及的亚历山大城图书馆，有一位叫埃拉托色尼（约公元前 275—前 193）的馆长，他将天文学与地理学联系起来，计算出地球的周长为 39600 千米，地球的直径则为 12700 千米。这个答案，与今天用现代技术测量的结果接近得令人吃惊：地球的直径是 12742 千米，周长则约为 40000 千米。

此外，还有我国唐代著名的天文学家僧一行（683—727，原名张遂），阿拉伯帝国阿拔斯王朝哈里发马蒙（786—833），两人分别主持了通过测量子午线来计算地球周长。

200多年前，欧洲人进行的一些测量初步表明，地球并不是正圆形的，而是沿赤道方向稍"胖"一些。现代测量地球的形状和大小，还有所谓的"重力测量法"和"地球动力学测量法"。各种方法的综合使用，已经使测量结果的精确程度大大提高。人们目前已经相当精确地知道地球的大小和模样，还一步步弄清它不仅是个扁球体，更像一个"梨"状的旋转体，一个三轴椭球体。

弄清楚了地球有多大这个问题，才有可能弄清楚月亮有多远，太阳有多高。

二、月亮有多远

月亮，是人类飞出地球、步入太空的第一个中途站。但有什么办法能够知道月亮离我们有多远呢？如果真的有一把"量天尺"就好了。

人类的智慧是无穷的。早在公元前3世纪之初，在小亚细亚有一位名叫阿里斯塔克（约公元前315—前230）的天文观测家，在他的《论日月的大小和距离》著作里首先提出，如果在上弦月的时候测定太阳和月亮之间的角距离，就可以据此推算出日月到地球距离的比值。虽然其结论不准确，但其原理简单明了，值得赞赏。因为，这毕竟是2000多年前测定天体距离的第一次大胆尝试。

古希腊有一个名叫伊巴古（约公元前190—前125）的天文学家，他曾算出一年的长度是365又1/4天再减去1/300天，这个数字与实际情况只相差6分钟。伊巴古将阿里斯塔克提出的测量月亮距离的设想付诸实践，根据月食原理，计算出月亮和地球的距离几乎恰好是地球直径的30倍。如果采用埃拉托色尼的数字，那么月地距离就是38万千米有余。这与月地之间平均距离384400千米的数据竟然如此接近。

三角测量法，是人们根据三角形中两角一边的原理来测量地面目标的一种常用方法。首先用三角法测定月球距离的，是法国天文学家拉卡伊（1713—

1762）和他的学生拉朗德（1732—1807）。1752 年，师徒俩一个在好望角，一个在柏林，同时对月球进行观测。运用三角法，他们计算出的结果是：月球与地球之间的平均距离大约为地球半径的 60 倍，这和现代测定的数值很接近。

用三角法测量得到的数据，天文学家们并不满足。1957 年，人们成功地进行"雷达测月"，通过系统的测量得知，地月平均距离为 384400 千米，其误差不超过 1 千米。

1962 年，"激光测月"拉开了序幕。7 年之后，也就是 1969 年，美国"阿波罗 11 号"宇宙飞船第一次将两位宇航员送上月球，他们在月面上安放了第一个供激光测距用的光学后向反射器。由此，测定的距离精度已高达 7 米。到了 20 世纪 80 年代，测月精度就已经达到 8 厘米左右。20 世纪末，测距精度达到了 2—3 厘米。至此，月亮有多远已不再是问题了。

三、太阳有多高

波兰天文学家、数学家哥白尼（1473—1543）虽然提出科学的日心宇宙体系，但他也不知道太阳究竟离我们有多远。直到 1650 年，才有一位比利时天文学家温德林（1580—1667）利用改良仪器测得日地距离是月地距离的 240 倍，约为 9600 千米。但这个数字还是太小。

测量太阳有多高的方法与测月的办法是完全不同的。因为太阳上没有固定标记，而且它还是一个极亮的光源。因此，三角法似乎不适合，发射雷达信号或者激光脉冲，也只是一首并不现实的畅想曲。

但是，总有一些人总会有奇思妙想。有一位德国天文学家开普勒（1571—1630）提出了"行星运动定律"，也称"开普勒定律"。具体内容为：

第一定律：行星绕太阳运行的轨道是椭圆，太阳在它的一个焦点上。

第二定律：行星向径在相等的时间内扫过相等的面积。

第三定律：两个行星绕太阳运动的轨道的周期时间平方之比等于两个轨道与太阳的平均距离的立方之比。

开普勒第三定律实际上就是说，只要知道了行星绕太阳公转一圈需要几年，便可以算出它距离太阳有多少个天文单位（在近代天文学中，将太阳和地球之间的平均距离称为一个"天文单位",它是天文学中的一把尺子),从此,第一次有了按比例精确绘出太阳系中所有行星的轨道形状和它们的相对距离的可能。

这里,还得介绍一个重要概念——视差。从不同角度去看同一物体而产生的视线方向上的这种差异,就称为视差。一个物体的距离越近,视差就越大;距离越远,视差就越小。1672 年,意大利出生的法国天文学家卡西尼(1625—1712)测出了火星的视差,并由此推出了太阳的地心视差为 9.5″。这是有史以来第一次比较接近实际情况的测量结果。与此相应的日地距离则为 13800 万千米。这虽然比地球与太阳的真实距离还是小了 7%,但已经是巨大的飞跃了。

英国天文学家哈雷(1656—1742)提出,利用"金星凌日"的机会也可以测定太阳的视差。所谓"金星凌日",就是从地球上看去,金星恰好投影在日面上,或者说,正好从太阳前面经过。不过,哈雷本人却没有将这种方法付诸实践,因为那时最近的两次金星凌日也要等到 1761 年和 1769 年。哈雷寿命虽长,但终究无法活到那个时候。

1761 年,金星凌日时,各国观测队求得的太阳视差数值差异很大。直到 1775 年,法国天文学家潘格雷(1711—1796)综合分析了全部资料,公布了最后结果:太阳的视差为 8.8″。这是一个非常准确的数字,可惜当时人们并不重视。

后来,等待已久的 1874 年和 1882 年金星凌日终于来到了。美国天文学家纽康(1835—1909)综合前两个世纪的 4 次金星凌日所取得的观测资料,于 1895 年最终得出:太阳的视差是 8.797″。从 1896 年起直至 1967 年,国际天文学界都采用太阳视差为 8.80″。这些数字与此后公认准确的 8.794″ 很接近。

正当天文学家们为金星凌日观测结果中存在的种种差异而伤脑筋的时候,他们又重新发现三角测量法大有希望。也就是说,可以从观测"小行星冲日"获得更准确的日地距离。最初提出这种方法的,是德国天文学家加勒(1812—1910)。

众所周知,太阳系中总共才发现 8 颗行星,但小行星却多得以十万计。在庞大的小行星家族中，有不少是由中国天文学家发现的。它们大多以中国的人名或地名命名。例如，1125 号"中华"，1802 号"张衡"，1888 号"祖冲之"，1972 号"一行"，等等。

第二次世界大战后，测定天文单位长度的工作再度取得进展。这时，旅美德国天文学家拉贝（1911—1974）根据 1926—1945 年间"爱神星"受地球摄动的情况，推算出太阳质量与地球质量之比，并进而推算出太阳视差为 8.7984″。这是一个不小的进步。与此相应的太阳距离是 149 526 000 千米，它和今天采用的数值仅相差 72000 千米。

日地之间平均距离的最精确数据，是由金星的雷达测距求得的。"1964 年国际天文学联合会常数系统"确定，由雷达测金星而获得的天文单位长达为 149 600 000 千米，相应的太阳视差为 8.79 405″；"1976 年国际天文学联合会常数系统"定出 1 个天文单位的距离为 149 597 870 千米，与此对应的太阳视差则为 8.794 148″；2012 年，第 28 届国际天文学联合会又通过决议，这两组数字确定为 149 597 870. 700 千米和 8.794 143″。

这些，便是今天对太阳有多高这个问题所做出的回答。我们可以看出，为了找出这个答案，千百年来，天文学家们可谓是殚精竭虑。这其中，包含着多少想象力、创新力、坚持力和挑战的勇气！

四、银河有多宽

地球、月亮、太阳，这三个天体，我们讲得比较多一些。后头的内容，稍简单一些。因为，我们主要是学习阅读方法，学习天文学家们的求索精神。我们先来了解几个天文概念，然后来了解银河有多大。

1. 光年。光年，不是一座"钟"，而是一把"尺"，一把"量天"的尺。光一年可以跑多远呢？光每秒能走 300 000 千米。一年约有 365. 25 天，1 天是 24 小时，1 小时是 60 分钟，1 分钟等于 60 秒。这样计算下来，便可知道，光一年可以跑大约 94 600 亿千米，为了简便起见，也可以说成 9. 5 万亿千米。

2. 秒差距。"秒差距"是一把更长的"尺子"。它是这样确定的：当恒星离我们 1 秒差距远时，它的视差刚好是 1″；或反过头来说，如果一颗恒星的视差是 1″，那么它同我们的距离刚好是 1 秒差距。秒差距这把尺子比光年还要长：1 秒差距 = 3.259 光年 = 206 265 天文单位 = 3.08×10^{13} 千米。近似地说，1 秒差距大致等于日地距离的 20 万倍，或约 30 万亿千米。

3. 星等。早在 2000 多年前，古希腊天文学家伊巴谷（约公元前 190—前 125）就用"星等"来衡量星星的亮度。他把天上 20 颗最亮的恒星算作"1 等星"，稍暗一些的是"2 等星"……正常人的眼睛在无月的晴夜勉强看到的暗星为"6 等星"。但这样区分恒星的亮度很不严格。

到了 1856 年，英国天文学家波格森（1829—1891）发现，1 等星的平均亮度正好是 6 等星平均亮度的 100 倍。于是，他据此定出一种亮度的"标尺"：星等数每差 5 等，亮度就差 100 倍。比如 11 等星正好比 6 等星暗 100 倍。比 1 等星亮的是"0 等星"。从地球看一颗恒星的亮度，称为它的"视亮度"，它的星等数称为"视星等"。比如，太阳的视星等为 - 26.7 等。

在天文学中，通常都假定将恒星移到 10 秒差距的距离上来比较它们的亮度。一颗星处在这个距离上的视星等，就叫作这颗星的"绝对星等"。在视星等、绝对星等和距离（或视差）这三个数字中，如果已经知道了其中的两个，就可以计算出另外一个。这在推算恒星距离时十分有用。

4. 恒星光谱。光谱，是英国著名的物理学家牛顿（1643—1727）在 24 岁时用三棱镜分解的。阳光分解后展开成一条宛如彩虹的色带，从它的一端到另一端依次排列成红、橙、黄、绿、蓝、青、紫各种颜色，这些颜色之间是均匀缓慢而连续地过渡的。这条彩带就叫作光谱。最先观测恒星光谱的是德国物理学家夫琅禾费（1787—1826），但是光谱分类工作的真正先驱者却是意大利天文学家赛奇（1818—1878）。他把恒星按光谱区分为四类：白星、黄星、红星、深红色的星。到了 19 世纪，美国哈佛天文台台长皮克林（1846—1919）及其合作者于 1890 年将光谱分为 A 到 Q（J 除外）16 类。皮克林的团队最后获得 24 万余颗恒星的光谱。

5. 分光视差法。假如我们把恒星的光谱型比拟作人的身高，把它的绝对星等比拟为人的体重，那么从恒星的光谱型推测其绝对星等的可靠性，大体上就和从人的身高推测其体重的情况相仿。分光视差法，就是利用恒星光谱中某些谱线的强度比和绝对星等的线性经验关系，即由测定一些谱线的强度比求绝对星等。有了分光视差法，人们已求出距离的恒星数目便迅速上升。分光视差法使天文学家的巨尺又往远处伸展了成百上千倍，它是我们通向更遥远天体的第一级天梯。

6. 造父变星。造父是周朝时代人，是驾车能手，被用来作为星星的名字。变星，是指那些在不太长的时间（例如几小时到几年）内亮度便有可察觉的变化的恒星。"造父一"最亮时是 3.6 等，最暗时是 4.3 等，亮度变化达到 1.9 倍。人们发现的造父变星数目与日俱增。假如能测出这些造父变星的视差（三角视差或分光视差都行），我们便可以由它们的视星等推算出绝对星等，而且还能可靠测定球状星团和河外星系的距离。因此，造父变星荣获了"示距天体"和"量天尺"的美名。这里，我们还应记得美国一位女天文学家的名字——勒维特（1868—1921）。因为，她首先发现光变周期越长的造父变星亮度也越大，非常有规律。

7. 球状星团和银河系的大小。银河系的大小是将造父视差法应用于球状星团而定出的。第一个球状星团是恒星之父威廉·赫歇尔（英国天文学家，古典作曲家，音乐家，1738—1822）发现的。美国天文学家沙普利（1885—1972）于 1917 年构造了一个新的银河体系模型：银河星的形状似透镜，直径约 70 000 秒差距，厚度约 7 000 秒差距。但后来的研究表明，银河并没有那么大。银河的直径大致约 100 000 光年。

"你看，那浅浅的天河，定然是不甚宽广。"至此，银河系有多大，我们已经大体有所了解。但是，人类对星空、对宇宙的探究一直没有停下脚步。他们的"量天尺"之后又交给了"新星"和"超新星"……

目前，人们已经把自己的目光投向远达 100 亿光年的太空深处。在这旅程中，望远镜发挥了很大作用。坐落于贵州省的 500 米口径球面射电望远镜——中国天眼 FAST，它是目前世界上最大单口径、最灵敏的射电望远镜。2016 年落成启用以来，截至 2018 年 9 月 12 日，它已发现 59 颗优质的脉冲星候选体，其中有 44 颗已被确认为新发现的脉冲星。据悉，中国天眼甚至可以看到 157 亿光年外。

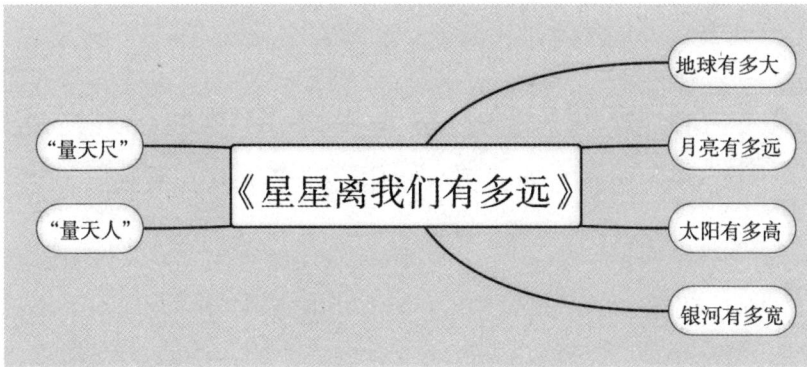

下一篇，我们一起走进美国海洋生物学家蕾切尔·卡森的《寂静的春天》。

18　阅读《寂静的春天》，培养系统式思维
——初中名著阅读个性化攻略之十八：系统式

"某个部位的变化，甚至一个分子的变化，可能会游离到整个系统，并引发不相关的器官或组织病变。"

——《寂静的春天》

中国有句俗语："头痛医头，脚痛医脚。"它说的是处理问题不从全局考其根本，而是什么地方出了问题就在什么地方仓促应付。美国海洋生物学家蕾切尔·卡森于1962年所著的《寂静的春天》一书，写的便是人类在面对昆虫灾害时所采取的简单而粗暴的办法，致使自然生态受到进一步破坏，人类与动植物受到一系列伤害的悲剧。本应鸟语花香、生机勃勃的大自然，变成了"寂静的春天"。

作者从一个美丽村庄的突变，从陆地到海洋，从海洋到天空，从地上到地下，从动植物到人类，全方位地揭示了化学农药的危害，引导人们面对自然灾害时，应采用一种理性的、系统化的思维方式来解决问题，而不能简单粗暴、饮鸩止渴。

我们提出"系统式"阅读，一方面是系统地将本书通读一遍，也即是"整本书阅读"，另一方面则是学会构建一种系统化的思维方式。

一、概括：有效阅读的必经之路

下面，我们首先了解一下这本书的具体内容。在每章读完之后，提炼出各章的主要信息。

第一章　明日寓言

从前，在美国中部的一个城镇里，一切生物的生长看起来与它们的环境都很和谐。城镇周围有许多充满生机的农场，田野里长满庄稼，山坡上果园成林。后来，一种怪异的疾病席卷了鸡群，随后牛羊成群地病倒、死亡，死神无处不在。在作者看来，这其实不是魔法，也不是什么天敌，而是人类自己使这个世界变得伤痕累累。

第二章　忍耐义务

从20世纪40年代中期以来，200多种基本的化学药品被创造出来，用于杀死昆虫、野草、啮齿动物和被称为"害虫"的其他生物。作者认为，这些化学药品不应该被叫作"杀虫剂"，而应该称为"杀生剂"。作者强调，人们只有在了解事实真相后，才能而且必须做出决定是否使用杀虫剂，正所谓："忍耐的义务给予我们了解真相的权利。"

第三章　死神的特效药

因为杀虫剂的滥用，无论男女老少，大部分人体内都有化学残留。它们会出现在母亲的奶水中，而且有可能入侵胎儿的细胞组织。现代杀虫剂致命性更强，一类是以DDT为代表的"氯化氢"；另一类包含各种有机磷的杀虫剂，以常见的马拉硫磷和对硫磷为代表。有一些除草剂中有一种属于"突变剂"的物质，能够改变遗传物质——基因。

第四章　地表水和地下水

施用在农田、花园、森林以及原野的化学喷洒物，已经超越了辐射的危害性，而且这些化学药剂本身就存在危险的、不为人知的内部互相作用以及毒效的转换和叠加。有确凿的证据表明，在河流甚至自来水中，这些化学物质随处可见。大面积地下水污染的威胁更令人担忧，因为地下水一旦污染就等于全部水污染。在不久的将来，饮用水污染引发癌症的风险将大大增加。

第五章　土壤的王国

以农业为基础的生命全依赖于土壤，同时，土壤也依赖于生物。事实上，杀虫剂对土壤影响的画面正徐徐展开。土壤永久性污染的一个典型案例就是砷污染，有的土壤正遭受着"几乎永久性的污染"。一群专家达成这样的共识：人类采取的一些不当处置，可能导致土地生产力的毁灭，最终昆虫会接管地球。

第六章　地球的绿色斗篷

水、土壤和由植物构成的大地的绿色斗篷共同组成的世界，滋养着地球上的动物。但盲目破坏已经对环境造成了很大影响：山艾、松鸡、叉角羚、长耳鹿等动植物所构成的完美的自然平衡，已经被人们所打破。从长远角度看，毁灭野生动物的家园和食物所带来的后果，比直接杀死它们更为糟糕。

第七章　无妄之灾

在我们生存哲学的指引下，没有什么可以阻挡人们对喷雾器的使用。控制甲虫的计划导致了大量动物死亡；幸存的鸟儿也失去了繁育能力；所谓"无害"的毒粉砸在购物和上班的人们身上，也扫射在午餐时间走出校门的孩子们身上。这一切，我们居然默许了。

第八章　鸟儿歌声的消失

联邦政府为了对付火蚁，开展了大规模的喷药计划，越来越多的地区已经看不到鸟儿来报春了。为了防治舞毒蛾和蚊子，化学药剂演变成了倾盆大雨，有 90 种鸟类出现了大量死亡，哺乳动物也直接或间接地卷入死亡体系，而榆树的死亡率飙升了 10 倍。鹰的生存环境发生了变化，它们的繁殖能力完全被破坏。世界各地都发出了鸟类面临危险的声音。

第九章　死亡之河

为了拯救纸浆和造纸的主要原料——香脂树，人们用飞机喷洒了每英亩

0.5 磅的 DDT。溪流中的昆虫全被 DDT 杀死了，小鲑鱼几乎是全军覆灭。出乎意料的是，蚜虫不仅没有减少，反而变本加厉了。昆虫防治直接造成了河流或者鱼塘的鱼类和甲壳动物的突然死亡，这样的后果令人震惊。

第十章　祸从天降

一位生物学家把在农田和森林上空的喷药称之为"死亡之雨"。为消灭舞毒蛾，农业部展开了规模宏大的化学战。结果，蔬菜园、奶牛场、鱼塘、盐沼都被喷了药。为消灭火蚁，给数百万英亩土地喷药。野生动物、家禽、牲畜几乎遭受灭顶之灾。其结果，一些地方的虫害面积不减反增。

行文至此，对于章节的概括应当够了吧。后面的七章，就留给读者自己去概括了。也许，你概括得更精练，更生动。笔者需要强调一点，那就是，无论什么体式的文章或书籍，我们都要学会概括。概括，能搭建一座从阅读到理解、从浅层到深层的桥梁。在这方面，不应偷工减料。

二、系统式思维：走向理性和深刻

生物学中有生态系统这一重要理论。所谓生态系统，它是指在自然界的一定的空间内，生物与环境构成的统一整体；在这个统一整体中，生物与环境之间相互影响、相互制约，并在一定时期内处于相对稳定的动态平衡状态。

从地理环境来看，生态系统包括森林生态系统、草原生态系统、海洋生态系统、淡水（含湖泊、池塘、河流等）生态系统、农田生态系统、冻原生态系统、湿地生态系统、城市生态系统等。生态系统有如下成分组成：非生物的物质和能量、生产者、消费者、分解者。

无论在哪种生态系统中，只要上述其中的某一个组成部分被破坏，其他部分也必将受到一定程度的影响。我们从第六章《地球的绿色斗篷》中可以看到，当山艾这种灌木被毁灭，松鸡、叉角羚、长耳鹿等野生动物便难逃厄运；从第八章《鸟儿歌声的消失》中也可以看到，当鸟类遭到灭顶之灾时，榆树的死亡率便飙升十倍之多。生态系统中的各个部分，就是这样唇亡齿寒、生死与共。

下面，我们再来了解一些"系统式思维"。系统式思维，是以整体因素协同为考量的，也就是从整体的、大局的、深层的、长远的等角度来看待问题和处理问题。

如果说，本书的前十章主要从自然的角度来揭示杀虫剂的危害，那么第十一至十四章，则侧重于杀虫剂等化学药品对人类的直接危害。这种危害更触目惊心：

对于大多数人而言，日复一日、年复一年，与无数小剂量药剂的直接接触更令人担忧。这些小剂量药剂包括防蛀药物，厨房中的化学制剂，各种乳液、护肤霜和喷剂，用于草坪和观赏植物的有机磷，割草机喷出的杀虫剂颗粒等。

杀虫剂中氯化氢残留毒素，从最小的剂量开始积累，储存于人的脂肪中。脂肪一旦被消耗，毒素就可能会马上出击。氯化氢杀虫剂对肝脏的影响最可怕。肝脏出现问题，人体就不能抵抗各种入侵的毒素。有机磷杀虫剂不单单引发急性中毒症状，对神经组织也会造成永久性损伤，使人变得头脑混乱、记忆减退、狂躁不安、出现幻觉……

杀虫剂和除草剂的残留物，将可能导致精子到不了目的地，受精卵很难完成复杂的分化和发育。这种非偶合的后果，对胚胎到成人的所有生物都是一场灾难：可能导致组织或者生物体死亡。它将会导致人类生殖能力下降。

对人类而言，遗传基因比个人生命更宝贵，因为它连接着过去和未来。但是一旦化学药品滥用导致人类基因突变，后果将不堪设想。而这种情况，并非危言耸听，一个强有力的证据已向我们展示：鸟类和哺乳动物生殖腺和生殖细胞中出现的大量DDT残留，不仅遍及全身，而且与遗传物质亲密接触。有理由相信，所有生物的生殖腺都会受到化学品的侵害，人类能幸免吗？

杀虫剂能够损伤肝脏并减少维生素B的供应，导致体内自生的雌性激素增多，进而间接引发癌症。我们生活在一个"致癌物的海洋里"，人口的四分之一面临患癌的危险……

一位名叫布雷约的博士说："生命是一个奇迹，超越了我们的理解，甚至在我们不得不与之为敌的时候，也要心存敬畏。"是的，我们需要的是谦卑的态度，而不是对科学的盲目自负。

　　我们的"另一条路"在哪里？作者提出了一种"生物防治学"，即利用昆虫自身的力量来消灭同类。其中最令人叹绝的是"雄蚊绝育"，投放绝育的雄蚊，以此来消灭疟蚊。这种生物防治理念，自然要比那种简单粗暴的喷洒药剂更环保，更理性。我们来看一则报道：

　　今年（2015 年）3 月 12 日起，中山大学—密歇根州立大学热带病虫媒控制联合研究中心奚志勇教授团队，在沙仔岛陆续释放"绝育"蚊子，即携带新型沃尔巴克氏体的白纹伊蚊雄蚊。这是沃尔巴克氏体技术控制蚊媒及阻断登革热项目在国内的第一次田间试验，目前局部地区的种群压制效果已经超过 90%。

——《南方都市报》

　　关于生态，早在古代，我们的祖先就阐发了"天地与我并生，而万物与我为一"（《庄子·齐物论》）的重要生态哲学思想，正所谓"天人合一"。但是，一路走来，我们也曾付出了惨重的代价。

　　进入 21 世纪以来，我国确立"科学发展观"，描绘"青山绿水图"，人们的思维更加理性，大自然的生态也得以逐渐恢复。这既是一种人与自然和谐共生的科学理念的具体体现，也是一种系统化思维的思想结晶。

　　至此，八年级上册的 6 本书已解读完毕。作为读者的你，阅读效果如何？

八年级·下册

19 | 品读《傅雷家书》，成为完整的人
——初中名著阅读个性化攻略之十九：整体式

　　《傅雷家书》，大概是中国当代第一家书吧。笔者做出这样的判断，不仅因为这本著作几十年来一直脍炙人口、畅销依旧，还因为在我看来，《傅雷家书》在爱国情怀、父子友爱、文学素养、艺术修为等方面，对于青少年的成长成人，对于身为父母的人们的自我完善，都有一种很好的指导意义。

　　也正因为如此，笔者建议采用一种"整体式"来阅读该书：整体把握傅雷的思想内核，整体吸收该书的精神养料，进而让自己不断成长为一个完整的人，一个有点特长的人，一个全面发展的人。

一、教育观念

　　在阅读《傅雷家书》之前，我们先来简要了解一下书中的两个主要人物：一个是傅雷，一个是傅聪。

　　傅雷（1908—1966），出生于原江苏省南汇县下沙乡（今上海市浦东新区航头镇），中国著名的翻译家、作家、教育家、美术评论家。其代表作有《傅雷家书》《世界美术名作二十讲》，译有《约翰·克里斯朵夫》《名人传》等。

　　傅聪，1934年生于上海，8岁半开始学习钢琴，20岁赴波兰留学，21岁获"第五届肖邦国际钢琴比赛"第三名和"玛祖卡"最优奖。25岁开始为了艺术背井离乡，此后浪迹五大洲，只身驰骋于国际音乐舞台，获得"钢琴诗人"之美名。傅聪的成长，与父亲傅雷的家庭教育密不可分。

　　作者在《傅聪的成长》一文中介绍了他的三个教育观念：

　　第一，把人格看作主要，把知识与技术的传授看作次要；

第二，把艺术教育只当作全部教育的一部分，让孩子学艺术，并不一定要他成为艺术家；

第三，既以音乐教育而论，也绝不能仅仅培养音乐一门，而需要以全面的文学艺术修养为基础。

显然，这样的教育理念是很"前卫的"：在作者所在的那个年代如此，到了21世纪的今天依然如此。

二、父子友爱

下面，我们将从不同角度来了解《傅雷家书》的基本内容。我们采用摘录的方式，从傅雷的文字中直接地感受作者的舐犊情深。不过请注意，笔者在这里用的是"父子友爱"，像朋友那样的父子之爱。

例1：真的，你这次在家一个半月，是我们一生最愉快的时期；这幸福不知应当向谁感谢，即使我没宗教信仰，至此也不由得要谢谢上帝了！我高兴的是我又多了一个朋友；儿子变了朋友，世界上有什么事可以和这种幸福相比的！尽管将来你我之间离多别少，但我精神上至少是温暖的，不孤独的。（一九五四年一月三十日）

例2：谈了一个多月的话，好像只跟你谈了一个开场白。我跟你是永远谈不完的，正如一个人对自己的独白是终身不会完的。你跟我两人的思想和感情，不正是我自己的思想和感情吗？清清楚楚的，我跟你的讨论与争辩，常常就是我跟自己的讨论与争辩。父子之间能有这种境界，也是人生莫大的幸福。（一九五六年十月三日）

只要我们翻开书，作者与儿子之间的这种亲密无间的"友爱"几乎处处可见。这正如汪曾祺所说的那样："多年父子成兄弟。"这是非常能打动人的，也是让人非常羡慕的。这也给了我们读者一种启示，父子、母女之间，若能达到这种"友爱"的程度，便没有什么代沟了，两代之间便能敞开心扉，尽情倾吐了。

三、言传身教

例3：亲爱的孩子：今日星期，花了六小时给你弄了一些关于肖邦与特皮

西的材料。……是否与你有帮助，不得而知。（一九五六年一月二十二日）

例4：昨天一整天，加上前天一整晚，写了七千余字，题目叫作《与傅聪谈音乐》，内分三大段：（一）谈技巧，（二）谈学习，（三）谈表达。交给《文汇报》去了。……文字用问答体；主要是想把你此次所谈的，自己留一个记录；发表出去对音乐学生和爱好音乐的群众可能也有帮助。（一九五六年十月六日）

例5：我素来对生死看得极淡，只是鞠躬尽瘁，活一天做一天工作，到有一天死神来叫我放下笔杆的时候才休息。如是而已。（一九六〇年八月五日）

例6：中国诗词最好是木刻本，古色古香，特别可爱。可惜不准出口，不得已而求其次，就挑商务影印本给你。以后还会陆续寄，想你一定喜欢。《论希腊雕塑》一编六万余字，是我去冬花了几星期功夫抄的，也算是我的手泽，特别给你做纪念。（一九六一年五月一日）

今天，我们常说，想要孩子成为怎样的人，父母须首先努力成为那样的人；我们还说，最好的教育便是陪伴：傅雷夫妇做到了。父母若能成为子女的榜样，教育便是一件很简单的事，孩子的成长成人也便是一件自然而然的事情。

四、爱国情怀

例7：钟声复起，天已黎明……中国正到了"复旦"的黎明时期，但愿你做中国的——新中国的——钟声，响遍世界，响遍每个人的心！滔滔不竭的流水，流到每个人的心坎里去，把大家都带着，跟你一块到无边无岸的音响的海洋中去吧！名闻世界的扬子江与黄河，比莱茵的气势还要大呢！……黄河之水天上来，奔流到海不复回！……无边落木萧萧下，不尽长江滚滚来！……有这种诗人灵魂的传统的民族，应该有气吞斗牛的表现才对。（一九五五年一月二十六日）

例8：一个人对人民的服务不一定要站在大会上演讲或是做什么惊天动地的大事业，随时随地、点点滴滴地把自己知道的、想到的告诉人家，无形中就是替国家播种、施肥、垦殖！（一九五五年三月二十七日）

例9：你如今每次登台都与国家面子有关；个人的荣辱得失事小，国家的荣辱得失事大！你既热爱祖国，这一点尤其不能忘了。为了身体，为了精神，为了艺术，为了国家的荣誉，你都不能不大大减少你的演出。（一九五九年十月一日）

例10：东方的智慧、明哲、超脱，要是能与西方的活力、热情、大无畏的精神融合起来，人类可能看到另一种新文化出现。西方人那种孜孜矻矻、白首穷经、只知为学、不问成败的精神还是存在（现在和克里斯朵夫的时代一样存在），值得我们学习。你我都不是大国主义者，也深恶痛绝大国主义，但你我的民族自觉、民族自豪和爱国热忱并无一星半点的排外意味。相反，这是一个有根有蒂的人应有的感觉与感情。每次看到你有这种表现，我都快活得心儿直跳，觉得你不愧为中华民族的儿子！（一九六一年六月二十六日）

例11：你的中国人的自豪感使我为你自豪，你善于赏识别的民族与广大人民的优点使我感到宽慰。唯有民族自豪与赏识别人两者结合起来，才不致沦为狭窄的沙文主义，在个人也不致陷于自大狂自溺狂，而且这是爱国主义与国际主义真正的交融。（一九六三年三月十七日）

我们可以看到，傅雷的骨子里始终怀有一种中国古代士大夫的爱国情怀，他的身上既有我们今天所说的文化自信，同时还有一种兼容并蓄的大爱情怀。毫无疑问，这样的爱国主义教育，对于身在异国他乡的傅聪而言，是一种心灵的慰藉，也是一种前进的力量。

五、文学素养

例12：但杜也有极浑成的诗，例如"风急天高猿啸哀，渚清沙白鸟飞回。无边落木萧萧下，不尽长江滚滚来……"那首，胸襟意境都与李白相仿佛。还有《梦李白》《天末怀李白》几首，也是缠绵悱恻，至情至性，非常动人的。但比起苏、李的离别诗来，似乎还缺少一些浑厚古朴。这是时代使然，无法可想的。汉魏人的胸怀比较更近原始，味道浓，苍茫一片，千古之下，犹令人缅想不已。（一九五四年七月二十七日）

例13：《人间词话》，青年们读得懂的太少了；肚里要不是先有上百首诗、几十首词，读此书也就无用。……我个人认为中国有史以来，《人间词话》是最好的文学批评。开发性灵，此书等于一把金钥匙。一个人没有性灵，光谈理论，其不成为现代学究、当世腐儒、八股专家也鲜矣！为学最重要的是"通"，通才能不拘泥，不迂腐，不酸，不八股；"通"才能培养气节、胸襟、目光。"通"才能成为"大"，不大不博，便有坐井观天的危险。（一九五四年十二月二十七日）

例14：而阅读也不宜老拣轻松的东西当作消遣；应当每年选定一两部名著用功细读。比如丹纳的《艺术哲学》之类，若能彻底消化，做人方面，气度方面，理解与领会方面都有进步，不仅仅是增加知识而已。巴尔扎克的小说也不是只供消闲的。（一九六一年五月一日）

文章前面已经讲到，傅雷一直认为音乐教育需要以全面的文学艺术修养为基础，而不是为音乐而音乐。傅雷介绍，傅聪到十四岁为止，花在文史和别的学科上的时间，比花在琴上的要多；从孔、孟、先秦诸子、《国策》《左传》《晏子春秋》《史记》《汉书》《世说新语》都由他自己主教，用意是要把语文知识、道德观念和文艺熏陶结合在一起。傅雷的这种教育理念，是值得我们今天的家庭教育和学校教育共同学习的，也是值得今天的少年儿童作为成长借鉴的。

六、艺术修为

例15：……但要紧的是实地做去，而且也要跟自己斗争；斗争的方式当然不是紧张，而是冲淡，而是多想想人生问题、宇宙问题，把个人看得渺小一些，那么自然会减少患得患失之心，结果身心反而舒泰，工作反而顺利！（一九五四年十月二十二日）

例16：为了艺术的修养，在 heart［感情］过多的人还需要尽量自制。中国哲学的理想，佛教的理想，都是要能控制感情，而不是让感情控制。假如你能掀动听众的感情，使他们如醉如狂，哭笑无常，而你自己屹如泰山，像调度千军万马的大将军一样不动声色，那才是你最大的成功，才是到了艺术与人生的最高境界。……艺术是火，艺术家是不哭的。这当然不能一蹴即成，尤其是你，但不能不把这境界作为你终生努力的目标。罗曼·罗兰心目中的大艺术家，也是这一派。（一九五四年十一月二十三日）

例 17：从我这次给你的译文中，我特别体会到，莫扎特的那种温柔妩媚，所以与浪漫派的温柔妩媚不同，就是在于他像天使一样的纯洁，毫无世俗的感伤或是靡靡的 sweetness［甜腻］。神明的温柔，当然与凡人的不同，就是达·芬奇与拉斐尔的圣母，那种妩媚的笑容绝非尘世间所有的。能够把握到什么叫作脱尽人间烟火的温馨甘美，什么叫作天真无邪的爱娇，没有一点儿拽心，没有一点儿情欲的骚乱，那么我想表达莫扎特可以"虽不中，不远矣"。（一九五五年三月二十七日）

例 18：要有耐性，不要操之过急。越是心平气和，越有成绩。时时刻刻要承认自己是笨伯，不怕做笨功夫，那就不会期待太切，稍不进步就慌乱了。（一九五五年五月十六日）

例 19：练的东西，艺术上的体会与修养始终是自己得到的。早一日露面，晚一日露面，对真正的艺术修养并无关系。希望你能目光远大，胸襟开朗，我给你受的教育，从小就注意这些地方。身外之名，只是为社会上一般人所追求、惊叹，对个人本身的渺小与伟大都没有相干。孔子说的"富贵于我如浮云"，现代的"名"也属于精神上"富贵"之列。（一九五六年七月二十九日）

请注意，"斗争""自制""纯洁""耐性""修养"是上面几段话的关键词。艺术修为需要这些，我们平时的学习、工作、修身也同样需要这些。

七、坚持真理

例 20：另外一点我可以告诉你：就是我一生任何时期，闹恋爱最热烈的时候，也没有忘却对学问的忠诚。学问第一，艺术第一，真理第一，爱情第二，这是我至此为止没有变过的原则。（一九五四年三月二十四日）

例 21：只要是真理，是真切的教训，不管出之于父母或朋友之口，出之于熟人生人，都得接受。（一九五四年九月四日）

例22：你有这么坚强的斗争性，我很高兴。但切勿急躁，妨碍目前的学习。以后要多注意：坚持真理的时候必须注意讲话的方式、态度、语气、声调。要做到越有理由，态度越缓和，声音越柔和。坚持真理原是一件艰巨的斗争，也是教育工作；需要好的方法、方式、手段，还有是耐性。万万不能动火，令人误会。这些修养很不容易，我自己也还离得远呢。但你可趁早努力学习！（一九五六年四月二十九日）

对的，就是对的；错的，就是错的。不唯书，不唯上，只唯真，只唯实，这便是坚持真理；正所谓"吾爱吾师，但吾更爱真理！"但坚持真理，也要注意方式方法，因为"有理不在声高"。

八、批判精神

例23：昨夜一上床，又把你的童年温了一遍。可怜的孩子，怎么你的童年会跟我的那么相似呢？我也知道你从小受的挫折对于你今日的成就并非没有帮助；但我做爸爸的总是犯了很多很重大的错误。……可怜过了四十五岁，父性才真正觉醒！（一九五四年一月十九日）

例24：关于莫扎特的话，例如说他天真、可爱、清新，等等，似乎很多人懂得；但弹起来还是没有那天真、可爱、清新的味儿。这道理，我觉得是"理性认识"与"感情深入"的分别。感性认识固然是初步印象，是大概的认识；理性认识是深入一步，了解到本质。……一般艺术家的偏于 intellectual［理智］，偏于 cold［冷静］，就因为他们停留在理性认识的阶段上。（一九五六年二月二十九日）

例25：艺术不但不能限于感性认识，还不能限于理性认识，必须要进行第三步的感情深入。换言之，艺术家最需要的，除了理智以外，还有一个"爱"字！所谓赤子之心，不但指纯洁无邪，指清新，而且还指爱！法文里有句话叫作"伟大的心"，意思就是"爱"。这"伟大的心"几个字，真有意义。而且这个爱绝不是庸俗的，婆婆妈妈的感情，而是热烈的、真诚的、洁白的、高尚的、如火如荼的、忘我的爱。（一九五六年二月二十九日）

例26：大多数从事艺术的人，缺少真诚。因为不够真诚，一切都在嘴里随便说说，当作唬人的幌子，装自己的门面，实际只是拾人牙慧，并非真有所感。所以他们对作家决不能深入体会，先是对自己就没有深入分析过。（一九五六年二月二十九日）

例27：有自信同时又能保持自我批评精神，的确如你所说，是一切艺术家必须具备的重要条件。你对批评界的总的看法，我完全同意；而且是古往今来真正的艺术家一致的意见。所谓"文章千古事，得失寸心知"，往往自己认为的缺陷，批评家并不能指出，他们指出的倒是反映批评家本人的理解不够或者纯属个人的好恶，或者是时下的风气和流俗的趣味。从巴尔扎克到罗曼·罗兰，都一再说过这一类的话。……这便是批评家之言不可尽信，亦不可忽视的辩证关系。（一九六〇年十二月二日）

例28：感情的美近于火焰的美、浪涛的美、疾风暴雨之美，或是风和日暖、鸟语花香的美；理性的美却近于钻石的闪光，星星的闪光，近于雕刻精工的美，完满无疵的美，也就是智慧之美！情感与理性平衡所以最美，因为是最上乘的人生哲学，生活艺术。（一九六一年八月一日）

这里所说的批判精神，包括对自我的深刻剖析，而更多的则是对音乐艺术的敢于质疑和独立判断，但是这些必须建立在感性、理性和爱的基础之上。显然，没有批判精神，便无法坚持真理。因为真理，必须经得起批判。

九、身心调适

例29：我祝贺你有跟自己斗争的勇气。一个又一个的筋斗栽过去，只要爬得起来，一定会逐渐攀上高峰，超脱在小我之上。辛酸的眼泪是培养你心灵的酒浆。不经历尖锐的痛苦的人，不会有深厚博大的同情心。所以孩子，我很高兴你这种蜕变的过程，但愿你将来比我对人生有更深切的了解，对人类有更热烈的爱，对艺术有更诚挚的信心！孩子，我相信你一定不会辜负我的期望。（一九五四年四月二十一日）

例30：一个人发泄是要求心理健康，不是使自己越来越苦闷。多听听贝多芬的第五，多念念克里斯朵夫里几段艰苦的事迹（第一册末了，第四册第九卷末了），可以增加你的勇气，使你更镇静。（一九五四年六月二十四日）

例31：人一辈子都在高潮—低潮中浮沉，唯有庸碌的人，生活才如死水一般；或者要有极高的修养，方能廓然无累，真正地解脱。只要高潮不过分使你紧张，低潮不过分使你颓废，就好了。太阳太强烈，会把五谷晒焦；雨水太猛，也会淹死庄稼。我们只求心理相当平衡，不至于受伤而已。你也不是栽了筋斗爬不起来的人。（一九五四年十月二日）

例32：多多休息，吃得好，睡得好，练琴时少发泄感情，（谁也不是铁打的！）生活有规律些，自然身体会强壮，精神会饱满，一切会乐观。……平衡身心，平衡理智与感情，节制肉欲，节制感情，节制思想，对像你这样的青年是有好处的。……唯有经过铁一般的理智控制的感情才是健康的，才能对艺术有真正的贡献。（一九五七年三月十八日）

例33：相反，我认为生活越紧张越需要这一类的调剂；多亲近大自然倒是维持身心平衡最好的办法。……我不断劝你去郊外散步，也是此意。幸而你东西奔走的路上还能常常接触高山峻岭，海洋流水，日出日落，月色星光，无形中更新你的感觉，解除你的疲劳。（一九六一年五月一日）

例34：孩子，千万记住这话：你干的这一行最伤人，做父母的时时刻刻挂念你的健康——不仅眼前的健康，而且是十年二十年后的健康！你在立身处世方面能够洁身自爱，我们完全放心；在节约精力，护养神经方面也要能自爱才好！（一九六五年六月十四日）

身体是革命的本钱，健康是奋斗的资本。真正的健康，既包括生理健康，还包括心理健康、道德健康、社会交往等方面的健康。健康的身心，是平衡出来的：动与静的平衡，实与虚的平衡，工作与休闲的平衡，付出与收获的平衡等。一个人的身心，不仅属于自我的，还属于家人、单位乃至国家的。因而，我们要善于平衡自我，调节身心。

十、做人做事

例35：你的将来，不光是一个演奏家，同时必须兼做教育家；所以你的思想，你的理智，更其需要训练，需要长时期的训练。我这个可怜的父亲，就在处处替你做这方面的准备，而且与其说是为你做准备，还不如说为中国音乐

界做准备更贴切。（一九五五年五月八日）

例36：对外国朋友固然要客气，也要阔气，但必须有分寸。像西卜太太之流，到处都有，你得提防。巴尔扎克小说中人物，不是虚造的。人的心理是：难得收到的礼，是看重的，常常得到的不但不看重，反而认为是应享的权利，临了非但不感激，倒容易生怨望，所以我特别要嘱咐你"有分寸"！（一九五五年五月十一日）

例37：你给我们谈技巧，就等于你自己作小结。千万别懒洋洋地拖延！我等着。同时不要一次写完，一次写必有遗漏，一定要分几次写才写得完全；写得完全是表示你考虑得完全，回忆得清楚，思考也细致深入。你务必听我的话，照此办法做。这也是一般工作方法的极重要的一个原则。（一九五五年十二月十一日）

例38：我过去常常嘱咐你说话小心，但没有强调关于国际的言论，这是我的疏忽。嘴巴切不可畅，尤其在国外！对宗教的事，跟谁都不要谈。我们在国内也从不与人讨论此事。在欧洲，尤其犯忌。你必须深深体会到这些，牢记在心！对无论哪个外国人，提到我们自己的国家，也须特别保留。（一九五六年五月三十一日）

例39：亲爱的孩子：你并非一个不知感恩的人，但你很少向人表达谢意。朋友对我们的帮助、照应与爱护，不必一定要报以物质，而往往只需写几封亲切的信，使他们快乐，觉得人生充满温暖。……人人都多少有些惰性，假如你的惰性与偏向不能受道德约束，又怎么能够实现我们教育你的信条："先为人，次为艺术家，再为音乐家，终为钢琴家"？（一九六〇年十二月三十一日）

例40：亲爱的孩子，斐济岛来信，信封上写明挂号，事实并没有挂号，想必交旅馆寄，他们马虎过去了。以后别忘了托人代送邮局的信，一定要追讨收条。（一九六二年一月二十一日）

"先为人，次为艺术家，再为音乐家，终为钢琴家"，这句话可以说既是傅雷对傅聪教育的出发点，也是一种教育目标。先成"人"，成为一个大写的人；再成"家"，成为一个行家，一个专家，一个大家。成"人"，是一切的基础。这其中既包括道德修养，也包括专业修养，还包括待人接物、言行举止、生活细节等。

十一、惜时理财

例41：对你，第一要紧是安排时间，多多腾出无谓的"消费时间"，我相信假如你在波兰能像在家一样，百事不打扰，每天都有七八小时在琴上，你的进步一定更快！（一九五五年五月十六日）

例42：当然，要做到"不分散精力"，"重点学习"，"多写信，多发表感想，多报告计划"，最基本的是要能抓紧时间。你该记得我的生活习惯吧？早上一起来，洗脸，吃点心，穿衣服，没一件事不是用最快的速度赶着做的；而平日工作的时间，尽量不接见客人，不出门；万一有了杂务打岔，就在晚上或星期日休息时间补足错失的工作。这些都值得你模仿。要不然，怎么能抓紧时间呢？怎么能不浪费光阴呢？（一九五五年十二月二十一日）

例43：不愿意把物质的事挂在嘴边是一件事，不糊里糊涂莫名其妙地丢失钱是另一件事！……当然，这些对你的艺术家气质不很调和，但也只是对像你这样的艺术家是如此；精明能干的艺术家也有的是，肖邦即是一个有名的例子：他从来不让出版商剥削，和他们谈判条件从不怕烦。

总而言之，理财有方法、有系统，并不与重视物质有必然的联系，而只是为了不吃物质的亏而采取的预防措施；正如日常生活有规律，并非求生活刻板枯燥，而是为了争取更多的时间，节省更多的精力来做些有用的事，读些有益的书，总之是为了更完美地享受人生。（一九六一年五月二十三日）

例44：过去我常问到你经济情况，怕你开支浩大，演出太多，有伤身体与精神的健康；主要是因为我深知一个艺术家在西方世界中保持独立多么不容易，而唯有经济有切实保障才能维持人格的独立。（一九六一年五月二十四日）

例45：孩子，光是瞧不起金钱不解决问题；相反，正因为瞧不起金钱而不加控制，不会处理，临了竟会吃金钱的亏，做物质的奴役。（一九六一年七月八日）

时间是组成生命的材料，这意味着"浪费时间，就是浪费生命"。善于学习的人，善于工作的人，尤其是那些学有所成、事业有成的人，都特别善于规划时间、利用时间，哪怕是边角料时间，往往也能充分发挥它的价值。

"君子爱财，取之有道"，但它只强调了"开源"，理财还应包括"节流"。在当下，学会理财也许更为重要，尤其要谨防套路贷款、网络诈骗。没有财务独立的人，往往便没有人格独立。依附于他人而生活，或者经济长期拮据，也许难以获取名副其实的尊严。

十二、傅聪访谈

2010 年 12 月，"搜狐演出"对已 76 岁高龄的傅聪进行访谈。现摘录两段，作为本文的结束。或者说，这也是《傅雷家书》的一个后记。

搜狐演出：您的父亲傅雷先生曾对您说：做人第一，其次才是做艺术家，再其次做音乐家，最后才是做钢琴家。您是否会常常想起这句话？

傅聪：我倒没有经常去想，我做人的态度，我对音乐的态度，一生的追求，不是写几个字贴在墙上来鞭策自己就可以了。这是自然而然的事情，我没想过这些。不过我相信，我的一辈子基本上没有违背这个原则。所谓艺术家、音乐家这些（头衔），说成好像是一个不平凡的人，但这都是夸夸其谈，我自己不会去这么说。但我知道，我跟别人不同的地方就在于"家庭"的影响。

搜狐演出：受您父亲的影响，您对中国古典文化也很有心得。

傅聪：中国古诗词里有一句诗我最有感受，"前不见古人，后不见来者，念天地之悠悠，独怆然而涕下"。那个境界写出了人和宇宙的美，好像罗素的英文，用最简洁的话写出永恒。这不光是人的感觉，我想这是万物的感受，是与自然相通的。所有艺术也是通道。我很幸运，我的爸爸对艺术也很精通，他收藏了很多画，我小时候每天路过看那些画，都会受到熏陶。

教育观念

父子友爱

言传身教

爱国情怀

文学素养

《傅雷家书》

艺术修为

坚持真理

批判精神

身心调适

做人做事

惜时理财

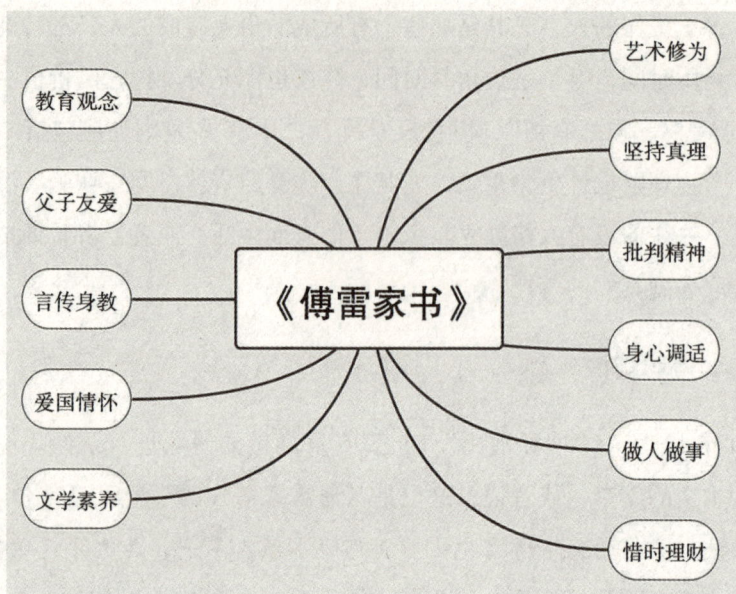

下一篇，我们一起欣赏一本哲学启蒙读物：《苏菲的世界》。

20 阅读《苏菲的世界》，走进哲学的世界
——初中名著阅读个性化攻略之二十：双轨式

初看《苏菲的世界》这个书名，读者也许会认为这是一本中国小说。苏菲，似乎是一个姓苏名菲的中国姑娘；"苏菲的世界"，应当是一本小说的名字吧。这么一想，这本书给人的第一印象，很亲切，也很好读。

的确，这是一本小说，但作者不是中国人，而是挪威的乔斯坦·贾德；同时，它不仅是一本小说，还是一本哲学启蒙读物。苏菲，在希腊文里，是智慧的意思。哲学家，就是爱智慧的人。

一看到哲学这样的词语，对于成人而言，或许有点"惊悚"；而对于初中读者来说，也许会觉得新奇。"新奇"是一种最好的阅读开始。

鉴于本书的上述特点，读者可采用一种"双轨式"的阅读方法。也就是说，一方面可以像读小说那样，享受曲折的故事情节，感受鲜明的人物形象；另一方面像读政治、历史那样，了解哲学大咖们的哲学思想，并以此指导我们的生活和学习。下面，笔者侧重于后者，略做梳理，以此与读者们开启一次哲学之旅。

一、哲学是什么？

"你是谁？"

"世界从何而来？"

这是苏菲收到的两封神秘的信。之后，一封《哲学是什么？》的信，让苏菲正式走进哲学世界。

哲学是什么，信里没有直接给出答案，而是说探讨哲学最好的方式就是问一些哲学性的问题，如：这世界是如何创造出来的？其背后是否有某种意志或

意义？人死后还有生命吗？我们如何能够解答这些问题呢？最重要的是，我们应该如何生活？

关于哲学是什么，胡适（1891—1962）先生曾有这样的概括：

凡研究人生切要的问题，从根本上着想，要寻一个根本的解决。这种学问，叫作哲学。因为人生切要的问题不止一个，所以哲学的门类也有许多种。例如：

（1）天地万物怎样而来的。（宇宙论）

（2）知识思想的范围、作用及方法。（名学及知识论）

（3）人生在世应该如何行为。（人生哲学，旧称"伦理学"）

（4）怎样才可使人有知识，能思想，行善去恶呢。（教育哲学）

（5）社会国家应该如何组织，如何管理。（政治哲学）

（6）人生究竟有何归宿。（宗教哲学）

——胡适《中国哲学史大纲》

哲学起于惊疑。两千多年前，一位古希腊哲学家认为，哲学之所以产生是因为人有好奇心。他相信，人对于活着这件事非常惊讶，因此自然而然就提出了一些哲学性问题。作者认为，成为一个优秀的哲学家，唯一条件是要有一颗好奇心。

婴儿有好奇心，这并不意外，不过当他们慢慢成长时，这种好奇心似乎也逐渐减少。因为，对于孩子们而言，世上的种种都是新鲜而令人惊奇的，而对于大多数成人来说，他们都把这世界当成一种理所当然的存在。但是，哲学家从来不会过分习惯这个世界。对于他或她而言，这个世界一直都有一些不合理，甚至有些复杂难解、神秘莫测。因此，你可以说，哲学家终其一生都像个孩子一般敏感。

所以，如果你始终怀有一颗好奇、充满求知欲的心，你也可以成为一位优秀的哲学家。

二、自然派哲学家

万事万物是否由一种基本的物质组成？

水能变成酒吗？

泥土与水何以能制造出一只活生生的青蛙？

苏菲觉得这些问题很蠢，但又让她整夜辗转反侧。在一封《哲学家的课题》的信里，苏菲了解到，最早的希腊哲学家被称为"自然派哲学家"，因为他们关切的问题是大自然和它的循环与变化。因为这些自然派哲学家，哲学逐渐脱离了宗教的范畴。

一位名叫泰利斯（约公元前624—前547）的哲学家认为，水是万物之源；第二位名叫安纳克西曼德（约公元前610—前546）的哲学家认为，我们的世界只是他所谓的"无量定者"中的无数个生生灭灭的世界之一；第三位名叫安那西梅尼斯（公元前570—前526）的哲学家认为，万物之源必定是"空气"或"气体"，他主张空气是泥土、水、火的源头。这三位哲学家都相信，宇宙间有一种基本物质是所有事物的源头。

但一位名叫帕梅尼德斯（约公元前540—前480）的哲学家认为，现有的万物是一直都存在的，世上根本没有真正的变化，没有任何事物可以变成另外一种事物。

在帕梅尼德斯的时代，另有一位名叫赫拉克里特斯（公元前540年—前480年）的哲学家认为，恒常变化（或流动）事实上正是大自然的最基本特征。他指出，时间的事物是相对的。他相信，在事物的秩序中好与坏、善与恶都是不可或缺的。

帕梅尼德斯和赫拉克里特斯两人的意见可以说是南辕北辙。而一位西西里的哲学家恩培窦可里斯综合了他俩的看法。恩培窦可里斯的结论是：我们不应该接受世间只有一种基本物质的观点，大自然不可能只由一种"元素"组成；整体来说，大自然是由四种元素所组成的，这便是土、气、火与水等四个"根"；大自然所有的变化都是因为这四种元素相互结合或分离的缘故，结合因为"爱"，分离因为"恨"，"爱"与"恨"是大自然的两种力量。

还有一位名叫安纳萨哥拉斯（公元前500—前428）的哲学家不相信土、气、火、水能够变成血液与骨头，他主张大自然由无数肉眼看不见的微小粒子组成，而所有事物都可以被分割成为更小的部分。他也认为"秩序"是一种力量，可以创造动物与人、花与树。他称这个力量为"心灵"或"睿智"。

至此，苏菲发现哲学这门课程更有趣了。虽说哲学不是一般人能够学到的，但也许我们可以学习如何以哲学的方式去思考。

积木为何是世界上最巧妙的玩具？

这天，信封里只有一个问题。这个问题，苏菲认为更蠢。第二天，苏菲收到了一封《原子理论》的信。信里讲到的是最后一位自然派哲学家：德谟克里特斯（公元前460—前370）。

德谟克里特斯同意前面几位哲学家的看法，认为自然界的转变不是因为任何事物真的有所"改变"。他相信每一种事物都是由微小的积木所组成，而每一块积木都是永恒不变的。他把这些最小的单位称为原子。他相信，大自然是由无数形状各异的原子组成的。不过，现代科学家已经发现原子可以分裂为更小的"基本粒子"，我们称之为质子、中子与电子。

德谟克里特斯并不相信有任何"力量"或"灵魂"介入大自然的变化过程。他认为世间存在的东西只有原子与虚无，人没有不朽的灵魂。由于只相信物质的东西，因此我们称他为唯物论者。

三、命运

你相信命运吗？

疾病是诸神对人类的惩罚吗？

是什么力量影响历史的走向？

这是苏菲在几天后又收到的一封信。苏菲可以确定，德谟克里特斯并不相信命运，因为他是个唯物论者，他只相信原子与虚无。苏菲给从未见面的人写了一封信，约他见面；见面没成，但她看到了一个往信箱里投信的男人的影子。

苏菲收到的这封信叫作《命运》。信里谈的是哲学家们如何思考疾病与健康以及政治问题。

（1）德尔菲的神论。在德尔菲神庙的入口处上方有一行著名的铭文："认识你自己！"意思是人类绝不可自认为不朽，同时也没有人可以逃避命运。

（2）历史与医学。古希腊人相信命运不仅操纵个人的生活，也左右世界的历史。他们相信战争的结局可能因诸神的介入而改变。一位名叫希波克拉底（公元前460—前370）的人，被后人称为希腊医学的始祖。希波克拉底派认为，要预防疾病，最重要的就是饮食起居要节制，同时要有健康的生活方式，以此拥有"健康的身体与健康的心灵"。

四、苏格拉底

星期六早上，苏菲从床底下拉出一条红色的丝巾。丝巾的线缝旁有墨水写的"席勒"字样，这让她目瞪口呆。早餐过后，她又到密洞里，发现一个白色小信封，信封上还有两三个很深的洞。她打开信封来看，这是一封署名为"艾伯特"的信，说从今以后，将不能亲自送信了，因为风险太大。信纸的背面写了几行字：

是否有人天生就很害羞呢？

最聪明的是明白自己无知的人。

真正的智慧来自内心。

明辨是非者必能进退合宜。

一只猎狗钻进了密洞，它口中衔着一个棕色的大信封。原来猎狗就是艾伯特的特使。这封《雅典的哲学》的信，谈的是三位伟大的古典派哲学家：苏格拉底、柏拉图与亚里士多德。

苏格拉底（公元前470—前399）也许是整个哲学史上最神秘难解的人物。他从未留下任何文字，但却是对欧洲思想影响最重大的人物之一。苏格拉底的高明之处在于他与人谈话时看起来并无意要指导别人，他所做的也只不过是提出问题而已。苏格拉底认为他的工作就是帮助人们"生出"正确的思想，因为真正的知识来自内心，而不是得自别人的传授；同时，唯有出自内心的知识，才能使人拥有真正的智慧。

苏格拉底比较关心个人与他在社会中的位置。他曾说："我只知道一件事，就是我一无所知。"他认为，人类必须为自己的知识奠定巩固的基础，他相信这个基础就是人的理性。显然，他是一个理性主义者。

那天傍晚，苏菲在密洞里发现了一个厚厚的包裹，里面是一卷录像带。苏菲跑回屋里，将带子放进录像机。电视荧屏上出现了一座面积辽阔的城市。当摄像机镜头带人到巴特农神殿时，苏菲知道这座城市一定是雅典。镜头里出现了一个中年男子，自我介绍说他就是艾伯特。艾伯特在镜头里讲起了雅典，讲起了苏格拉底，还讲到了柏拉图。

五、柏拉图

苏格拉底服毒而死时，柏拉图（公元前 427—前 347）才二十九岁。对柏拉图而言，苏格拉底之死证明了当今社会与理想社会之间的冲突。柏拉图成为哲学家后所做的第一件事就是将苏格拉底对陪审团的陈情内容出版成《自辩》一书。

柏拉图关心的是永恒不变的事物与"流动"事物之间的关系。他既关心自然界中永恒不变的事物，也关心与人类道德及社会有关的永恒不变的事物。他试图掌握有关个人永恒不变的"真理"：永远"真"，永远"善"，永远"美"。

柏拉图认为，自然界中有形的东西是"流动"的，但是构成这些有形物质的"形式"或"理念"却是永恒不变的；永恒不变的东西并非一种"基本物质"，而是形成各种事物模样的精神模式或抽象模式。

柏拉图得出一个结论：在物质世界的背后，必定有一个实在存在，他称这个实在为"理性的世界"，其中包含存在于自然界各种现象背后、永恒不变的模式。这种独树一帜的观点，我们称之为"柏拉图理性论"。

柏拉图认为，我们对于那些不断改变的事物不可能会有真正的认识，我们能够真正认识的，只有那些我们可以运用理智来了解的事物。他认为，数学是非常吸引人的学科，因为数学的状态永远不会改变，因此也是人可以真正了解的状态。

根据柏拉图的说法，人是一种具有双重性的生物。我们的身体是"流动"的，但我们同时也有一个不朽的灵魂，而这个灵魂则是理性的天下。由于灵魂不是物质，因此可以探索理性的世界。

柏拉图用一个"洞穴神话"来说明哲学家是如何从影子般的影像出发，追寻自然界所有现象背后的真实概念。他想说的是：黑暗洞穴与外在世界的关系，就像是自然界的形式与理性世界的关系。

洞穴神话记载于柏拉图的《理想国》中。所谓的"理想国"就是一个虚构的理想的国度，也就是我们所称的"乌托邦"。他认为，这个国度应该由哲学家来治理。

为了尽可能压缩篇幅，本文将在后面直接概述哲学家们的哲学观点。这也是为读者减轻阅读负担，让读者可以把更多的时间放在阅读原著上。

六、亚里士多德

亚里士多德（公元前384—前322）在柏拉图的学院里进修了二十年。柏拉图运用他的理性，而亚里士多德则同时也运用了他的感官。如果说，柏拉图是一位诗人与神话学家，亚里士多德的文章则朴实精确，一如百科全书。同时，他还是一位伟大的组织家，发明了各种科学并且加以分类。

在柏拉图的理论中，现实世界中最高层次的事物乃是那些我们用理性来思索的事物；但对于亚里士多德而言，真实世界中最高层次的事物乃是那些我们用感官察觉的事物。亚里士多德认为，人类灵魂中存在的事物纯粹只是自然事物的影子，因为自然就是真实的世界。但他并不否认理性，他认为具有理性正是人最大的特征。

在批评柏拉图的理性社会后，亚里士多德认为实在界乃是由各种本身的形式与质料和谐一致的事物所组成的。"质料"是事物组成的材料，"形式"则是每一件事物的个别特性。

亚里士多德相信，自然界的每一件事物都有其目的。这就是他所谓的"目的因"。

亚里士多德强调了"形式"与"质料"的差别。他想把大自然"房间"内的东西都彻底地分门别类。他又是一位严谨的逻辑学家，是他创立了逻辑这门学科。他把自然界的万事万物分成两大类，一类是石头、水滴或土壤等无生物，一类则是生物。同时，他又把生物分成两类，一类是植物，一类是动物。

而这些"动物"又可以分成两类，也就是禽兽与人类。

亚里士多德认为，快乐有三种形式：一种是过着享乐的生活，一种是做一个自由而负责的公民，另一种则是做一个思想者与哲学家。

亚里士多德提倡所谓的"黄金中庸"，比如，人不能懦弱，也不能太鲁莽，而要勇敢。这有点类似于中国的"中庸之道"。

七、希腊文化

希腊哲学致力于解决苏格拉底、柏拉图与亚里士多德等人提出的问题，他们都同样急欲找寻人类最佳的生死之谜，他们关心人的伦理与道德，最关心的是何谓真正的幸福以及如何获取这种幸福。下面，我将认识其中的四个学派。

（1）犬儒学派。犬儒学派认为，真正的幸福不是建立在外在环境的优势——如丰裕的物质、强大的政治力量与健壮的身体——之上。因此，每一个人都可以获得幸福。

（2）斯多葛学派。他们相信每一个人都是宇宙常识的一小部分，每一个人都像是一个小宇宙。他们极富时代精神，思想非常开放。所谓的"人本主义"就是由他们中的一位名叫西塞罗（公元前106—前43）的人创立的。他们的口号是："对人类而言，人是神圣的。"

（3）伊壁鸠鲁学派。该学派强调，在我们考量一个行动是否有乐趣时，必须同时斟酌它可能带来的副作用。他们认为，所谓的"乐趣"并不一定指感官上的快乐，比如吃巧克力等，交朋友与欣赏艺术等也是一种乐趣。此外，必须坚持自我规范、节制与平和等原则。

（4）新柏拉图派哲学。他们最重要的人物是普罗汀（204—270）。他认为世界横跨两极，一端是他称为"上帝"的神圣之光，另一端则是完全的黑暗。他的观点是，这个黑暗世界其实并不存在，只是缺乏亮光照射而已。该学派崇尚的是一种"神秘主义"。他们认为，我们通常所称的"我"事实上并不是真正的"我"。他们宣称"我就是上帝""我就是天地之心"。

八、印欧文化与闪族文化

所谓印欧文化指的是使用印欧语言的民族与文化，包括所有的欧洲国家。

印度和伊朗地区的大多数语言也属于印欧语系。

印欧文化相信宇宙间有许多天神（此即所谓的"多神论"）。他们都将世界看成善与恶无休止相互对抗的场所，认为历史是循环的，因此印欧民族才会经常试图"预测"世界未来的前途。印欧文化的另一个特色是经常制作描绘诸神以及神话事件的图画和雕刻。

闪族文化。闪族人源自阿拉伯半岛，两千多年来，这些犹太人一直过着离乡背井的生活。通过基督与回教，闪族文化（历史与宗教）的影响遍及各地。闪族一开始就相信宇宙间只有一个上帝，这就是所谓的"一神论"。闪族文化另外一个特色是相信历史是一条不断延伸的线，上帝会干预历史发展的方向。闪族人数千年来一直非常注重历史的记录，这些历史文献后来成为《圣经》的核心。对于闪族人而言，生命的目的不在脱离轮回，而在于从罪恶与谴责中得救。

耶稣（约公元前4—约30）。在那两百年间，不断有先知预言，上帝应许派来的"救世主"将会拯救全世界。耶稣不同于其他"救世主"，他宣称每一个人都可以得到上帝的拯救与赦免。耶稣说，"天国"就是爱你的邻居、同情病弱穷困者，并宽恕犯错之人。

九、中世纪与文艺复兴

中世纪，指的是介于两个时代之间的一个时期。这个名词是在文艺复兴时期出现的。这个时期又被称作"黑暗时代"，因为它是古代与文艺复兴之间笼罩欧洲的漫长的"一千年的夜晚"。中世纪最著名的有两大哲学家。一个是圣奥古斯丁（354—430），他的基督教理念大部分是受到柏拉图派哲学观的影响，但他指出，在宗教问题上理性能做的事有限；他认为，善的意念是上帝的事功，恶的意念是远离上帝的事功。另一个是圣多玛斯（1225—1274），他是那些试图使亚里士多德的哲学与基督教教义相容并存的人之一，我们可以说他把信仰与知识巧妙地融合在一起；他认为万物的存在分成若干渐进的层次，从低到高，依次是植物、动物、人类、天使，最上面的是上帝。

所谓的文艺复兴运动，是指14世纪末期起文化蓬勃发展的现象，它最先开始于意大利北部，并在 15 世纪期间迅速向北蔓延。文艺复兴，是古代艺术与文化的重生，也可以说是"人道主义的复兴"。罗盘、火器与印刷术这三大发明，乃是文艺复兴时期所以形成的重要因素。文艺复兴最重要的影响，是改变了大家对人类的看法，人文主义精神使得大家对人本身和人的价值重新产生了信心。哥白尼、伽利略、牛顿等人对近代欧洲的科学革命都卓有贡献，同时也让人们懂得宇宙根本没有绝对的中心，因此，每一个人都是中心。

十、巴洛克时期

"巴洛克"这个名词原来的意思是"形状不规则的珍珠"。这是巴洛克艺术的典型特征。"把握今天""不要忘记你将会死亡"是当时的两句口头禅。莎士比亚（1564—1616）可以说是横跨了文艺复兴和巴洛克时期。巴洛克时期，人们除了将生命比作舞台（"人生如戏"）之外，也将生命比喻为梦境。"理想主义"和"唯物主义"构成了当时两种完全相反的哲学思想模式。

十一、笛卡尔

笛卡尔（1596—1650）被称之为哲学之父。经广泛研究后，他得出了一个结论：中世纪以来的各家哲学并不一定可靠。于是，他开始创立自己的哲学。他最感兴趣的题目，是我们所拥有的确实知识以及肉体与灵魂之间的关系。他希望用"数学方法"来进行哲学性的思考，也就是用理性来解决哲学问题。他的第一步是主张在一开始时，我们就对每一件事都要加以怀疑。"我思故我在"便是笛卡尔的一句名言。他发现了三件事：一、人是会思考的生物；二、上帝是存在的；三、宇宙有一个外在的真实世界。他是一个二元论者，意思是他将思想的真实世界与扩延的真实世界区分得一清二楚。他相信"灵魂"与"物质"就在松果腺内时时相互作用。对笛卡尔来说，理性事实上就是灵魂。

十二、斯宾诺莎

斯宾诺莎（1632—1677）因为宗教信仰的原因，最后决定过清静隐遁的生活，全心研修哲学，并靠为人磨镜片糊口。他的主要哲学理念之一，就是用永恒的观点来看事情。他认为，大自然就是上帝；上帝不是一切，一切都在上帝之上。他最重要的著作是《几何伦理学》，以几何的方式来证明伦理学。他希望用他的伦理学来显示人类的生命乃是遵守大自然普遍的法则。他是一元论者，也就是说，他将大自然与万物的情况简化为一个单一的实体。他认为，上帝（或自然法则）是每一件事的"内在因"，上帝是通过自然法则发言，而且只通过这种方式发言。他指出，使我们无法获得真正的幸福与和谐的是我们内心的各种冲动，例如我们的野心和欲望。

十三、洛克

约翰·洛克（1632—1704），英国著名哲学家、思想家、经验主义的开创人。经验主义者就是那些从感官的经验获取一切关于世界的知识的人。这正如亚里士多德所说的那样："我们的心灵中所有的事物都是先通过感官而来的。"洛克相信人类凭理性就可以自然而然知道上帝的存在。他公开提倡知识自由与宽容的精神，并很关心两性平等的问题，是近代哲学家中最先关心性别的人之一。他也是首先倡导"政权分立"原则的人，主张为了确保国家的法治，必须由人民的代表制定法律，而由国王或政府执行法律。

十四、休谟

休谟（1711—1776），是三位英国经验主义哲学家中的第二位，也是最重要的一位，是启发大哲学家康德、使康德开始走上哲学研究道路的引路人。休谟建议，人应回到对世界有自发性感觉的状态。他说，没有一个哲学家能够带我们体验日常生活，事实上，哲学家们提示的那些行为准则都是我们对日常生活加以省思后便可以领悟出来的。他希望人们回到孩提时代对世界的印象。休谟认为，人类没有必要去证明灵魂不朽或上帝确实存在，因为他认为要用人类的理性来证明宗教信仰是不可能的。他是一位"不可知论者"，也就是一个怀疑上帝是否存在的人。他不相信奇迹，因为他从未体验过任何奇迹，在他看来，奇迹是违反自然法则的。休谟强调，一件事发生后另外一件事情也会发生的想法，只是我们心中的一种期待，也就是"习惯性期待"，但这并不是事物的本质，还是让我们回到小孩子的心态吧。哲学的目的之一，就是教人们不要妄下结论，因为妄下定论可能会导致许多迷信。

十五、柏克莱

柏克莱（1685—1753）是英国哲学家，爱尔兰一位天主教的主教。他相信人有"灵"，万物都是因为这个灵而存在。他认为我们所有的观念都有一个我们意识不到的成因，但这个成因不是物质的，而是精神的。他提出了"时间"和"空间"是否绝对存在或独立存在的问题，他认为，我们对时间与空间的认知可能只是由我们的心灵所虚构的产物而已。

十六、好像噩梦一样

这里暂且宕开一笔，说一个令人费解的情况。在《柏克莱》这一篇里，在十五岁生日前夕，苏菲突然领悟到生命只不过是一场梦境而已。她啪嗒啪嗒地跑过泥泞的运动场。几分钟后，她看见妈妈跑向自己。此时闪电正发怒般一再劈过天际。妈妈伸开手臂搂着苏菲，苏菲啜泣着："好像噩梦一样。"

而到了下一篇《柏客来》，席德醒来了。这一天，正是她十五岁生日。也是从这一篇开始，苏菲由此前的"现实人"，变成了一个"信中人"，席德父亲给她写的信中人；而席德也由此从一个"幕后人"，变成了一个"台前人"。

这样，后面关于哲学的内容，则完全是通过一本讲义夹来传递给读者的。这是作者的一个什么表现手法呢？作者这样安排的用意何在呢？

十七、启蒙运动

作者认为，法国启蒙运动有七个重点。

（1）反对权威：每个人都必须自行找寻问题的答案；（2）理性主义：坚信人的理性；（3）启蒙运动："启"发群众的"蒙"昧，创立了教育学，出版了百科全书；（4）文化上的乐观态度：一旦人的理性发达、知识普及智慧，人性会有很大的进步，所有非理性的行为与无知的做法迟早都会被"文明"

的人性取代；（5）回归自然：人的理性乃是自然的赐予，而不是宗教或"文明"的产物；（6）自然宗教：宗教也必须与"自然"的理性和谐共存；（7）人权：1789 年，法国国民议会通过《人权和公民权利宣言》，确立了"个人权利不可侵犯"的原则，追求"自由、平等、博爱"，主张妇女也和男人一样有"自然权利"。

十八、康德

康德（1724—1804）是一位哲学教授。他认为，我们对于这个世界的观念是我们同时通过感官与理性而得到的；时间与空间属于人类的条件，时、空乃是人类感知的方式，并非物质世界的属性。康德宣称，不仅心灵会顺应事物的形状，事物也会顺应心灵。他认为，"事物本身"和"我眼中的事物"是不一样的，我们永远无法确知事物"本来"的面貌。理性的特性之一就是会寻求事件的原因。康德指出，人永远会有两种完全相反但可能性相当的看法，这完全要看我们的理性怎么说。他说，为了道德的缘故，我们有必要假定上帝存在。

康德一向觉得是与非、对与错之间确实是有分别的；每一个人都有"实践理性"，也就是说每个人都有辨别是非的智慧。康德的伦理观被称为"义务伦理观"，他认为只有那些你纯粹是基于责任所做的事才算是道德行为；还被称作"善意的伦理学"，也就是你的行为是否合乎德正取决于你是否出自善意而为之，并不取决于你的行为后果。

康德的墓碑上刻着一句他常被人引用的名言："有两件事物，我愈是思考愈觉神奇，心中也愈充满敬畏，那就是我头顶上的星空与我内心的道德准则。"

康德可以说是"联合国"概念之父。他曾倡议成立"国际联盟"，主张人的"实践理性"要求各国脱离制造战争的野蛮状态，并制定契约以维护和平。

十九、浪漫主义

浪漫主义，可以说是继文艺复兴运动、巴洛克时期与启蒙运动之后的，欧洲最后一个伟大的文化纪元。它从 18 世纪开始，一直持续到 19 世纪中期，当时的新口号是"感情""想象""经验"和"渴望"。这个时期，人们开始批评过于偏重理性的做法。在这种情况下，个人可以完全随心所欲地以自己的方式来诠释生命。浪漫主义者便利用这点发展出几乎毫无限制的"自我崇拜"，并且因此而歌颂艺术方面的天才。贝多芬、拜伦、雪莱、歌德便是那个时期的代表人物。

浪漫主义时期最主要的哲学家是谢林（1775 年—1854 年），主张将心灵与物质合二为一。他认为，大自然的全部——包括人的灵魂与物质世界——都是一个"绝对存在"（或世界精神）的表现。他说，自然是肉眼可见的精神，精神则是肉眼看不见的自然，自然与精神事实上都是同一事物的显现。因此，我们无论在大自然中或自我的心灵中都可发现世界精神。浪漫时期的哲学家将"世界灵魂"看成是一个"自我"，而这个自我在梦般的情况下创造了世间的一切。

二十、黑格尔

黑格尔（1770—1831）乃是浪漫主义的传人，我们可以说他是随着德国精神的发展而成长的。黑格尔几乎统一了所有曾在浪漫主义时期出现的理念，并且加以发展。黑格尔所指的"世界精神"或"世界理性"乃是人类理念的总和，也就是人类的生命、思想与文化。

通常所说的"黑格尔哲学"，主要是指一种理解历史进展的方法。黑格尔的哲学所教导我们的只有生命的内在本质，不过也可以教我们如何从思考中获取结论。他相信，人类认知的基础代代不同，因此世间并没有"永恒的真理"，没有"永恒的理性"。哲学唯一可以确切掌握的一个定点就是历史。对黑格尔来说，历史就像一条流动的河，思想（或理性）的历史就像这条河流。历史就是"世界精神"逐渐实现自己的故事，历史就是一长串的思维。

黑格尔所称的"否定的否定"，是"正""反""合"三个知识阶段。黑格尔的辩证法不仅适合于历史。这种"否定的思考"，让我们在一个道理中找到缺点时，也会把其优点保存下来。

黑格尔认为，个人是团体的一个有机的部分，理性（或世界精神）必须通过人与人之间的互动才会彰显。那些无法在国家中找到定位的人，就是没有历史的人。没有人民，固然就没有国家，但如果没有国家，也就没有人民。他认为，个人不能发展自我，只有世界精神能够发展自我。因此，哲学是世界精神的镜子。

然而，丹麦的一位名叫祁克果的哲学家，认为浪漫主义者的理想主义与黑格尔的"历史观"都抹杀了个人对自己的生命所应负的责任。他认为，与其找寻那唯一的真理，不如去找寻那些对个人生命具有意义的真理；世间唯一重要的事只有每一个人"自己的存在"。他认为生命有三种不同的形式阶段，即"美感阶段""道德阶段"和"宗教阶段"。

二十一、马克思

马克思（1818—1883）不只是一个哲学家，同时他也是一个历史学家、社会学家和经济学家。他曾说，直到现在为止，哲学家只诠释了世界，可是重点在于他们应该怎样去改变这个世界。

马克思强调，促成改变并因此把历史向前推进的，其实是一个社会的经济力量。他把这些物质、经济和社会方面的条件称为社会的基础，并将社会思想、政治制度、法律规章、宗教、道德、艺术、哲学和科学等称为社会的上层构造。他指出，社会的基础与它的上层结构之间有一种互动的关系。或者说，经济基础决定上层建筑。

同样的，他把社会的基础分成三个阶段：生产条件，生产工具，生产关系。他认为，一个社会的政治情况与意识形态是由它的生产模式决定的。现代人的思想、道德尺度和古代封建社会之所以有很大的差距并不是偶然的，历史所牵涉的主要就是一个谁拥有生产工具的问题。

马克思认为，在历史的各个阶段，社会的两个主要阶级彼此之间都会有冲突存在。唯有通过革命才能改变社会现况。他认为，资本主义是"前进的"，因为它是迈向共产主义的一个阶段。他说，资本主义私有财产制的丧钟已经响了，社会正很快地步向革命。到最后，无产阶级起来接收生产工具。这也就是无产阶级专政。到了共产主义社会，"各尽其才，各取所需"会成为国家的政策。

马克思主义造成了社会上很大的变动。社会主义已经大致上改善了社会上不人道的现象。无论如何，我们所生活的社会已经要比马克思的时代更公平、更团结。这一部分要归功于马克思和整个社会运动。

二十二、达尔文

恩格斯（德国，1820—1895）曾说，达尔文创立了有机物进化论，而马克思则创立了人类历史进化的理论。

达尔文（英国，1809—1882）在《物种起源论》一书中提出两个理论。首先，他认为既存的所有动物样式都是依照生物进化的法则，从较早时期、较原始的形式演变而来；其次，他认为生物进化乃是自然淘汰的结果，这便是"物竞天择，适者生存"。这在当时，不仅推翻了上帝造人的理论，同时也使得人变成了生存竞争这种冷酷事实下的产物。

关于生命的起源，达尔文认为，所有生命都赖以组成的复合分子要能够形成，至少要有两个条件：一、大气层里不能有氧气；二、要受到宇宙辐射线的照射。生命最初开始于"原始海"，也就是我们所说的"原始汤"。达尔文的理论正好让我们体认到我们是大千世界的一部分，在这个世界里，每一个细微的生物都有它存在的价值。

二十三、弗洛伊德

弗洛伊德（奥地利，1856—1939）可以说是一个文化哲学家，他发展了所谓的"深度心理学"，或称"精神分析"。精神分析是描述一般人的内心，并治疗神经和心理失调现象的一门学问。

弗洛伊德主张人和他的环境之间不断有一种紧张的关系存在。我们可以说是弗洛伊德发现了人的驱策力。他认为，我们的行动并不一定是根据理性的，非理性的冲动经常左右我们的思想、梦境和行动。这种不理性的冲动可能是反映我们的基本要求，例如人的性冲动就像婴儿吸奶的本能一样，是一种基本的驱策力。

弗洛伊德称这种"快乐原则"为"本我"；但逐渐地我们学会了如何调整自己的需求以适应环境，这种调节功能便是"自我"；当这世界的道德规范进入我们的内心，成为我们的一部分，这部分便是"超我"。

此外，弗洛伊德还有"潜意识"和"灵感"等方面的论断。

二十四、存在哲学

存在哲学，是 20 世纪几股以人存在的情况为出发点的哲学潮流。存在主义哲学家是以祁克果乃至黑格尔等人的学说为基础的。

尼采（德国，1844—1900）认为我们应该重视生命本身，而不必对历史和他所谓的基督教的"奴隶式道德"过于注意。他说，要忠于这个世界，不要听信那些让你有超自然期望的人。

萨特（法国，1905—1980）是存在主义者的领袖。他说，存在主义就是人文主义，但存在不等于活着。植物和动物也活着，但它们并不需要思考存在的意义。人是唯一意识到自己存在的生物。他认为，生命存在应该有意义，这是一个命令。存在的意义就是要创造自己的生命。

这趟哲学之旅到这里已经基本结束，然而"苏菲的世界"还在延续。通过上面的梳理，我们对于古希腊以来的哲学思潮以及著名的哲学家有了个大体了解。然而，这并非我们的根本目的。

我们最需要的，是学会像哲学家一样去思考：思考作为一个人如何活得更有意义，思考如何让自己对自然、对生活更充满好奇心，思考如何去怀疑、辨别、批判、重构，思考如何让自己更加理性、有更多的真善美，思考如何让自己更加快乐、更加幸福……

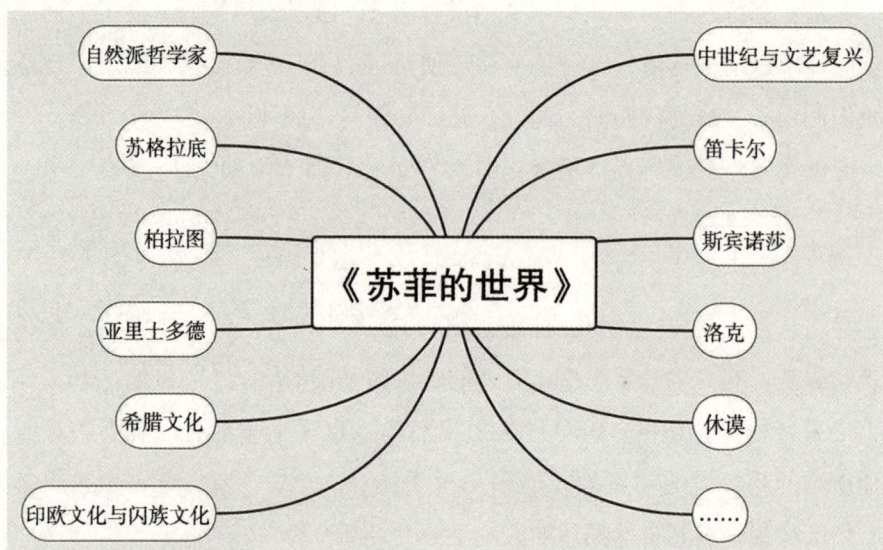

下一篇，我们将走进另一种哲学——生活哲学。也即是朱光潜的《给青年的十二封信》。

21 | 用心品味 《给青年的十二封信》
——初中名著阅读个性化攻略之二十一：用心式

《给青年的十二封信》一书，大体来说是比较好读的：它毕竟也就十二封信嘛，每封信也就两三千字；所写的内容，都是关切青年人面临的一些实际问题。若说是难读，那是因为作者写信时，毕竟与今天有一些时间和空间上的距离，当然还包括我们作为读者自身的知识体系所造成的阅读困难。

这十二封信，系作者朱光潜在旅欧期间从海外寄到《一般》（后改名为《中学生》）杂志社登载过的信，发表时间从 1926 年 11 月到 1928 年 3 月。发表时，总题为《给一个中学生的信》，署名为"你的朋友　孟实"。"孟实"，乃是作者的"字"。

一、其实是谈心

作者后来在《朱光潜谈修养》一书的《自序》中，对这十二封信进行了回忆："那时候我还在欧洲读书，自己还是一个青年，就个人在做人读书各方面所得的感触，写成书信寄回国内青年朋友们，与其说存心教训，毋宁说是谈心。"作者生于 1897 年，也就是说，作者写这组信时，年龄在三十岁前后；这组信，其实就是青年人与青年人之间的交流。

作者还说："我仿佛向一个伙伴说：'关于这一点，我是这样想的，你呢?'我希望看他点一个头，或是指出另一个看法。"作者希望读者能认同他的看法，也希望读者能针对同一问题提出不同的观点，或采取不同的处理方式。

在《给青年的十二封信》的《代跋"再说一句话"》中，作者说："我的心寄托在什么地方，让我脑也就寄托在那里。""我写这几篇小文字时，用心理学家所谓内省方法，考究思想到底是用心还是用脑，发现思想这件东西与其说是由脑里来的，还不如说是由心里来的，较为精当（至少在我是如此）。""我的理都是由我的情产生出来的，我的思想是从心出发而后再经过脑加以整理的。"作者的意思是，写这《给青年的十二封信》时，是非常"用心"的。

"用心"的作品，我们当然需要"用心"来梳理，"用心"来品味，"用心"来内省，"用心"来积累。否则，我们便愧对作者的那份"用心"的心意，也空耗自己的宝贵青春和大好时光了。

二、《谈读书》为例

开篇的《谈读书》，我们可以这样梳理：

1. 你能否在课外读书，不是你有没有时间的问题，而是你有没有决心的问题。比如美国的文学家、科学家和革命家富兰克林，他的书都是在做工时抽暇读的；国父孙中山先生，他无论忙到什么地步，没有一天不偷暇读几页书。

2. 为什么要读书？因为人类学问逐天进步不止，你不努力跟着跑，便落伍退后；尤其要紧的是养成读书的习惯，是在学问中寻出一种兴趣。你如果在读书中寻出一种趣味，你将来抵抗引诱的能力比别人定要大些。兴味要在青年时设法培养，过了正常时节，便会萎谢。比如达尔文在自传里说，壮时因为研究生物学，把幼时的文学和音乐兴趣都丢开了，到老年再寻不出诗歌的趣味了。

3. 在学校里终日念讲义看课本是读书吗？讲义课本着意在平均发展基本知识，不可不读；但培养读书兴趣，应该从读课外书开始。

4. 课外读什么书呢？别的事都可以学时髦，唯有读书做学问不能学时髦。不值得读第二遍的书，不必去读。一个图书馆里，真正能够称为"书"的恐怕难上十卷百卷。在这些书中间，你不但可以得较真确的知识，而且可以于无形中吸收大学者治学的精神和方法。这些书才能撼动你的心灵，激动你的思考。比如《国风》《古诗十九首》《理想国》。

5. 中学生究竟应该读些什么书呢？几个英国公共图书馆里，青年读物最流行的书可以分为四类：冒险小说和游记；神话和寓言；生物故事；名人传记和爱国小说。初中生宜多读想象的文字，高中生才应该读含有学理的文字。但是，读书好比探险，也不能全靠别人指导，你自己也必须费些功夫去搜求。别人只能介绍，抉择还要靠你自己。

6. 关于读书方法。第一，凡值得读的书至少须读两遍。第一遍须快读，第二遍须慢读。第二，读过一本书，须记下纲要和精彩的地方以及你自己的意见。

通过上面的梳理，关于作者读书的一些意见，我们便清晰许多了。一边梳理，一边品味，一边内省，一边积累。比如，一些读者说起不读书的最大理由便是没时间，果真如此吗？我们的许多时间都用在闲聊里，用在发呆里，用在玩手机里，用在打游戏里。显然，说是没时间读书，那些理由是站不住脚的。当然，当下的中学生课业负担比较沉重，这需要我们学校、家庭一起"综合治理"，也需要我们提高学习效率，挤出边角料时间来多读一些课外书。

作者认为，阅读一些经典好书，可以"于无形中吸收大学者治学的精神和方法"。这一点，我非常认同，我们阅读的目的，不仅仅在于扩大阅读面和增长知识，更在于"阅读面"和"知识"背后的东西——精神和方法。比如这封信里提到的《史记》，《太史公自序》里说它"究天人之际，通古今之变，成一家之言"，这一点也不夸张。鲁迅先生将其誉为"史家之绝唱，无韵之《离骚》"。

然而，我们还应从"背后"了解其精神层面的内容。公元前99年，司马迁为投降匈奴的李陵说了句公道话，结果得罪了汉武帝，获罪被捕，被判最残酷最羞辱的宫刑。公元前96年（太始元年）司马迁获赦出狱，做了中书令，他发愤著书，全力写作《史记》，大约在他55岁那年终于完成了全书的撰写和修改工作。司马迁的治学方法是"究天人之际，通古今之变""不拘于史法，不囿于字句，发于情，肆于心而为文"，治学精神是忍辱负重、矢志不渝。可以说，从精神和方法层面所获取的养料，对于我们治学、成长而言，价值同样巨大、可贵。

再比如，中学生究竟应该读些什么书呢？作者亲自到几个公共图书馆里去调研。这种实地调研精神，值得我们学习。作者说，"读书好比探险，也不能全靠别人指导，你自己也必须费些功夫去搜求"。这种看法，我是完全认同的，我们不能被别人牵着鼻子走，选书要从自己的兴趣出发。作者认为，凡是值得读的书，都要读两遍，我赞同，甚至还要读三遍、五遍；然而作者说，第一遍须快读，第二遍须慢读，这一点与我的阅读习惯恰恰相反，我喜欢第一遍细读，第二遍梳理，第三遍聚焦。我的意思是说，阅读方法需因人而异、因书而异。

阅读的过程中，我们还应当不断地"内省"，比如，我们浪费了多少可以阅读的边角料时间，阅读中是否注重养成良好的习惯，读了几本真正的好书，在欣赏情节的同时是否注重吸收作者的治学精神和方法，阅读方法是否可以进一步优化，等等。

阅读的同时，我们还应当注重积累，比如文中出现的一些所谓"金句""雅词"，一些名人事例（比如富兰克林、孙中山、达尔文等）。

上述过程，虽然会比较耗时一些，但是真正的"用心"阅读就应该如此。如能把阅读的数量和阅读的质量同时提升，我们的课外阅读也许真的能够"足以怡情，足以傅彩，足以长才"了。

三、其他信的内容提要

上面，我们以《谈读书》为例，对"用心式"阅读进行了具体说明。下面，我们将对其他 11 封信的主要内容进行简要提炼，以便读者能更好地阅读。

《谈动》。人生来好动，好发展，好创造。能动，能发展，能创造，便是顺从自然，便能享受快乐；不动，并不发展，不创造，便是摧残生机，便不免感觉烦恼。愁生于郁，解愁的方法在泄；郁生于静止，求泄的方法在动。从动的中间我们可以寻出无限快感。

《谈静》。世界上最快活的人不仅是最活动的人，也是最能领略的人。所谓领略，就是能在生活中寻出趣味。领略趣味的能力固然一半由于天资，一半也由于修养。"万物静观皆自得，四时佳兴与人同。"静的修养不仅是可以使你领略趣味，对于求学处事都有极大帮助。

《谈中学生与社会运动》。蔡孑民（蔡元培）先生说："读书不忘救国，救国不忘读书。"这两句话是青年人最稳妥的座右铭。正所谓，救国读书都不可偏废。所谓救国，并非空口谈革命所可了事。我们应当排起队伍，"向民间去"。要到民间去，就先要把学生架子丢开。在你谈爱国谈革命以前，你总应该默诵几声"君子求诸己！"也就是，遇到问题先从自身找原因。

《谈十字街头》。世传苏格拉底把哲学从天上搬到地下，这是"走向十字街头"的一种意义；爱迪生等人把学术思想流布人间，这是"走向十字街头"的另一种意义。同时，十字街头握有最大权威的是习俗：一为传说，一为时尚。传说尊旧，时尚趋新。站在十字街头的人们——尤其是你我青年——要时时戒备十字街头的危险。强者皇然叫嚣，弱者随声附和，旧者盲从传说，新者盲从时尚，相习成风，每况愈下。让我们相信世界达真理之路只有自由思想，让我们时时记着十字街头肤浅虚伪的传说和时尚都是真理路上的障碍，让我们本着少年的勇气把一切市场偶像打得粉碎。我们要能于叫嚣扰攘中：以冷静态度，灼见世弊；以深沉思考，规划方略；以坚强意志，征服障碍。总而言之，我们要自由伸张自我，不要汩没在十字街头的影响里去。

《谈多元宇宙》。人生是多方面的，每方面如果发展到极点，都自有其特殊宇宙和特殊价值标准。比如"道德的宇宙"，其价值标准是善恶；"科学的宇宙"，其价值标准是真伪；"美术的宇宙"，其价值标准是美丑；"恋爱的宇宙"，其标准是是否真纯。当"恋爱的宇宙"和"道德的宇宙"互相冲突而不能两全时，该牺牲哪个呢？这不能笼统论之，只能说，在"道德的宇宙"中道德至上，在"恋爱的宇宙"中恋爱至上。"恋爱的宇宙"中，往往也可以表现出最伟大的人格。恋爱不等于纵欲，我愿青年应该懂得恋爱神圣，我却不愿青年在血气未定的时候，去盲目地假恋爱之名寻求泄欲。

《谈升学与选课》。升学问题分析起来便成为两个问题，第一是选校问题，第二是选科问题。把选校问题放在第一，因为青年们对于选校是最容易走入迷途的。我们求学最难得的是诚恳的良师与和爱的益友，所以选校以有无诚恳和爱的空气为准。做学问全赖自己，做事业也全赖自己，与资格都无关系。你选课时，旁的问题都可以丢开，只要问："这门功课合我的胃口吗？"其实，做学问，做事业，在人生中都只能算是第二桩事，人生第一桩事是生活。我所谓

"生活"是"享受",是"领略",是"培养生机"。"博学守约"是至理名言,但中国一般学者的通病就在不重根基而侈谈高远。朋友,你就是升到大学里去,千万莫要染着时下习气,侈谈高远而不注意把根基打得宽大稳固。

《谈作文》。文章是可以练习的吗?在一切艺术里,天资和人力都不可偏废。古今许多第一流作者,比如莫泊桑、托尔斯泰等人,大半都经过刻苦的推敲揣摩的训练。在艺术田地里比在道德田地里,我们尤其要讲良心。稍有苟且,便不忠实。学文如学画,临帖和写生都不可偏废。所谓临帖,就是多读书。要写生,须勤做描写文和记叙文。这两种文做好了,议论文是很容易办的。

《谈情与理》。我们的生活应该受理智支配,还是受感情支配?作者认为,在事实上,理智支配生活的能力是极微末的、极薄弱的,尊理智抑感情的人在思想上是开倒车。人类如要完全信任理智,则不仅人生趣味剥削无余,而道德亦必流为下品。比如"孝",它不是一种报酬,所以不是一种义务,把孝看成一种义务,于是"孝"就由问心的道德降而为问理的道德了。礼至而情不至,孝的意义本已丧失。一言以蔽之,仁胜于义,问心的道德胜于问理的道德,所以情感的生活胜于理智的生活。

《谈摆脱》。人生的悲剧多生于冲突之不得解决。"摆脱不开"是人生悲剧的起源。畏首畏尾,徘徊歧路,心境既多苦痛,而事业也不能成就。要免除这种人生悲剧,第一须要"摆脱得开"。消极说是"摆脱得开",积极说便是"提得起""抓得住"。文章之术在知遗漏,生活也要知所遗漏。即"发展其所长,不必广心博骛也"。

《谈在卢佛尔宫所得的一个感想》。在巴黎卢佛尔宫摩挲《蒙娜丽莎》肖像的原迹,这是生平一件最快意的事。凡是第一流美术作品都能使人在微尘中见出大千,在刹那中见出终古。从蒙娜丽莎那轻盈笑靥里仿佛窥透人世的欢爱和人世的罪孽。我想象到达·芬奇作此画耗费四个寒暑的精心结构,想象到丽莎夫人临画时所听到四周的缓歌曼舞,如何发出那神秘的微笑。但在这个现世纪忙碌的生活中,哪里还能找出三年不窥园、十年成一赋的人?哪里还能找出深通哲学的磨镜匠,或者行乞读书的苦学生?最高品估定价值的标准一定要着重人的成分，遇见一种工作不仅估量它的成功如何，还要问它是否由努力得来的，是否为高尚理想与伟大人格之表现。然而，我所知道的学生们、学者们和革命家们都太贪容易，太浮浅粗疏，太不能深入，太不能耐苦，太类似美国旅行家看《蒙娜丽莎》。

《谈人生与我》。我有两种看待人生的方法，在第一种方法里，我把我自己摆在前台，同世界一切人和物在一起玩把戏；在第二种方法里，我把我自己摆在后台，袖手看旁人在那儿装腔作势。站在前台，发现人类比其他物类痛苦，就因为人类把自己看得比其他物类重要。站在后台看人生，对着纷纭扰攘的人和物，好比看图画，好比看小说，件件都很有趣味。有些有趣味，是因为他们带有很浓厚的戏剧成分：假如这个世界中没有曹雪芹所描写的刘姥姥，没有吴敬梓所描写的严贡生，没有莫里哀所描写的达尔杜弗和阿尔巴贡，生命更不值得留恋了。其次，人生的悲剧尤其能使我惊心动魄：假如荆轲真正刺中秦始皇，林黛玉真正嫁了贾宝玉，也不过闹个平凡收场。所以我无论站在前台或站在后台时，对于失败，对于罪孽，对于狭咎，都是一副冷眼看待，都是用一个热心惊赞。

十二封信到这里都结束了。为完整起见，下面干脆把书中的两则附录也一并简要提炼，便于读者借此窥得全貌。

《无言之美》。孔子说："天何言哉？四时行焉，百物生焉，天何言哉？"这段赞美无言的话，宜从美术观点去研究。言所以达意，然而意绝不是完全可以言达的。以言达意，好像用断续的虚线画食物，只能得其近似。文学、音乐、戏剧、雕刻塑像等，与其尽量流露，不如稍有含蓄。为何说得越少，引起的美感反而越深刻？何以无言之美有如许势力？从美术的使命来看，美术是帮助我们超现实而求安慰于理想境界的。美术作品借现实世界的帮助愈少，所创造的理想世界也因而愈大。正所谓"言有尽而意无穷"。其实这个道理，在伦理哲学、教育宗教及实际生活（包括男女爱情）中都不难发现。这个世界之所以美满，就在有缺陷，就在有希望的机会，有想象的田地。换句话说，世界有缺陷，可能性才大。

《悼夏孟刚》。孟刚在我所教的学生中品学最好，而我属望于他也最殷。

但他因为父兄之丧而自杀。听了孟刚的噩耗，我烦忧隐恻，不能自禁。人生最繁复而诡秘的，悲字乐字都不足以概其全。悲观至极，总不出乎绝世绝我两路。自杀是绝世而兼绝我。但其较之绝世而不绝我，固为彻底，但较之绝我而不绝世，则又微有欠缺。什么叫作"绝我而不绝世"？就是流行语中所谓"舍己为群"，奋起革命。正如释迦牟尼，他一身都是"以出世的精神，做入世的事业"。假如孟刚也努力"以出世的精神，做入世的事业"，他应该能打破几重使他苦痛而将来又要使他人苦痛的孽障。

梳理至此，文章也较长了。何况自我的阅读，别人永远无法替代。故不多言，其他方面且留待读者自我完成吧。

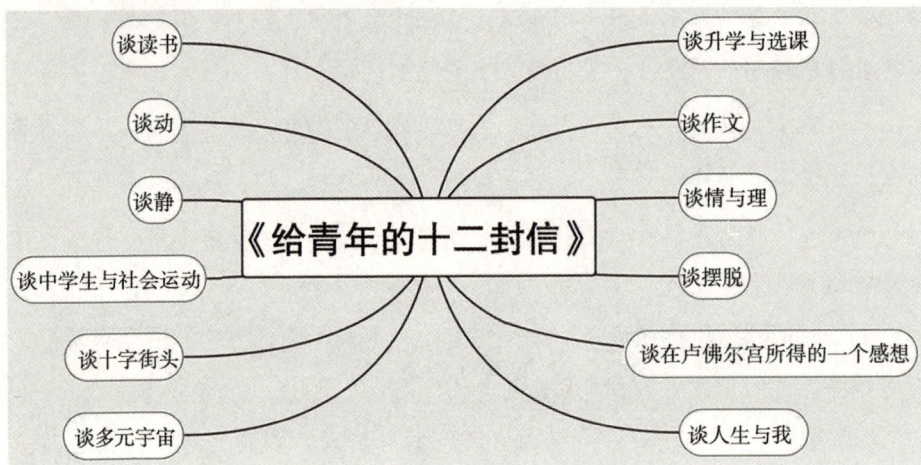

谈读书	谈升学与选课
谈动	谈作文
谈静	谈情与理
《给青年的十二封信》	
谈中学生与社会运动	谈摆脱
谈十字街头	谈在卢佛尔宫所得的一个感想
谈多元宇宙	谈人生与我

下一篇，我们一起走进世界名著《钢铁是怎样炼成的》。

22 《钢铁是怎样炼成的》：保尔的心声，生命的强音
——初中名著阅读个性化攻略之二十二：读心式

"钢是在烈火与骤冷中铸造而成的。只有这样它才能成为坚硬的，什么都不惧怕，我们这一代人也是在这样的斗争中、在艰苦的考验中锻炼出来的，并且学会了在生活面前不颓废。"

一位英国记者问奥斯特洛夫斯基，为什么以"钢铁是怎样炼成的"为书名，奥斯特洛夫斯基做了上述回答。显然，这不仅说明了书名的由来，也是作者的心声、作者的人生观的一次简明而深刻的坦露。

《钢铁是怎样炼成的》是一本自传体小说。作者奥斯特洛夫斯基（1904—1936）出生在乌克兰的一个普通工人家庭，先后负责过团、党的基层领导工作。在伤病复发导致身体瘫痪、双目失明后，他毅然走上了文学创作之路，1935 年获得国家最高荣誉——列宁勋章。

该小说以俄国十月革命为背景，主人公保尔·柯察金出身社会底层，12岁开始到车站食堂当杂役，从此经历生活的艰难困苦。后来在朱赫来的影响下，逐渐成长为一名无产阶级革命战士。保尔身残志坚、自强不息的光辉形象，鼓舞和激励了一代又一代的中国读者。

本书的阅读"攻略"，笔者建议采用一种"读心式"的方法。也就是在阅读的过程中，一边梳理故事情节，一边在理想信念、学习韧劲、爱情抉择和生命意义等方面关注主人公的内心世界，以此充分感受鲜活而丰富的人物形象，并从中汲取丰富的精神养料。

一、梳理情节

梳理情节的过程，是一种概括内容的过程，也是提炼信息的过程。概括、

提炼的能力，在信息时代的今天尤为重要。同时，梳理情节也是阅读文学作品的一个必要环节：人物形象、作品主题都是在具体情节中展现出来的。下面，笔者尝试力求用比较简练的语言来概括第一部各章的主要内容。

第一章：12 岁的保尔失学后，在车站食堂开始了他的劳动生活。两年里，他吃了不少苦，目睹了堂倌普罗霍尔对领班弗茹霞的欺诈。因加班疲惫导致工作失误，保尔遭到了普罗霍尔的一顿痛打。哥哥阿尔焦姆为保尔复仇，被关进了宪兵队。

第二章：1918 年春季的一天，刚来的游击队又被迫撤退，水兵朱赫来被安排留了下来。其时，保尔在发电厂当锅炉工助手已有一年。德国兵进了城，到处搜查枪支。阿尔焦姆把保尔从一个男孩那里抢来的枪支砸了个四分五裂。后来，他从列辛斯基家偷来了德国中尉的一支手枪，并藏在老砖厂的一个角落里。这期间，因为哥哥，他结识了朱赫来。

第三章：保尔把比他大两岁的苏哈理科打到了池塘里，也因此结识到林务官的女儿冬妮娅。一种从未有过的、朦朦胧胧的感情，悄悄地进入了保尔的内心。他把冬妮娅当作知心朋友，甚至把偷德国中尉手枪的秘密也告诉了她。为了家里的生活，保尔另找了一份工作，每天到锯木厂干半天。朱赫来为便于开展工作，从发电厂转到了机车库工作。

第四章：冬妮娅在给塔尼亚的信里，把自己对保尔的感情和盘托出。此时，激烈而残酷的阶级斗争席卷了乌克兰。游击队一退走，彼得留拉（乌克兰政客，苏联国内战争时期白军彼得留拉匪帮的头目）匪帮便又回来，黑夜降临，匪徒们便开始虐杀犹太人。许多人永远不能忘记这可怕的三天两夜。谢廖沙为保护一位犹太老人，也被一名匪徒砍伤。

第五章：1919 年 4 月的一个晚上，朱赫来躲进保尔家。在这一起生活的 8 天里，朱赫来给保尔产生了极大的影响。保尔懂得了，只有布尔什维克才是唯一的革命政党。朱赫来决定穿过火线去找红军部队。保尔和冬妮娅最后一次吵嘴比任何一次都厉害，他很想和她见见面。但他在售货亭那里发现朱赫来被彼得留拉匪兵抵枪前行。保尔当即袭击押送兵，救了朱赫来。因为维克多的告发，保尔被抓进了黑洞洞的牢房。

第六章：牢房里，保尔想起了冬妮娅，被"错放"出了牢房获得自由后，他情不自禁地跑到了冬妮娅的家。但为了对方家人的安全，保尔坚持必须离开。阿尔焦姆来了，把保尔安排到谢廖沙爸爸开的机车上。保尔和冬妮娅度过了一个甜蜜而纯洁的夜晚。次日大早，他俩依依惜别。

第七章：谢廖沙已经是一名布尔什维克。家人也理解和支持他参加革命工作。保尔在信中告诉家人，一颗子弹击中了他的大腿，幸运的是没伤到骨头；他现在已经是一名红军战士。冬妮娅看到了这封信，但她此时已经和政委丘扎宁好上了。丽达告诉谢廖沙，丘扎宁是一名很坏的共产党员。丽达接受了谢廖沙的爱，但两个月后，谢廖沙因为革命工作不得不离开这个地方，他感到就要失去一件无比珍爱的东西。

第八章：保尔转战全国各地已有一年。一年来，只有两次不得不离开革命的风暴：一次因为大腿受伤，一次因为得了风寒。他没等伤愈就回到了自己的部队。没得到批准，他便又私自转到骑兵队，成为排头兵。战斗中，保尔不顾生命危险，向机枪冲去。战斗取得了胜利，监狱里被关押的5701名布尔什维克恢复了自由。保尔获悉，瓦莉娅和另外两个同志被处以绞刑……保尔已经融化到革命集体里面了，"不要染上一个污点"成为他的一个思想信念。在8月19日的战斗中，师长牺牲了；保尔重重地摔倒在地，不省人事。

第九章：昏迷了整整13天后，保尔终于苏醒了。青年医生尼娜在日记上记下了保尔惊人的忍耐力。出院之后，保尔住在冬妮娅寄居的地方，但是他们之间出现了冲突，出现了裂痕。朱赫来当上了省肃反委员会主席，他已经被炮弹炸去了一只胳膊。谢廖沙还不知道姐姐牺牲的消息，一个星期后，一颗流弹又夺去了他的生命。肃反委员会繁重的工作损害了保尔的神经。保尔被调到铁路总厂。党要推出新政策，保尔并不能完全理解，不知不觉中他站到了党的对立面。在全区党员大会上，保尔上台做了言辞激烈的发言，指责党背叛了革命事业。保尔被开除出区委会，还被撤销了团支部书记职务。保尔苦恼的日子从此开始了。在全市党团组织的联席会议上，保尔所讲的"革命的烈火"——革命的理想信念——震撼了全场参会人，他们的手紧紧地握在一起。

为缩短篇幅，也为培养读者的概括能力，"第二部"将留给读者自己去梳理，笔者只是分别用一个小标题做提示。

第一章：妒忌与夜袭；第二章：大衣与死讯；第三章：墓地与游戏；

第四章：拒绝与告别；第五章：分歧与团结；第六章：遗憾与愤怒；

第七章：忧伤与呐喊；第八章：瘫痪与失明；第九章：创作与等待。

通过上述梳理与概括，这本书的阅读其实也可以结束了。但若想读得更深入一些，我们便可以根据保尔这个人物形象，从以下几个角度做一些探讨。

二、理想信念

关于理想信念，诗人们写出了许多美好的诗句。比如："理想是石，敲出星星之火；理想是火，点燃熄灭的灯；理想是灯，照亮夜行的路；理想是路，引你走到黎明。""信念是脊梁，支撑着不倒的灵魂；信念是明灯，照耀着期盼的心灵；信念是路标，指引着前进的方向。"在这本书里，保尔的理想信念就充分地体现了上述价值。

1. 当保尔策马离开监狱大门的时候，他想起了在全团宣读过的苏维埃革命军事委员会的命令，其中最后几句是这样说的："工农国家热爱自己的红军，以拥有红军而自豪，并要求不要在它的旗帜上染上一个污点。"

"不要染上一个污点！"保尔的嘴唇微微蠕动着。保尔已经完全忘记了他个人。这些日子，每天都在激烈地战斗。保尔·柯察金已经融化在集体里面了。他和所有的战士一样，仿佛忘记了"我"，只知道"我们"：我们团，我们骑兵连，我们旅。（第一部　第八章）

2. "让生命长存，我们的双手将和千万双手一起，从明天起就开始修复我们被破坏的家园。让生命长存，同志们！我们将重新一个新世界！心中有强大动力的人永远不会被打败。我们一定会胜利！"（第一部　第九章）

3. "我才二十四岁，不能靠着一张残废证度过余生，明知无用还走遍各个医院，到处寻医问药。……只有一点，别叫我当个只管登记发文编号的文书。我所需要的是能够使我内心充实、感到自己并没有离开大家的工作。"

……他（阿基姆）了解保尔的悲剧。他懂得，像保尔这样把自己短暂的生命献给党的人，一旦脱离斗争，隐退到遥远的后方，实在是太可怕的事情。

（第二部　第七章）

三、钢铁意志

如果说理想信念是一盏指路明灯，那么坚强的意志则是克服困难、坚持到底的一种精神力量，还是增长才干、提升自我的一种生存方式。因为，"只要有坚强的意志力，就自然而然地会有能耐、机灵和知识"。下面也来略举两例。

1. 一九二零年九月十七日

柯察金额头上的伤口看样子好多了。换药的时候，他那惊人的忍耐力使我们这些医生都感到吃惊。

在类似的情况下，一般人常常不断地呻吟或是发脾气。他却一声不吭。每次给他涂碘酒的时候，他都把身体挺得像绷紧了的弦。他时常疼得晕过去，但是从来也不哼一声。

我们已经全都知道：要是他也呻吟了，那一定是他昏迷了。他怎么会如此顽强呢？我们真不明白。（第一部　第九章）

2. 这时候，他尤其痛恨让他丧失了视力的生活，他把铅笔一支支地折断，嘴唇咬出血来。

工作越接近末尾，那些被禁锢的感情就越频繁地力图挣脱他坚强意志的束缚。这些被禁锢的感情就是除他之外每个人都有权宣泄的内心的忧伤，以及种种或热烈或温柔的人类普通情感。只要他屈服于这些感情中的任何一种，他的事业必将以悲剧而告终。（第二部　第九章）

四、主动读书

保尔原本只有小学三年级的文化程度，后来逐渐成长为一名优秀的革命战士和一名卓越的作家，这与他长期坚持读书学习密不可分。我们看他是如何从读书学习中吸收精神养料的。

1. "是的，我已经看过六十八卷。每次领到工钱，就买五卷。呵，加里波第真了不起！"（第一部　第三章）

2. 审问的时候他什么也不说，一问三不知。为什么拒不开口，连他自己

也不知道。想想做个勇敢的人，做个坚强的人，像他在书里看到的那些人一样。（第一部　第六章）

3. 可是他实在不想离开这儿，真见鬼！以前读英雄加里波第传记是多么激动人心啊！他是那么羡慕他，加里波第的生活何等艰苦，敌人在世界各地追捕他。（第一部　第六章）

4. "安得罗休克同志，这的确是本好书。一拿到手，我就怎么也放不下。这本书叫《牛虻》。"（第一部　第八章）

5. 每天晚上保尔都到公共图书馆去，一直待到深夜才走。……他把扶梯靠在那巨大的书橱前面，一连几小时坐在上面，一本接一本地翻阅和寻找着感兴趣的和有用的书。（第二部　第三章）

五、生命意义

青春获得了胜利，伤寒并没能夺走保尔的生命，当他第四次死里逃生后，他来到监狱后面的广场上。正是在这里，瓦莉娅和她的同志们被绞死，保尔在竖绞架的地方静默了好一会。随后，他来到烈士公墓。就是在这里，他的同志们英勇就义，献出了宝贵生命。保尔缓缓地摘下帽子。悲愤，极度的悲愤充溢在他的心中。此时，他想到了生命的意义。请看下面这段名言：

人最宝贵的是生命。生命对于每个人只有一次，人的一生应当这样度过：当他回首往事的时候，他不会因为虚度年华而悔恨，也不会因为碌碌无为而羞愧；临终之际，他能够说："我把整个生命和全部精力，都献给了世界上最壮丽的事业——为人类的解放而斗争。"（第二部　第三章）

也是在这里，他意识到：必须抓紧时间充分生活，因为一场莫名其妙的疾病或一次意外的悲惨事故都可能使生命突然中止。他后来也的确是这样生活的，不虚度任何一天，不荒废任何一刻，让生命的每一天都活得充实而有价值。

命运总是在折磨着保尔。他瘫痪了，失明了。他的身体垮了，永远失去了归队的希望。等待他的必将是更加可怕的未来。既然已经失去了最宝贵的东西——战斗的能力，那么活着还有什么用呢？他将用什么来证明自己生命的价值呢？是生存，还是毁灭，对他来说的确是个问题。他的手在口袋里摸到了光滑的勃朗宁手枪……但是，他很快便恶狠狠地骂起自己来：

"老兄，这不过是虚假的英雄行为！任何一个笨蛋都会随时冲自己开一枪。这是摆脱困境的最容易也是最怯懦的办法。活得很难，就自杀。对于胆小鬼来说，没有比这更好的出路了。……纵然生活到了实在难以忍受的地步，也要能活下去。要竭尽全力，让生命变得有益于人民。"（第二部　第八章）

"让生命变得有益于人民！"这正如毛泽东同志在《纪念白求恩》一文里所说的那样："一个人能力有大小，但只要有这点精神，就是一个高尚的人，一个纯粹的人，一个有道德的人，一个脱离了低级趣味的人，一个有益于人民的人。"这，就是生命的意义，生命的最崇高的意义。

保尔的一生经历了三段恋情。冬妮娅，保尔的初恋情人，当初可谓是至真至纯；丽达，系保尔的真爱，但为了革命而忍痛割爱，留下了遗憾；达雅，系保尔的爱人，两人可说得上是患难夫妻。在爱情的选择上，保尔也可以说得上是一个真君子，一个地道的布尔什维克。对冬妮娅的断绝（说冬妮娅"浑身都发出樟脑丸的味道"，表明冬妮娅跟他之间再也没有无产阶级的革命友谊了），对达雅的遗憾（按"牛虻"的方式处理两人的感情），对达雅的拯救（把达雅从她自私而凶狠的父亲身边解脱出来，她最终成为一名真正的党员），莫不如此。

金无足赤，人无完人。保尔偏激、急躁的情绪，狂热、鲁莽的个性，擅自调换部队的自由主义作风，将革命与爱情进行简单对立，不爱惜自己的身体等：细数起来，保尔身上的缺点还不少，但这些缺点并没有影响到保尔的光辉形象，相反，使得保尔更加真实、鲜活，具有国度和时代的特色。

聆听保尔的心声，感受生命的强音，读完《钢铁是怎样炼成的》一书，我们将从中获得坚定的理想信念、钢铁一般的意志、主动学习的精神，继而更加珍爱生命，热爱生活，好好学习，天天向上，让自己努力成为一个对国家、对集体、对家庭有更大价值的人。

车站饭堂：开始了劳动生涯

发电厂：结识朱赫来

大路上：营救朱赫来

牢房里：突然想起冬妮娅

家书里：当上了红军

战场上：已经忘记了"我"字

手术时：从来也不呻吟

《钢铁是怎样炼成的》

党员大会上：迸发出众多火花

工程队：同严寒作斗争

烈士公墓：感悟生命的意义

国境线旁：戒掉不良嗜好

全俄代表大会上：未来是属于我们的

书记处："只要我的心脏还在跳动"

沿海小城：忘却命运对他的残酷无情

病床上：艰难地创作《暴风雨的儿女》

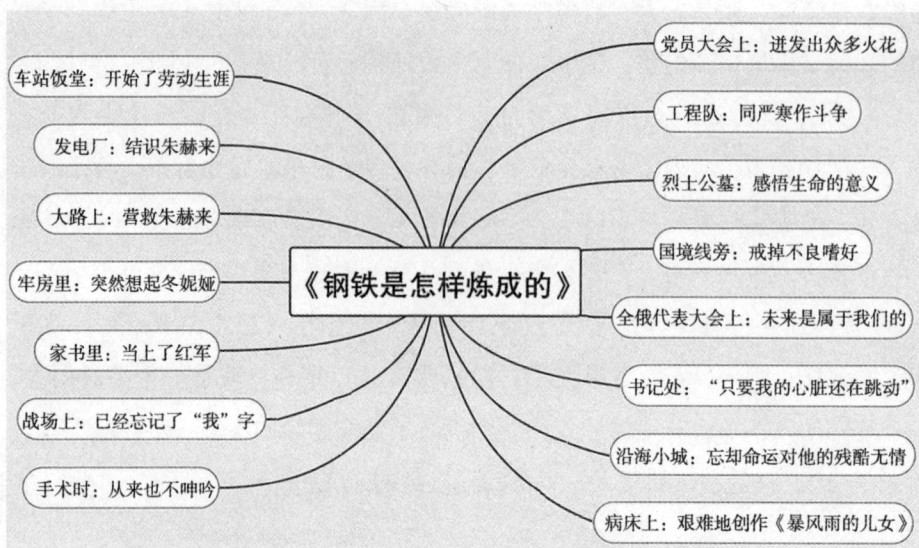

　　下一篇，我们一起走进当代名著《平凡的世界》。

23 《平凡的世界》： 平凡的世界， 青春的赞歌

——初中名著阅读个性化攻略之二十三：双线式

如果说《创业史》是一部以建国初期中国农村、农民为题材的一部代表作，那么《平凡的世界》则是一部关于改革开放前后中国农民在农村与城市这个二元世界里坚韧奋斗的一部史诗。

一、路遥：优秀的作家，出色的政治家

《平凡的世界》是作家路遥的一部"绝作"。他原名王卫国，出生于1949年，陕西清涧人。该作品共3部，准备时间均为1982—1985年，第三部第二稿完成时间为1988年夏天。

在第一部的扉页上，有两行字值得读者品味：

谨以此书

献给我生活过的土地和岁月

仅有的16个字，包蕴着路遥对脚下的土地和曾经的岁月所感怀的无限深情。

路遥的一生，是文学创作的一生，是辛苦劳作的一生，是坚韧跋涉的一生。因积劳成疾，于1992年11月17日英年早逝，年仅43岁。当代著名作家贾平凹曾这样评价路遥："他是一个优秀的作家，他是一个出色的政治家，他是一个气势磅礴的人，但他是夸父倒在干渴的路上。"这样的评价，看似有点出乎意料，其实也在情理之中。因为，路遥的作品成功地影响了一代又一代的年轻人。

目前市面上的《平凡的世界》，大体有两种版本，一种是"三部本"（足本），一种是"普及本"（简本）。对于在校学生而言，大概更多的读者会选购

普及本。这主要是从阅读时间的角度来考量的。

无论哪种版本，都是以孙少安和孙少平兄弟俩为线索来展开故事情节的。前者侧重于农村，后者侧重于城市；前者侧重于发家致富，后者侧重于安身立命。鉴于此，我们不妨采用"双线式"来开启这本书的阅读。下面，笔者着重以孙少平为例进行些分析。

二、孙少平：苦难意识，工人情结

故事从 1975 年春天拉开序幕。其时，孙少平 17 岁，在县立高中读高一。这正是能吃能喝的年龄，可是他每顿只能啃两个高粱面馍：被同学们戏称为"非洲"的黑面馍。对他而言，感到最痛苦的也许不是饥饿，而是由于贫困给自尊心带来的伤害。

尽管上学如此艰难，但孙少平内心深处还是有一种窃喜，因为他已经从山乡圪崂来到了一个大世界。他有一个同龄人大多不具备的爱好：读书。一本险些被人家做鞋样的《钢铁是怎样炼成的》，被他奉为至宝。保尔·柯察金的故事，强烈地震撼了他年轻的心灵。当然，他也永远不能忘记冬妮娅。他甚至想着，如果他也遇到一个冬妮娅该多么好。正是在《钢铁是这样炼成的》《红岩》《创业史》等著作的影响下，他的身上越来越具有一种苦难意识。

孙少平上学期间曾把郝红梅当作他的初恋情人"冬妮娅"，可后来郝红梅却和班长顾养民好上了，孙少平陷入了单思之苦。也正是因为这次的"失恋"，孙少平开始了人生的第一次教育。他认识到，自己是一个普普通通的人，不要有太多的非分之想。当然，普通并不等于庸俗，也许一辈子是个普通人，但他要做一个不平庸的人。由此，他获得了一个非常重要的认识，在最平常的事情中都可以显示出一个人人格的伟大来。孙少平豁然开朗。

孙少平有一个最重要的收获，那就是和田晓霞的结识。如果说他当初对红梅是一种感情要求，那现在对晓霞则是一种从内心产生的佩服。晓霞读的书很多，看问题往往和社会上一般的看法不一样。

在高中的最后一个学期里，孙少平跨过了十八岁的年龄，他已经有了强烈的独立意识。他对大人的行为开始具有批判的眼光，这是一个人成熟的标志。

虽然请假很多，但他阅读了不少的课外书。每个星期六，晓霞还把她爸订的《参考消息》给他拿来看，这让少平眼界大开。

1977年元月，孙少平高中毕业了。这意味着从此不得不走向社会，开始过另一种生活。少平有一种说不出的惆怅：每天要看的是家里人的泪水、疾病、饥饿和愁眉苦脸。他将再也没有读书的时间了。他即将要告别原西这座都市。"我现在特别想到一个更艰苦的地方去。越远越好。哪怕是在北极的冰天雪地里；或者像杰克·伦敦小说中描写的严酷阿拉斯加……"他向晓霞表达了自己的想法。

高中毕业后，孙少平在本村初中班当起了教师。他感到自己真正成了一个大人。田晓霞不失前约，间周就给他寄来一沓《参考消息》，并在信上古今中外海阔天空地谈论一番。在晓霞的影响下，少平一直关心和注视着双水村以外的广阔世界。这样，少平的精神思想实际上变成了两个系列：农村系列和农村以外世界的系列。对他而言，这既是矛盾的，又是统一的。遗憾的是，当年十月份的高考，他没考上。

到了1980年，村中的初中班垮了，少平不得不回家当起农民。这让他非常苦恼。这种苦恼首先发自一个青年自立意识的巨大觉醒。他不甘心在双水村静悄悄地生活一辈子。他不间断地做着远行的梦。他把目的地选在黄原城。靠什么养活自己呢？他想好了，去揽工——在包工头承包的各种建筑工地上去做小工，扛石头、提泥包、钻炮眼……

费了九牛二虎之力，他说服了家人。他走向了一个前途未卜的世界。他既没有闯世的经验，又没有谋生的技能，仅仅是凭着一股勇气就来到了这个城市。他安慰自己：幸福不仅仅是吃饱穿暖，而是勇敢地去战胜困难。从此，他干起了最重的活，背着一百多斤的大石块，劳动强度如同使苦役的牛马一般……三天下来，他的背脊就被压烂了；晚上睡下的时候，整个身体像火烧着一般灼疼。每天的工钱，却只有一元五角。

此时，《马克思传》《斯大林传》《居里夫人传》等传记文学给了他巨大的精神力量：连伟人的一生都充满了那么大的艰辛，一个平凡人吃点苦又算得了什么呢？

"如果你单身一人，愿不愿意来我们阳沟落户？"阳沟村书记问少平。少平毫不犹豫地答应了下来。在他看来，这是一个大转机：黄原是个大地方，只要有能耐，尽可以在这个天地里大干一番。然而，当把户口从家中转出后，他等于赤手空拳地返回到这个严厉的城市。他还得马上去找活干。

孙少平终于见到了阔别两年的田晓霞。晓霞在上大学，但少平并没有看低自己。相反，他现在倒很"热爱"自己的苦难。他相信，自己历经千辛万苦而酿造出的生活之蜜，肯定比轻而易举地拿来更有滋味。他自嘲，这是"关于苦难的学说"。他曾在给妹妹的信中写道："如果能深刻理解苦难，苦难就会给人带来崇高感。""痛苦难道是白忍受的吗？它应该使我们伟大！"这封信让妹妹对他产生了崇拜之情。

事情又有了一个转机。铜城矿务局要在黄原市招收二十来名农村户口的煤矿工人。阳沟村曹书记要了一个指标给孙少平。"对于我这样的人来说，这也许是唯一可以走进公家门的途径。"少平大喜过望：只要有正式工作，哪怕让他下地狱他都去！

在孙少平看来，煤矿的状况比他原来想象的还要好，这是一个能创造巨大财富的地方，一个令人振奋的生活大舞台。他认为这是他一生命运的转折。

第一次下井参观时，严酷的环境刹那间便粉碎了那些优越者的清高和孤傲。而少平的心情是平静的：不愁吃，不愁穿，工资高，而且是正式工人。第一次领工资了，130 元，他给父亲寄去 50 元。在他看来，这是一个庄严的时刻。

半年之中，新工人逃跑了不少，孙少平却越来越感到满意：这工作虽然危险和劳累，但只要下井劳动，不仅工资有保障，而且收入相当可观。他还有个梦想：能为父亲箍两三孔新窑洞。因此，他舍不得误一天工，在沉重的牛马般的劳动中一直保持着巨大的热情。

他给自己买了一顶蚊帐。他想给自己创造一个独立的天地，可以躺进去不受干扰地看书。蚊帐把他和另外的人隔成了两个世界。

一次在井下，少平突然感到一阵天旋地转般眩晕。他知道自己病了。干活的人都自顾自走了。此时，无声无息，他就像身处另外一个无生命的世界。幸亏师傅王世才把他救了出来。当天晚上，少平又下井了。他感到，精神上的某种危机，只能靠高强度的体力劳动来解脱。劳动，永远是他医治精神创伤的良药。

上井了，他忽然看见晓霞微笑着立在井口！（此时的晓霞已经是省报的一名记者）他惊呆了！

"至于所谓理想，我认为这不是职业好坏的代名词。一个人精神是否充实，或者说活得有无意义，主要取决于他对劳动的态度。""我准备在一两年中一边干活，一边开始重学数、理、化，以便将来参加考试。"他这样对晓霞说。

晓霞晚上还要跟着十二点班的工人下井。在井下，黑暗中没有人看见她在哭，她在为她心爱的人哭。她终于明白，少平在吃什么样的苦，少平所说的沉重到底是怎么一回事！离别时，晓霞说"我还要来大牙湾……"哪知道，这是最后的告别。

孙少平需要弥补精神上的空缺。他首先想到的是学习，准备将来报考煤炭技术学校。尽管这是复习过去的功课，但和从头学没什么区别。学习对他而言，是一件相当沉重吃力的事，甚至比挖煤都要艰难。不过，这种艰难带给人的是心灵的充实。人处在一种默默奋斗的状态，精神就会从琐碎的生活中得到升华。

师傅王世才，一次在井下为保护大徒弟安锁子而献出了自己的生命。这对于他的妻儿，几乎是一个毁灭性的打击。少平也同样悲伤。但他还得顶住闲言碎语，帮助这个家庭中的孤儿寡母。这对于少平来说，也是一种新的生活。他不得不对这对母子担当起爱护的责任。

连日的大雨一扫长期积下的煤尘污垢。几天来，少平一直沉浸在异常的激动之中，因为再过几天，就是晓霞和他约定的那个充满浪漫意味的日子。但是，少平从报纸上看到了噩耗！晓霞在抗洪第一线为抢救群众的生命英勇牺牲……

少平收到电报，赶到晓霞父亲田福军的办公室。他从田福军手里接过三本日记本。晓霞在日记中写道："真正的爱情不应该是利己的，而应该是利他的，是心甘情愿地与爱人一起奋斗并不断地自我更新的过程，是融合在一起——完全融合在一起的共同斗争！"少平泪眼模糊。少平独自啜泣。少平痛不欲生。

少平如期来到约定的古塔山杜梨树下，伫立了片刻，悄然离开。对他来说，如此深重的精神创伤也许仍然得用牛马般的体力劳动来医治。只有踏进那块土地，他才有可能重新唤起生活的信念。他彻夜未眠。

生活中也有些值得高兴的事。他被命名为"青年突击手"。他不全是为荣誉高兴，而是感到，他的劳动和汗水得到了承认和尊重。他看重的是劳动者的尊严和自豪感。

1985 年的一天，在井下的孙少平为保护他人而倒在血泊中。他被送进了矿医院，又被转送到省医学院第一附属医院……

伤好后，脸上留下了一道丑陋的疤痕。妹妹和她的男朋友一直给他做工作，让他调到省城来。少平却悄悄地离开了省城，回到了久别的煤矿。他依稀听见一直用口哨吹出的充满活力的歌在耳边回响。这是赞美青春和生命的歌。

一路梳理，我们发现，孙少平所行走的轨迹是这样的平凡而崎岖：学生—教师—农民—揽工汉—煤矿工人；他的心路情感是这样的寻常而坎坷：失学—失业—失去师傅—失去恋人—失去英俊的面庞。

海明威说，人可以被毁灭，但不可以被打败。孙少平就是这样的人：面对贫穷，自强不息；面对苦难，坚韧不拔！孙少平之所以如此，这与他本人的爱好阅读，与晓霞等人对他的影响都密不可分。

我们还可以看到，孙少平的人生追求，也代表着 20 世纪后期中国农村（尤其是受过一定教育的）青年人的共同心愿：向往城市，向往稳定的工作，向往一个铁饭碗。只是这种"向往"，在孙少平的身上表现得更加突出。

三、孙少安：致富行动，乡土情怀

上面关于孙少平的梳理与分析，我们用了较大的篇幅。下面，关于孙少安，我们只是点到为止。这既为节省文字，也为读者留下更大的阅读空间。

6 岁那年，少安便开始了农村孩子的第一堂主课——劳动。8 岁那年，在他的哭闹下，父母让他进了村小学读书。12 岁那年，他以全公社第一名的成绩考上了石圪节高小。当他上完两年高小后，因家里极度贫困，便再不能去县城上中学了。从此，他心平气静地开始了自己的农民生涯。后来由于他的精明强悍和吃苦精神，在 18 岁那年，他当上了队长。

同村的田润叶和孙少安可谓是青梅竹马。润叶在县城里一所小学教书，她对少安一往情深。因为门第和地位的差异，23 岁的少安忍痛割爱，狠心拒绝了润叶的爱情。之后，少安娶了山西姑娘贺秀莲为妻。从此，这一对患难夫妻开始了艰苦创业。

为发家致富，少安既肯吃苦，又有闯劲。他贷款买骡子拉砖，只身住在破窑洞里；他用拉砖赚来的钱开办了一个砖窑；为帮助村里人解决"没钱花"的问题，他扩大砖厂，又贷款买回了新机器；正当人们等着砖厂赚钱的时候，他的砖却烧砸了，这几乎宣布他破产；请来的烧砖师傅落荒而逃，村里各种声音不绝于耳，少安夫妇相对而泣。

孙少安破产以后，一年的时光过去，他还没从窘境中走出来。好在天无绝人之路，在邻村一个企业家的帮助下，少安的砖厂重新开张。一年后，孙少安迎来了最为辉煌的时期。后来，他干脆来了一个"双承包"：他承包乡里的大砖厂，人家承包他的小砖厂。这样，孙少安实际上有了两个盈利企业。

孙少安是一个怎样的人呢？毫无疑问，他是一个吃苦能干的人，是一个敢闯敢拼的人，是一个把原生家庭看得无比重要的男人，还是一个致富不忘乡亲的大好人。只可惜，正当少安的事业如日中天的时候，秀莲得了不治之症……

四、摘抄：平凡的世界，青春的赞歌

书中其他的情节（比如爱情、友情），其他的人物（比如润叶、秀莲），且留待读者自己分析吧。下面，只想把本书的一些"名言"做些摘抄，与读者一起品味。也许，这种最朴素的文字，更能给人一种精神的力量和生命的启迪。

1. 人活着，这种亲人之间的感情是多么重要，即使人的一生充满了坎坷和艰辛，只要有这种感情存在，也会感到一种温暖的慰藉。

2. 想想我们在十七八岁的时候，也许都有过类似他这样的经历。这是人生的一个火山活跃期，熔岩突奔，炽流横溢，在每一个感情的缝隙中，随时都可能咝咝地冒烟和喷火！

3. 是的，这里的每一种收获，都将全部属于自己。只要能切实地收获，劳动者就会在土地上产生一种艺术创作般的激情……

4. 中学生就应开始养成每天看报的习惯，这样才能开阔眼界；一个有文化的人不知道国家和世界目前发生了些什么事，这是很可悲的……

5. 人只能按照自己的条件寻找终身伴侣。就好像种庄稼一样，只能把豆角种在玉米一块，而不能和小麦种在一起。

6. 在这个世界里，自有另一种复杂，另一种智慧，另一种哲学的深奥，另一种行为的伟大！这里既有不少呆憨鲁莽之徒，也有许多了不起的天才。在这厚实的土壤上，既长出大量平凡的小草，也长出了不少栋梁之材……

7. 农历八月，是庄稼人一年中最美好的时光。不冷不热，也不饥饿；走到山野里，手脚时不时就碰到了果实上。

8. 幸福不仅是吃饱穿暖，而是勇敢地去战胜困难……

9. 农民啊，他们一生的诗情都在这土地上！每一次充满希望的耕耘和播种，每一次沉甸甸的收割和收获，都给人带来多么大的满足！

10. 只有一个人对世界了解得更广大，对人生看得更深刻，那么，他才可能对自己所处的艰难和困苦有更高意义的理解，甚至也会心平气静地对待欢乐和幸福。

11. 在我们普通人的生活中，在这平凡的世界里，也有多少绚丽的生命之花在悄然地开放而并不为我们所知啊！

12. 在我们短促而又漫长的一生中，我们在苦苦地寻找人生的幸福，可幸福往往又与我们失之交臂。当我们为此而耗尽宝贵的青春年华，皱纹也悄悄地爬上了眼角的时候，我们或许才能稍稍懂得生活实际上意味着什么。

13. 生活啊，生活！你有多少苦难，又有多少甘甜！天空不会永远阴暗，当乌云退尽的时候，蓝天上灿烂的阳光就会照亮大地。青草照样会鲜绿无比，花朵仍然会蓬勃开放。

14. 人处在幸福与不幸交织的矛盾之中，反而使内心有一种更为深刻的痛苦，看来近在眼前的幸福而实际上又远得相当渺茫，海市蜃楼。放不得抓不住。一腔难言的滋味。

15. 在这最危险的时刻，应该像伟大的贝多芬所说：我要扼住命运的咽喉，它绝不会使我完全屈服！

16. 只要有人的地方，世界就不会是冰冷的。没有什么东西能比得上温暖的人情更为珍贵。

17. 只有劳动才可能使人在生活中强大。不论什么人，最终还是要崇尚那些能用双手创造生活的劳动者。如何对待劳动，这是人生最基本的课题。

18. 没有爱情，人的生活就不堪设想，爱情啊！它使荒芜变为繁荣，平庸变为伟大；使死去的复活，活着的闪闪发光。即便爱情是不尽的煎熬，不尽的折磨，像冰霜般严厉，烈火般烤灼，但爱情对心理和身体健康的男女永远是那样的自然；同时又永远让我们感到新奇、神秘和不可思议……

19. 黑色是美丽的，它原本是血一般的鲜红，蕴含着无穷的炽热耀眼的光明……

20. 人处在一种默默奋斗的状态，精神就会从琐碎生活中得到升华。

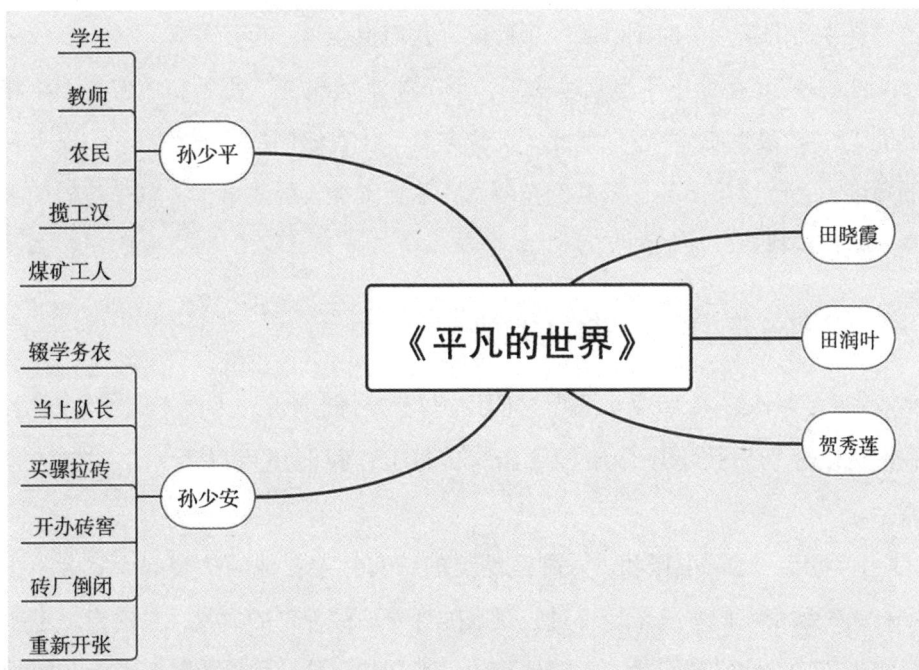

学生
教师
农民
揽工汉
煤矿工人
└─ 孙少平

《平凡的世界》 ── 田晓霞
── 田润叶
── 贺秀莲

辍学务农
当上队长
买骡拉砖
开办砖窑
砖厂倒闭
重新开张
└─ 孙少安

下一篇，我们将一起欣赏法国罗曼·罗兰《名人传》。

24 | 怀着平常心，走进《名人传》
——初中名著阅读个性化攻略之二十四：平视式

看到"名人传"三个字，我们通常会肃然起敬，会抬头仰视，会敬而远之。这种心态很正常，对待人类历史上那些杰出的艺术家、思想家，我们大多会如此。然而，这种心态并不利于我们了解他们、走近他们，更不利于我们走进他们的心灵。

《名人传》一书的作者罗曼·罗兰（1866—1944）写道："这些名人传记并非诉诸野心家的骄傲，而是献给受难者的。何况，谁又不是受难者呢？"是的，在生命的某一个时刻、某一个阶段，我们也会是一个受难者。

冰心说："生命中不是永远快乐，也不是永远痛苦，快乐和痛苦是相生相成的。"（《谈生命》）常人如此，英雄亦然。让我们保持一颗平常心，以平视的角度，去阅读贝多芬、米开朗基罗、托尔斯泰等人的故事，去感受他们的善良、他们的执着、他们的坚强吧。

一、贝多芬：我要扼住命运的咽喉

《贝多芬传》共 10 节。每节之间用梅花符号间隔着。为便于阅读和概括，我们可以分别用数字序号给标注出来。每节，我们还可以用一个关键词来概括。

1. 外形。他矮小粗壮，一副运动员的结实骨架；他额头突起、宽大，头发乌黑、浓密，似乎从未梳理过；双眼闪烁着一种神奇的力量，放射出一道粗野的光芒，但常常朝天投去一抹忧愁的目光，甚至是一种揪心的痛苦。从眼神中，我们可以读出贝多芬的智慧和善良。

2. 童年。贝多芬于 1770 年 12 月 16 日生于德国波恩的一所破旧的阁楼上。

他的父亲是个没有才华而又嗜酒如命的男高音歌手；母亲是个女佣，是丧夫后改嫁给他父亲的。4 岁时，父亲就强迫乃至使用暴力让贝多芬学习音乐。这让他差一点永远厌恶艺术。11 岁时他进了剧院乐团，13 岁时当了管风琴手，17 岁时母亲去世。尽管童年非常悲惨，但贝多芬对于童年始终怀有一种虽凄凉但又温馨的回忆。

3. 失聪。19 岁时，贝多芬进入波恩大学；22 岁，离开波恩，前往音乐之都维也纳定居。其时战争逼近，在 26 岁、27 岁时，他把《出征歌》《我们是伟大的德意志人民》两首诗篇谱成曲子。但革命已征服世界，也征服了贝多芬。他知道自己的价值，他相信自己的力量，他在日记中写道："勇敢不屈！尽管身体虚弱，但我的天赋将会取胜的……""我的艺术才能应该为穷人们的胜利做出贡献。"但其时，苦痛已经来临，在他二十五六岁时，耳疾开始严重起来。他的听力越来越差。他总躲着别人，免得被人发现自己的残疾。他在给两位朋友的信中写道："我不得不悲惨地生活着""我不可能与人交谈——我是个聋子""我是上帝最可怜的造物"。这种悲剧式的愁苦在这一时期的一些作品中有所表现，如《悲怆奏鸣曲》《第三奏鸣曲》。此外，他还是个爱情受害者。他经历了一场绝望的危机，几近结束自己的生命。但他那坚强的性格不可能屈服于挫折："我要扼住命运的咽喉！"他渴望治愈，他渴望爱情，他充满希望。

4. 战斗。法国大革命正在抵达维也纳。贝多芬为它所激动。他喜欢共和原则，他支持无限制的自由和民族独立，他希望在法国举行全民选举……他接二连三地写出了《英雄交响曲：波拿巴》及《第五交响曲》的终曲。他用这样的方式来参加大革命。

5. 爱情。1806 年 5 月，贝多芬与一个名叫泰雷兹的姑娘订婚。在这一年写成的《第四交响曲》蕴含着他一生中这些平静日月的芬芳。爱情的影响一直延续到 1810 年。这期间他创作了古典悲剧《第五交响曲》、夏季之梦《田园交响曲》，还有那《热情奏鸣曲》等。1810 年，他被爱情抛弃了。他痛彻心扉。他重新振作。他在日记中写道："对于你来说，只有在你的艺术中才有幸福。啊，上帝！赋予我力量吧，让我战胜自己！"

6. 荣光。1810 年，贝多芬又孤身一人。但他感到浑身是劲。他写道："力量，那是不同于常人的精神。""除了善良，我不承认还有什么其他高贵的标志。"1812 年，只用了几个月的工夫，《第七交响曲》和《第八交响曲》便写成了。之后，他为独立战争而激动，《威灵顿之胜利交响曲》《德意志的再生》《光荣时刻》《大功告成》应运而生。1814 年，他的创作达到了登峰造极的程度。在维也纳大会上，他被视作欧洲之荣光。

7. 悲惨。荣光之后，便是悲惨。在维也纳，贝多芬被视为迂腐。"我没有一个朋友，我孤苦伶仃地活在世上。"耳朵由重听变成全聋。他已经完全听不见舞台上的演奏了。他把自己封闭了起来，离群索居，唯有大自然能带给他一点慰藉。他似乎依靠着大自然而活。他还被金钱的忧烦弄得精疲力竭："我几乎沦落到乞讨的地步，可我还得装出一副不缺衣少食的神气来。"他欠出版商不少的债，因为他的作品卖不出钱来。他还得养活他的侄子查理——他兄弟因肺结核死去了。然而，这个侄子常去赌场，欠了一屁股的债；1826 年，侄子竟然朝自己的脑袋开了一枪，但他并没有死；治愈后，侄子并没有让贝多芬安生过。贝多芬将侄子视为儿子，然而，最后给他送终的却不是他称为儿子的人。

8. 欢乐。贝多芬一辈子都想歌颂欢乐。整个一生，他都在琢磨歌颂欢乐。直到生命的最后时刻，他才如愿以偿。1824 年 5 月 7 日，他在维也纳举行了《D 大调弥撒曲》和《第九交响曲》的首场演出，几乎是盛况空前。音乐会后，贝多芬因为激动而晕了过去。但胜利只是短暂一瞬，贝多芬分文未得！他贫病交加，孤立无援。

9. 死神。贝多芬终于抓住了他终生的目标——欢乐。他是伟大的自由之声。他利用自己的艺术为"可怜的人类""将来的人类"而斗争，为人类造福，给人类以勇气，让人类苏醒。但死神终于来了。1826 年 11 月末，他着凉了，患了胸膜炎。1927 年 3 月 26 日，一个陌生人帮他合上了眼睛。

10. 勇敢。贝多芬绝非只是音乐家中的第一人，他还是那个时代中最勇敢的力量。他是在受苦、在奋斗的人们最伟大和最好的朋友。从他的身上散发出的一种勇气、一种斗争的幸福，传染给当时和后来的人们。他是一个贫困、残疾、孤独、痛苦造就的不幸的人，一个世界不给他欢乐的人，但是，他以自己的苦难铸就欢乐，用苦痛换来欢乐。

平视式的阅读，就是以平等的姿态、平常的心态，去走近主人，去对话心灵。这种不设前提、不贴标签的阅读，往往能得到更细腻、更真实的阅读感受。这不仅不会影响我们对名人、英雄、伟人们的崇敬，相反，我们还可从中获得更多的精神力量和思想启迪。因为，纯净之眼看得更真切，素朴之心想得更明白。

二、米开朗基罗：我的欢乐，就是忧伤

《米开朗基罗传》分为序言、序篇、上篇《斗争》、下篇《放弃》、结束语等几个部分。其中上、下篇又分别有 3 个章节。为尽可能压缩篇幅，关于米开朗基罗，我们只就书中的一些小标题略做解释，具体的内容留待读者去读原著。

1. 序言。主要是作者对英雄的评价和对生命的感叹。比如，"世上只有一种英雄主义：那就是看出世界的本来面目并仍去爱它"，"欢乐与痛苦是两姐妹，它们都是神圣的。它们造就世界，并培育伟大的心灵。它们是力量，它们是生命，它们是神明。若谁不一起爱它俩，那就是既不爱欢乐又不爱痛苦"。

2. 序篇。主要是对米开朗基罗的性格简要介绍。比如，他对家人并不温柔体贴，甚至是毫不留情，但是他爱他们；他几乎是虐待自己，只想夜以继日地干活儿，有时连饭都吃不上，每天只睡几个小时；他情绪悲观，生性多疑，生活在"一种忧伤或者说癫狂之中"；他孤独，自闭，缺乏意志力且性格脆弱；在爱的方面丧失了全部尊严，他瞧不起自己；忧伤与疑虑占着主导，他那双犀利的眼睛启迪、呼唤着人们的同情；看到祖国遭受蹂躏，自由死亡，他十分痛苦。

3. 力量。上篇为《斗争》。1475 年 3 月 6 日，米开朗基罗生于现意大利城市佛罗伦萨附近的卡普莱斯。父亲是一位行政长官，脾气暴烈；母亲在他六岁时去世。13 岁时，他在一个画室当学徒。但他对绘画感到厌恶，转入一所雕塑学校。童年的米开朗基罗身处意大利文艺复兴的中心，他的心灵充满了古代

精神，逐渐成为一位古希腊雕塑家。《半人半马怪与拉庇泰人之战》的浅雕塑具有不屈不挠的力与美，反映出少年米开朗基罗的勇敢心魄。后来，他逃往威尼斯，来到佛罗伦萨，奔向罗马，期间完成了《睡着的爱神》《酒神巴克斯》《哀悼基督》《大卫》等著名雕塑作品。

4. 崩裂。教皇的压迫，家人的搜刮，劳作的艰辛，使米开朗基罗身心俱疲，眼睛弄坏，相貌变丑。他把自己给封闭起来，只在诗里发泄他的情和苦。比如，"阳光普照大地，可我孤独地在黑暗中受煎熬。人人欢快，而我却躺在地上，在痛苦中呻吟，哭泣"。幻灭的苦涩，年华的虚度，希望的破灭，意志的被粉碎，十多年来，他没有一次因为完成了作品、实现了计划而欢乐。

5. 绝望。1527 年，当罗马被攻陷，米开朗基罗站到了起义者的前列，留在了瘟疫和革命肆虐的佛罗伦萨。1529 年 9 月，他开始了逃亡生活，后来险些被列入反叛者名单里。11 月 20 日，他回到佛罗伦萨；23 日，市政议会撤销了对他的指控状，但决定三年内不许他参加大会议。在政治的压力下，米开朗基罗为他曾反对的那些人去工作，比如雕刻《拈手搭箭的阿波罗》；并被迫说谎，被迫奉承。他的思想极其混乱，1531 年 6 月，他病倒了。1532 年，乌尔班公爵代表们和米开朗基罗签订一份合同：三年内另造一座新的陵墓，一应费用由他负责。这份合同，直接导致米开朗基罗生命的破产、人生的破产。1534 年 9 月 23 日，他回到罗马，在那里一直待到去世。他离开罗马 21 年，这 21 年里，他失去了健康、精力和信仰，失去了一个兄弟，失去了父亲。他年已六十，人生似乎已结束了。他孤苦伶仃，他不再相信他的作品了，他怀念死亡……

6. 爱情。从这一段，我们开始进入下篇《舍弃》。无论是对恋人、朋友、亲人，米开朗基罗的爱都是纯粹的，是精神上的。他对卡瓦列里的爱情，一般人都感到困惑，因为卡瓦列里是一个美男子。这位朋友不仅以美貌令他倾倒，道德的高尚也值得他尊敬。1535 年，他结识了维多利亚·科洛娜。自 1538 年秋天起，他俩的关系很亲密，但这种情感全是建立在上帝上面的。其时，他们一个 63 岁，一个 46 岁。他迷恋她那神圣的精神，而她也投桃报李。维多利亚为米开朗基罗的艺术重新打开了信仰的世界。比如，米开朗基罗完成了他的绘画与雕刻的最后大作：《最后的审判》、波利内教堂的壁画和尤利乌斯二世陵寝。

7. 信仰。维多利亚死后的一个月，1547 年 1 月 1 日，72 岁的米开朗基罗被委任为圣彼得大教堂的总建筑师，受命全权负责修造这座建筑物。为了这项神圣的使命，他不接受任何报酬。敌人们联手反对他，他拒绝一切辩论。"八年来，我在各种各样的烦恼与疲惫之中徒劳地损耗自己。"这是他写给侄儿的信，也是他的真心告白。此外，其他的一些建筑工程也占满了他的晚年时光。他的最后一件雕塑《基督下的十字架》，表明了他只是对基督的信仰，而不是对艺术的信仰。他甚至在完成了作品时，又把它毁掉。

8. 孤独。1548 年，他写信给他侄儿时说："我同谁都不说话。"他不仅渐渐地与人类社会隔绝，而且与人类的利害、需求、快乐、思想也都分隔开来了。随着年岁增大，他越发形单影只。当罗马万籁俱寂时，他隐藏在自己的夜间工作中，这是他的一种生命需要。

9. 死亡。1561 年 8 月，他光着脚连续作画三个小时，忽然一阵疼痛，倒在地上，浑身抽搐。几天之后，他又骑马出门，继续完成他的一幅图稿。1564 年 2 月 12 日，他一整天都站着在雕刻《哀悼基督》。14 日，他发烧了。直到他临死前的两三天，他才同意躺在床上。1564 年 2 月 18 日，他终于安息了。他从时间里超脱出来了。

通过这样的梳理，我们大体了解了米开朗基罗的"艺术人生"，还有他的信仰，他的坚强，他的忧伤，也包括他的一些缺点。我们可以从中发现，英雄也并非全人，名人也不尽完美。这也意味着，只要能积极追求，能不断完善，能挖掘潜力，能坚持不懈，我们这些所谓的"常人"，也许都可以大有作为，甚至成为某个领域的精英。

三、托尔斯泰：信仰真理和爱

《托尔斯泰传》共 18 节，分别用数字序号标明。下面，笔者尝试分别用一个关键词进行提炼，并或长或短地做些阐释。

1. 思想。"我们身处作品之中，它是我们的。由于他那炽热的生命，由于他那年轻的心，他是我们的；由于他那嘲讽式的幻灭，由于他那冷峻的洞察力，由于他对死亡的恐惧，他是我们的；由于他对博爱的梦想以及人与人之间的和平相处的梦想，他是我们的；由于他对文明谎言的深恶痛绝，他是我们的；由于他的现实主义及他的神秘主义，他是我们的；由于他的大自然气息，由于他对无形之力的感受，由于他对无限的向往，他是我们的。"作者认为，托尔斯泰心灵的乐声是我们期盼已久的，是我们所需要的。

2. 家庭。托尔斯泰（1828—1910）不满两周岁时，母亲去世；九岁时，父亲去世。兄弟姐妹共5人。两位姑妈对他们的影响最大：镇静和爱，播下信仰的种子。

3. 自省。他坚信，"人类的命运是在不断完善之中的"，"爱与善是幸福，是这个世界上唯一可能的真理"。他记下自己错误的根由：犹豫不决或缺乏魅力；自欺欺人；操之过急；知耻而不改；脾气坏；惶惑；模仿性；心猿意马；不动脑子。这样的"分析"是很真诚的，也是很能打动读者的。

4. 恶魔。他在《日记》中记下了吞食他的三大恶魔：赌瘾；肉欲；虚荣。

5. 发现。1851年—1854年，托尔斯泰在高加索军队中服役并开始写作。他在"信仰声明"中写道："我发现有一种不朽，有一种爱，人为了永远幸福应该为别人而活着。"

6. 战争。1853年11月，俄国对土耳其战争爆发。托尔斯泰被征召，1854年11月7日开拔到塞瓦斯托波尔。他胸中燃烧着激情和爱国心。三篇纪事文章记下了他的真切感受。第一、三两篇以爱国主义为主导，第二篇《1855年5月之塞瓦斯托波尔》则飘忽着一种不可改变的真理，他诅咒那大逆不道的战争，比如"数千个人类的自尊心在这儿相碰撞了，或者在死亡中消失了……""谁是坏人？谁是英雄？大家都是好人，大家又都是坏人……"

7. 退伍。1856年11月，他退伍了。回到俄罗斯，回到亚斯纳亚，他开始关注农民。他创办学校，他游历欧洲，他研究各种不同的教育体系。他明白，真正的民众教育是在学校之外，是通过报纸、博物馆、图书馆、大街、生活等"无意识的学校"或"自发的学校"进行的。

8. 爱情。这一过渡时期，他创作了此前从未创作过的最精粹的作品——

《夫妇间的幸福》（1859）。多年来，他一直是别尔斯家的好友。他曾爱过他家母女四人。但真正爱的是他家的二女儿索菲娅。1862年9月23日，他俩喜结连理。

9. 巨著。在爱情的呵护下，他得以悠然闲适地去创作，在这十多年里，他完成了两部鸿篇巨制：《战争与和平》（1863—1869）和《安娜·卡列尼娜》（1873—1877）。

10. 信仰。托尔斯泰认为，信仰是人生的力量，没有信仰就无法活；信仰不是一门学问，信仰是一种行动。于是，他毅然决然地投身到普通人中间去，因为只有他们才把自己的生命同信仰保持一致。"他明白劳动人民的人生是人生真谛，赋予这种人生的意义就是真理。"他相信基督的教义，但他根本不信基督这个神明，他是一个理智的信奉者，一个理智的神秘主义者。他说，唯一真实的生命是理智的生命。那么，理智的活动是什么呢？他认为，是爱——爱是人唯一的理性活动，爱是最合理最光明的心灵光辉。理智和爱，才是托尔斯泰的信仰。

11. 劳动。1882年1月，他参加了人口普查工作，这使他有机会亲眼看见大城市的贫困状况。《我们该怎么做》（1884—1886）便是此后的作品。他开始以一种类似摄影一样的精确去描述莫斯科的惨状，把他在贫民区或收容所见到的情景如实地描写出来。他勇敢地寻找罪恶的根源。他认为，必须亲手劳动，"以汗水换取面包"。他说："体力劳动根本不会影响智力，相反却能增长智慧，并符合本性的正常需要。身体在劳动中得以强健，艺术更加因之而推进。此外，它能恢复人与人之间的团结。"

12. 夫妻。他们夫妻间的关系越来越紧张。他俩相亲相爱，相敬如宾，但二人无法相互理解。之后，他们不得不彼此分开一段时间。他们重新聚首后，又开始格格不入。

13. 艺术。托尔斯泰第一次向科学和艺术发起冲击是在《我们该怎么做》一书中。"科学和艺术同面包和水一样必不可少，甚至更加必不可少……真正的科学是对使命的认识，因此也就是对所有人的真正福利的认识。真正的艺术就是对使命和所有人的真正福利的认识和表述。"他并非否定科学和艺术，而是"还要以他们的名义驱赶那些兜售神庙的人"。他认为，科学和艺术活动只有在不窃取任何权利而只知义务时才能结出硕果；精神世界只诞生于痛苦与折磨之中；真正的艺术家不会心宽体胖、追求享受、洋洋自得；艺术渗透我们的全部生活，我们称之为艺术的喜剧、音乐、书籍、展览等，只不过是艺术极小的一部分；艺术和语言是人类进步的两个机能，一个是在沟通心灵，另一个是在交流思想；只有致力于团结的艺术才是真正的艺术……

14. 语言。最美的理论只有通过它在其中得以表现的那些著作才能有价值。在托尔斯泰身上，理论和创作如同信仰和行动一样，始终是统一的。他对人民的爱，使他早就尝到了民间语言之美。他说，民间语言能够表达诗人所能表述的一切声音。他从民间语言中，还获得了许多灵感，比如《人靠什么生活》《三老人》和《黑暗的语言》等作品的灵感就源于民间语言。

15. 复活。《复活》可以说是托尔斯泰艺术上的遗嘱。创作时，他已是古稀之年。他凝视世界，凝视着他的人生，他往日的错误，他的信仰，他圣洁的愤怒。

16. 真理。他不属于任何党派，不带任何国家色彩，脱离了把他逐出来的教会，孤军奋战。他理智的逻辑，他信仰的坚定不移，使他"二者必居其一：离开其他人或离开真理"。于是，他脱离了其他人，为的是说出真理。

17. 痛苦。托尔斯泰最大的痛点，是未能把他的信念传达到他最爱的人——他的妻子儿女。他和妻子信仰不一，他和孩子们的隔阂更深。他为这思想上的距离而苦恼。他曾计划离家出走，但他的出逃计划并未实现，因为他很脆弱。直到有一天，绝望顿生，他突然离开了住所，四处流浪，最后在一个无名的小城中一病不起。1910 年 11 月 20 日，他终于"解脱"了。

18. 战斗。托尔斯泰以他的生活为战场的 82 年，是战斗的一生。他振动着两只有力的翅膀翱翔在广袤的天穹上，一只翅膀是理智，另一只翅膀是信仰。他用他心中两种最强的力量——真理与爱——来战斗。托尔斯泰是"我们的良知"，是"我们的兄弟"。

托尔斯泰，博大精深；中俄文化，差异较大；还有语言翻译等方面的障碍，我们阅读《托尔斯泰传》也许有许多地方似懂非懂。这很正常，我们不妨采用"连滚带爬"的方式来尽可能地接近托尔斯泰，来感受他思想的精华。

如果读者能把此文看完，我们对于贝多芬、米开朗基罗、托尔斯泰等名人就会有一种基本的认识。但是，这远远不够，我们还得仔细品读《名人传》，用一种平视的方式去品读（当然，这也许仍会隔靴搔痒）。如果我们还能去欣赏、去品味他们的代表作，比如贝多芬的《田园交响曲》《第九交响曲》等乐章，米开朗基罗的《大卫》《创世纪》等雕刻（图画），托尔斯泰《战争与和平》《安娜·卡列尼娜》等著作，我们便能更真切、更细腻、更深刻地感受他们的思想光辉、他们的爱与智慧。

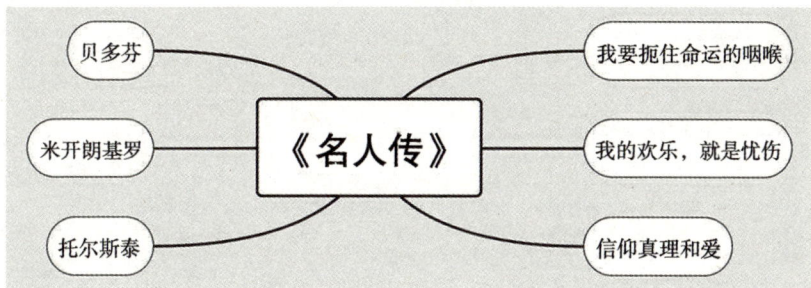

至此，八年级的 12 本名著解读完毕。作为读者的你，哪几本读得较好，哪几本读得不太好呢？

九年级·上册

25 《艾青诗选》：揣摩 "黎明"，品味 "太阳"
　　——初中名著阅读个性化攻略之二十五：品读式

九年级的第一组名著都是诗歌，包括《艾青诗选》《泰戈尔诗选》《唐诗三百首》3 本，三本名著加在一起，便是 "古今中外" 诗歌的代表了。诗歌的阅读，与小说的阅读有一定的区别：小说的阅读，重要的是把握故事情节，分析人物形象，揭示作品主题，尤其长篇小说的阅读，我们大多会采用快读甚至是跳读的方法；而诗歌的阅读，重要的是把握诗歌的意象，品味诗歌的语言，感受诗歌的情感，体会诗歌的理性之美。因此，诗歌的阅读，需要我们能静下来、慢下来，需要我们浅唱低吟、细品慢思。

一、订好计划

凡事预则立，不预则废。厚厚的一本《艾青诗选》拿来，在阅读之前，我们不妨先规划一下：准备多长时间读完。比如，笔者手头的这本，共收录了艾青的 98 首诗歌。准备阅读时，我们可以根据个人实际情况，采用两种方法来规划。

一种是按数量来定量。比如，我们计划每天读 7 首，那么，全书可用两周时间读完；每天读 5 首，全书则需要将近三周的时间来读完。

一种是按年代来定量。比如，第一周，阅读 1932 年至 1937 年的诗歌（共 27 首）；第二周，阅读 1938 年至 1939 年的诗歌（共 21 首）；第三周，阅读 1940 年的诗歌（共 25 首）；第四周，阅读 1941 年至 1978 年的诗歌（共 25 首）。这样，全书阅读需要四周时间来完成。

两种规划各有好处。第一种，可以每天一总结，便于我们 "今日事今日毕"；第二种，便于我们梳理诗人某一创作时期的情感表达、形式表现等方面的特点。

无论选择哪种（不限于上述两种），关键在于落实，也就是一旦订好了计划，我们就应当严格按照计划来执行，不能因为学习或生活上的一些事情、一些困难而拖延或放弃。我们要牢记《明日歌》给予我们的教训："明日复明日，明日何其多？我生待明日，万事成蹉跎。"

二、知人论世

所有的文学作品，都是特定时代的产物。或者说，文学作品是作者与时代所碰撞出来的思想火花。唐诗宋词，明清小说，民国杂文，莫不如此。阅读《艾青诗选》，我们也得从诗人所处的特定年代、所经的人生阅历着手，因为生活是诗歌的创作源头，尤其是一些关键人、一些特别事，往往更能触发诗人的创作灵感和写作激情。

艾青，1910 年 3 月 27 日出生于浙江金华畈田蒋村的一个封建地主家庭，原名蒋正涵。自幼由一位贫苦的被称为"大堰河"的农妇养育到 5 岁。这一段人生经历，在《大堰河——我的保姆》一诗中讲得很清楚。比如：

"我是地主的儿子；也是吃了大堰河的奶而长大了的大堰河的儿子。"

"我是地主的儿子，在我吃光了你大堰河的奶之后，我被生我的父母领回到自己的家里。"

大概是因为这一段特殊的人生经历，艾青自幼便养成了自由叛逆的个性。这种个性在《我的父亲》和《少年行》两首诗里表现得很清晰。比如：

"但是我怫逆了他的愿望，并没有动身回到家乡，我害怕一个家庭交给我的责任，会毁坏我年轻的生命。"

"地主们都希望儿子能发财，做官，他们要儿子念经济与法律；而我却用画笔蘸了颜色，去涂抹一张风景，和一个勤劳的农人。"

"而当我临走时，他送我到村边，我不敢用脑子去想一想他交给我和希望的重量，我的心只是催促着自己：'快些离开吧——这可怜的田野，这卑微的村庄，去孤独地漂泊，去自由地流浪！'"

"父亲把大洋五块五块地数好，用红纸包了交给我而且教训我！而我却完全想着另外的一些事，想着那闪着强烈的光芒的海港。"

当然，这种叛逆，不仅仅是对家庭、对父亲的叛逆，更多的却是对时代的"叛逆"。

1928 年中学毕业后，艾青考入国立杭州西湖艺术院，并在林风眠校长的鼓励下到巴黎勤工俭学，学习绘画，接触欧洲现代派诗歌——这便是上文提到的"我却用画笔蘸了颜色……"，其间还创作了《当黎明穿上了白衣》《阳光在远处》等诗歌。这两首诗，差不多都是纯粹的自然景色的描写，显得清新而轻松。

1932 年初回国，艾青在上海加入中国左翼美术家联盟，从事革命文艺活动，但不久被捕。在狱中，他写下了《窗》《透明的夜》《大堰河——我的保姆》《芦笛》《马赛》《铁窗里》《画者的行吟》《我的季候》《黎明》《九百个》《晨歌》《小黑手》等诗篇。这些诗歌，大多是表现对黑暗的诅咒和对自由的渴望。

1935 年出狱，翌年出版了第一本诗集《大堰河》。抗日战争爆发后，艾青任《文艺阵地》编委、育才学校文学系主任等，写下了《梦》《春雨》《太阳》《煤》《春》《黎明》《复活的土地》《他起来了》《雪落在中国的土地上》《向太阳》《我爱这土地》等诗篇。这一阶段的作品，主要表现对祖国命运的忧患，表达自己的战斗激情。

1941 年 3 月，艾青奔赴延安，任《诗刊》主编。此时，他深受全国人民抗日精神的感染，写下了《我的父亲》《少年行》《秋天的早晨》《时代》《太阳的话》《给太阳》《河边诗草》《献给乡村的诗》等作品。这个期间的诗歌，一方面歌颂革命根据地的新生活，另一方面则通过诗作呼唤人们投入战斗，心怀理想，创造幸福。

1949 年后，艾青满怀激情，用诗作迎接新时代，比如《新的时代冒着风雪来了》《礁石》《启明星》《鸽哨》《帐篷》等。这时候的作品主要是歌颂新时代，建设新社会。同时，因为经常出国访问，也有一些国际题材的作品，比如《给乌兰诺娃》《年轻的母亲》《写在彩色纸条上的诗》等。

1957 年被错划为右派，艾青蛰居新疆长达 18 年之久，直到 1976 年重新执笔。此时，虽然年近古稀，但诗人重新进入了一个创作高潮期，比如《鱼化石》《光的赞歌》等。这一时期的作品，是诗人历经沧桑后的生命感悟与豁达。1985年，艾青获法国文学艺术最高勋章。他的创作一直持续到1988年才慢慢停止。

1996年5月5日，艾青因病逝世，享年86岁。艾青的一生，是创作的一生，是战斗的一生。有人将他的诗歌绘制了一个"思维坐标"，我们不妨参照阅读，并将其补充完整。

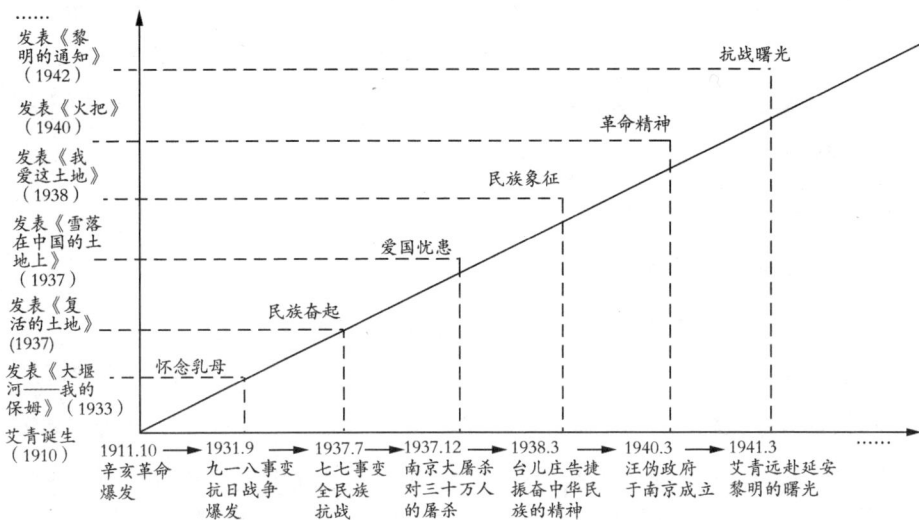

三、揣摩意象

"意""象""言"，是文学作品的"三维码"。创作文学作品，是作者将心中之"意"，首先转换成意中之"象"，然后再形成笔下之"言"的过程；而欣赏文学作品，则是根据作者的笔下之"言"和文中之"象"，来体察作者心中之"意"的过程。当然，我们通常把"意""象"二字联合成"意象"一词来表达。

所谓意象，简单地说，就是寓"意"之"象"，也就是把主观的"意"和客观的"象"相结合。这种意象，实际上就是融入作者思想感情的"物象"，即含有某种特殊含义或文学意味的具体形象。从诗歌的标题，我们可以看到，"黎明""土地""太阳"是艾青常用的意象。

1. 黎明。包括《当黎明穿上了白衣》《黎明》（2 首）、《黎明的通知》等。我们以《黎明的通知》为例，略做分析。

> 为了我的祈愿
>
> 诗人啊，你起来吧
>
> 而且请你告诉他们
>
> 说他们所等待的已经要来
>
> 说我已踏着露水而来
>
> 已借着最后一颗星的照引而来
>
> 我从东方来
>
> 从汹涌着波涛的海上来
>
> 我将带光明给世界
>
> 又将带温暖给人类
>
> 借你正直人的嘴
>
> 请带去我的消息
>
> ……

在这首诗里，"黎明"是什么？黎明是白日的先驱，是光明的使者，是温暖的阳光，是希望的田野。结合时代背景，我们可以知道，"黎明"在诗中象征革命的胜利，全国的解放。

2. 土地。包括《死地》《复活的土地》《雪落在中国的土地上》《我爱这土地》《我们的田地》《低洼地》《土地》《狂野》等。下面我们以《我爱这土地》为例分析"土地"这个意象。

> 假如我是一只鸟，
>
> 我也应该用嘶哑的喉咙歌唱：
>
> 这被暴风雨所打击着的土地，
>
> 这永远汹涌着我们的悲愤的河流，
>
> 这无止息地吹刮着的激怒的风，
>
> 和那来自林间的无比温柔的黎明……
>
> ——然后我死了，

连羽毛也腐烂在土地里面。

为什么我的眼里常含泪水?

因为我对这土地爱得深沉……

——一九三八年十一月十七日

在这里,诗中的意象有许多,首先是鸟,一只用嘶哑的喉咙歌唱的鸟,一只连羽毛也腐烂在土地里面的鸟,一只眼里常含着泪水的鸟;其次是土地,被暴风雨所打击着的土地,永远汹涌着我们的悲愤的土地。这里的意象还有河流、风和黎明等。土地是什么? 土地是家园,土地是祖国,土地是生于斯、歌于斯、葬于斯的永恒皈依。诗人借这些意象,表达了作者身为一个中国人应有的一种刻骨铭心、至死不渝的爱国之情。

3. 太阳。包括《阳光在远处》《太阳》(2 首)、《向太阳》《太阳的话》《给太阳》等。下面,我们以《太阳》(1937 年)为例,来看看"太阳"的含义。

从远古的墓茔/从黑暗的年代/从人类死亡之流的那边/震惊沉睡的山脉/若火轮飞旋于沙丘之上/太阳向我滚来……

它以难掩的光芒/使生命呼吸/使高树繁枝向它舞蹈/使河流带着狂歌奔向它去

当它来时,我听见/冬蛰的虫蛹转动于地下/群众在旷场上高声说话/城市从远方/用电力与钢铁召唤它

于是我的心胸/被火焰之手撕开/陈腐的灵魂/搁弃在河畔/我乃有对于人类再生之确信

——一九三七年春

1937 年,中国处于大变革的历史时期。此时,两股力量相互较量。一方是国民党反动派与外国侵略者同流合污,要把中国推入黑暗深渊;一方是革命者与人民群众要打碎这个黑暗迂腐的旧世界,建立一个光明自由的新时代。该诗把中国革命的历史潮流比作"太阳",赋予恢宏的气势,磅礴的力量,以此表明历史的车轮是无法阻挡的,光明的未来是必将到来的。在阳光的照耀下,"冬蛰的虫蛹转动于地下/群众在旷场上高声说话",意味着中国已开始进入万

物复苏、人民自由的历史阶段。作者借"太阳"这一意象，来讴歌时代，呼唤同胞，一起投入革命，拥抱未来。

此外，诗人还把"窗""月""雨""煤""雪""桥""村庄""火把"等事物作为意象，以此来表达自己在特定时期的某种情思。这里不做细说，读者可结合具体诗歌自我品析。

四、品味语言

艾青的诗，总体来说比较好懂。因为许多诗篇都是以叙事为主，而且语言也比较直白；诗人所用的意象，从上文可以看出，也比较明朗。作为整本书的阅读，我们也许不太可能把每首诗都拿来细细品味，但应当把自己比较心动的诗句，或是比较有感的词语，做一些勾画与批注，这对我们提升语文素养，提升审美情趣，是很有帮助的。

品味语言，我们可以从两个方面着手：一是分析手法（修辞手法、表达方式、写作技法等）的作用，二是体会词句的精妙。下面，我们以《街》为例，略做点评。

> 我曾在这条街上住过——
>
> 同住的全是被烽火所驱赶的人们；
>
> 女的怀着孕，男的病了，老人呛咳着
>
> 老妇在保育着婴孩……

（点评：烽火，即战争。运用排比的手法，客观描摹因为战争让女的、男的、老人、老妇们一个个背井离乡，饱受折磨，使得这条街满眼都是老弱病残，毫无生机。）

> 每个日子都在慌乱里过去；
>
> 无数的人由于卡车装送到这小城，
>
> 街上拥挤着难民，伤兵，失学的青年，
>
> 耳边浮过各种不同的方言；

（点评："慌乱"一词点出了当时人们的普遍心理状态；"各种不同的方言"表明难民、伤兵、失学的青年来自四面八方，也就是说战争并非某个局部。)

　　　　街变了，战争使它一天天繁荣：

　　　　两旁摆满了各式各样的货摊，

　　　　豆腐店改为饭店，杂货铺变成了旅馆，

　　　　我家对面的房子充作医院。

　　(点评："繁荣"一词耐人寻味，街道貌似繁荣，实则不堪，繁荣乃是一种假象。"货摊""饭店""旅馆""医院"这一组排比，渲染了这条街的杂乱无章；尤其是"医院"句表明了难民们已是伤痕累累。)

　　　　一天，成队黑翼遮满这小城的上空，

　　　　一阵轰响给这小城以痛苦的痉挛；

　　　　敌人撒下的毒火毁灭了街——

　　　　半个城市留下一片荒凉……

　　(点评："成队黑翼"，借指敌人战机，一个"黑"字令人恐怖；"痛苦的痉挛"，运用拟人的手法，写出了这座小城被轰炸后深受重创；一个"撒"字表明了敌人的心狠手辣。)

　　　　看：房子被揭去了屋盖，

　　　　墙和墙失去了联络，

　　　　井被塞满了瓦砾，

　　　　屋柱被烧成了焦炭。

　　(点评：一组排比句，渲染了小城被敌机轰炸后，残垣断壁，惨不忍睹；揭示了战争给人们带来的深重灾难。)

　　　　人们都在悲痛中散光了，

　　　　(谁愿意知道他们到哪儿去？)

　　　　但是我却看见过一个，

　　　　那曾和我住在同院子的少女——

　　(点评：括号里的一个反问句，道出了战火中的人们十分无奈：谁愿意知道他们到哪儿去呢？他们又能到哪儿去呢？该节的后两句留下了悬念。)

　　　　她在另一条街上走过，

那么愉快地向我招呼……

——头发剪短了，绑了裹腿，

她已穿上草绿色的军装了！

（点评："愉快"似乎与当时的情势有些反常，但让人精神振奋；再通过外貌的描写，表现了这位刚刚参军入伍的女兵良好的精神状态。）

这首诗，通过对一条街、一座城、一群人的刻画，表现了战争给桂林、给中国留下了满目疮痍，给老百姓造成了深重灾难。这种写作方法，便是"以小见大"，给读者留下了无限的想象空间，让读者对敌人怀有深深的痛恨之情。该诗的最后一节，其实也是在"以小见大"，从一个新女兵的身上，体现出中国工农革命军的昂扬斗志和蓬勃朝气。

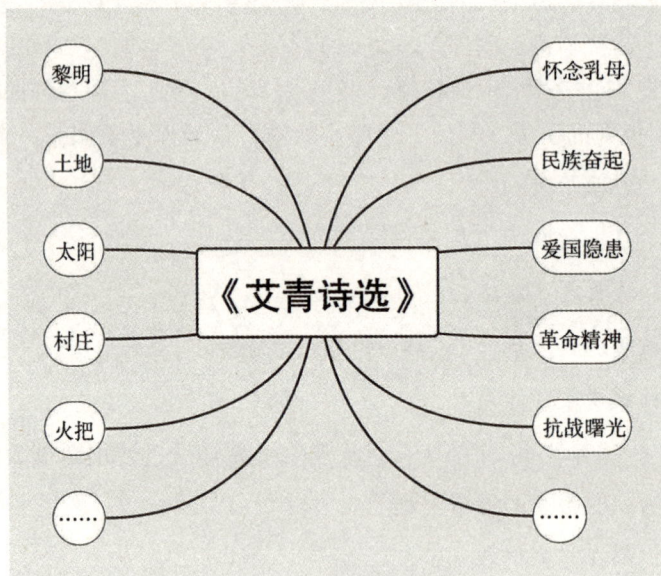

黎明　　怀念乳母
土地　　民族奋起
太阳　《艾青诗选》　爱国隐患
村庄　　革命精神
火把　　抗战曙光
……　　……

好了，下一篇，我们一起走进《泰戈尔诗选》。

26 《泰戈尔诗选》："新月"曲如眉，"飞鸟"相与还

——初中名著阅读个性化攻略之二十六：区分式

"泰戈尔是一个人格洁白的诗人"，"一个怜悯弱者，同情于被压迫人们的诗人"，"一个鼓励爱国精神，激起印度青年反抗英国帝国主义的诗人"。

——中国现代著名作家、文学评论家茅盾

茅盾对印度诗人泰戈尔的评价，是很真诚的，很朴素的，同时也是很高端的。泰戈尔也是受之无愧的。

我们先看诗人简介。泰戈尔，1861 年 5 月 7 日生于印度孟加拉省加尔各答市的一个开明地主家庭。他在文学方面的修养得益于家庭环境的熏陶，更得益于个人的自学。1875 年，泰戈尔发表第一首长诗《野花》。1878 年赴英留学，他首先学习法律，后来转入伦敦大学学习英国文学，研究西方音乐。1880 年回国，专门从事文学创作。1884 年，他听从父命到乡下经营祖上的田产，正好在那里观察乡村自然，并熟悉底层人民的生活。1901 年，他在圣地尼克坦创办了一所小学，这所学校后来发展成著名的国际大学。1905 年，他投身于反对英国殖民者分裂孟加拉国的民族运动，写出了许多爱国主义诗篇。1913 年，出版《吉檀迦利》英译本，并因此获得诺贝尔文学奖。1919 年，印度发生"阿姆利则惨案"，英国军队开枪打死 1000 多平民。泰戈尔挺身而出，义正词严地给印度总督写信抗议，并声明放弃英国国王给他的"爵士"称号……1941 年 8 月 7 日，泰戈尔病逝于加尔各答，享年 80 岁。

我手头的这本由人民文学出版社出版的《泰戈尔诗选》，共录入诗人的五部诗集。鉴于诗集之间的内容与风格均有一定的区别，故建议读者采用"区分式"的阅读方法。下面，分别简要说明。

一、《故事诗》：概括情节，体会英雄之勇

"讲个故事，讲个故事吧！悠久的往世啊，在这无尽的长夜里，为什么只沉默地呆坐着呢？讲个故事，讲个故事吧！"《故事诗》是泰戈尔前期诗歌创作的一部诗集。诗集收入诗歌 24 首，并有序诗一首。故事大体分为四组：佛教故事、印度教故事、锡克教故事和马拉塔及拉其斯坦的英雄故事。既然有"故事"，我们当然要概括其情节，并体会诗中英雄情怀。

例 1.《无上布施》

　　"我用佛陀的名义请你布施，

　　喂！世人们，谁是醒着的？"

　　给孤独长者以低沉的语调

　　——庄严地呼唤

该诗讲的是佛的大弟子"给孤独长者"在城市行乞，他不要珠宝商们的一捧捧珍宝，不睬财主们的一盘盘黄金，却高举双臂带走了贫穷妇人身上裹着的唯一的破布衣，并将其献在释迦佛的脚底。

这是为什么？"大千世界上一切宗教里，施舍最第一。"贫妇施舍的，不仅是一件衣物，而是心中的一片虔诚和敬仰；只有她才真正理解佛陀的心意，践行佛陀的教法。显然，贫妇是执着的，也是勇敢的。

例 2.《被俘的英雄》

　　俘虏们一个个

　　高呼着："万岁古鲁琪"

　　在刽子手的刀下

　　从容就义。

　　一天一夜里，

　　一百个英雄的

　　一百个头颅落了地。

这是一个锡克教故事。该诗讲的是，在莫卧儿军队的残酷镇压下，锡克英雄们与敌军交战，鲜血洒遍五河岸边，七百个英雄连同他的首领般达成了俘

虏。七天七夜的奋战里，七百个英雄从容就义。首领般达和他的儿子，面对死亡毫无惧色，高呼"古鲁琪万岁！""胜利，古鲁琪！"

"生与死只是脚下的奴仆，精神上再没有烦恼痛苦。"为了自由，为了真理，被俘的锡克英雄们，英勇顽强，视死如归。

二、《吉檀迦利》：虔心品读，感悟人神之爱

吉檀迦利，意思是"献歌"，因此这部诗集的名字可意译为"献歌集"。诗集共收录了103首诗。这部诗集，是诗人献给一位神的：诗中被称为"主人""朋友""父亲""国王"的"神"。需要注意的是，这里的神，是一位具有人格的宗教神——"梵"。泰戈尔认为，人的灵魂与宇宙精神具有实质的同一性，达到"梵我一如"是诗人追求的最高精神境界。阅读这部诗集，我们要保持一颗虔诚的心，用心品味诗人对祖国、对人民的赤诚之心，对自然、对人生、对欢乐、对光明的深情赞美和深沉感悟。

例3.《吉檀迦利》之三

我不知道你怎样地唱，我的主人！我总在惊奇地静听。

你的音乐的光辉照亮了世界。你的音乐的气息透彻诸天。你的音乐的圣泉冲过一切阻挡的岩石，向前奔涌。

我的心渴望和你合唱，而挣扎不出一点声音。我想说话，但是言语不成歌曲，我叫不出来。呵，你使我的心变成了你的音乐的漫天大网中的俘虏，我的主人！

诗人在这里把心中的神称为"主人"。诗句运用通感、排比的手法，把主人音乐的光辉、气息、圣泉写得具体可感。主人的音乐是那么光亮，那么有力量。"我的心渴望和你合唱""我想说话""我的心变成了你的音乐的漫天大网中的俘虏"，真切地表达了诗人"梵我一如"的精神追求。

例4.《吉檀迦利》之八

那穿起王子的衣袍和挂起珠宝项链的孩子，在游戏中他失去了一切的快乐；他的衣服绊着他的步履。

为怕衣饰的破裂和污损，他不敢走进世界，甚至于不敢挪动。

母亲，这是毫无好处的，如你的华美的约束，使人和大地健康的尘土隔断，把人进入日常生活的盛大集会的权利剥夺去了。

在这里，诗人把心中的神比作母亲。诗人借王子之口，表达了他的一种愿望：不要给孩子过多的束缚，要让孩子无拘无束地玩耍，开心快乐地亲近大自然。

例5.《吉檀迦利》之十一

把礼赞和数珠撇在一边吧！你在门窗紧闭幽暗孤寂的殿角里，向谁礼拜呢？睁开眼你看，上帝不在你的面前！

他是在锄着枯地的农夫那里，在敲石的造路工人那里。太阳下，阴雨里，他和他们同在，衣袍上蒙着尘土。脱掉你的圣袍，甚至像他一样地下到泥土里去吧！

超脱吗？从哪里找超脱呢？我们的主已经高高兴兴地把创造的锁链戴起；他和我们大家永远连接在一起。

从静尘里走出来吧，丢开供养的香花！你的衣服污损了又何妨呢？去迎接他，在劳动里，流汗里，和他站在一起吧。

这首诗，应该是诗人和那些在幽暗孤寂的殿角里向上帝礼拜的贵族们之间的心灵对话。在诗人心里，上帝永远和农夫、工人等劳动人民在一起。诗句里表达了作者对身处静尘、供养香花的贵族们的鄙夷，而对辛勤劳动、忘我工作的劳动者们赋予崇高的敬意。从某种程度上说，劳动人民即是上帝。

诗无达诂。尤其是这种富有宗教色彩的诗篇，不同的读者会有不同的理解。这样，我们便可以从自我的人生阅历出发，进行属于自我的"个性化解读"。

三、《园丁集》：爱情切入，感受青春之美

《园丁集》是一部关于爱情和人生的英文抒情诗集，共收录诗歌85首，初版于1913年。如果说《吉檀迦利》主要表现的是人与神之间的精神之爱，那么《园丁集》表现的则是男女之间的两性情爱；如果说《吉檀迦利》带有宗教气息，那么《园丁集》则表现出更多的世俗生活。这些诗中，有初恋的

羞涩，有相思的忧郁，有等待的焦急，还有生离死别的痛苦。诗人融入自己对青春的感受，真切而细腻地描述了恋爱中男女的幸福与忧伤。诗人在品味青春、品味爱情、品味人生的同时，又进行了理性而深刻的思考。

例6.《园丁集》之六（节选）

驯养的鸟在笼里，自由的鸟在林中。

时间到了，他们相会，这是命中注定的。

自由的鸟说："呵，亲爱的，让我们飞到林中去吧。"

笼中的鸟低声说："到这里来吧，让我俩都住在笼里。"

自由的鸟说："在栅栏中间，哪有展翅的余地呢？"

"可怜呵，"笼中的鸟说，"在天空中我不晓得到哪里去栖息。"

……

诗人运用象征的手法，通过"驯养的鸟"和"自由的鸟"的对话，表现了一对恋人因身份的差异而无法"比翼齐飞"的悲剧。诗人对"驯养的鸟"尤为惋惜："在天空中我不晓得到哪里去栖息""可怜的我呵，我不会唱林野之歌""我的翅翼是无力的，而且已经死去了"。没有自由，便没有方向；没有自由，便没有歌唱；没有自由，便没有力量；没有自由，最终也没有爱情。

例7.《园丁集》之三十五

只恐我太容易认得你，你对我要花招。

你用欢笑的闪光使我目盲来掩盖你的眼泪。

我知道，我知道你的妙计，

你从来不说你所要说的话。

只恐我不珍爱你，你千方百计地闪避我。

只恐我把你和大家混在一起，你独自站在一边。

我知道，我知道你的妙计，

你从来不走你所要走的路。

你的要求比别人都多，因此你才静默。

你用嬉笑的无心来回避我的赠予。

我知道，我知道你的妙计，

你从来不肯接受你想接受的东西。

该诗所写的，应该是一对初恋男女之间的爱情。他们相互倾慕，而又故意躲闪；相互吸引，而又故意回避。对方（特别是女性）的"花招"与"妙计"，其实就是一种初恋的娇羞和含蓄、怀疑与试探。初恋，在诗人的笔下写得尤为细腻、真切，耐人寻味。

四、《新月集》：回味童心，体验母子之爱

《新月集》是一部以儿童生活和情趣为主旨的散文诗集，共 40 首。郑振铎说："我喜欢《新月集》，如我之喜欢安徒生的童话。""它把我们从怀疑、贪婪的罪恶的世界，带到秀嫩天真的儿童的新月之国里去。它能使我们重复回到坐在泥土里以枯枝断梗为戏的时代；它能使我们在心里重温着在海滨以贝壳为餐具，以落叶为舟，以绿草上的露点为圆珠的儿童的梦。"显然，《新月集》充满着童真、童趣、童梦。让我们带着一颗童心，走进《新月集》吧。也许，在这里，儿童更能成为儿童，成人更能读懂儿童。

例 8. 《孩童之道》（节选）

孩子有成堆的黄金与珠子，但他到这个世界上来，却像一个乞丐。

他所以假装这样子来，并不是没有缘故。

这个可爱的小小的裸着身体的乞丐，所以假装着完全无助的样子，便是想要祈求妈妈的爱的财富。

孩子在纤小的新月的世界里，是一切束缚都没有的。

他所以放弃了他的自由，并不是没有缘故。

他知道有无穷的快乐藏在妈妈的心的小小一隅里，被妈妈亲爱的手臂拥抱着，其甜美远胜过自由。

《孩童之道》蕴含的内容很丰富，我们可以认为它表达了对母爱的崇高礼赞，也可以认为它抒发了孩童对妈妈深挚的爱恋，甚至还可以认为它表现了对

人世间真善爱的热烈追求。其中，最为直接的，应当还是孩童对妈妈的依恋。比如，"他爱把他的头倚在妈妈的胸间，他即使是一刻不见她，也是不行的""所以假装这完全无助的样子，便是想要祈求妈妈的爱的财富"。在妈妈的怀里，"孩子永不知道如何哭泣。他所住的是完全的乐土"。原来，"孩童之道"就是所有的撒娇、谎言、乞求，都是为了得到妈妈的怜爱。

细心的读者应当还会发现，诗中有这样一句话："孩子在纤小的新月的世界里，是一切束缚都没有的。""新月的世界"是什么呢？应该是"被妈妈亲爱的手臂拥抱着"吧。《新月集》这个诗集名称中的"新月"二字，大概就是这个含义。

例 9.《最后的买卖》（节选）

早晨，我在石铺的路上走时，我叫道："谁来雇用我呀。"

皇帝坐着马车，手里拿着剑走来。

他拉着我的手，说道："我要用权力来雇用你。"

但是他的权力算不了什么，他坐着马车走了。

……

太阳照耀在沙地上，海波任性的浪花四溅。

一个小孩坐在那里玩贝壳。

他抬起头来，好像认识我似的，说道："我雇你不用什么东西。"

在这个小孩的游戏中做成的买卖，使我成了一个自由的人。

"谁来雇用我呀。"在孩子眼里，皇帝的权力算不了什么，老人的金钱打动不了他，美人的微笑也黯然失色，唯有一个小孩的贝壳和他做成了"最后的买卖"，使他"成了一个自由的人"。这正如鲁迅先生所说的那样："游戏是儿童最正当的行为，玩具是儿童的天使！"没有什么比玩具和游戏更能吸引儿童的了。

五、《飞鸟集》：品读自然，体察哲理之妙

《飞鸟集》是一部富于哲理的格言诗集，共收录 325 首。这些诗大多取材于极其常见的事物，比如小草、落叶、飞鸟、瀑布、星辰、河流等。阅读

《飞鸟集》，我们可以针对一些诗句，想一想其中所蕴含的哲理。

例10.《飞鸟集》之一

夏天的飞鸟，飞到我窗前唱歌，又飞去了。

秋天的黄叶，它们没有什么可唱，只叹息一声，飞落在那里。

——一年四季，春夏秋冬，大自然就是这样循环往复。遵循自然之道，无须恋夏悲秋。

例11.《飞鸟集》之六

如果你因失去了太阳而流泪，那么你也将失去群星了。

——不必为已经失去的东西而过于悲伤。上帝关上了一扇门，也许会打开一扇窗。前方，总会有无边的风景。

例12.《飞鸟集》之二十

我不能选择那最好的。

是那最好的选择我。

——生活中的一些"选择"，本无所谓好与不好。既然已经做了"选择"，就把这个"选项"尽可能演绎得更完美一些。

例13.《飞鸟集》之二十五

人是一个初生的孩子，他的力量，就是生长的力量。

——人生的意义，在于不断地生长，努力地成长。

例14.《飞鸟集》之三十六

瀑布歌唱道："我得到自由时便有歌声了。"

——自由，乃生命之歌。人需要自由，但自由不可泛滥。

例15.《飞鸟集》之四十六

神从创造中找到他自己。

——创造，是人成为万物之灵的根本原因。因为创造，神便化成了人，人便成了神。

无须更多列举。每一个读者，都可以根据自己的生活阅历和理解能力，给其中一些诗句尝试写一两句点评，以此揭示其中所蕴含的"哲理"。言之有理，即是"标准"；自圆其说，即是"答案"。

注：本文标题两句，分别出自五代词人牛希济《生查子》："新月曲如眉，未有团圆意。"东晋诗人陶渊明《饮酒·其五》："山气日夕佳，飞鸟相与还。"

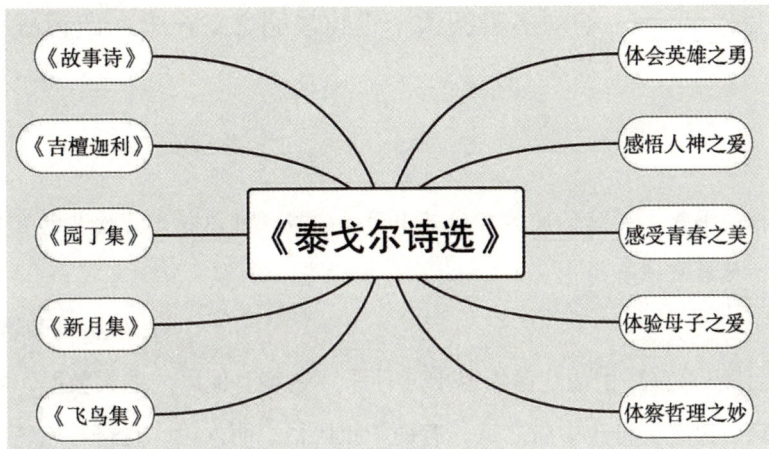

```
《故事诗》                              体会英雄之勇

《吉檀迦利》                            感悟人神之爱

《园丁集》          《泰戈尔诗选》       感受青春之美

《新月集》                              体验母子之爱

《飞鸟集》                              体察哲理之妙
```

下一篇，我们一起吟诵《唐诗三百首》。

27 《唐诗三百首》： 熟读精思， 融会贯通
——初中名著阅读个性化攻略之二十七：四读式

大抵观书先需熟读，使其言皆若出于吾之口；继以精思，使其意皆若出于吾之心，然后可以有得尔。

——朱熹《读书之要》

《唐诗三百首》由清代蘅塘退士（孙洙）选编。他以"温柔敦厚"的诗教为出发点，遴选了符合中庸之道，有助于正风俗、明人伦，且符合唐诗精神的诗歌 316 首（有的版本略少），按照诗歌体裁的不同，分为古诗、乐府、绝句、律诗，然后在每个类别下将诗人作品分别按照年代先后编排。该书收录了 77 位诗人的作品，诗作数量以杜甫诗最多，有 38 首，王维诗 29 首，李白诗 27 首，李商隐诗 22 首。

一、他山之石，可以攻玉

"熟读唐诗三百首，不会作诗也会吟。"无论是唐诗还是宋词，都需要我们在反复吟诵中人文人情，在音韵的抑扬顿挫中去感受作者的思想感情和审美情趣。也正是在这种吟诵和体验中，我们每一个中国人都在不知不觉中完成各自的生命成长。

熟读成诵，是阅读此书的基本方法。但若是一味地死记硬背，一定会让人感到枯燥和厌倦。为此，我们不妨先了解和借鉴一下《中国诗词大会》几位总冠军学习古诗词的心得与方法。

殷怡航：《中国诗词大会》第一季（2016）总冠军。她的父母都很爱古诗词，从小给她讲的睡前故事，大都是些成语典故和诗词歌赋。她说："那时候，农村就像一幅优美恬静的田园画，在那种环境里，很容易让我脑海里闪过

诸如'牧童骑黄牛，歌声振林樾''空山新雨后，天气晚来秋'这些优美的诗词意境来。所以，从小我就对古诗词有着与生俱来的偏爱。"

武亦姝：《中国诗词大会》第二季（2017）总冠军。武亦姝说，她从小喜爱读诗词，只要一聊到古诗词她就会抑制不住地兴奋："我觉得古诗词里有很多现代人给不了我的感觉。比赛结果都无所谓，只要我还喜欢诗词，只要我还享受诗词带给我的快乐，就够了。"

雷海为：《中国诗词大会》第三季（2018）总冠军。"读诗、背诗于我而言是一件非常快乐的事情。每当吟诵起古人那些优美的诗句，心里总是无比舒畅。"送外卖的路上，在等餐或者休息的时候，"我会把随身携带的《唐诗三百首》拿出来看，这样一单外卖送到了，一首诗也背会了，心里特别高兴"。

陈更：《中国诗词大会》第四季（2019）总冠军。"我的方法是多思考，不要依赖于生理记忆。早读的时候，读到'两个黄鹂鸣翠柳，一行白鹭上青天'，读了100遍，你会觉得好顺，于是把它记下来了。但是，过两天可能就意识模糊了。那你得怎么记呢？你得知道，杜甫是一个很善于色彩搭配的人。他让黄鹂配翠柳，让白鹭配青天，它不是高天，不是云天，不是白天，不是夕阳天，它就是青天，它是有道理的。你看，'梨花淡白柳深青'，白色配青色，这是一种中国艺术里讲究藏而不露的，很高雅很古典的美学修为。如果记住了这个，下次再犹豫'一行白鹭上什么天'的时候，你就不必依赖于自己的生理记忆，而是像设置一个提醒一样，记下来。所以，我觉得，学诗需要多思考。"

彭敏：《中国诗词大会》第五季（2020）总冠军。彭敏生长于湖南的一个小山村，没有诗词古文的家学渊源，但他从小喜爱古诗词。谈到怎样才能学好古诗词，他坦言，熟读和背诵是秘诀，而理解诗词含义是第一步。对他童年影响最大的是《唐诗三百首》《宋词三百首》和《古文观止》。他说自己在读诗词的过程中，揣测到诗人的性格对其人生的影响，如从苏轼身上学到乐观、旷达、永不屈服的精神等。

从上面五位诗词达人的学诗心得中，我们可以看到，学习古诗词首先是喜爱，他们认为读诗、背诗很快乐，而不是把它作为一种学习任务来完成；第二，勤思考，善联想，也就是在理解的基础上来学习和记忆古诗词。当然，他们的成功与从小家庭环境的熏陶也是密不可分的。

我们学习古诗词，阅读《唐诗三百首》，更多的人并非为了参加《中国诗词大会》。如果能从中丰厚人文素养、提高审美情趣、获得生命启迪，这便是一件一举多得的大好事。正如王崧舟教授所说："国学之美，美在境界，美在德操，美在悲悯。多读国学经典可以在学生内心种下文化的种子，是传统的、纯粹的、正宗的中国文化种子，等这颗种子发芽时，便是我们期待的'成人之美'。"

二、一诗四读，入情入境

三百多首诗，要阅读，要理解，要记忆，可不是一件容易的事。如果意志不坚定，必然会半途而废。因此，我们在阅读之前要根据各人实际情况进行整体规划。比如，我们计划用一个月的时间读完，那么每天需读 10 首；或者每天阅读 15 个页码（以笔者手中的这本江苏凤凰文艺出版社的版本为例）。阅读过程中，我们还可以从实际出发，在时间、阅读量等方面适当进行调整。

版本的选择也很重要。为便于阅读，我们应当选择那种有注释、有译文、有赏析的《唐诗三百首》来阅读。

需要注意的是，无论版本是怎样的"无障碍"，最关键的还是作为读者的我们要调动眼口脑手，发挥我们的聪明才智，在联想的基础上来理解，在理解的基础上来记忆：尽可能地把每一首诗都转化成一个个生动的人物，一桩桩具体的事件，一幅幅动态的画面。这样，这些诗句便慢慢地"皆若出于吾之口"，乃至"皆若出于吾之心"了。

著名特级教师余映潮老师的古诗"四读"法——吟读、译读、背读、说读，是一种不错的学习古诗方法。下面，笔者以李白的一首五言古诗为例，略作说明。

下终南山过斛斯山人宿置酒

李白

暮从碧山下，山月随人归。

却顾所来径，苍苍横翠微。

相携及田家，童稚开荆扉。

绿竹入幽径，青萝拂行衣。

欢言得所憩，美酒聊共挥。

长歌吟松风，曲尽河星稀。

我醉君复乐，陶然共忘机。

吟读：与诗人相遇。吟读，也就是用抑扬顿挫的声调有节奏地读。吟读，是表现出一定音乐美的有声语言。在这一环节，读者首先要解决生字读音和节奏划分的问题，包括诗题"下/终南山/过/斛（hú）斯山人/宿/置酒"。该诗为五言古诗，吟读节奏可采用"二三式"；同时，还应注意读音的轻重，比如"暮从/碧山下，山月/随人归"。重音的把握，读者可根据自己的理解，把需要强调的词语读得稍重一些，或将其拖得稍长一些。

译读：与诗人同行。读者可根据注释自我意译，或直接把原文与译文对照着朗读或默读。"与诗人同行"，意味着一边译读，一边想象着画面，仿佛此刻，诗人即我，我即诗人。也就是尽可能全身心地进入诗句所描绘的情境乃至意境之中。比如这首诗，我们可以这样译读：傍晚时，我从终南山上走下来，山月也随着行人一同归去；我不时回望来时的山间小路，暮色苍茫，小路仿佛横卧在青翠的山坡上。我路遇一斛斯山人（隐士），与他携手同去他家，孩子高兴地打开了柴门……

背读：品诗人笔法。所谓"品诗人笔法"，就是品味诗人在谋篇布局、遣词造句、抒情说理等方面的精妙所在。比如该诗在谋篇布局方面，起承转合颇有章法。1～4句为"起"，交代暮行之事，扣诗题中"下终南山"四字；5～8句为"承"，写"及田家"所见，扣诗题中"过斛斯山人"五字；9～12句为"转"，叙在"田家"饮酒经过，扣诗题中"宿置酒"三字；最后两句为"合"，"醉"与"酒"合，"乐"与"醉"合，表达诗人"陶醉忘机"之情。诗人在遣词造句方面也很有讲究，比如全诗以"暮"开首，"暮"字挑起了"山月"和"苍苍"，"下"字挑起"随人归"和"却顾"，"碧"字又照应"翠微"；同时，"碧山""山月""苍苍""翠微""田家""童稚""荆扉"

"绿竹""幽径""青萝""欢言""美酒""长歌""松风""河星""陶然"等双音节词语的运用，使全诗色彩鲜明，情景交融，富有画面感和感染力。

说读：对诗人说话。"对诗人说话"，是指读者在品读诗歌后，把自己从中获得的真切感受如实地表达出来，以此联结古与今、作者与读者之间的情感纽带。比如，本诗中除了容易让人感受到的幽静的山路、美丽的夜色、热情的田家、欢乐的酒歌这些场景之外，最后一句的"忘机"一词也耐人寻味。所谓"忘机"，就是把那些世俗的尔虞我诈的心机都遗忘掉。这表明诗人曾经为那些世俗的心机深深地所苦过，所伤过；抑或是，自己在一定的时候也不得不变得世俗一些。那些苦与伤，能真正地从心底忘却吗？大概，这种"忘机"只是暂时的"陶然"罢了。

显然，三百多首唐诗，我们不可能每首诗都做到上述的"余氏四读"。更多的读者，更多的时候，可能只是囫囵吞枣、似懂非懂。这样，我们不妨采用笔者常用的"四读法"：读得来—译得来—背得来—讲得来。前三项容易理解，后一项稍做说明。讲得来，就是能用自己的语言，把诗人在诗中所表达的思想感情或情趣志向说明白。

三、纵横梳理，融会贯通

上面两个部分所讲的都是读诗、背诗的方法，但方法毕竟只能是方法，真正要落实到位的还是功夫：花时间，花精力，心无旁骛，坚持不懈。下面，笔者将从相互联系的角度，简要说说如何记忆，如何理解，如何梳理，如何探究。

我们知道，按照内容题材划分，诗歌可分为咏物诗、写景诗、叙事诗、怀古诗、边塞诗和田园诗等。我们不妨分门别类地梳理一下，既便于记忆，也便于运用。比如：

咏物诗：张九龄《感遇十二首·其一》（兰叶春葳蕤）；张九龄《感遇十二首·其七》（江南有丹橘）；骆宾王《在狱咏蝉》（西陆蝉声唱）等。

写景诗：杜甫《望岳》（岱宗夫如何）；孟浩然《宿业师山房待丁大不至》（夕阳度西岭）；常建《宿王昌龄隐居》等。

叙事诗：李白《月下独酌》（花间一壶酒）；杜甫《梦李白二首·其一》（死别已吞声）；王维《送别》（下马饮君酒）等。

怀古诗：王维《西施咏》（艳色天下重）；李白《子夜四时歌·春歌》（秦地罗敷女）；杜甫《古柏行》（孔明庙前有老柏）等。

边塞诗：王昌龄《塞下曲·其一》（蝉鸣空桑林）；王昌龄《塞下曲·其二》（饮马度秋水）；岑参《白雪歌送武判官归京》（北风卷地白草折）等。

田园诗：王维《渭川田家》（斜光照墟落）；王维《桃源行》（渔舟逐水爱山春）；孟浩然《过故人庄》（故人具鸡黍）等。

显然，这样的划分并不完全，相互之间又常有交叉，但是，通过这样的"横向"归类，我们可以从中获得更多的学诗乐趣。

再说"纵向"。那就是将同一作者的诗作按照时间顺序进行梳理，然后从中发现其情感、风格等方面的变化，进而对诗人有更全面、更理性的认识。这也是一种不错的阅读体验。

笔者曾将出现在初中教材中的李白诗和杜甫诗进行过梳理。下面摘其部分内容，供读者参考、借鉴。若能唤起读者的一些兴趣和欲望，或以此举一反三，则善莫大焉。

李白诗：《峨眉山月歌》（725 年）；《渡荆门送别》（725 年）；《春夜洛城闻笛》（735 年）；《月下独酌》（744 年）；《行路难》（744 年）；《送友人》（745 年）；《闻王昌龄左迁龙标遥有此寄》（753 年）；《宣州谢朓楼饯别校书叔云》（753 年）。

此外，笔者还将其人生轨迹、情感脉络、诗中意象进行梳理，并在此基础上对李白印象进行概括：

李白，何许人也？在我看来——

李白是一终生的游子：少小离家，老大未回；四海为家，漂泊一生。

李白是一个家人的心病：浪迹天涯，江湖凶险，让家人担心受怕；于父母未赡养，于妻子未照料，于子女未教育；既未衣锦还乡，也未创造财富。

李白是一个忠实的友人：桃花潭水，黄鹤楼台，明月清风，落日浮云，这一切都是切实的见证。

李白是一个不羁的狂人：不畏权势，藐视权贵；金銮殿上纵酒题诏，皇帝跟前引足脱靴；在他的眼里，此刻没有了君臣，没有了谦卑。李白可谓狂放至极。

李白是一个政坛的过客：42岁征召入京，供奉于翰林；44岁赐金放还，回归于山野；政治生涯极为短暂，政治理想无从实现。

李白是一个独孤的舞者：思乡念亲，思朋念友，一生别离；纵酒酣歌，学道修身，只因失落；花间壶酒，独酌无亲，寂寞长存；停杯投箸，拔剑四顾，千年孤独。

李白是一个生命的强者：四处求谒，经常碰壁；跌倒爬起，愈挫愈勇；长风破浪，直挂云帆；逸兴壮思飞，青天揽明月。李白就是这样一个乐观自信、坚强豪迈的生命强者。

李白是一个永远的诗仙：写山水，晶莹剔透，想象奇特；写别离，自然率直，情真意切；写心境，气概豪迈，情怀激越；其语言，通俗天然，一气呵成；其意境，优美清新，深邃高远；其思想，浪漫达观，穿越时空。李白的每首诗，都有一个感人的故事；李白的每首诗，都有一群忠实的"粉丝"。

杜甫诗：读书和漫游时期（30岁以前），作有《望岳》（736年）；困居长安时期（30~44岁），该时期作品未收录；为官时期（44~48岁），作有《春望》（757年）、《羌村三首·（其三）》（757年）、《石壕吏》（759年）；西南漂泊时期（48~58岁），作有《茅屋为秋风所破歌》（761年）、《登楼》（764年）、《江南逢李龟年》（约770年）。

笔者尝试将其梳理如下——年轻之梦："会当凌绝顶"；家国之忧："白头搔更短"；还乡之歌："四座泪纵横"；战乱之苦："存者且偷生"；蜗居之思："安得广厦千万间"；古今之痛："日暮聊为梁甫吟"；故友之悲："落花时节又逢君"。在此基础上，笔者得出这样的判断：

梁启超曾这样评价杜甫："他是一位极热肠的人，又是一位极有脾气的人。"在初中语文教材中，杜甫的"脾气"未曾表露，但他的"热肠"却处处可见。

《望岳》里，杜甫的热肠表现在对山河的热爱，对梦想的追求；《春望》

里，杜甫的热肠表现在对国家的忧虑，对亲人的眷念；《羌村》里，杜甫的热肠表现在对战乱的忧叹，对乡亲的感激；《石壕吏》中，杜甫的热肠表现在对民生的同情，对官吏的愤慨；《茅屋》中，杜甫的热肠表现在"茅屋为秋风所破"时仍然心忧天下，兼济苍生；《登楼》中，杜甫的热肠表现在"万方多难"时情系古今，心系朝廷；《江南》中，杜甫的热肠表现在"落花时节"感伤故友之悲，感叹家国之衰。

由此看来，称杜甫为"情圣"的确是再中肯不过了。所以，我们读杜甫的诗篇，如果从"情"的角度切入，也许更能曲径通幽，深得三昧。

《唐诗三百首》的最后一首诗杜秋娘的《金缕衣》，我们也以此诗作为本文的结尾吧！

> 劝君莫惜金缕衣，劝君惜取少年时。
> 花开堪折直须折，莫待无花空折枝。

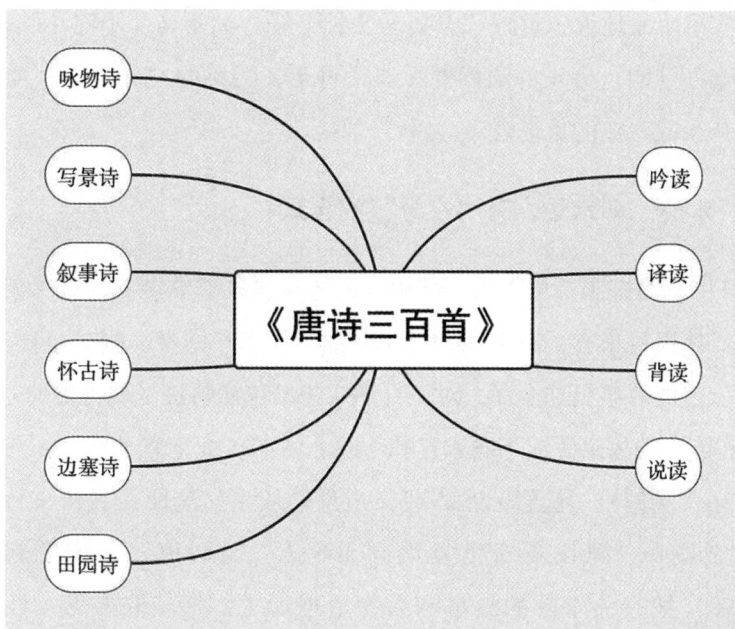

咏物诗　写景诗　叙事诗　怀古诗　边塞诗　田园诗　《唐诗三百首》　吟读　译读　背读　说读

下一篇，我们一起走进期盼已久的《水浒传》。

28 《水浒传》：按章回特点，读梁山好汉
——初中名著阅读个性化攻略之二十八：章回式

一本 120 回、近百万字的《水浒传》拿到手，我首先担忧的是，对于一群九年级在读的读者而言，能完整阅读而不至于半途而废的会有几成？或者更保守地说，这样的学生在一个班内会有几个？作为名著导读，我们不得不面对这种尴尬的现实窘境。

也正是基于这样一个现实问题，我们必须从"减负"的角度来考量、来导读。但实事求是地说，这种"又要马儿长得好，又要马儿不吃草"的想法，其实是挺难办到的：真正的阅读并无捷径可走，经典的"大部头"唯有肯下苦功、打持久战，才能走进名著，领略三昧。

一、"水浒"即水边，有"在野"的含义

《水浒传》是中国历史上第一部用古白话文写成的歌颂农民起义的长篇章回体小说。按回目来看，有 70 回本、100 回本和 120 回本。相对而言，120 回的版本所叙述的故事更加全面，对一百零八将的生命轨迹呈现得更加完整。

《水浒传》的故事源起于北宋宣和年间。话本《大宋宣和遗事》描述了宋江、吴加亮（吴用）、晁盖等 36 人起义造反的故事，这便是《水浒传》的蓝本。在元杂剧中，梁山英雄已发展到 108 人。施耐庵（元末明初人，约1296—1370）把有关水浒的故事和人物整理加工，将其取名为《江湖豪客传》。据说，施耐庵一直觉得这个书名不太理想。当时还是施耐庵学生的罗贯中建议书名定为《水浒传》，施耐庵非常满意："水浒"即水边，有"在野"的含义，且合《诗经》里"古公亶父，来朝走马，率西水浒，至于岐下"的典故。改书名一事的真伪也许无从考证，但"水浒传"这个书名却沿用至今。

二、逼上梁山："某十回"

"逼上梁山""官逼民反""英雄末路"，是《水浒传》中的三个关键词。水浒英雄们是如何一个个被逼上梁山的？他们又是怎样替天行道的？他们的结果又将如何？下面，我们可以从这几个关键词入手，走进这本文学巨著。

"逼上梁山"，是《水浒传》的主体部分，包括第1—71回。这部分讲梁山好汉的诞生、聚集以及排座次。内容大体如下。

1. "误走妖魔"。包括"引子"及第1回。作者借用神话故事，交代水泊梁山一百零八将的来源："三十六员天罡星，七十二座地煞星，共是一百单八个魔君。"同时也给读者准备了一个容易接受的社会背景：在宋徽宗时期，皇帝昏庸无能，不理朝政；四大奸臣蔡京、童贯、高俅、杨戬欺上瞒下，祸国殃民。

2. "鲁十回"与"林十回"。《水浒传》的第一部分大体写的是几个主要人物的传记，一些学者习惯把它们叫作"某十回"。其实这个"十回"是一个概数，有的人物并非刚好用了十回。同时，相互之间的衔接靠的都是人物。比如，开篇几回的衔接就是这样的：高俅—王进—史进—少华山三雄（朱武、陈达、杨春）和鲁智深—林冲。"鲁十回"与"林十回"（第3—12回），虽有先后之分，但两人交叉的内容不少。二人在这十回的故事包括：鲁智深的拳打镇关西、大闹五台山、大闹桃花村、火烧瓦罐寺、倒拔垂杨柳、大闹野猪林；林冲的误入白虎堂、刺配沧州道、棒打洪教头、风雪山神庙、雪夜上梁山、落草梁山泊等。

3. 押送金银担。这里说的是第13—17回，主要讲了青面兽杨志的一些事情，包括汴梁城卖刀、押送金银担、双夺宝珠寺等事件。杨志是一条线。另一条线则放在晁盖、吴用等人身上，包括晁盖的认义东溪村、吴用的智取生辰纲等。这里需作说明的是，《水浒传》中的一些地名并非现在的地名，比如书中的"四京"与现在的地名分别对应的是：东京——河南开封；西京——河南洛阳；南京——河南商丘；北京——河北大名。同时，这些章回引出本书的最主要人物：宋江。

4. "宋十回"。全书写宋江的笔墨最多，陆续写到的肯定不止十回。正面写宋江的，包括私放晁天王（第18回）、怒杀阎婆惜（第19回）、燕顺释宋江（第32回）、夜看小鳌山（第33回）、揭阳岭逢李俊（第36回）、浔阳楼题反诗（第39回）、智取无为军（第41回，上梁山，排二座）、遇九天玄女（第42回）、三打祝家庄（第47—50回）等。

5. "武十回"。这是关于武松的完整而集中的十回：第23—32回。包括景阳冈打虎、供人头设祭、威镇安平寨、醉打蒋门神、大闹飞云浦、夜走蜈蚣岭、醉打孔亮等。

6. "李十回"。黑旋风李逵，从第38回开始登场，结识宋江，之后斗浪里白条（张顺）、劫法场救宋江（第40回）、李逵杀李鬼、沂岭杀四虎（第43回）、打死殷天锡（第52回）、斧劈罗真人（第54回）、探穴救柴进（第54回）等。

有人曾将上梁山的方式进行归纳，分成了五类，有一定道理。分类如下：

（1）逃难的，如宋江、吴用、花荣、林冲、杨雄、石秀等；

（2）蹭饭的，如时迁、石勇、焦挺、鲍旭、李逵、杨林、段景住等；

（3）被抓的，如凌震、呼延灼、扈三娘、单廷珪、张清、董平等；

（4）被坑的，如柴进、卢俊义、朱仝、徐宁、秦明、李应等；

（5）收编的，如鲁智深的二龙山、李忠的桃花山、孔明兄弟的白虎山等。

其中真正因官府的黑暗而被逼上梁山的，有林冲、柴进等人。比如林冲，因其妻子被高俅的养子高衙内看上，而多次遭到陷害，最终被逼上梁山落草；柴进，曾帮助过林冲、宋江、武松等人，后因李逵在高唐州打死殷天锡，他被高廉打入死牢，最终被梁山好汉救出，一起奔上梁山。

各路好汉先后入伙梁山，有几个节点值得关注。第19回，"林冲水寨大并火，晁盖梁山小夺泊"，当吴用推举林冲为山寨之王时，林冲力推晁盖到正中第一把交椅坐定，吴用执掌兵权坐第二位，公孙先生善能用兵坐第三位，林冲自己坐第四位。此时梁山共十一位好汉。晁盖发表"就职演讲"说："汝等众人，各依旧职，管领山前山后事务，守备寨栅，休教有失。各人务要竭力同心，共聚大义。"此时的梁山，大概还是以劫赏敛财为主。

第 41 回，"宋江智取无为军，张顺活捉黄文炳"。晁盖请宋江做山寨之王，坐第一把交椅。宋江再三推却，最终还是晁盖排第一位，宋江排第二位，吴用排第三位，公孙胜排第四位。此时，梁山共四十位头领，他们的宗旨大概还是以除暴安良的江湖聚义为主。

第 60 回，"公孙胜芒砀山降魔，晁天王曾头市中箭"。随着晁盖的阵亡，宋江被推上梁山泊主，但此时这个梁山泊的一把手是临时性的。因为晁盖临死前嘱咐："如有人捉得史文恭者，便立为梁山泊主。"虽然是个"代主"，宋江也发表了"就职演讲"，称"一同替天行道"，"聚义厅改为忠义堂"。

虽说史文恭最终被卢俊义活捉（第 68 回），但卢俊义称"卢某宁死，实难从命"，在卢俊义的坚持下，在大伙的力推下，宋江依然坐第一把交椅。天罡尽数投山寨，地煞空群聚水涯。梁山一百零八将全部集结。

第 71 回，"忠义堂石碣受天文，梁山泊英雄排座次"。宋江、卢俊义、吴用、公孙胜依次坐第一至四把交椅。石碣一边题写"替天行道"四字，一边题写"忠义双全"四字。堂前柱上，立朱红牌二面，各有金书七个字："常怀贞烈常忠义，不爱资财不扰民。"此时的梁山，是名副其实的"八方共域，异姓一家""相貌语言，南北东西虽各别；心情肝胆，忠诚信义并无差"。在正式"就职演讲"中，宋江称"共存忠义于心，同著功勋于国，替天行道，保境安民"。至此，梁山好汉以宋江为首的、以替天行道为核心的忠君报国思想正式确立。

可以说，《水浒传》一书，最精彩的部分就在这第一部分，一个个好汉个性鲜明，一桩桩事件惊心动魄。我们阅读这个部分时，可以根据上述分析，结合章回小说的具体特点，依据章回标题，用猜读、跳读、精读相结合的阅读方法，了解事件的起因经过，感受人物的个性差异。这样，我们便可以相对快捷地阅读此书。

三、"官逼民反"与"英雄末路"

"官逼民反"：第 72—82 回。这 11 回的内容，大体可以概括为"一闹东京，两赢童贯，三败高太尉，集体被招安"。也就是英雄聚义后，当朝奸臣童贯、高俅前来征讨梁山，童贯中了十面埋伏之计，梁山英雄两次都取得了胜利。汉语有时很有意思，"赢"也是赢，"败"也是赢，三败高太尉，实际是三次打败高太尉。宋江却在此时产生了归顺朝廷的意愿。我们且看宋江与梁山的大小头领是怎么说的：

"众弟兄在此，自从王伦创立山寨以来，次后晁天王上山建业，如此兴旺。我自江州得众兄弟相救到此，推我为尊，已经数载。今日喜得朝廷招安，重见天日之面，早晚要去朝京，与国家出力。……我一百八人，上应天星，生死一处。今者天子宽恩降诏，赦罪招安，大小众人，尽皆释其所犯。我等一百八人，早晚朝京面圣，莫负天子洪恩。汝等军校，也有自来落草的，也有随众上山的，亦有军官失陷的，亦有掳掠来的。今次我等受了招安，俱赴朝廷……"

"英雄末路"：第83回至结尾。梁山好汉被朝廷集体招安，宋江先后奉命率领梁山英雄征讨辽国、贼寇王庆、田虎，最后在征讨方腊一战中，梁山付出重大代价，最后仅剩二十七人擒住方腊。

梁山悲风，从同意被招安之日起已经决定了这样的命运。第82回，枢密使童贯奏道："这厮们虽降朝廷，其心不改，终贻大患。以臣愚意，不若陛下传旨，赚入京城，将此一百八人尽数剿除。然后分散他的军马，以绝国家之患。"此时，"天子听罢，圣意沉吟未决"。显然，奸臣设计陷害，皇帝听信谗言，宋江等人哪来好果子吃？

梁山一百单八将，从第110回开始，逐渐走的走，亡的亡。最先离开的是公孙胜。他说："向日本师罗真人嘱咐小道，已曾预禀仁兄，令小道送兄长还京师毕日，便回山中。今日兄长功成名遂，贫道就今拜别仁兄，辞别众位，便归山中，从师学道，侍养老母，以终天年。"公孙胜的请辞，既是遵从师训，更是明哲保身。此后金大坚、皇甫端被皇帝留用，萧让、乐和被蔡太师、王都尉调用，至此，宋江少了五个弟兄。再之后，到了第112回，宋万、焦挺、陶宗旺三员偏将壮烈牺牲。"瓦罐不离井上破，将军必在阵前亡"，从此，梁山好汉开始步入英雄末路。

生擒方腊，班师回朝，鲁智深圆寂，武松出家，林冲、杨志病死，宋江、卢俊义、李逵则被奸臣暗害，吴用和花荣最终自缢身亡。"天罡尽已归天界，地煞还应入地中"，梁山英雄再也无人能够"替天行道"了。

四、取其精华，去其糟粕：以宋江为例

不同的历史阶段，自有不同的价值取向。阅读古代小说，在欣赏精彩的故事情节、鲜明的人物特点的同时，我们还需要有一双慧眼，随时甄别书中人物因时代、因环境、因个性而生发出来的思想与行动，从真善美的角度，取其精华，去其糟粕，从而促进自我健康成长、积极发展。下面，将以宋江为例，略做分析。

宋江的正式登场，从第18回开始。书中是这样交代的：

> 那押司姓宋名江，表字公明，排行第三，祖居郓城县宋家村人氏。为他面黑身矮，人都唤他作黑宋江；又且于家大孝，为人仗义疏财，人皆称他作孝义黑三郎。上有父亲在堂，母亲早丧。下有一个兄弟，唤作铁扇子宋清，自和他父亲宋太公在村中务农，守些田园过活。这宋江自在郓城县做押司。他刀笔精通，吏道纯熟，更兼爱习枪棒，学得武艺多般。平生只好结识江湖上好汉：但有人来投奔他的，若高若低，无有不纳，便留在庄上馆谷，终日追陪，并无厌倦；若要起身，尽力资助，端的是挥霍，视金似土。人问他求钱物，亦不推托。且好做方便，每每排难解纷，只是周全人性命。如常散施棺材药饵，济人贫苦，周人之急，扶人之困。以此山东、河北闻名，都称他作及时雨，却把他比得作天上下的及时雨一般，能救万物。

押司并不是什么官，只能算是吏，也就是一个办事员。此时的宋江，帮官府做一些文书案牍等事。但因为他仗义疏财、扶危济困，因而时人对他好评如潮，被称作"呼保义""及时雨"。

然而，晁盖因参与"智取生辰纲"一事，被人举报，捉进监狱。宋江获悉此事，竟然因晁盖"是我心腹兄弟"，便通风报信，私放晁盖。此事当如何评价？可以说，宋江一方面敢于为朋友两肋插刀，另一方面则是目无法纪、为"吏"不忠。

上文讲到的第68回，"卢俊义活捉史文恭"，按照此前约定，谁捉到史文

恭，谁便坐梁山第一把交椅。卢俊义完成了这项使命，但坚决不当一把手。宋江此时又提出一个意见，他和卢俊义同时攻打东平府和东昌府，谁先攻下，谁当梁山泊主。同时还通过抓阄的方式来选择。这不得不让人怀疑，宋江此举用意何在？显然，是希望通过这次的"公平竞争"，好让自己"名正言顺"。宋江的诚意不得不令人怀疑。难怪明代"沙弥怀林"这样评价宋江：

"若夫宋江者，逢人便拜，见人便哭，自称曰'小吏小吏'，或招曰'罪人罪人'，是假道学真强盗也，然能以此收拾人心，亦非无用人也。当时若使之为相，虽不敢曰休休一个臣，亦必能以人事君，有可观者也。"

包括金圣叹也认为"宋江是纯用术数去笼络人"。

招安，宋江一直怀有此心。当梁山英雄排好座次，宋江大醉，乘着酒兴作了一首《满江红》。最后两句便是："望天王降诏早招安，心方足。"而此时：

武松叫道："今日也要招安，明日也要招安，却冷了弟兄们的心！"

黑旋风便睁圆怪眼，大叫道："招安，招安，招甚鸟安！"只一脚，把桌子踢起，颠做粉碎。

鲁智深说道："只今满朝文武，多是奸邪，蒙蔽圣聪，就比俺的直裰染做皂了，洗刷怎得干净？招安不济事，便拜辞了，明日一个个各去寻趁罢。"

显然，宋江的"招安"想法，是不得人心的。但此时的宋江是"老大"，一切由他说了算，其他众人只是不敢说出声罢了。宋江的奴才嘴脸，在第80回表露得一展无遗。本来"三败高太尉"，活捉了高俅，但他见了高俅，却是这样的：

（宋江）慌忙下堂扶住，便取过罗缎新鲜衣服，与高太尉从新换了，扶上堂来，请在正面而坐。宋江纳头便拜，口称："死罪！"高俅慌忙答礼。

宋江并让人杀牛宰马，大设筵宴，又对高俅"请罪"：

"文面小吏，安敢叛逆圣朝，奈缘积累罪尤，逼得如此。二次虽奉天恩，中间委曲奸弊，难以缕陈。万望太尉慈悯，救拔深陷之人，得瞻天日，刻骨铭心，誓图死保。"

宋江如此低三下四，高俅便有恃无恐，俘虏成了太上皇。宋江只要一有合适机会，便反复提出招安一事。

对于宋江的招安愿望，我们本也无须评判：人各有志，不可强求。但是即便你是梁山泊主，也不能代表其他好汉！显然，宋江用自己的所谓道义，绑架了其他众将。这是梁山的悲哀，更是其他众将的悲剧。

更为让人愤怒的是第 120 回中，宋江被贼臣们下了毒酒，临死之前，他还拉了一个兄弟陪葬——在接风酒里，也给李逵下了慢性毒药，而且似乎还很有理由：

"兄弟，你休怪我！前日朝廷差天使赐药酒与我服了，死在旦夕。我为人一世，只主张忠义二字，不肯半点欺心。今日朝廷赐死无辜，宁可朝廷负我，我忠心不负朝廷。我死之后，恐怕你造反，坏了我梁山泊替天行道忠义之名，因此请将你来，相见一面。昨日酒中已与了你慢药服了，回至润州必死……"

"我死之后，恐怕你造反，坏了我梁山泊替天行道忠义之名"，在宋江的眼里，这种虚名竟然比兄弟的性命还重要！原来的那个仗义疏财、扶危济困、为朋友两肋插刀的"及时雨""呼保义"宋江，哪里去了？

水泊梁山，成也宋江，毁也宋江；百零八将，聚也宋江，死也宋江。

我们阅读《水浒传》，既不要崇拜某一个英雄，也不要否定某一个好汉。取其精华，去其糟粕，乃是智慧之举，亦为读书之法。

下一篇，我们一起走进刘义庆的《世说新语》。

29 《世说新语》： 学名士风范， 美自我品行
——初中名著阅读个性化攻略之二十九：价值式

对于大多读者而言，《世说新语》不是好读的书。这主要有三个方面的原因：一是"远"，作者刘义庆，南朝宋文学家，距今有 1500 多年了，其语言风格、记述人事与当下相距甚远；二是"散"，该书今传本分为德行、言语、政事、文学、方正等 36 篇，共 1130 则，涉及的各类人物共 1500 多个；三是"厚"，以笔者手头的这套中华书局出版的全本全注全译版《世说新语》为例，上下两册约 45 万字。

读好《世说新语》，除了需要做好规划、锲而不舍之外，还应当从内容的角度来取舍——虽然有些不舍，但对于在读的绝大多数九年级读者而言，似乎又不得不如此。

笔者推荐的是一种"价值式"的阅读方法：既需认真阅读其中相对更有价值的内容，又需从中挖掘更能指导我们修身、求学、做人等方面的价值。对于本书而言，在阅读时做适当取舍，不失为一种良策。

一、散读

《世说新语》的体例，决定阅读此书只能"散读"。这里，我们选取一些有代表性的内容略做分析。

【第一·德行】殷仲堪既为荆州，值水俭，食常五碗盘，外无余肴。饭粒脱落盘席间，辄拾以啖之。虽欲率物，亦缘其性真素。每语子弟云："勿以我受任方州，云我豁平昔时意，今吾处之不易。贫者，士之常，焉得登枝而捐其本！尔曹其存之。"

德行，指人的道德品行，其内容包括儒家所提倡的忠孝节义、仁信智礼等

道德规范。

　　殷仲堪作为荆州刺史，赶上水涝歉收，不因自己是大官而觉得高人一等，反而处处做好人民表率。每天只吃当时流行的"五碗"，没有别的饭菜。饭粒掉在餐桌上，就捡起来并且吃掉它们。他常常告诉子弟们说："不要因为我出任大州的长官，就认为我会把原来的操守丢弃。我现在处在这个位置也没有改变。清贫是读书人的本分，怎能一登上高位，就抛弃根本呢？你们一定要记住我说的话。"勤俭节约，安贫乐道，始终如一，这便是这则"新语"给予我们的价值。

　　【第二·言语】诸葛靓在吴，于朝堂大会。孙皓问："卿字仲思，为何所思？"对曰："在家思孝，事君思忠，朋友思信，如斯而已！"

　　孙皓，孙权的孙子，乃三国时吴国的君主；诸葛靓，是臣子。此则故事发生在朝堂之上。"在家思孝，事君思忠，朋友思信，如斯而已！"可谓是经典答辞。为人处世，本应如此。后来，吴亡入晋，因父被司马昭所杀，诸葛靓终身不仕，时人称许他至孝。从这一点看，诸葛靓在朝堂上的答辞应当是真诚的。

　　言语，指人的口才辞令。孔子一方面强调口才辞令的重要性，比如："诵诗三百，授之以政，不达；使于四方，不能专对。虽多，亦奚以为？"意思是说，一个人没有口才，即便他熟读《诗经》三百篇，交给他政事，却办不通；派他出使外国，又不能独立应对，即使读得再多，又有什么用处呢？但是，孔子另一方面又反对花言巧语："巧言令色，鲜矣仁。"意思是一个人花言巧语，但又装出和颜悦色的样子，这种人的仁义是很少的。会说话，说真话，至关重要。

　　【第三·政事】王、刘与林公共看何骠骑，骠骑看文书，不顾之。王谓何曰："我今故与林公来相看，望卿摆拨常务，应对玄言，那得方低头看此邪！"何曰："我不看此，卿等何以得存！"诸人以为佳。

　　政事，指的是政治事务。作为官员，为政之道亘古不变，那就是清正廉明、勤政爱民、知人善用、以德化民等。

　　这一则里的骠骑将军何充，便是一个勤政的典范。那时盛行清谈，王濛、刘惔都是当时有名的清谈家,支道林和尚也是善谈老庄的。他们三人一起去看望何充。其时何充在看公文,一直没有搭理他们。王濛便对何充说:"我们今天特意和林公来看望你,希望你把日常事务放在一边,和我们一起谈论玄理,哪能还低着头看这些东西呢!"何充回答道:"我不看这些东西,你们这些人怎么能生存呢!"何充的这种做法是值得称道的,因为处理政务比清谈玄学更为重要。

【第四·文学】诸葛厷年少不肯学问,始与王夷甫谈,便已超诣。王叹曰:"卿天才卓出,若复小加研寻,一无所愧。"厷后看《庄》《老》,更与王语,便足相抗衡。

这里的文学,与今天的意义有所不同。它原指礼乐制度,后泛指学术。这则讲的是诸葛厷在少年时代不肯学习求教,但开始与王夷甫清谈时,便已经显示出很深的造诣。王夷甫感叹说:"你天才如此超绝,如果再稍加研习探求,就再也不会有什么遗憾了。"诸葛厷听到后,阅读了《庄子》《老子》,再次和王夷甫谈论,便足够可以和他旗鼓相当了。

这则故事强调了"学问""研寻"的重要性。如果只是一味地清谈,而"不肯学问",最终只会"泯然众人矣"。其中,王夷甫的真诚教诲,诸葛厷的及时改正,也是非常值得赞颂的。

我们应当可以看出,《世说新语》富有内涵,饱含价值。但我们不可能每则都去细细咀嚼,因而,需要我们善于把品读与略读结合起来。那些不知因果的,人物众多的,淡然无味的,就暂时放下,啥时空闲再来阅读。同时,有些篇章,比如"第十七伤逝""第二十七假谲""第三十二谗险",我们可以选读其中的一两则,或直接跳过。有舍才有得,这也是一种从实际出发的减负之举。

值得一提的是,《世说新语》中出现了许多成语和名言,这也是一种价值。

成语比如:望梅止渴、道边苦李、七步成诗、相煎何急、鹤立鸡群、标新立异、难兄难弟、栋梁之材、割席分坐、才疏志大、一览无余、身无长物、拾人牙慧等。

名句比如：（1）小时了了，大未必佳。（2）北人看书，如显处视月；南人学问，如牖中窥日。（3）以小人之虑，度君子之心。（4）人患志之不立，亦何忧令名不彰邪？（5）大禹圣人，犹惜寸阴，至于凡俗，当惜分阴。（6）桑榆之光，理无远照，但愿朝阳之晖，与时并明耳。（7）乘兴而行，兴尽而返。（8）盲人骑瞎马，夜半临深池。（9）千岩竞秀，万壑争流。（10）损有余，补不足，天之道也。（11）势利之交，古人羞之。（12）虚谈废务，浮文妨要。

二、聚焦

名著阅读的好处有很多，比如见多识广，增加积累，陶冶性情，磨砺意志等，但还有一点好处往往容易被读者忽略，那就是培养思维能力。无论是长篇小说，还是像《世说新语》这样一则一则的"散文"。本书的编排体例，是以内容为板块，同一个人物的言行，可能分散到若干篇章之中。我们在"散读"之后，还可以就某一个或某一类人物进行"聚焦"，以此分析这一个或这一类人物的不同性格特点。这样的思维训练，是很有意思的，而且花费的时间不是太多。下面，我们以"竹林七贤"为例，略做分析。

竹林七贤，指的是三国魏正始年间（240—249），阮籍、嵇康、山涛、向秀、刘伶、王戎及阮咸七位名士，因常在当时的山阳县（今河南辉县一带）的竹林里喝酒纵歌，肆意欢宴，被称为"竹林七贤"。《世说新语》是这样介绍的：

【第二十三·任诞】陈留阮籍、谯国嵇康、河内山涛，三人年皆相比，康年少亚之。预此契者，沛国刘伶、陈留阮咸、河内向秀、琅邪王戎。七人常集于竹林之下，肆意酣畅，故世谓"竹林七贤"。

任诞，也就是任性放达。肆意酣畅，也就是随心所欲，畅快地喝酒。以"竹林七贤"为代表的魏晋士人，因为战乱不断、王权更替，故而纵情放达，诋毁礼教，愤世嫉俗，傲骨铮铮。然而，该"七贤"并非个个都是如此。

书中关于"竹林七贤"的"新语"，据不完全统计，共有76则。其中，有的是直接叙述他们的言行，有的是借他人之口来表现他们的某些特点，有的则是他们评价同时代的其他人。若论出现的次数，最多的当属王戎，共 30 则；其次是嵇康，21 则；阮籍，20 则；山涛，18 则；刘伶、阮咸各 6 则；向秀 2 则。（一些地方有重合）下面，依旧从"价值"角度，略举例说明。

【第四·文学】魏朝封晋文王为公，备礼九锡，文王固让不受。公卿将校当诣府敦喻，司空郑冲驰遣信就阮籍求文。籍时在袁孝尼家，宿醉扶起，书札为之，无所点定，乃写付使。时人以为神笔。

【第十九·贤媛】他日，（嵇、阮）二人来，（山涛）妻劝公止之宿，具酒肉。夜穿墉以视之，达旦忘反。公入曰："二人何如？"妻曰："君才致殊不如，正当以识度相友耳。"公曰："伊辈亦常以我度为胜。"

【第二十三·任诞】王孝伯问王大："阮籍何如司马相如？"王大曰："阮籍胸中垒块，故须酒浇之。"

我们在上文可以看到，《任诞》一章中明确地把阮籍排在首位，可见他在当时的士人中名望之高。为何如此呢？上面三则也许能提供部分答案。

朝中文武官员，将要一起前往司马昭府第，劝司马昭接受"晋公"封号，赶紧派人到阮籍那里去求写劝进文。阮籍当时隔夜酒醉而未醒，被人扶起来后，赶忙在木札上打草稿，但无须改动，只在抄好后交给了来人。当时人们称阮籍是"神笔"。可见阮籍学富五车，才思敏捷，文采过人。

山涛和嵇康、阮籍第一次见面，就情意相投。山涛的妻子在暗中观察，认为山涛的才能、情趣，根本比不上嵇、阮，只能靠见识、气度和他们结交罢了。由此也可从侧面看出，阮籍、嵇康排名在山涛之前是有一定道理的。当然，山涛的见识和气度也许更胜嵇、阮二人，下文另作简述。

阮籍比起司马相如怎么样？王大说，阮籍心里郁积着许多不平之气，所以需要借酒浇愁。司马相如是西汉著名的辞赋家（与卓文君的爱情故事也广为流传），人们将其与司马相如相提并论，可见其文采与名气之大。阮籍在政治上有济世之志，曾登广武城，观楚、汉古战场，慨叹"时无英雄，使竖子成名！"这大概是"阮籍胸中垒块，故须酒浇之"的原因所在吧。

【第六·雅量】嵇中散临刑东市，神气不变。索琴弹之，奏《广陵散》。曲终曰："袁孝尼尝请学此散，吾靳固不与，广陵散于今绝矣！"太学生三千人上书，请以为师，不许。文王亦寻悔焉。

【第十四·容止】嵇康身长七尺八寸，风姿特秀。见者叹曰："萧萧肃肃，爽朗清举。"或云："肃肃如松下风，高而徐引。"山公曰："嵇叔夜之为人也，岩岩若孤松之独立；其醉也，傀俄若玉山之将崩。"

【第十八·栖逸】山公将去选曹，欲举嵇康；康与书告绝。

从上述三则"新语"中，我们可以看到，嵇康是一个很有风度的人，他"风姿特秀""爽朗清举"；是一个淡泊名利的人，山涛准备选他做官，他坚持隐居而不仕，甚至"与书告绝"；是一个视死如归的人，他"临刑东市，神气不变"（因得罪司隶校尉钟会，遭其陷害，被司马昭处死，时年40岁）；是一个才艺高超的人，他一曲《广陵散》，"太学生三千人上书，请以为师"，其被斩后，连司马昭都后悔不已。

【第三·政事】山司徒前后选，殆周遍百官，举无失才，凡所题目，皆如其言。唯用陆亮，是诏所用，与公意异，争之，不从。亮亦寻为贿败。

【第八·赏誉】王戎目山巨源："如璞玉浑金，人皆钦其宝，莫知名其器。"

【第八·赏誉】人问王夷甫："山巨源义理何如？是谁辈？"王曰："此人初不肯以谈自居，然不读老、庄，时闻其咏，往往与其旨合。"

司马昭曾这样称赞山涛："足下在事清明，雅操迈时。"这样的评价是至高无上的。而王戎则赞美山涛说，他好像是天然美质，未加修饰，其意是说山涛的品质尤为淳朴善良。山涛的美好品质，在他选人用人方面最能体现：他曾前后两次担任吏部官职，几乎将朝廷内外百官考察个遍；凡是他评价过的官员，都像他所说的那样。只有陆亮出了问题，而陆亮是皇帝决定的，山涛曾为此事据理力争过，但皇帝没有听从。果然，陆亮不久因受贿而被撤职。

不仅如此，山涛还有远见卓识。灭了吴国后，晋武帝就下诏罢除天下兵役，搞偃武修文，撤除州郡武备，以此炫耀天下太平。而山涛不同意这种做法。后来天下大乱，州郡无力镇压。当时人们称赞山涛虽然不学孙武、吴起的兵法，可是和他们的见解不谋而合。（见【第七·识鉴】）

山涛谈义理水平如何呢？当时有一位叫王夷甫（西晋末年重臣，玄学清谈领袖，王戎的堂弟）的人说："这个人从来不肯以清谈家自居。他虽然不读《老子》《庄子》，但常常听到他的谈论，处处和老庄的思想相合。"山涛是无师自通吗？恐怕是早已融会贯通了。

后人推崇"竹林七贤"，也许是因为他们的思想和行为放荡不羁，因为他们热衷于玄学清谈和栖逸山水。但本文更多的则是从良好的人品、丰富的才学等方面来挖掘他们身上的"价值"，也许这样更具有时代意义。限于篇幅，其他四位不做赘述，只将关于他们儿子的一则附上，让读者对"竹林七贤"有个更全面的认识。

【第八·赏誉】林下诸贤，各有俊才子：籍子浑，器量弘旷；康子绍，清远雅正；涛子简，疏通高素；咸子瞻，虚夷有远志；瞻弟孚，爽朗多所遗；秀子纯、悌，并令淑有清流；戎子万子，有大成之风，苗而不秀；唯伶子无闻。凡此诸子，唯瞻为冠，绍、简亦见重当世。

将其翻译成白话，是这样的：竹林诸位贤士，都有才能卓越的儿子：阮籍的儿子阮浑，气量宽广开朗；嵇康的儿子嵇绍，志向高远，本性正直；山涛的儿子山简，通达高洁；阮咸的儿子阮瞻，谦虚平易，志向远大；阮瞻的弟弟阮孚，性格爽朗，不受世务牵累；向秀的儿子向纯、向悌，都很善良文雅，是具有时望的清高名士；王戎的儿子王万子，有成就大器的风度，可惜未及长便早逝；只有刘伶的儿子默默无闻。在这些人里面，只有阮瞻可居于首位，而嵇绍和山简在当时也很受尊重。这样看来，"竹林七贤"的家风都很优良，可谓是虎父无犬子，有其父必有其子。

鲁迅曾称赞《世说新语》是"一部名士的教科书"，并称其"记言则玄远冷隽，记行则高简瑰奇"。虽然时过境迁，相去甚远，但汲取精华，去其糟粕，我们可以借此学习名士风范，优化自我品行。这大概是《世说新语》给予新时代读者的精神养料。

下一篇，我们将走进《聊斋志异》。

30 | 读懂 《聊斋志异》 里的人情味
—— 初中名著阅读个性化攻略之三十：人情式

你也说聊斋，我也说聊斋。喜怒哀乐一起那个都到那心头来。鬼也不是那鬼，怪也不是那怪。牛鬼蛇神它倒比真人君子更可爱。笑中也有泪，乐中也有哀。几分庄严，几分诙谐。几分玩笑，几分那个感慨。此中滋味，谁能解得开。

—— 1986 版电视剧 《聊斋》 主题歌 《说聊斋》

鲁迅在 《中国小说史略》 中这样写道："《聊斋志异》 虽亦如当时同类之书，不外记神仙狐鬼精魅故事，然描写委曲，叙次井然，用传奇法，而以志怪。……《聊斋志异》 独于详尽之处，示以平常，使花妖狐魅，多是人情，和易可亲，忘为异类，而又偶见鹘突，知复非人。"

鲁迅的这段话，前一句重在评价 《聊斋志异》 表现手法之精妙，后一句则重在评价其思想内容之意义。单从后者看，其关键词就是 "人情"，也就是说，尽管蒲松龄描述的大多是花妖狐魅，但它们一个个充满着 "人情味"，这让读者几乎忘记了它们是 "异类"，而当作是 "人类"。1986 版电视剧 《聊斋》 的主题曲，也突出了这一点。阅读时，读者不妨从 "人情"（包括情感表现；人的常情、世情；情谊、情面等）角度切入，也许会更有意趣，更有收获。

《聊斋志异》 一书，乃蒲松龄的一生心血诚聚而成。作者自青年时代就从事资料的搜集和创作，历时四十余年。其挚友唐梦赉在序言中这样写道："于制艺举业之暇，凡所见闻，辄为笔记。" 全书共有短篇小说近 500 篇。其中描写爱情主题的作品，所占篇目最多，它们表现了强烈的反封建礼教的精神；其余作品，或揭露封建统治的黑暗，或抨击科举制度的腐朽；或兼而有之，抑或完全是志怪志异。因其篇目较多，市面上的一些书籍只是选其三五十篇编辑而成，这也符合在校读者的课业与阅读实际。下面，笔者将从描写爱情故事、抨击科举制度、揭露残暴统治三方面，各举一例，略做分析。

一、描写爱情故事，赞美鬼妖狐：《连城》为例

连城，是一个女子的名字，姓史。她擅长刺绣，知书达理。她的父亲是个举人。女大当婚，史举人拿出连城绣的一幅《倦绣图》，让年轻书生就图题诗，想通过这种方式来选女婿。有个青年叫乔生，家里很穷，但很有才华，很有义气。他为此题写了两首诗，得到了连城的欣赏和爱慕。

遗憾的是，史举人嫌乔生家里太贫穷，不愿找他这样的女婿。于是，连城被迫与一盐商之子王化成订婚。但时过不久，她得了怪病。有个从西域来的和尚，自称能治好她的病，但要成年男子的一钱胸肉做配药方可治疗。王化成不愿割下"心头肉"。于是，史举人又承诺，如有人愿意割肉给连城治病，就把连城嫁给他为妻。乔生知道后，便毫不犹豫地来到史家，割掉自己胸口一片肉。

没想到的是，连城的病好后，史举人又一次食言，没有把连城嫁给乔生。没过几个月，连城去世了。乔生前去吊唁，也因悲痛过度而死。无巧不成书，在阴间，两人重逢。在朋友的帮助下，乔生和连城双双还魂。

连城、乔生正准备成婚，王化成听说后，把连城一家告到官府。官府收了王家的贿赂，把复生的连城判给了王化成。连城在王家不吃不喝，并要上吊。盐商没有办法，只好把连城送回娘家。最后，乔生和连城这一对有情人终成眷属。

故事情节曲折感人。无论是在"阳间"，还是在"阴间"，两人都爱得死去活来。我们不妨来看看两人在"阴间"的这一段：

见生至，骤起似喜，略问所来。生曰："卿死，仆何敢生！"连城泣曰："如此负义人，尚不吐弃之，身殉何为？然已不能许君今生，愿矢来世耳。"生告顾曰："有事君自去，仆乐死不愿生矣。但烦稽连城托生何里，行与俱去耳。"顾诺而去。

　　这段的意思是说，在"阴间"，连城看见乔生，急忙起身，像是喜出望外，大体问了问他是怎么来的。乔生回答说："你死了，我怎敢偷生世上！"连城听了，哭着说："我这样一个忘恩负义的人，你还不唾弃我，还以身殉死干什么？我今生今世不能跟你了，来生我一定嫁给你！"然而，乔生"死不改悔"，一定要追寻真爱，便委托顾生（死去的县令。乔生曾变卖家产，买了棺木，往返两千多里，把县令的遗体连同他的家人一起送回了家乡）访查连城将要托生到什么地方，要和她一同来到人世间。

　　在这段故事里，连城和乔生为爱而死、为爱而生。其中，连城是一个矛盾的结合体，她既追求爱情，但又不敢违背封建礼教，于是只有在冥间先结夫妻，还阳后又以死抗争。这样的故事，是作者对摧残人性、扼杀爱情的封建礼教的强烈控诉，同时也表现了作者对美好人性的向往和渴求，特别是对至死不渝的爱情的由衷赞美。

　　《聊斋志异》里，人鬼相恋、人狐相恋、人妖相恋的故事非常多。比如聂小倩，是一个美貌女鬼，被妖怪夜叉胁迫，前来谋害宁采臣，却被采臣的正气打动，最后竟然成了宁采臣的鬼妻，指点他除掉前来报复的金华妖怪。

　　比如《香玉》中，黄生与牡丹花妖香玉，一为人，一为妖：花死为鬼，仍然相从；人死化魂，依附花侧。

　　再如《辛十四娘》中，辛十四娘虽然身为狐妖，但心地善良，与冯生赤诚相爱，愿意放弃修炼成仙；并大志灭妖，与化身豺狼的妖物同归于尽。

　　试想一下，人世间大多爱情未必都能如此坚贞、如此执着；现实生活中的达官贵人们、凡夫俗子们，未必就比这些鬼、狐、妖们更有大义，更有人情味。

　　当然，这种"人情味"在这些故事中都是双向的，在乔生、宁采臣、黄生和冯生等人身上也得到了很好的体现。

二、抨击科举制度，歌咏失意魂：《叶生》为例

　　叶生是一个秀才。他的文章辞赋，冠绝当时；但是运气不佳，始终没能考中举人。其时，恰巧关东的丁乘鹤前来担任淮阳县令。他非常赏识叶生，便让叶生在官府读书，并在经济上予以资助。科考时，叶生得了第一名。但乡试时，叶生文好命不佳，再次名落孙山，回家后一病不起。

其时，丁公因冒犯上司被免职，将要离任回乡。写信于叶生，希望能同行。过了几天，看门的人通报说叶生来了。丁公大喜，整理行装赶早上路；回到家，让儿子再昌拜叶生为师。过了一年，丁公子进了县学成为秀才。乡试时，公子考了个第二名。

后来，丁公怕叶生耽误岁试，便劝他回家。叶生听后闷闷不乐。丁公也就作罢。再之后，丁公子考中了进士，被授部中主政一职。丁公子上任时带着叶生，并送他进太学国子监读书。过了一年，叶生终于考中了举人。

此后，叶生顺路回家。妻子从屋里出来，一看到叶生，便吓得扔了簸箕就走。叶生凄惨地说："我现在已经中举人了，怎么竟不认识我了？"妻子站在远处对他说："你死三年了，家里一直停放着你的棺木，都是因为家里贫穷和儿子太小；如今儿子已经成人，正要选择墓地为你安葬；请不要作怪来惊吓活人。"原来，陪同丁公子学习的，一直都是叶生的魂魄。

故事的情节大体如此。叶生有文采，而无好运，生时始终无法中举，直至忧郁至死。这是叶生的不幸，也是科举制度的弊端所在。然而，叶生去世后，却不忘知遇之恩，相伴相报，难能可贵。

"魂从知己，竟忘死耶？闻者疑之，余深信焉。同心倩女，至离枕上之魂；千里良朋，犹识梦中之路……"

作者赞道："魂魄跟从知己，是他竟然忘记自己已经死了吗？许多听说此事的人都表示怀疑，但我深信不疑。因为知心的情侣，可以离魂相随；而亲密的友谊，纵使相隔千里也可以在梦中相会。"

《聊斋志异》中，像叶生这样虽为鬼魂，但仍旧有情有义、生死相随的人物还有许多。比如《司文郎》中的宋生，年轻时也很有些才气，但也一直不得志，连连落第，后因战乱而死。作为鬼魂的他，曾安慰落榜的王平子说："凡吾辈读书人，不当尤人，但当克己；不尤人则德益弘，能克己则学益进。"这是何等的君子之风。还包括《于去恶》中的主人于去恶，为陶生和方生指点迷津。

三、揭露残暴统治，礼赞节气士：《席方平》为例

席方平的父亲名叫席廉，生性耿直，与同乡一位姓羊的财主结了冤仇。姓羊的死后几年，席廉也病倒床上，临死前对人说："姓羊的买通阴间差役来打我了。"顷刻间全身红肿，惨叫几声便断了气。席方平看到父亲惨死，便发誓要到阴间替父亲申冤。席方平从此不再讲话，像是得了痴癫病。原来，他灵魂出窍了。

席方平来到地府为父亲申冤，哪知道整个地府都被姓羊的收买了。他们相互勾结，上下串通，对席方平威逼利诱，想使席方平屈服。然而席方平面对淫威，意志顽强，在严刑拷打下毫不屈服，连对他用刑的鬼吏也肃然起敬。后来，在二郎神的帮助下，席廉的冤仇才得以洗刷。

我们来看席方平在阴间受毒刑拷打的一段，充分感受他的孝心和铁骨。

升堂，见冥王有怒色，不容置词，命笞二十。席厉声问："小人何罪？"冥王漠若不闻。席受笞，喊曰："受笞允当，谁教我无钱也！"冥王益怒，命置火床。两鬼捽席下，见东墀有铁床，炽火其下，床面通赤。鬼脱席衣，掬置其上，反复揉捺之。痛极，骨肉焦黑，苦不得死。约一时许，鬼曰："可矣。"遂扶起，促使下床着衣，犹幸跛而能行。复至堂上，冥王问："敢再讼乎？"席曰："大冤未伸，寸心不死，若言不讼，是欺王也。必讼！"王曰："讼何词？"席曰："身所受者，皆言之耳。"冥王又怒，命以锯解其体。二鬼拉去，见立木高八九尺许，有木板二仰置其上，上下凝血模糊。方将就缚，忽堂上大呼"席某"，二鬼即复押回。冥王又问："尚敢讼否？"答云："必讼！"冥王命捉去速解。既下，鬼乃以二板夹席缚木上。锯方下，觉顶脑渐辟，痛不可忍，顾亦忍而不号。闻鬼曰："壮哉此汉！"锯隆隆然寻至胸下。又闻一鬼云："此人大孝无辜，锯令稍偏，勿损其心。"遂觉锯锋曲折而下，其痛倍苦。俄顷，半身辟矣；板解，两身俱仆。

这一段文字里，冥王用鞭笞、用火床烤、用锯解其体，席方平都宁死不从："大冤未伸，寸心不死。"显然，本文借席方平的故事，目的是揭露封建统治的残暴。因为席方平面对的阴司地狱，分明是暗无天日的封建社会的一种

写照；那鬼奴、狱吏、城隍、冥王，分明是现实社会中大小官吏及剥削者、压迫者的形象。而席方平的申冤则是正义与邪恶的斗争，穷与富的较量，寻常百姓与官绅地主的抗争。然后，最为感人的，还是席方平身上的正气、勇气、孝道和不屈不挠的斗争精神。

类似于席方平的故事，《聊斋》里还有很多。比如《促织》一文中的成子，自杀之后还要魂化促织，以此解脱一家的苦难。这既是对荒淫残暴的封建统治者的一个辛辣讽刺与有力抨击，也是对成子孝道的一种赞美。

再如《商三官》中的商三官为给父亲报仇，女扮男装，巧妙地刺杀了杀父恶霸。作者在该文末直抒胸臆："然三官之为人，即萧萧易水，亦将羞而不流；况碌碌与世浮沉者耶！"也就是说，商三官的为人，就是荆轲再世恐怕也会自愧不如，何况是世上那些庸庸碌碌之辈呢？作者希望天下女子都能铭记着商三官。

近500篇的聊斋故事，自然不止以上三种类型。但是，如果读者从"人情味"的角度走进《聊斋志异》，或许更能体悟作者的良苦用心。郭沫若这样评价蒲松龄："写鬼写妖高人一等，刺贪刺虐入骨三分。"老舍称道："鬼狐有性格，笑骂成文章。"但愿读者在阅读《聊斋志异》时，能读出人间爱，读出赤子心，读出辛酸泪，读出济世情。

九年级上册6本名著，阅读起来都有一定的难度，你读得如何呢？

九年级 · 下册

31 《儒林外史》：读懂 "儒林" 里的人性
——初中名著阅读个性化攻略之三十一：连缀式

我们先来看看书名。"儒林"，即儒者之林，它指的是封建社会中"读书人"或"士人"这一群体。"外史"与"正史"相对。如若是正史的"儒林传"，记述的则是各朝有学问、有品德的大儒。那么，"儒林外史"所刻画的则是那些为正史所不容纳的读书人或士人形象。

再来了解一下该书的结构。《儒林外史》是一部短篇艺术与长篇艺术相结合的作品。小说中没有贯穿全书的主要人物和主要情节，而是把一个个相对独立的故事连缀而成，以此表现普通士人日常生活中的生存状态与精神世界。全书大体可分为四个部分。

第一部分：第1回，以王冕的故事开启全书。

第二部分：第2～32回，分写各地各类儒林人物。

第三部分：第33～54回，随着杜少卿迁居至南京，全书的中心便转移到南京士林的活动，并以祭泰伯祠为主要事件。

第四部分：第55、56回，以"市井四大奇人"及神宗皇帝"下诏旌贤"收结全书。

下面，我们用"连缀式"的阅读方法，走进《儒林外史》，了解封建士人的人性。

一、王冕：一个嵚崎磊落的人

《儒林外史》的第一回，是一个"楔子"，也就是小说的一个引子。它讲的是，元朝末期，浙江诸暨县的王冕，家境贫寒，善画荷花，京官危素便想见他。但王冕不愿结交官绅，又恐受害，便远走山东济南。后山东发洪灾，王冕回乡，奉养母亲送了终。正值元末明军起义，朱元璋取了天下。洪武四年（1371），礼部议定用四书、五经、八股文取士。由此，王冕预知"一代文人有厄"。为避免入仕，王冕归隐会稽山。

回名曰："说楔子敷陈大义，借名流隐括全文。""大义"即卷首词中"功名富贵无凭据，费尽心情，总把流光误"；"名流"指的便是王冕。王冕善画荷花，荷花有什么特点呢？"出淤泥而不染，濯清涟而不妖"。作者借王冕这个故事，总起全书，并委婉地表达自己理想中人物的基本特点：淡泊名利，洁身自好。

二、周进：长叹一声，一头撞在号板上

成化末年（1487），山东兖州汶上县薛家集，60多岁的周进被推荐为教书先生。村里宴请周进时请秀才梅玖作陪。梅玖席间捉弄周进，并说梦见好兆头才中的秀才。一位王举人（王惠）避雨路过村塾，同样嘲笑周进，说他梦见与周进的学生荀玫共同中了举人。村人因此嘲笑称呼荀玫为"荀进士"，并以为是周进所为，而辞退了周进。后周进随姐夫去省城做生意，路过贡院，受刺激过度，撞上墙去，晕了过去。醒来之后，号啕大哭，满地打滚。这一幕被几个商人见到了，他们出于怜悯，凑钱帮这个周进捐了个监生。周进后来借着监生的身份，居然中了举人，接着又中了进士，到广东做学道。再之后，一路升到国子监司业。

发迹后，从前瞧不起周进的梅玖冒称是他的学生；他在村塾中写下的对联，被恭恭敬敬地揭下来裱好；曾经辞退了周进的薛家集，也供奉起他的"长生禄位"。这都是后话。

文人相轻，故弄玄虚，让周进受尽屈辱。作者通过周进发迹前后士人们对他的态度变化，批判了整个士人阶层和市民社会，更表现了科举制度是造成污浊世风的根源。

三、范进：噫！好了！我中了！

范进50多岁仍是个童生，家中穷苦不堪，12月的天气还穿着单衣服，冻

得直发抖。他在几十年应试不中的情况下，由于主试官周进的抬举，应试及第，却因喜不自胜出现了癫狂状态。在恢复过来后，他的岳丈胡屠户由从前的对他不屑一顾变为阿谀奉承；同县的"名流"也纷纷登门巴结，比如张乡绅赠予银子及房子。

范进中举后，因丁母忧，过了三年才进京会试，中了进士，授职部属，考选御史。数年后钦点山东学道。这也是后话。

范进，是一个为功名利禄而神魂颠倒的科举制度的殉道者典型形象。各名流趋炎附势的嘴脸也在作品中暴露无遗。

四、张乡绅：取一面大枷枷了，把牛肉堆在枷上

这里回过头来对张乡绅做一点介绍。张乡绅，名师陆，别号静斋，南海县人，举人出身，曾做过一任知县。

范母七七之后，张静斋邀约范进一起去拜访高要县汤知县。其实，张静斋巴结范进，是为了巩固自己在南海县的既得利益，同时还能搭上并利用范进的关系网，为自己谋取更多的利益。比如，对于现任的汤知县，张静斋更是想方设法地攀附于他。尽管汤知县对这个"屡次来打秋风"的张静斋非常厌烦。

当时朝廷下令禁止屠耕牛，不得食用牛肉。恰逢回民来送牛肉，希望知县不要严格执行禁食牛肉的规定。张静斋把这看作"严格执法，以求升迁"的机会，使得知县整死了送牛肉的人，引来了回民的围攻。书中叙述了张静斋夺田地、打秋风、通过陷害别人达到个人目的等情节。可以说，张静斋是一个趋炎附势、横行霸道、歹毒至极的乡绅形象。

五、严监生：临死之时，伸着两根指头，总不肯断气

汤知县刚处理完回民的案子，就有两人来状告严贡生。一个告严贡生抢夺别人的猪，一个是告严贡生强要别人的利钱。知县下令拿人，严贡生畏罪而逃。他弟弟严监生（原名严大育，字致和）替他料理官司，自己出钱，赔偿的赔偿，打点的打点。后来，严监生的妻子王氏病重，妾赵氏巧语被扶为正房。在举行婚庆的当天，王氏病亡。

严监生最被人熟知的，莫过于这个桥段："话说严监生临死之时，伸着两根指头，总不肯断气。"众人上前猜度解劝，但都没有说中，最后还是赵氏走上前道："老爷！只有我能知道你的心事。你是为那盏灯里点的是两茎灯草，不放心，恐费了油；我如今挑掉一茎就是了。"赵氏挑掉一根灯草，严监生才点点头，咽了气。

严监生不光是一个吝啬鬼形象，同时也是一个外柔内奸、心狠情薄之人。他妻子王氏病卧在床，生命垂危。赵氏假意殷勤，王氏刚一吐话，严监生"听不得这一声，连三说道：'既然如此，明日清早就要请二位舅爷说定此事，才有凭据。'"只这一件事，就把严监生的性格本质充分表现出来了。

六、严贡生：比不得二老爷在日，小老婆当家

严监生病故。严贡生科举回来，却不顾弟弟的死，反而为了儿子的亲事去了省城。赵氏的儿子后来又病亡，王德给严贡生写信让其回来，商议立嗣的事。此时严贡生在省城接亲。因给吹打手的银子太少，吹打手不愿来，新娘家因此不发轿。最后勉强把新娘接回来。回来的路上，严贡生又假装发病，故意留下云片糕给船家吃，以此反污船家吃了救人的药，最后赖了船钱。回到家后，让儿子及新娘搬到死去的大哥家的正房住，要霸占房子。赵氏告状，族长不敢管，知县判决遵从赵氏的意见。严贡生不服，告到省里，后又告到部里，并冒认周学台（周进）的亲戚，而周进只是公事公办。

严致中是一个贡生。学子经考选等方式进入国子学以后才称为贡生。入贡者必须是"学行端庄，文理优长"，但严贡生却是一个讹诈成性的流氓。

七、荀玫：荀大人因贪赃拿问了

范进要去山东任学道，临行前拜见恩师周进。周进叮嘱范进到山东后关照荀玫。没料到，荀玫凭着自己的学识考了汶上县的第一名。次年经过录科、省试、会试、殿试，荀玫一路过关斩将，位列二甲。不久后，就升任为工部员外。

事不凑巧，家人来报，荀玫母亲病故。听到母亲去世的消息，荀玫立刻哭

倒在地。醒来之后，就立马想到要去递呈丁忧，回老家为母亲守孝三年。其时，一个年过五旬的王员外（王惠）劝荀玫隐瞒此事，以免影响仕途。果然，荀员外自换了青衣小帽，悄悄去求周司业（周进）、范通政（范进）两位老师，求个保举，两位都说："可以酌量而行。"

但后来，荀玫还是被迫要回家丁忧，王惠为讨好荀玫，坚持要陪荀玫一起回家，帮他处理丁忧事宜。王惠将荀玫母亲的葬礼办得风风光光，花费了上千两银子。几年后，荀玫升任为御史、两淮盐运使司盐运使。

一路走来，荀玫可谓是春风得意，登上人生巅峰。然而等到第 29 回时，通过他人谈论提及荀玫，"荀大人因贪赃拿问了！"

荀玫本应是一个难得的人才，学识超群，少年得志，又有周、范二人提携。然而他很快便被王惠所拉拢，并受其影响，最终落得个"贪赃拿问"的下场，这不禁令人唏嘘不已。

八、王惠：戥子声，算盘声，板子声

王惠刚到京城，就接到报录人传旨：去南昌府当知府。前任蘧太守年老告病，由其 37 岁的儿子蘧景玉与王惠办理交接手续，将其父结余的"二千余金"尽数交给王惠。

然而，王惠一开口就是鄙陋不过的话："地方人情，可还有甚么出产？词讼里可也略有些甚么通融？"蘧公子笑谈，其父在位时是"吟诗声，下棋声，唱曲声"，而王太守恐怕会是"戥子声，算盘声，板子声"。

果然，王太守一上任就开始压榨百姓，贪污钱粮，"这些衙役百姓，一个个被他打得魂飞魄散；合城的人，无一不知道太守的利害"。

王惠，历经层层科举而受朝廷重用，可惜他不问当地治安，不问黎民生计，不问案件冤情，而只顾中饱私囊，欺上瞒下。后因宁王反叛，望风而逃；幸得蘧公孙资助，最终出家为僧。这样的结局，乃是他幡然醒悟，不幸中的万幸了。

九、蘧公孙：香房里满架都是文章，公孙却全不在意

蘧公孙，即蘧太守的孙子，蘧景玉的儿子。蘧太守是个清官，为官奉行无

为而治，任期未满便告病回乡。蘧景玉是有名的贤公子，可惜寿命不长，回到嘉兴次年，38 岁就病故了。

蘧公孙在这样的家庭里成长，却并未青出于蓝而胜于蓝。他将一本《高青邱集诗话》添了自己的名字去刊刻，还遍赠亲友，这种行径并不光彩。只是对于一个年轻人有些出名卖弄之心，倒也可以谅解一二。然而，蘧太守知晓此事后，竟然"成事不说"，这不禁让人感到遗憾。

蘧公孙奉祖父之命入赘鲁府，娶了漂亮贤惠、饱读诗书的鲁小姐为妻。这算是祖上积下的福荫。鲁小姐见蘧公孙只把吟诗作为风雅之事，对举业功名毫无追求，因此整日愁眉泪眼，长吁短叹。本当新婚宴尔，却弄得关系紧张。

后来，蘧公孙逐渐看淡诗文虚名，有心重致举业，却一时无从入手。所幸的是，后随马纯上先生学做选家，也算是做了一些正事儿。

蘧公孙算不得一位贤达之人，也算不得一位成功之士，但在《儒林外史》一书中倒也算是一位并不多见的"正常儒人"。

十、娄公子：我们就同诸友做一个"人头会"

这里说的娄公子，包括娄三公子玉亭和娄四公子瑟亭。他们的父亲是执掌朝政二十多年的中堂大人。娄中堂去世之后，谥号文恪。这两位公子均是蘧太守的内侄，因此，蘧公孙称他俩为表叔。

这里略说一些这两位公子交朋结友的事情。一位是杨执中，乃一家盐店的管事先生。"杨先生虽是生意出身，一切账目，却不肯用心料理；除了出外闲游，在店里时，也只是垂帘看书，凭着这伙计胡三。所以一店里人都称呼他是个'老阿呆'。"杨执中把店里管出了七百多两银子的亏空，还对店主咬文嚼字，指手画脚。店主一气之下就把他给告了。娄公子对杨执中既同情又钦佩，决定把老杨"解救"出来，于是给了家奴晋爵七百五十两银子，让他去赎杨执中。结果晋爵只给了县衙书办二十两银子就搞定了这事，其余的银子就都落入晋爵的腰包了。之后，娄公子三顾茅庐，才见到杨执中。杨执中其实并非高雅寒士，而只是迂腐之人而已。

第二位是经杨执中介绍认识的权勿用，杨称权有"经天纬地之才，空古

绝今之学"。后来才知道此人乃一坑蒙拐骗之徒。杨、权二人闹矛盾后，权勿用说杨执中是个呆子，杨执中说权勿用是个疯子。权勿用者，"全无用"也。

第三位是经权勿用介绍的侠客张铁臂。张"侠士"用一个猪头冒充人头，骗了娄公子五百两银子。临行之际还忽悠娄公子召集众"名士"吃饭，看他回来后表演用药末将人头化水的奇术。如此荒诞恶心的忽悠，两位公子竟然真的做了一个"人头会"。

看一个人的品行如何，可以看看他和哪些人交朋友。杨执中、权勿用、张铁臂，这些奇葩居然成了两位娄公子的座上宾。自感怀才不遇的，常常乐助好施的，有点沽名钓誉的，其实幼稚可笑的娄公子（主要是三公子）经历了这些事后，觉得意兴稍减，从此闭门整理家务。

十一、马纯上：作文之心如人目

马纯上，即在蘧公孙一节中曾提起过。这位马二先生，"身长八尺，形容甚伟，头戴方巾，身穿蓝直裰，脚下粉底皂靴，面皮深黑，不多几根胡子"，一看样子，就感觉他是一位气宇轩昂、落落大方的儒士。事实也的确如此。

他举业当行：补禀 24 年，可惜科场不利，但屡败屡战；他做事认真："时常一个批语要做半夜，不肯苟且下笔"；他善于教化："举业二字是从古及今人人必要做的"，一番话让蘧公孙如梦初醒；他学风纯正：他认为"站封面"，写署名，"这事不过是名利二者"，因此"只可独站，不可合站"；他仗义疏财：蘧公孙私藏王惠枕箱，被其丫头双红与其相好讹诈，他用九十二两银子帮蘧公孙赎回枕箱；他以德报怨：对骗过他的洪神仙，仍捐资为之装殓送殡；他帮助后学：与匡超人萍水相逢，便"将文章按在桌上，拿笔点着，从头至尾，讲了许多虚实反正、吞吐含蓄之法与他"，并拿出十两银子给予资助，让匡回去做些生意，请医生医治其父……

在吴敬梓的心目中，马纯上应当是一位古道热肠、纯正上等的儒士。

十二、匡超人：才知道天下还有这一种道理

匡超人，是《儒林外史》里的一个"重点人物"，涉及第 15—20 六回。

对于这位超人，我们可分三个阶段来简要梳理。

楷模阶段。得到马纯上的资助后，匡超人一路晓行夜宿，回到本乡。他白天杀猪，卖豆腐，晚上便服侍父亲，对父母体贴入微。苦心人天不负，凭借这些，匡超人在一个深夜被路过的知县李本瑛发现。李知县深受感动，便提携他中了秀才。这时匡超人 22 岁，可谓是青年楷模。

转折阶段。真是世事难料，李知县被人诬告，匡超人怕受牵连，就跑到杭州躲避风头。到了杭州，匡超人要投奔的潘三外出未归，便与景兰江等一班假名士交往。在他们的影响下，匡超人很快学会了诗酒风流、逢迎拍马。期间，他仿佛豁然开朗，转身投入这些假名士所吹捧的"终南捷径"之中。可惜在这转折阶段，匡超人没有回头，反而愈走愈远。

质变阶段。匡超人所投奔的潘三，本是一个把持官府、包揽诉讼、拐卖妇女的市井恶棍。他看中匡超人知书识字，能写会算，便想利用匡超人为自己服务。匡超人在金钱的诱惑下，果然和潘三一伙干起了伪造文书、为人替考等不法勾当。潘三被捕后，匡超人逼妻子回大柳庄乡下（导致其妻后来郁闷忧虑而死），他本人急忙进京，寻求业已复任的李本瑛庇护。当李本瑛问他可曾婚娶时，他谎称没有，心安理得地做出停妻再娶之事。这个时候的匡超人自私自利，冷酷至极，一个原本淳朴、上进、孝顺的匡超人彻底变质了。

匡超人就是这样从纯朴善良到道德沦丧，一步一步地背叛了人格，背叛了良知，背叛了师友，也背叛了自己。匡超人是《儒林外传》中的又一类反面人物。

十三、牛浦郎：我从今就是牛布衣

涉及牛浦郎的主要有第 21—24 四回。这里，我们不妨用这四回中的各自一联来对牛浦郎简要梳理。

冒姓字小子求名。牛浦郎本是芜湖的一个孤儿，和祖父相依为命。他也识些字，读些书，尤其爱读诗。一个偶然的机会，他得到了当时已经去世的牛布衣的诗集，并且干脆冒充起牛布衣。从此，牛浦郎摇身一变，成了著名诗人。

认祖孙玉圃联宗。有个叫董瑛的进士，曾在京城读过牛布衣的诗作，慕名前来拜访。牛浦郎装模作样地接待董瑛。后来，牛浦郎得知董瑛做了淮安府安东县的知县，就决定投奔董瑛。在搭船的途中，结识了一个叫牛玉圃的，这牛玉圃本身比较粗爽，也爱吹个牛皮，他俩便以祖孙相称。

发阴私诗人被打。到了扬州，牛浦郎在万雪斋的宴席上露了怯，牛玉圃从此不再带牛浦郎出门。牛浦郎憋了一肚子气。牛玉圃给牛浦郎三百两银子，让他到苏州替万家寻找入药用的"雪蛤蟆"。牛浦郎却在临行前给牛玉圃找麻烦，弄得万雪斋不和牛浦郎来往。事后，牛玉圃知道是牛浦郎搞的鬼，在苏州找到牛浦郎后，把他带到一个偏僻之地，一顿暴打，并推进粪窖里。

牛浦郎牵连多讼事。牛布衣的夫人在老家得知牛布衣在芜湖，决定千里寻夫。到了甘露庵，她发现了牛布衣的棺椁，但不确定牛布衣是否死了。牛夫人后来一直找到牛浦郎安东的家里（得安东董知县照应，牛浦郎娶了黄老爹的第四个女儿），并闹到了向知县那里。这位向知县接任时，董知县曾让他照顾这假布衣，向知县便糊里糊涂地给结了案。

假布衣，真浦郎，欺世盗名；认祖孙，泄私愤，心胸狭隘。一直没被揭穿，一直被人青睐，可谓是相当讽刺的了。

十四、鲍文卿：须是骨头里挣出来的钱才做得肉

鲍文卿乃是崔按察（负责上参失职官员）门下一戏子。然而向知府（上文提到的向知县）却这样夸赞鲍文卿："而今的人，可谓江河日下。这些中进士、做翰林的，和他说到传道穷经，他便说迂而无当；和他说到通今博古，他便说杂而不精。究竟事君交友的所在，全然看不得！不如我这鲍朋友，他虽生意是贱业，倒颇多君子之行。"（第26回）

善良体恤。向知县因祖护牛浦郎被人检举，崔按察夜读奏本，鲍文卿偶然听到，便斗胆替向知县求情："……这老爷是个大才子，大名士，如今二十多年了，才做得一个知县，好不可怜！如今又要因这事参处了。"一番话竟然让崔按察动了恻隐之心，消除了参处念头，并推荐鲍文卿拿信去告知向知县。当然，向知县的这种"糊涂官判糊涂案"的做法，也本应受到参处。

淡泊钱财。向知县礼遇、谢恩，如待上人，鲍文卿断然不受。酒后知县封

五百两银子谢他，鲍文卿一厘不受，"这是朝廷颁与老爷们的俸银，小的乃是贱人，怎敢用朝廷的银子？小的若领了这项银子去养家口，一定折死小的。大老爷天恩，留小的一条狗命"。替人请命，不受恩惠，乃名副其实的君子。

忠心耿耿。向知府的两书办，奉上银五百两，想让鲍文卿在向知府面前替人求情。鲍文卿笑道："我知道自己是个穷命，须是骨头里挣出来的钱才做得肉，我怎敢瞒着太老爷拿这项钱？……依我的意思，不但我不敢管，连二位老爹也不必管他。自古道，'公门里好修行'，你们服侍太老爷，凡事不可坏了太老爷名声，也要各人保着自己的身家性命。"

鲍文卿作为一底层戏子，有这样的君子品行，那些张嘴诗词歌赋、满口仁义道德的所谓儒者们如若知晓，不知是否会感到汗颜？

十五、杜慎卿：好细细看他们裹娜形容

才貌双全。杜慎卿的故事发生在南京。杜慎卿出身于一个"一门三鼎甲、四代六尚书"的官宦世家，人称"天长杜十七老爷"；生得"面如傅粉，眼若点漆，温恭而雅，飘然有神仙之概"；曾在二十七州县的诗赋考试中获得"案首"。说他才貌双全，并不夸张。

声色犬马。杜慎卿生活奢靡，女色男色都爱。媒婆沈大脚替他物色到一个小妾，一听说姑娘长得标致，他立即动心；但在表面他做出一副无可奈何的模样，"这也为嗣续大计"。在一次微醉时，杜慎卿吐露出自己喜欢男色的癖好；于是季苇萧给了杜慎卿一个不大不小的捉弄：季编个谎话，杜慎卿急不可耐，连第二天去看未来小妾的计划都取消了，结果呈现在面前的，却是一位五十多岁的肥胖道士。这着实有点冷幽默。

虚荣寡义。莫愁湖上，杜慎卿聚集了城中六七十个唱旦的戏子，让他们一个个装扮起来，一个人在他面前做一曲戏，"好细细看他们裹娜形容"。这一夜莫愁湖湖亭大会，杜慎卿花了不少银子，直闹到天明才散。杜慎卿"名震江南"，这正是他想要的虚名。当然，这位杜十七爷对待需要用钱的人，却是另一副模样。鲍廷玺（鲍文卿的继子）在他身边一直小心侍候，想从杜慎卿处借几百两银子，搭个戏班子，于是双膝跪在地上，没想到杜慎卿却把这

"一脚球"踢到同族兄弟杜少卿那里去了。己所不欲，却施于人。杜慎卿只爱虚名，并无情义。

第32回中，娄太爷临死前对杜慎卿做了这样的评价："慎卿虽有才情，也不是甚么厚道人。"的确，杜慎卿就是这样的一类儒人。

十六、杜少卿：将来乡试也不应，科、岁也不考，逍遥自在

一个豪爽人，一个败家子。杜少卿的为人豪爽、乐助好施是出了名的。杨裁缝母亲得暴病去世，无钱办丧事，向他借四两或六两银子。少卿当时手头一个钱也没有，他让人当了一箱衣服，给了杨裁缝二十两。乡下黄大的房子倒了，少卿拿出五十两银子给黄大修缮房子；臧蓼斋要补廪，少卿给了他三百两银子……少卿为了帮助他人，把田地都变卖光了，最后在南京居住时，手头几乎连一个子儿都没有。

一位高老先生曾这样评价杜少卿："诸公莫怪学生说，这少卿是他杜家第一个败类！……不到十年内，把六七万银子弄得精光。天长县站不住，搬在南京城里，日日携着乃眷上酒馆吃酒，手里拿着一个铜盏子，就像讨饭的一般。不想他家竟出了这样子弟！学生在家里，往常教子侄们读书，就以他为戒。每人读书的桌子上写一纸条贴着，上面写道：'不可学天长杜仪。'"这位高先生夸张了吗？污蔑了吗？都没有，他说的这些都是实情。试想一下，哪家能容得下这样的败家子？

一个傲气佬，一个淡泊人。臧三爷告诉少卿，县里王父母（知县）是他的老师，在他跟前说了几次，说仰慕少卿的大才，让少卿去拜访下知县。没想到杜少卿这样回答："像这拜知县做老师的事，只好让三哥你们做。……他果然仰慕我，他为甚么不先来拜我，倒叫我拜他？"他就是有这种傲骨的人。后来，王知县倒台了，许多人都避之不及，但少卿却让他到自己的家中无偿居住。

巡抚部院李大人为朝廷举荐贤才，认为杜少卿"品行端醇，文章典雅"，便举荐了他。少卿当面回复："小侄菲才寡学，大人误采虚名，恐其有玷荐牍。""大人垂爱，小侄岂不知？但小侄麋鹿之性，草野惯了，近又多病，还

求大人另访。"他婉拒了朝廷征辟。之后，李大人又吩咐县里的邓老爷请杜少卿到京里做官，他却假装得了重病。

"不戚戚于贫贱，不汲汲于富贵"，少卿就是这样一个淡泊名利的人，一个喜欢闲云野鹤的人。

一个雅趣客，一个好男人。 少卿夫人因初到南京，要到外面去看看景致。他当下叫了几乘轿子，约一位姚奶奶做陪客，两三个家人、婆娘都坐了轿子跟着。也许是家人团聚，也许是风景优美，这日杜少卿喝得大醉，"竟携着娘子的手，出了园门，一手拿着金杯，大笑着，在清凉山冈子上走了一里多路"。两边看的人"目眩神摇，不敢仰视"。为何如此？封建礼教如此，男女授受不亲，即便是夫妻身份也不能在公众场合秀恩爱。有人建议他娶个小妾，他却说："娶妾的事，小弟觉得最伤天理。天下不过是这些人，一个人占了几个妇人，天下必有几个无妻之客。"

一个叫沈琼枝的女子不甘为妾，逃到南京卖文过日子。人们都把她看作"倚门之娼"，或疑为"江湖之盗"。但杜少卿却认为她是"希奇的客"，并说道："盐商富贵奢华，多少士大夫见了就销魂夺魄；你一个弱女子，视如土芥，这就可敬的极了！"可见少卿对沈琼枝不是出于怜悯，而是出于尊重；赞扬的不是她的姿色和才情，而是她不畏权势、不肯供人玩弄的反抗精神。

一夫一妻，男女平等，杜少卿的这种婚姻思想在他所处的明代实在是非常先进了。杜少卿的确是一个难得的好男人。

一个守道者，一个反对派。 杜少卿遵从孝道，"但凡说是见过他家太老爷的，就是一条狗也是敬重的"。娄老伯是少卿父亲的一位门客，但他"养在家里当作祖宗看待，还要一早一晚自己服侍"。娄老伯病故之后，杜少卿又亲自前往陶红镇祭吊，拿出百十两银子办丧事，一直到三天后送娄老伯归山。

杜少卿搬到南京之后，所剩不过千把两银子，但他却捐出三百两银子修建泰伯祠，用古礼古乐致祭，借此传经布道，弘扬正气。少卿与郭孝子素昧平生，但敬重他走遍天下寻访父亲的孝行，不避通叛的嫌疑，留他在家里歇息，并置酒款待，为他求虞博士写介绍信，自己找衣服、当银子给他准备盘缠。

同时，少卿又是一个不合时宜的反对派。他敢于对某些封建权威和封建礼俗提出大胆的挑战，似乎有些离经叛道。他的眼里没有封建的等级名分和尊卑秩序，因此，"和尚、道士、工匠、花子，都拉着相与"。当世人把朱熹对经书的注释钦定为标准答案时，他敢于挑战权威，认为"朱文公解经，自立一说，也是要后人与诸儒参看。而今丢了诸儒，只依朱注，这是后人固陋"。

吴敬梓为何在书中如此舍得为杜少卿花笔墨、用篇幅呢？想必杜少卿的原型就是他本人吧。吴敬梓也是这样一个充满矛盾与叛逆的儒者。

十七、市井四大奇人：古人动说桃源避世，我想起来，那里要甚么桃源？

文章从第33回开始，随着杜少卿迁居至南京，全书的中心便转移到南京士林的活动。其中可以评述的人物自然不止杜少卿一个，比如还有迟衡山、庄绍光、虞博士、萧昊轩等。包括第32回以前，也有一些可以评说的人，但限于文章的篇幅，我们姑且跳到第55回"市井四大奇人"吧。

这里似乎有个问题：作者为何不再写"儒林"而写"市井"呢？原来，作者认为，到了万历二十三年（1595），南京的名士都已渐渐消磨尽了。"花坛酒社，都没有那些才俊之人；礼乐文章，也不见那些贤人讲究。"通俗地说，"儒林"里再也没有上得了台面的人物了。好在此时的市井中，又出了几个奇人。

第一个是会写字的季遐年。季遐年自小无家无业，总在这些寺院里安身。他的字写得最好，但有些坏脾气，比如写字的时候，要三四个人替他拂着纸；他若不情愿时，任你王侯将相，大捧的银子送他，他正眼儿也不看。

第二个是卖火纸筒的王太。王太无以为生，每天靠到街上卖火纸筒过日子。但他自小最喜下围棋。一位被称为"天下的大国手"的马先生与他对弈，竟然投子认负。

第三个是开茶馆的盖宽。盖宽每日坐在书房里作诗看书，又喜欢画几笔画。他家里穷得揭不开锅了，各样的东西都变卖尽了，但那几本心爱的古书始终不肯卖。

第四个是做裁缝的荆元。荆元每天除了给人家做衣服，闲空下来就弹琴写字，也很喜欢作诗。尤其在弹琴上造诣颇深，"弹起来，铿铿锵锵，声振林木，那些鸟雀闻之，都栖息枝间窃听"。

市井四大奇人，都是生活在社会底层的穷苦之人。他们与"儒林"关系不大，但他们又分别精通琴棋书画，同时还能自食其力。该四大奇人与书中的那些崇尚清谈、喜欢卖弄、尔虞我诈、偷奸耍滑的文人墨客相比，精神富足多了。

这四大奇人，是文人化的市井平民。他们恬淡闲适，安贫乐道。这应当是作者借此表达自己对完美人格的一种追求吧。

十八、鲁迅：乃秉持公心，指摘时弊，机锋所向，尤在士林

鲁迅《中国小说史略》中曾这样评价《儒林外史》："迨吴敬梓《儒林外史》出，乃秉持公心，指摘时弊，机锋所向，尤在士林；其文又戚而能谐，婉而多讽：于是说部中始有足称讽刺之书。""是后亦鲜有以公心讽世之书如《儒林外史》者。"书中的"士林时弊"，在21世纪的今天，到底是减少了还是增多了呢？我相信，每一位读者心中都有一杆秤。

我们阅读此书，也可以从"讽刺时弊"之外的角度，去吸收，去品味，去批判。比如从张乡绅、王惠、匡超人等人的身上去反省自我：有多少自私的、虚伪的、不义的小心眼？从鲍文卿、杜少卿、虞博士等人身上，去学习他们忠诚的、善良的、淡泊的、朴实的好情怀。若能如此，善莫大焉。

下一篇，我们一起走进钱锺书的《围城》。

32 《围城》：方鸿渐的那些糗事
——初中名著阅读个性化攻略之三十二：主角式

钱锺书的《围城》，是一本很好玩但不好读的书。语言风趣幽默，人物形象鲜明，这是好玩的一面；细节描写太多，旧时的、国外的诸多文化包蕴其间，这便是不好读的一面。鉴于上述原因，笔者采用一种"主角式"的阅读方式，也就是从梳理主人公方鸿渐的糗事入手，进而简评人物的个性特征和作品的思想与语言。具体如下：

一、情节梳理

（一）在船上：第一章

1. 蹊跷的留学费。方鸿渐还在高中读书时，就随家里作主订了婚。未婚妻是上海一家"点金银行"周经理的女儿。方鸿渐曾看过她的一张半身照片。在北平读大学时，他曾壮着胆写信到家里，要求解除婚约，结果被父亲快信来痛骂一顿。后来，父亲来信告知，未婚妻因伤寒去世。方鸿渐给丈人写了一封慰唁的长信。周经理很开心，叫主任回信道："女儿虽没过门，翁婿名分不改；……把陪嫁办喜事的那笔款子加上方家聘金为女儿做生意所得利息，一共两万块钱……给方鸿渐明年毕业了做留学费。"方鸿渐因此对死去的未婚妻十分感激。

2. 买博士文凭。方鸿渐到了欧洲，四年中倒换了三个大学：伦敦、巴黎、柏林。学的是中国文学。这让人感到很滑稽：学国文的人竟然要出国"深造"。为给家人和周经理一个交代，方鸿渐花三十美金，从爱尔兰人那里买了一张"克莱登大学"的博士文凭，并随海外学成的学生回国。

3. 与鲍小姐厮混。在法国游船上，鲍小姐只用轻松的一句话，就把方鸿渐勾住了。两人的交情就像热带植物那样飞快地生长……在船上遇见了大学同学苏文纨，苏小姐对他的态度明显冷淡。到香港后，鲍小姐一上岸就扑向未婚夫的怀里，方鸿渐才知道自己被欺骗了，自觉没趣丢脸。

（二）在上海：第二至四章

1. 被登报宣传。回到上海后，周经理让方鸿渐在他的"点金银行"上班。小舅子拿出一张《沪报》给方鸿渐看。原来周经理在报纸上登了一则消息，说方鸿渐"留学英国伦敦、法国巴黎、德国柏林各大学，精研政治、经济、历史、社会等科，莫不成绩优良，名列前茅，顷由德国克莱登大学荣授哲学博士"等。德国并无克莱登大学，给内行人看到，有何面目见人？方鸿渐无比尴尬。

2. 演讲被警告。回到家乡，父亲的老朋友、本县省立中学的吕校长来盛情邀请方鸿渐到学校作"西洋文化在中国历史上之影响及其检讨"的演讲。方鸿渐"临阵磨枪，不快也光"。他在演讲中说："海通几百年来，只有两件西洋东西在整个中国社会里长存不灭。一件是鸦片，一件是梅毒，都是明朝所吸收的西洋文明。"这个演讲让吕校长不停地在背后发出警告意义的咳嗽。方鸿渐羞得不敢看台下。

3. 相亲出糗。淞沪战事开始，方鸿渐一家搬到上海。方鸿渐住在周经理家。元旦后，有人给他做媒，对方是一位姓张的女儿。在张家，张先生用英语和打牌来考察方鸿渐。考察结果是，张先生一家三口都看不上方鸿渐，说他"气量太小，把钱看得太重""什么博士！好多英文都听不懂""吃相多坏"等。

4. 评诗遭骂。赵辛楣追求苏文纨，苏文纨爱上方鸿渐，而方鸿渐却喜欢苏文纨的表妹唐晓芙。一次在苏家，曹元朗拿来一把扇子，扇子上有署名为"王尔凯"的一首新诗。方鸿渐说："这首诗是偷来的。"苏文纨大怒："我顶不爱听你那种刻薄话。世界上就只你方鸿渐一个人聪明！"后来唐晓芙告诉他，该诗的作者是苏文纨。好在苏文纨正爱着方鸿渐，而方鸿渐又写信哄她

（其实此信是为取悦唐晓芙），因而并没有造成"严重后果"。

5. 酒馆丢脸。苏小姐等着方鸿渐求爱，而方鸿渐只等机会向她声明并不爱她。两人约在酒馆见面，酒馆里还有褚慎明、董斜川、赵辛楣等人。众人在一起谈作诗、谈哲学、谈婚姻。赵辛楣视方鸿渐为情敌，总想让他出丑。方鸿渐猛灌一杯后，连跌带撞地赶到痰盂边，呕吐不止。而此刻，他心里只想着："太丢脸，亏得唐小姐不在这儿。"而赵辛楣却笑他："酒，证明真的不会喝了。希望诗不是真的不会作，哲学不是真的不懂。"

6. 拒绝苏文纨。醉酒后，苏文纨用她的车子送方鸿渐回家，这让赵辛楣深感失败。次日，苏小姐约方鸿渐夜谈。恰逢旧历十五月圆之夜，方鸿渐恨不能去看唐晓芙。在苏家，苏文纨打扮得妩媚动人，主动示爱，一副等待求爱的姿态。而方鸿渐最怕苏小姐提起订婚结婚等计划，一溜烟跑出门。回家后，给苏小姐写了一封信，表示不能接受苏小姐的爱。事后，苏文纨与曹元朗急急地订了婚。这是后话。

7. 失去唐晓芙。信发出后，方鸿渐又在电话里告诉苏文纨，他爱的是唐晓芙。这让苏文纨恼羞成怒。恰在此时，方鸿渐收到国立三闾大学校长高松年的电报，聘他为教授。于是，他写信把这个消息告诉唐晓芙（此前已有数封书信往来），暗想着向唐小姐求婚一定顺利。没想到，苏小姐已把他的信给唐小姐看了，并把从船上到那天晚上的事情全部告诉了唐晓芙。唐小姐嘲笑他太聪明，一切逢场作戏，过去太丰富了。方鸿渐从唐家离开后，在风雨中失神落魄。这一夜，方鸿渐一阵阵地发烧，觉得自己可鄙可贱得不成为人。

8. 不告而别。因为失恋的原因，方鸿渐在周家一大早偷偷出门，这让不明就里的周太太非常恼怒，周经理也劝他去当教授。方鸿渐觉得在周家一天也不能待下去了，"昨天给情人甩了，今天给丈人撵了，失恋继以失业，失业以致失恋"，他倍感羞愧。方鸿渐回到父母那里，又被父亲数落了一顿。父亲也劝他到三闾大学去教书。晚上，待周家人都睡了后，他才慢慢回去；第二天一大早便收拾好行李，来了个不告而别。

9. 被称作"同情兄"。"同情兄"这个雅号是赵辛楣送给方鸿渐的。因为他们有同一个情人——苏文纨。也正是这次不打不相识，赵辛楣把方鸿渐推荐给了高松年。这是方鸿渐压根儿没想到的。他们约定一起去平成（安化县），同行的还有李梅亭、顾尔谦以及孙柔嘉，九月二十二日下午从上海乘船出发。

（三）在途中：第五章

从上海到平成。这段行程，途经宁波、溪口、金华、鹰潭、南城、宁都、吉安、界化陇、邵阳，之后到达湖南平成。这一路的尴尬，不仅仅是方鸿渐个人的，应当属于这个五人"小社会"。

比如，从上海到宁波，李梅亭只买到三张大菜间，李梅亭和顾尔谦改坐房舱，实则是为省钱而撒谎；船没进港就老远停了，船公司派两条汽油船来，摆渡客人上岸。此时，还有空袭警报拉响。

从宁波到溪口，先坐船，然后坐洋车，下雨，翻车；过桥时方鸿渐的眼睛只注视着孙小姐旗袍的后襟，不敢瞧旁处；李先生失足掉在田里挣扎不起……一个个狼狈不堪。

"鸿渐两天没剃胡子梳头，昨天给雨淋透的头发，东结一团，西刺一尖，一个个崇山峻岭，西装湿了，身上穿件他父亲的旧夹袍，短仅过膝，露出半尺有零的裤筒。大家看了鸿渐笑。"

李梅亭曾说，孙小姐若是生病了，他的箱子里有的是药；然而，后来孙小姐真的生病时，李梅亭却把对胃寒毫无用处的鱼肝油给她吃，弄得孙小姐难受呕吐。其实，李梅亭是要把他的药带到学校去卖好价钱。

这段旅程原计划只用一周、顶多十天完成，实际上足有半个月。这是一段很尴尬的旅程。一路上五人组成了一个临时的"小社会"。在这个"小社会"里，诸多糗事不必一一细说。其中，赵辛楣的一句话最耐人寻味："总算功德圆满，取经到了西天，至少以后跟李梅亭、顾尔谦两位可以敬而远之了。李梅亭不用说，顾尔谦胁肩谄笑的丑态，也真叫人吃不消。"

（四）在三闾：第六至七章

1. 破格副教授。到了三闾大学，李梅亭、赵辛楣分别分到中国文学系和政治系当教授，方鸿渐有点惶恐："我还不知道是哪一系的教授呢。"次日上午，高松年校长给方鸿渐安排教学工作：照方鸿渐的学历，只能当专任讲师，但破格聘为副教授；教的课程是论理学，三个钟头。走出校长室，方鸿渐只觉得自己是高松年大发慈悲收留的一个弃物，满肚子又羞又恨，却没有个发泄的对象。

2. 克莱登大学。闲聊时，历史系的陆子潇告诉方鸿渐，历史系主任韩学愈是克莱登大学的博士，问他知不知道这所大学。方鸿渐吓得直跳起来，宛如自己的隐私被人揭破，几乎失声叫道："我知道。哼，我也是——"自从唐小姐把买文凭的事向他质问以后，他牢记要忘掉这件事，但这一次居然又被翻了出来。韩学愈来拜访时，证实了他的学历。韩还说，克莱登是一所好学校，是很认真很严格的学校。方鸿渐满腹疑团；韩回家时，腿有点软。

3. 令人不安的两件事。一件是点名。到了第二星期，方鸿渐发现五十多学生里有七八个缺席。看了这些空座位，方鸿渐心里很不舒服。另一件是教书。自以为预备的材料很充分，但内容讲完了，下课铃还有好一会才打。于是，他动不动就写黑板，以此延长时间，但班上的学生总无精打采。

4. 三个旁听生。因为学生捣乱，孙小姐的课教不下去了。经赵辛楣和刘东方两人劝导，方鸿渐居然大胆老练、低头小心地教起英文来。添了钟点以后，方鸿渐的兴致恢复了一些。他发现他所教的丁组英文班上，有三个甲组学生来旁听，而且常常殷勤发问。方鸿渐得意非凡。但没想到的是，在一个深夜里上厕所时获悉：那三个旁听生全是历史系里上甲组英文的，他们所提的问题里藏着陷阱，这显然都是韩学愈捣的鬼。刘东方还从抽屉里拣出丁组学生写的请愿信，从头到尾说方鸿渐没资格教英文。不过，此后那三个旁听生不再来听方鸿渐的课了。

5. 汪家请客。方鸿渐和赵辛楣从桂林回来两天后，收到汪处厚教授的帖子。汪太太早有计划，要把范小姐介绍给赵辛楣，刘小姐介绍给方鸿渐。范小姐是个讲师，刘小姐（刘东方的妹妹）是个助教。但辛楣和鸿渐看见介绍的这两位，失望得要笑。饭桌上谈起陆子潇追求孙小姐，天天通信，要好得很：方鸿渐刺心难受，这让他整个夜晚无法安寝。汪先生说，赵辛楣是高校长嫡系里的"从龙派"，鸿渐则是"从龙派"的外围或者龙身上的蜻蜓：方鸿渐又惊又气。

6. 好梦破灭。方鸿渐自觉这一个学期上课，驾轻就熟，渐入佳境。学生对他的印象也像好了些。只是和同事们的关系，比上学期要坏。汪处厚为笼络于他，跟他讲了许多潜规则，并表示愿意提携他。方鸿渐因此预备功课特别加料，渐渐做起"名教授"的好梦。春假的第四天晚上，赵辛楣与汪太太一起散步，被汪处厚和高松年"捉个现行"。汪太太不说实话，赵辛楣有口难辩。赵决定离开这所学校，并将孙小姐托付于方鸿渐。方鸿渐仿佛觉得自己的天地里突然黑暗。

7. 被停聘。也许是赵叔叔（赵辛楣）的突然离开，孙小姐需要有人保护，而方鸿渐也身心疲倦，方、孙二人迅速订婚。吃订婚酒的那一天，怀有各种心机的人都来"祝贺"，还有来宾研究孙小姐身体的轮廓（是否怀孕）。方鸿渐和孙小姐被来宾灌醉。高校长虽是证婚人，但对方鸿渐并不满意。凑巧陆子潇在方鸿渐的房里看见一本《共产主义论》（赵辛楣留下的），便将此事向李训导长（李梅亭）告发，李立马书面呈报高校长。校长认为方鸿渐思想有问题，决定下学期解聘。韩学愈得到此消息，无异于喜从天降，他的假文凭从此不会被人揭破了。

8. 收到信封。自赵辛楣一走，方鸿渐不再幻想升级，只想暑假以后另谋出路。高松年看见他，总是笑容可掬，若无其事，但始终不谈聘书的事。方鸿渐最吃不消的是那些同事的态度，这种同情比笑骂还难受。聘书等不到，校长也见不到，方鸿渐决定离开这里。这次走，没有一个同事为他饯行，谢饭倒是谢了好几次。临行前，高松年的亲随送来了一个大信封。鸿渐以为是聘书，里面却是一张信笺和一个红纸袋。信还没看完，方鸿渐就气得要下轿子跳骂。

（五）在家中：第八至九章

1. 冤家聚头。方鸿渐逐渐发现孙柔嘉不但很有主见，而且主见很牢固，只是觉得和她还是陌生得很。经桂林到香港，在赵辛楣的建议下，两人在香港注册结婚。两人去拜见赵老太太时，苏文纨竟然也在那里，可谓是"不是冤家不聚头。"苏文纨高高在上，冷嘲热讽。回来后，孙柔嘉越发任性，越发尖酸，方鸿渐只能唯唯附和。

2. 有家难回。孙柔嘉不愿意一下船就到婆家，要先到娘家。方鸿渐也不勉强，他知道家里分不出屋子给自己住。从两个小侄儿的话语中，他忽然发现，弟媳妇背后竟然这样糟蹋人。一向和家庭习而相忘，不觉得它藏有多少仇嫉卑鄙，这几年来兄弟妯娌甚至父子间的真情实相，自己有如蒙在鼓里。方鸿渐把孙柔嘉接到方家，因为没有行跪见礼，方老太太没有把本已准备好的首饰交给孙柔嘉。因为方家暗潮汹涌，孙柔嘉和方鸿渐在出门时便发生了争吵。双方亲家见过面，谁也不满意谁，孙柔嘉和方鸿渐左右为难。渐渐地，两人越吵越多。

3. 姑母大人。跟孙柔嘉最亲密的是她的姑母，美国留学生；姑父陆先生，脸上总是一副得意之色。夫妇俩同在一家纱厂里任要职，所以柔嘉在厂里很容易就找到了位置。姑母认为侄女配错了人，对方鸿渐瞧不起。方鸿渐每和她见一次面，自卑心理就高涨一次。此前，赵辛楣帮方鸿渐联系好了华美新闻社的工作；但房子比职业更难找。幸好，方家把乡下的房子与这边一亲戚家里的两间小房作为交换，这才让他们有了立足之地。姑母送了侄女一房家具，而嫌侄女婿对自己丈夫态度不谦逊，便发生了一些争论。孙柔嘉埋怨方鸿渐，方鸿渐表示不欢迎他们。

4. 从动口到动手。方家给方鸿渐送来一具老式自鸣钟，每小时慢七分钟；陆家给孙柔嘉送来一位李妈，李妈处处往孙柔嘉一边偏心。方鸿渐的父母、弟媳给这个小家搬弄了许多是非；李妈给这个小家制造了不少矛盾。死祖宗和活亲戚让孙柔嘉疲于奔命，姑母让方鸿渐怒气冲冲。他们几乎是一天一争吵。随着方鸿渐的突然辞职，想到重庆投奔赵辛楣，两人的矛盾终于进一步升级——由争吵到动手，进而离家出走。这个家里，只有那只祖传的老钟在"当、当、当、当、当、当"地自鸣着……

二、人物简评

1. 方鸿渐。通过上述梳理，我们可以看到，方鸿渐是一个迷失方向的绅士之子，一个不知感恩的懵懂青年，一个正气尚存的知识分子，一个无力抗争的职场弱者，一个婚姻失败的可怜男人。学业、职场、爱情、家庭，处处都是方鸿渐的"围城"。

2. 其他人。为简约其见，这里只引用九年级下册语文教材（P65）的部分评论：《围城》所刻画的，是旧中国病态知识分子的群像。除方鸿渐之外，还有外表柔弱而城府颇深者，如孙柔嘉；表面文雅，实则自私刻薄者，如苏文纨；此外，还有老奸巨猾者，如高松年；猥琐恶毒者，如韩学愈；阿谀逢迎者，如顾尔谦……各色人物粉墨登场。读者可在阅读过程中去批注和体会，还可以对唐晓芙、赵辛楣做些分析。

三、语言及思想简评

1. 比喻妙用。"被围困的城堡，城外的人想冲进去，城里的人想冲出来。"这句法国谚语，大概是用来调侃婚姻频率最高的一句比喻句了。因为它揭示了许多人对婚姻的一个普遍认识。生动而幽默的比喻句，书中有非常多，比如：

第二章里，在县省立中学演讲时，方鸿渐说："只有两件西洋东西在整个中国社会里长存不灭。一件是鸦片，一件是梅毒，都是明朝所吸收的西洋文明。"而此时，"那记录的女生涨红脸停笔不写，仿佛听了鸿渐最后的一句，处女的耳朵已经当众丧失贞操"。

第五章里，写李梅亭时，作者这样写道："李先生脸上少了那副黑眼镜，两只大白眼睛像剥掉壳的煮熟鸡蛋。"这样的比喻，或生动形象，或风趣幽默，读来让人忍俊不禁。

2. 讽刺艺术。《围城》是中国现代文学史上一部风格独特的讽刺小说，被称为"新《儒林外史》"。这里，也从语言的角度略举几例。

在第一章里，关于中国留学生，作者这样写道："船上这几位，有在法国留学的，有在英国、德国、比国等读书，到巴黎去增长夜生活经验，因此也坐法国船的。他们天涯相遇，一见如故，谈起外患内乱的祖国，都恨不得立刻就回去为它服务。……麻将当然是国技，又听说在美国风行；打牌不但有故乡风味，并且适合世界潮流。"读着这样的语言，让人不禁联想到鲁迅在《藤野先生》一文中所写到的中国留学生。两者可谓是异曲同工之妙，读来让人哭笑不得。

　　还是在第一章，作者写鲍小姐："有人叫她'熟食铺子'（charcuterie），因为只有熟食店会把那许多颜色暖热的肉公开陈列；又有人叫她'真理'，因为据说'真理是赤裸裸的'。鲍小姐并未一丝不挂，所以他们修正为'局部的真理'。"这里把鲍小姐行为放荡、不知羞耻的形象展现在读者面前，同时也把作者对鲍小姐的批评与讽刺展现了出来，给读者留下深刻的印象。

　　3. 作品主题。"围城"，仅仅是婚姻的象征吗？显然不仅仅是。钱锺书的夫人杨绛曾说："《围城》的主要内涵是围在城里的人想逃出来，城外的人想冲进去。对婚姻也罢，职业也罢，人生的愿望大都如此。"也就是说，"围城"实际上象征着人间的处境，每一个人的人生都由一座座或大或小的"围城"所构成。

　　《围城》一书仅仅是为了写方鸿渐及其周围的人吗？其实，我们每一个人，在人生的某一个阶段，也许是方鸿渐或赵辛楣，也许是苏文纨或孙柔嘉，也许是李梅亭或高松年。自私的，虚伪的，猥琐的，软弱的，这些都或多或少地存放在我们心灵的某一个角落，只是我们不想、不愿、不敢去触碰，更不敢承认、袒露、批判而已。或许，这正是作者创作《围城》一书的目的所在。

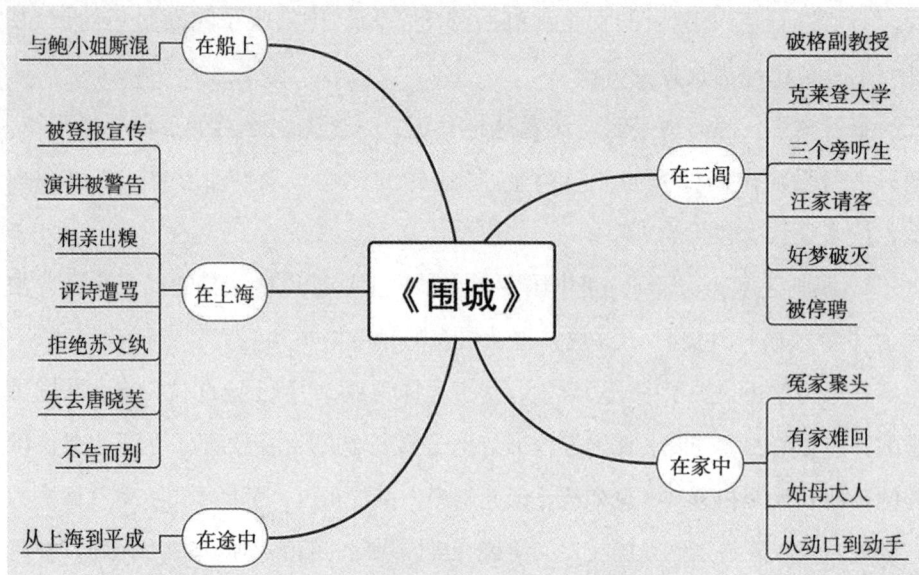

接下来，我们将来一次旅行：走进乔纳森·斯威夫特的《格列佛游记》。

33 《格列佛游记》： 跟着格列佛， 一起去旅行

——初中名著阅读个性化攻略之三十三：童话式

"1699 年 5 月 4 日，我们从英国南部的一个叫布里斯托尔的海港启航。我们的航行开始一帆风顺。……11 月 5 日，那一带正是初夏时节，天空大雾迷漫，水手们在离船半链的地方发现一块礁石；但是风势很猛，我们被刮得直撞上去，船身立刻触礁碎裂……"

这位在海轮上担任外科医生的格列佛，真正的旅行或许是从这一天的遇险才开始的。格列佛游历了哪些地方？有何见闻与经历？作者乔纳森·斯威夫特（英国，1667—1745）想借此游记来表达什么思想呢？他又是如何来表达的呢？

与其说《格列佛游记》是一本游记，还不如说它是一册童话，一册以游记的形式来讽刺英国政治的童话。下面，我们且以"游记＋童话"的阅读方式，来了解格列佛的奇异见闻，来欣赏斯威夫特的讽刺艺术。

一、小人国：被两大危机所苦

当了俘虏。船员们估计全完了。格列佛一觉醒来天已大亮。"我想站起来，却动弹不得；由于我恰好是仰天躺着，这时我发现自己的胳膊和腿都牢牢地绑在地上……我尽力将眼睛往下看，竟发现一个身高不足六英寸、手持弓箭、背负箭袋的人！"格列佛被俘虏了，并被押解到了一座古代寺庙。国王带领全朝官员出来迎接他们。

受到优待。这里的国王，二十八九岁的样子，衣着朴素，声音尖锐。如何处置格列佛，国王频繁召开会议来讨论。看到格列佛很友善，他们每天早晨送来六头牛、四十只羊以及其他食品供格列佛食用，并命令三百个裁缝给格列佛

做了一套衣服，还让六位最伟大的学者负责教授语言。只是，格列佛并没有自由。

获得自由。内阁会议和全体议员会议终于同意，格列佛先按照他本国、再按照利立浦特国家的方式宣誓，誓词包括："如果没有加盖我国国玺的许可证，巨人山不得擅自离开本土"；"没有得到命令，不准擅自进入首都"，等等。格列佛终于获得了完全自由。

愿意效劳。获得自由后的一个早上，内务大臣来访。他告诉格列佛，他们国家被两大危机所苦，一是国内党派相争的内忧，一是国外强敌入侵的外患。国内，一个党派叫作特莱姆克森，一个党派叫作斯莱姆克森，区别就在于前者鞋跟高些，后者鞋跟低些。皇帝决意一切政府行政管理部门只起用低跟党人，因而皇帝的鞋跟就特别低；太子殿下有几分倾向于高跟党，因而他的鞋跟一高一低。外患方面，则是受到布莱夫斯库岛敌人入侵的战争威胁。格列佛表示，不便干预党派纷争，但为了保卫皇帝陛下和他的国家，甘冒生命危险，随时准备抗击一切入侵者。

寝宫灭火。布莱夫斯库帝国是与利立浦特帝国只隔一条宽八百码海峡的东北方的一个岛国。格列佛用他身高的优势，直接将帝国的战舰拖到了利立浦特。随后，布莱夫斯库皇帝遣使求和，格列佛被授予很高的荣誉。一个半夜时分，皇后寝宫失火。情急之下，格列佛用不恰当的办法将火势扑灭，结果惹得王后极为愤恨。

结下仇怨。格列佛在小人国里对其居民、学术、法律、风俗、选人、教育等方面有了比较全面的认识。他在这个国家住了九个月零十三天。但是，因为维护财政大臣夫人的名誉，而与财政大臣结下了仇怨。同时，国王也因此前没满足其野心而对格列佛失去兴趣。

被人弹劾。格列佛正准备去拜访布莱夫斯库国王，一位朝廷大臣冒着杀头的危险，深夜赶来告诉格列佛，有人蓄意指控他犯有叛国罪。格列佛赶紧向国王请示，以向布莱夫斯库国王践约为名，逃往该国。

回到祖国。来到布莱夫斯库后，格列佛受到盛情的接待。他偶然发现海上漂浮着一只小船，决心利用它离开小人国。这个决定得到了布莱夫斯库国王的支持。于是，格列佛于 1701 年 9 月 24 日早晨开船，并借助英国一艘商船，于 1702 年 4 月 13 日，回到自己的祖国，与亲人团聚。这一行程，历经了将近 3 年的时间。

通过上述梳理，我们大体了解了格列佛在小人国的宠辱历程。同时，阅读过程中，我们应当注意其童话特征，比如丰富的想象、大胆的夸张、幽默的讽刺等。这里，笔者略做分析。

想象：比如一路的经历，小人国的人、物、景、文化、宫廷斗争等，都非常奇妙，甚至是荒诞。

夸张：比如小人国人的身高只有六寸；国王保证供给格列佛的肉食和饮料，足以维持 1728 个利立浦特人生活的数量等。

讽刺：除了用高跟党和低跟党来讽刺英国当时的辉格党和托利党之间的斗争外，还不时挖苦一下君王和大臣，比如："君王们的野心真是深不可测，恨不得把整个布莱夫斯库帝国变成他们的行省。"

二、大人国：常识和理智，正义和仁慈

格列佛和家人只团聚了不到两个月，1702 年 6 月 2 日，他又上了"冒险号"准备前往苏拉特，结果阴差阳错地被风暴刮到布罗卜丁奈格（大人国）。作者继续发挥他丰富的想象力，向我们展现了格列佛在大人国的所见所闻。其情节大体是，格列佛被一当地人抓住，带到一个农民家里。农民把他当作小玩意装进手提箱里，带到市镇上表演，获得了不菲的收入；后来，农民来到了京城，将格列佛卖给了王后，王后又将他献给了国王。在皇宫里，格列佛维护着祖国的荣誉，经常和王后的侏儒发生争吵……最后，他随国王和王后巡行边境，借口去吹海风，想寻机逃走，不料被一只鹰叼起他住的小木屋，将他抛到海里去了。幸好被路过的船只救起，于 1706 年 6 月 3 日，回到自己的家乡。

故事情节并不复杂，因而留待读者去慢慢地欣赏阅读。这里，笔者只想把"游记"之外的东西，也就是作者想要表达的思想略做分析。我们先看下面这一段话：

他所受的教育使他成见极深，终于忍不住，问我是一个辉格党还是一个托

利党。他接着转过身去对他的首相说，人类的尊严实在微不足道，像我这么点大的小昆虫都可以模仿。"不过，"他又说，"我敢保证这些小东西倒也有他们的爵位和官衔呢，他们造了一些小窝小洞就算是房屋和城市了，他们修饰打扮以炫人耳目，他们谈情说爱，他们打仗、争辩、欺诈、背叛。"他就这样滔滔不绝地一直说下去，气得我脸一阵红一阵白。我那伟大祖国的文武百官都堪称霸主，它可使法国遭灾，它是欧洲的仲裁人，是美德、虔诚、荣誉和真理的中心，是全世界仰慕和感到骄傲的地方；这样一个伟大的国家，想不到竟如此不被放在眼里。（第三章）

在小人国里，作者曾用高跟党和低跟党对英国的辉格党和托利党进行了幽默的讽刺。这里，作者借用大人国国王之口，将"人类"的尊严、爵位、官衔进行了调侃，并用反语的手法，将英国的文武百官给予了讽刺。显然，作者对于英国政党之间的尔虞我诈、争权夺利是非常不满的。这种不满，作者在后面继续借国王之口进行了无情的揭露：

他对我叙述的我国近百年来的大事记感到十分惊讶。他断然宣称，那些事不过是一大堆阴谋、叛乱、暗杀、大屠杀、革命和流放，是贪婪、党争、虚伪、背信弃义、残暴、愤怒、疯狂、仇恨、嫉妒、淫欲、阴险和野心所能产生的最严重恶果。（第六章）

"从你所说的一切来看，在你们那儿，获取任何职位似乎都不需要有一点道德，更不用说要有什么美德才能封爵了。教士地位升迁不是因为其虔诚或博学；军人晋级不是因为其品行或勇武；法官高升不是因为其廉洁公正；议会议员也不是因为其爱国；国家参政大臣也不是因为其智慧而分别得到升迁。"（第六章）

那么，作者理想中的国家政治又是如何呢？我们继续听作者的叙述：

他把治理国家的知识范围划得很小，那不外乎是些常识和理智，正义和仁慈，从速判决民事、刑事案件，以及其他不值一提的一些简单事项。他还提出了这样的看法：谁能使原来只生产一串谷穗、一片草叶的土地长出两串谷穗、两片草叶来，谁就比所有的政客更有功于人类，对国家的贡献就更重大。（第七章）

国王治国之道，就这么简单。这一点，似乎与我们的老祖宗们的想法有点类似："大道之行也，天下为公，选贤与能，讲信修睦。"（《礼记》）

三、飞岛国：还不如说它发生在欧洲或者英国

格列佛在家待了还不到十天，"好望号"船长又向他发出邀请，请他到船上去当外科医生。于是，1706 年 8 月 5 日，格列佛随船进行了第三次旅行。途中，船只被海盗劫持。海盗中一个荷兰人把格列佛放到一只独木舟里随波逐流。幸亏最后被一座飞岛上的人救起。

王宫。"王座前有一张大桌子，上面放满了天球仪和地球仪以及各种各样的数学仪器。可国王陛下竟一点都没有注意到我们。"国王对国家的法律、政府、历史、宗教等丝毫不感兴趣，他只喜欢数学。该国人喜欢数学和音乐，也研究天文学。他们总担忧着，天体会发生若干变化，因而无时无刻不在担惊受怕，既不能安眠，也无心享受人生的一般快乐。岛上应有尽有，女人们都瞧不起自己的丈夫，总是偷偷地跑到地上的岛屿去。格列佛认为，这些事情，还不如说是发生在欧洲或者英国。

天文学家之洞。在"天文学家之洞"里，格列佛发现飞岛的飞行和降落是由一块巨大的磁石所控制的，国王可以利用飞岛的升降来对付那些不服从管教的岛屿，比如可以让飞岛浮翔在某座城市的上空，剥夺人们享受阳光和雨水的权利；也可以让飞岛直接落到城市的头上，将下面的人和房屋一起毁灭。但是大臣们都反对这样做，因为底下有他们的产业。这其实与许多国家的达官贵人们很类似，他们不也是都有产业在国外吗？

一位大贵族。这位大贵族，是国王的近亲。他曾为国王立过不少功劳，天分、学历都很高，正直、荣耀集于一身。但他被公认为是最无知、最愚蠢的人，因为他对音乐和数学一窍不通。显然，这也影射了当时英国的一些不良风气。

巴尔尼巴比。格列佛在上面这位大臣的帮助下，离开了飞岛，来到了飞岛国统治下的巴尔尼巴比。这是一个奇怪的地方，城里人贫穷潦倒、衣衫褴褛，土地肥沃却荒凉不堪。这是为什么呢？

约在四十年前，有人或是因为有事，或是为了消遣，到勒皮他上面去了。一住就是五个月，虽然数学只学了一点皮毛，却带回了在那飞岛上学得的好冲动的风气。这些人一回来，就开始对地上的任何东西都厌烦，艺术、科学、语言、技术统统都要来重新设计。为了达到此目的，他们努力取得了皇家特许，在拉格多建立了一所设计家科学院。……唯一让人觉得烦扰的是，所有这些计划到现在一项都没有完成，全国上下一片废墟，房屋颓圮，百姓缺衣少食，景象十分悲惨。（第四章）

此外，巴尔尼巴比还有科学院、政治设计家学院。这些所谓的科学院、设计院，一些想法和做法十分荒诞。这想必是作者想借此讽刺那些不切实际、胡思乱想的所谓科学家和政治家吧。

巫人岛。这里的人精通魔法，为了满足格列佛的心愿，长官们为格列佛召唤了许多古代著名人物，比如亚历山大大帝、恺撒等。在这一环节，作者又想表达什么思想呢？我们且看下面一段。

最令我作呕的是现代历史了。我仔细观察了一下一百年来君王宫廷里所有大人物，发现世界真是怎么给一帮娼妓一样的作家骗了！他们说懦夫立下了最伟大的战功，傻瓜提出了最聪明的建议，阿谀奉迎的人最真诚，出卖祖国的人具有古罗马人的美德，不信神的人最虔诚……告密者说的都是真话。多少无辜的好人，由于大臣影响了腐败的法官，党派倾轧，而被杀戮、遭流放。多少恶棍升上了高位，受信任，享大权，有钱有利，作威作福。朝廷、枢密院和参议院里发生的大事和那里大臣们搞的活动，有多少可以同鸨母、妓女、皮条客和小丑的行为相媲美。世界上的伟大事业和革命事业的动机原来不过如此，他们取得成功也只不过靠了一些可鄙的偶然事件；我得知这样的真情，对于人类的智慧和正直是多么地鄙夷！（第八章）

显然，这是作者在揭露英国近代宫廷政治的虚伪和丑陋，揭露那些御用作家的指鹿为马、混淆是非。该段的最后一句，用反语的手法对那些所谓的"智慧和正直"予以辛辣的讽刺。然而，作者理想中的人格是怎样的呢？他理想中的人格体现在古代的英国农民身上：

这些人风俗淳朴，衣食简单，做买卖公平交易，具有真正的自由精神，勇

敢，爱国，他们的这些美德在过去曾经是很有名的。(第八章)

令人遗憾和痛心的是，"祖宗所有这一切纯朴本色的美德，都被他们的子孙为了几个钱给卖光了；他们的子孙后代出卖选票，操纵选举，只有在宫廷才能学得到的罪恶和腐化行为，每一样他们都沾染了"。

之后，格列佛来到拉格奈格王国，发现长生不老的代价是很难付得起的；再乘船来到日本，稍作停留后，登上一艘荷兰船，抵达阿姆斯特丹；于1710年4月10日，回到了英国。

四、慧骃国：大自然的尽善尽美

格列佛在家中和妻儿共度了大约5个月的快乐时光，之后，又受聘为"冒险号"的船长。因手下叛变，格列佛被长久地关在船舱里，直到1711年5月9日，才被扔到一块陆地上。这块陆地便是慧骃国。

野胡。格列佛在这荒凉的岛上朝前走着，发现了几只动物，还有一两只同类的在树上坐着。"它们的形状非常奇特、丑陋。它们的头部和胸脯都覆盖着一层厚厚的或卷曲或挺直的毛发……总之，在我历次的旅行中，还是第一次见到这么让我不舒服的动物，因为从来没有一种动物天然地就叫我感到这般厌恶。"经过长时间的接触，格列佛认为，"野胡"也许是所有动物中最没教养的——它们乖张、难控制性情；它们狡猾、恶毒、奸诈、报复心强；它们的身体强壮结实，但内心却十分懦弱，结果变得傲慢无礼、下贱卑鄙、残忍歹毒；它们是自然界所创造的最肮脏、最有害、最丑陋的动物，是最懒惰、最倔强、最爱恶作剧、最恶毒的动物。

马。正当野胡要对格列佛进行攻击的时候，两匹马走过来了。"这两只动物的举止很有条理，很有理性，观察敏锐而判断正确，所以我到最后都做出了这样的判断：它们一定是什么魔术师，用了某种法术把自己变成现在这个样子，见路上来了个陌生人，用这样的方法同他来寻开心。"也因为这两匹马，格列佛暗自推断："拥有这么有灵性的动物，这个国家的居民该是世界上最聪明的了。"后来，随着时间的推移，格列佛越发证明了这个判断是正确的。

慧骃。"慧骃"这个词在它们的语言中是"马"的意思，就它的词源而言，是指"大自然之尽善尽美者"。确切地说，慧骃并非普通的马，而是"马国"的领导者。格列佛认为，慧骃是所有动物中最奔放、最英俊的一种，在力量与速度等方面超过其他一切动物；它们生来就具有种种美德，一切都受理性支配；它们的理性因为不受感情和利益的歪曲与蒙蔽，所以它必然立即就让你信服；友谊和仁慈是慧骃的两种主要美德，并且遍及全慧骃类；它们教育男女青年的方法令人敬佩，节制、勤劳、运动和清洁是青年男女都必须攻读的课程……

"我"也是一只"野胡"？慧骃坚信格列佛是一只"野胡"，只是比其他"野胡"可教、有礼貌、干净而已。它时常叫格列佛"野胡"，格列佛甚至自己都认为自己是一只彻头彻尾的"野胡"，只是有较白的皮肤，没有那么多毛，爪子也短些。同时，他认为家庭、朋友、同胞或者其他的人类，与"野胡"十分相像，不论在外形上还是在性情上，不同的只是他们稍微文明一些，并有说话的能力而已。

一百万只"野胡"被杀。格列佛奉命向慧骃报告关于欧洲君主之间发生战争的原因：奥伦治亲王领导的革命和对法国所进行的整个战争过程中，大约有一百万只"野胡"被杀，一百多座城市被毁，三百多艘战舰被焚毁或击沉。战争的动机有时是因为君王们野心勃勃，有时是因为大臣们腐化堕落，有时是因为意见不合；尤其是后者引发的战争更加凶残、血腥而持久。这让慧骃感到不可思议。它说，任何了解"野胡"本性的"慧骃"都不难相信，如此万恶的畜生，要是其体力和狡诈赶得上其凶残的性情，那么，格列佛所说到的每一件事，它都是可能做出来的。

格列佛还向慧骃讲起了英国法律，那里许多人被"法律"弄得倾家荡产、背井离乡，因为那些律师是通过玩弄文字达到这些目的。安妮奴王统治下的英国，国民以金钱至上；人们喝酒毫无节制，饮食过度，疾病缠身；朝臣表里不一，贵族荒淫无道……

与慧骃生活在一起，格列佛自我感觉德行倍增。因为它们谈论的话题主要是关于友谊和仁爱，秩序或经济；有时也会涉及大自然的现象、活动或者祖上的传统，还有美德的范围和限制。然而，有一天，慧骃告诉格列佛，议会代表们商议将格列佛逐出慧骃国，因为他可能对慧骃们抱有卑劣的想法。格列佛只好建造船只离开慧骃国。

1725 年 12 月 5 日，格列佛回到家中。妻子和家人见到他又惊又喜，但格列佛的心中只充满仇恨、厌恶和鄙视。因为虽然他不幸从慧骃国被放逐出来，强忍着同"野胡"们见面，可他记忆中、想象中还都时时刻刻被那些崇高的"慧骃"们的美德和思想满满地盘踞着……

格列佛的冒险之旅，到此全部结束。回过头来看，《格列佛游记》这本童话式的游记，它给读者所提醒的是关于人性的批判与完善，关于国家的讽刺与建设。它引发读者思考：我们是"小人"还是"大人"，是"野胡"还是"慧骃"？

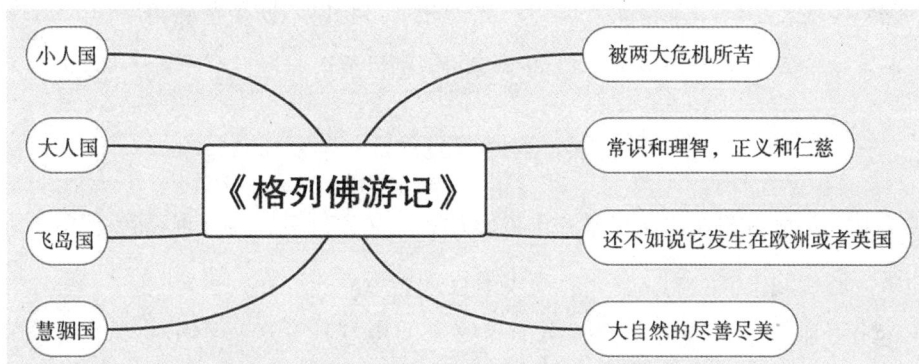

小人国 —— 被两大危机所苦

大人国 —— 《格列佛游记》 —— 常识和理智，正义和仁慈

飞岛国 —— 还不如说它发生在欧洲或者英国

慧骃国 —— 大自然的尽善尽美

下一篇，我们将走进一本爱情小说：《简·爱》。

34 《简·爱》：走进简·爱的情感世界

——初中名著阅读个性化攻略之三十四：情感式

《简·爱》是英国女作家夏洛蒂·勃朗特（1816—1855）创作的一部具有自传色彩的作品。它通过一个孤女简·爱坎坷不平的人生道路，塑造了一个自尊自爱、自立自强、敢于抗争、敢于追求的女性形象。一部《简·爱》就是一部心灵成长史，一部情感发展史。阅读此书，我们不妨从情感角度切入，一起走进这位寄人篱下而自强不息的少女的情感世界。

一、童年：从倔强与仇恨，到同情与善良

简，一个寄养在舅父家里的十岁女孩。舅父去世后，简一直过着受尽歧视和诸多虐待的生活。因为拿了一本书看，她就被表哥约翰·里德打了一顿，头还磕出了血。表哥还大骂简。简不知哪来的勇气，竟然毫不示弱地骂表哥："你是个恶毒残暴的孩子！"之后，简又被揍了一顿，并被关进了红房子。

红房子，是舅父的灵堂。简害怕、伤心，伤口还在流血，乞求舅妈饶了她。然而，舅妈把简当成一个满腔恶意、心灵卑鄙、阴险狡诈的角色，把简猛地往屋里一推，便锁上了门匆匆离去。"不公平啊！"简的心里埋下了仇恨的种子。之后，简昏了过去，失去了知觉。

简在红房子里一直被关到天黑。"我怕里德先生的鬼魂……太狠心了，这件事，我想我一辈子也忘不了。"第二天她对药剂师这样说。药剂师向舅妈建议，将简送到一所洛伍德义塾去。

就在这个晚上，简从使女那里知道了自己的出身：父亲是个穷牧师，母亲违背了外祖父和亲友们的意愿嫁给了父亲。外祖父勃然大怒，一气之下同她断绝了关系，没留给她一分钱的遗产。父母结婚才一年，父亲就染上了斑疹伤

寒，之后母亲也被传染。不久后，父母相继去世。一岁时，简就成了一名孤女。

几天过去了，几个星期过去了，简默默地盼望着，等待着。舅妈、表哥、两位表姐尽可能地不跟简说话。期间，舅妈又动手打了她。1月15日那天，一位身穿黑衣服的人来了，舅妈告诉来者，说简骗人，让学监和教师对她严加看管。1月19日，简一大早就被人带走了，离开了盖茨海德府，离开了舅妈一家人。

车子跑了一整天，直到晚上，简才到洛伍德义塾。这是一所半慈善性质的学校，这儿的女孩不是失去爸或妈，就是父母双亡。

在这里的第二天，简结识了一名叫海伦·彭斯的同学。彭斯被老师用笤帚狠狠地抽了十几下，但她的眼里没有涌出一滴眼泪。简对彭斯说，要是换了她，她会反抗，会把笤帚夺过来，当着老师的面把它折断。彭斯对简说，要忍着点儿，"命中注定要忍受的事，你净说受不了，那是软弱和愚蠢的"。

一天下午，义塾的司库和总监波洛克赫斯特先生来了。他对这里的老师和学生非常苛刻。他对其他同学说，要提防着简，不要学她的样子，不要跟她做伴，要惩罚她的肉体以拯救她的灵魂，因为简是个说谎者。显然，这是简的舅妈事先告了状。波洛克赫斯特还让简在凳子上再站半个小时。简感到呼吸受阻、喉咙缩紧的时候，彭斯冲着她微微一笑。这一笑，在简看来是大智大勇的流露。

下课后，彭斯来了，学监谭波儿小姐来了，非常认真地倾听了简的诉说。谭波儿说，要当众给简洗清一切罪名。几天后，舅妈和总监对简所加的一切罪名得到了彻底的昭雪。彭斯，谭波儿，是简生命中的贵人，让简感受到人世间的温暖和善良。

五月来临，斑疹伤寒吹进了拥挤的教室和宿舍。八十多个女孩，一下子就病倒了四十五个。校园里充满了阴郁和恐惧。也就在这期间，彭斯病死了。临死前的晚上，简和彭斯紧紧地依偎在一起。

洛伍德经历斑疹伤寒浩劫之后，在当地激起了极大的公愤。在几位富有且爱好行善的人物捐助下，学校的环境、孩子们的伙食有了很大的改善。那些人把通情达理和严格要求、讲究舒适和勤俭节约、富有同情和公正威严结合了起来，这所学校终于成了一个真正有益而高尚的慈善机构。

简在这里当了六年学生，做了两年老师。八年里，简有了受到良好教育的机会，一心想在各方面都出人头地的愿望，及博得老师的欢心时所感到的喜悦，这些都在促使她努力奋进。简认为，她所获得的绝大部分学识，都得归功于谭波儿小姐的教导；谭波儿担当的是她母亲、家庭教师、伴侣等角色。

至此，我们可以看到，简的童年是孤独的、悲惨的、受尽委屈的，她幼小的心灵里，充满了倔强、仇恨与对抗。直到遇到彭斯和谭波儿，简才慢慢地学会了爱和同情；也因为学校环境发生了变化，简也逐渐受到感染和影响，对工作和他人有了越来越多的善意和积极态度。

二、情感：从相恋相爱，到决意离开

因为谭波儿的结婚而离开，简似乎又恢复了本性，往日的情绪又活跃了起来。她突然发现，她的经验只限于洛伍德的规章制度，而真正的世界是广阔的。在一个下午，她对八年来的生活常规感到了厌倦。在一位"好心的仙女"指导下，简往某郡的先驱报上投了一则求职广告，想谋取一家庭教师职位。

大约一个半月后，简来到米尔科特城的桑菲尔德当家庭教师。这家的主人名叫罗切斯特，管家是一位费尔法克斯太太，一个七八岁的女孩阿黛拉是罗切斯特先生监护的对象，也将成为简的学生。

山径初遇。 一月的一个下午，简自告奋勇帮费尔法克斯太太送信去甘草村。路遇一人一马摔倒在地上。这位摔倒的先生中等身材，胸膛宽阔，脸色黝黑，面容严峻。在简的帮助下，这位被摔伤脚筋的先生终于跨上了马背。这位先生就是罗切斯特。次日傍晚，罗切斯特先生邀请简一起用茶点。在罗切斯特的询问下，简告诉了他在洛伍德的八年经历。在简的眼里，罗切斯特喜怒无常，态度生硬。后来，在与费尔法克斯太太的交流中，简感觉到罗切斯特和这座老房子有许多神秘感。

再次交谈。 简已来到罗切斯特家当家庭教师。有一次晚饭后，罗切斯特突然问简，觉得他漂亮吗。简回答，不漂亮。罗切斯特说简有点儿特别："你的

样子就像个修女似的，古怪、安静、严肃而又单纯。"罗切斯特告诉简，今晚想有个伴聊聊。闲聊中，简告诉对方："先生，我并不认为你有权支使我，仅仅因为你年纪比我大些，或者比我阅历丰富——你所说的优越感取决于你对时间和经历的利用。""我决不会把不拘礼节错当蛮横无理。一个是我比较喜欢的，而另一个是任何一位自由人都不会屈从的，即使是为了赚取薪金。"罗切斯特告诉简，他在 21 岁时就走上了歧途，而且从此就没有再回到正道上来；并表示他羡慕简有平静的心境、清白的良心和没有污点的记忆。

深夜失火。一天下午，罗切斯特邀请简一起散步，告诉简关于阿黛尔的身世。阿黛尔是一名法国舞蹈演员的女儿。这名舞蹈演员曾和罗切斯特有一段"炽热的爱情"，因此她说，阿黛尔也是罗切斯特的女儿。简知道了阿黛尔的身世后，表示会比过去更加疼爱她。这个夜晚，似睡非睡之间，简突然听到一阵奇怪而凄惨的喃喃低语声，接着是一阵魔鬼般的笑声。此后，一股浓烟从罗切斯特先生的房间里冒了出来，简直奔了过去。在烟熏火燎之间，罗切斯特睡得正香。简用水扑灭了火，也扑醒了罗切斯特。简告诉了具体情形；罗切斯特竟然说，跟他预料的一样。罗切斯特让简保密，并表示，"你的恩惠，我一点儿也不觉得是个负担"。简感到，罗切斯特的声音里有股异样的力量，目光中有种异样的激情。

理智省察。次日，费尔法克斯太太告诉简，罗切斯特吃完早饭就去埃希敦先生那儿去了，估计在一周之后才回来；埃希敦太太有两个女儿，还有英格拉姆爵爷家的布兰奇和玛丽小姐。布兰奇小姐不但长得美，还多才多艺。罗切斯特先生看中了她，尽管年龄相差了十多岁。等到一人独处时，简开始省察自己的内心世界："世上还不曾有过比简·爱更大的傻瓜，还没有一个更异想天开的白痴，那么轻信甜蜜的谎言、把毒药当作美酒吞下。""盲目的自命不凡者，睁开那双模糊的眼睛，瞧瞧你自己该死的糊涂劲儿吧！"做了许多省察之后，简感觉心安了许多。

当面表白。两个多星期后，罗切斯特先生带回 18 名高贵的客人，其中就包括上面所说的布兰奇和玛丽小姐等人。家庭宴会后，罗切斯特在过道里和简进行了交谈，告诉简："只要我的客人还在这儿，我就希望你每天晚上都来客厅。这是我的愿望，千万别置之不理。"有一天，罗切斯特出门了，客人到晚上还没看到罗切斯特回来。夜里，一位"本齐妈妈"硬缠着要给客人算命。布兰奇小姐第一个走进书房，出来后告诉大家，算得太准了。其他人一个一个地算完了，算命人叫简进去，给简算道："你很冷；你有病；你很傻。""你很冷，因为你孤身一人，没有交往，激发不了内心的火花。你病了，因为给予男人的最好、最高尚、最甜蜜的感情，与你无缘。你很傻，因为尽管你很痛苦，你却既不会主动去召唤它靠近你，也不会跨出一步，上它等候你的地方去迎接它。"每一句话似乎都说中了简的想法，简分不清是在梦中还是醒着。最后，算命人变成了罗切斯特。这一切，其实都是罗切斯特导演的一场戏，一场深度交流和情感直白的戏。

圆满回答。半夜里，桑菲尔德的宁静被一声狂野、尖利、刺耳的喊声给撕裂了，并传来三声"救命"的呼叫声。一个叫梅森的男子被咬伤。简被留下来给梅森处理伤口。一个女凶手几乎与简只有一门之隔。简很害怕，但继续坚守岗位。各种各样的念头困扰着简。黎明到了，梅森被卡特医生秘密送走。显然，简已经是罗切斯特最信赖的人。罗切斯特对简说："生活对我来说，简，就像站在火上口上，说不定哪天它就会裂开，喷出火来。"简回答："我高兴为你效劳，先生，只要是正当的事，我都乐意听你吩咐。"罗切斯特表示，他曾经犯了大错，痛苦，自卑，流浪，纵情声色，问简能否越过习俗的障碍。简做了一个自认为是明智而圆满的回答："一个流浪者要安顿下来，或者一个罪人要悔改，不应当依赖他的同类。男人和女人都难免一死；哲学家们会在智慧面前踌躇，基督教徒会在德行面前犹豫。要是你认识的人曾经吃过苦头，犯过错误，就让他从高于他的同类那儿，企求改过自新的力量，获得治疗创伤的抚慰。"罗切斯特表示，他相信自己已经找到了治愈自己的方法。作为读者，我们可以理解为，两人在情感上都相互接纳，并越发默契了。

萌发希望。一位身着重孝的男子——里德太太的车夫来到桑菲尔德，告诉简，她的表兄约翰已在伦敦去世；里德太太中风，情况非常不好，她想在临终前跟简说几句话。简向罗切斯特请假后，便随着车夫赶往盖茨海德府。简曾经发过誓，不再叫舅妈，但等里德太太苏醒后，简还是叫道："亲爱的舅妈，你好吗？"十多天后，舅妈再次清醒时，对简说，她做了两件对不起简的事，一件是没有遵守对丈夫许下的诺言，把简当成亲生女儿一样抚养；一件是三年前她收到了简叔父的一封信，叔父希望在有生之年收简为养女，并在去世后将生平所有财产全部遗赠给简。舅妈为了报复简，便回信说简在洛伍德染上伤寒病死了。听完后，简表示，自愿并完全宽恕舅妈。舅妈去世后，简又在那里和表姐们一起住了一段时间。从出门之日起，差不多一个月，简才回到桑菲尔德。当简看见罗切斯特时，她全身的每根神经都突然变得极度紧张起来。简向他表白："你在哪儿，哪儿就是我的家——我唯一的家。"简在心里，萌生了一种"不该有的希望"：希望罗切斯特与布兰奇小姐的这门亲事告吹，希望这只是谣传，希望有一方或者双方都改变主意了。

托付终身。一个仲夏之夜，罗切斯特邀请简一起散步。简无法拒绝。罗切斯特告诉简，大约再过一个月后，他就要当新郎了，并为简安排工作和安身之地。简心中的痛苦和爱情激起了强烈情感："想到非得永远离开你，这让我感到害怕和痛苦。"但她强调，她非走不可："你难道认为，我会留下来甘愿做一个对你来说无足轻重的人？……难道就因为我一贫如洗、默默无闻、长相平庸、个子瘦小，就没有灵魂，没有心肠了？……我的心灵跟你一样丰富，我的心胸跟你一样充实！……站在上帝脚下，彼此平等——本来就如此！"哪里知道，这又是罗切斯特的一个计谋："简，你愿意嫁给我吗？"他说，他对布兰奇小姐没有爱情，只有简，才爱得像自己的心肝。简回答，没有人会干涉的，"我愿意嫁给你！"

决意离开。距离婚期还有一个月，两人准备着婚礼，并计划着旅行。罗切斯特建议简马上放弃家庭教师这个苦活儿，但简说，绝不放弃。婚礼的头天晚上，简似乎听到了一种悲哀的呜咽声，还梦见桑菲尔德成了一片荒凉的废墟。之后，一个没有一点血色的女人把婚纱撕成了两半。简吓昏了过去。次日，他们走进了那肃穆而简陋的教堂，牧师正为他们举行婚礼。一个声音传来："婚礼不能进行，我宣布存在障碍。""障碍就在于他已经结了婚，罗切斯特先生有一个现在还活着的妻子。"简的神经大为震动。伦敦的律师掏出一张证词，由梅森签字。原来，罗切斯特的妻子——那个放火、咬人、撕婚纱的女人——

就在桑菲尔德。原来，是简那正卧病在床的叔父恳求梅森采取措施，及时阻止这桩欺诈的婚事。屋子里的人走空了，简把自己关进房间，非常冷静地做出一个决断："马上离开桑菲尔德"。罗切斯特一直坐在房门口，等候着简打开房门。之后，向简一五一十地讲了他的家庭，他的婚姻，并劝简留下来："既然现在要可靠得多——未来要光明得多，那何必还一味想着过去呢？"听到这种痴迷的语言，简打了个寒战："罗切斯特先生，我不会成为你的。""依了你就不道德了。""别了，永别了！"简决绝地走出了桑菲尔德府。

这就是简·爱与罗切斯特从相遇到相恋，从隐藏到表白，从谈婚论嫁到决意离开的情感发展过程。在这一过程中，简没有因为地位卑下而仰人鼻息，没有因为物质贫穷而贪图富贵，没有因为相貌平平而自卑自怨，没有因为遇到真爱而委曲求全；相反，简一直表现出一种超越时空的女性特质：自尊自爱、自立自强、积极追求、勇敢舍弃。

三、归途：从拥抱亲情，到回归爱情

扪心自问。简出走时，除了付给车夫 20 先令外，身上一分钱都没有。在一个叫惠特克劳斯的地方下了车，三天三夜，饥寒交迫，幸好有一位叫圣约翰的先生，在沼泽山庄救了她的命。一个月之后，圣约翰把她安排在他刚办的一所乡村小学里当老师，这对简而言，"终于有了一个家"。在这里，简问自己，哪一个好？是"经不住诱惑听凭欲念摆布，不做痛苦的努力……做了罗切斯特先生的情妇，一半的时间因为他的爱而发狂"，还是"在健康的英国中部一个山风吹拂的角落，做一个无忧无虑老老实实的乡村女教师"？简认为，自己坚持原则和法规，蔑视和控制狂乱时刻缺乏理智的冲动是对的。

心灵财富。圣约翰打算外出当一名传教士，他也知道女友罗莎蒙德不会赞同。经细细询问，他告诉简，她的叔叔去世了，并把他的两万英镑都留给了简。简是不折不扣的财产继承人。毫无疑问，这是一个巨大的恩惠。同时，圣约翰还告诉简，他的母亲，是简父亲的姐姐。也就是说，简一下子有了一个表兄和两个表姐。简无比喜悦："对孤苦伶仃的可怜人儿来说，这是个何等重大的发现！其实这就是财富！——心灵的财富！——一个纯洁温暖的感情矿藏。

这是一种幸福，光辉灿烂，生气勃勃，令人振奋!”简突然兴奋得拍起手来。她当机立断，把两万英镑与表兄妹们平分，每人五千。圣约翰让简冷静后再决定。简告诉圣约翰："你根本想象不出我是多么渴望有兄弟姐妹之爱。我从未有过家，从未有过哥哥和姐姐。现在我必须有而且就要有了。"

心灵召唤。圣约翰恳请简和他一起去印度，前提是他们必须是夫妻。在圣约翰的反复说服下，简先是拒绝，"我瞧不起你的爱情观"；再是顺从，"宗教在呼唤——天使在招手——上帝在指挥——生命被卷起"；直至差点答应，"只要能说服我嫁给你确实是上帝的意志，那我此时此刻就可以发誓嫁给你"。圣约翰仿佛认定简属于他了。突然间，简仿佛听见什么地方有个声音在呼唤："简! 简! 简!"这是一个熟悉的、亲爱的、铭记在心的声音，罗切斯特的声音。简遵从自己的内心感受，飞奔到门口，但外面空无一人。

回归爱情。6月1日，下午三点，简离开了沼泽山庄。其时正好有一辆马车，行了36个小时，距离桑菲尔德只有两英里了。她下了马车，一个人步行着，然而，眼前的桑菲尔德成了一片焦黑的废墟。听附近的店老板介绍，桑菲尔德在去年一个半夜发生了一场火灾。罗切斯特的疯妻子，趁人不注意，点了一把火。罗切斯特要把包括疯妻在内的每一个人都救出来，但不幸被一根大梁砸中，瞎了眼睛，一只手被砸断截肢了。他的疯妻跳楼身亡。罗切斯特现在居住在距此30英里的芬丁庄园里。简乘着马车，当天就赶到庄园。几天里，简这样和罗切斯特表白："从今天起，先生，我永远不会离开你了。""我要成为你的邻居，你的护士，你的管家。我发觉你很孤独，我要跟你做伴——给你念书，陪你散步，坐在你身边，伺候你，做你的眼睛和双手。""对我来说，做你的妻子，就是我在世上能得到的最大幸福。"时间不长，简便成为罗切斯特的妻子。

罗切斯特曾这样评价简："要说到爱顶撞的天性以及固有的十足的自尊心，是没有人能比得上你的了。"

圣约翰曾这样评价简："钱财对你没有过分的影响力""你温顺、勤奋、无私、忠实、坚定、勇敢，非常文雅，又非常英勇"。

简自始至终都在追求着做一个独立自主、保持尊严的人。当罗切斯特还是健康、富有的时候，简选择了离开，因为她无法成为有尊严的妻子；当表兄恳求她一起去传教时，她选择了离开，因为她和表兄之间没有真正的爱情；当罗切斯特家被火烧、人已残疾的时候，她却选择了照护、陪伴，并与之走进婚姻殿堂，这不是为了怜悯，不是为了报答，而是因为爱情，因为这样的婚姻有尊严。

这，或许是《简·爱》这部作品，在历经一个多世纪后依然熠熠生辉的原因所在吧。

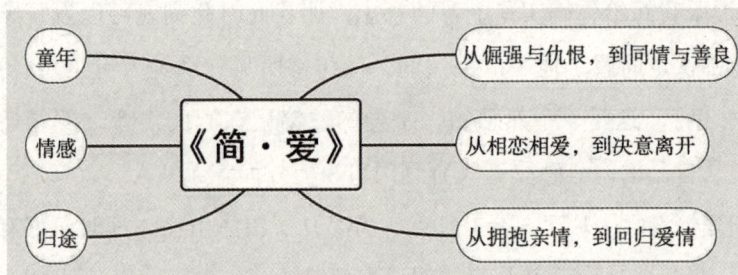

```
  童年 ─────╮     ╭───── 从倔强与仇恨，到同情与善良

             ┌─────────────┐
  情感 ──────│  《简·爱》  │────── 从相恋相爱，到决意离开
             └─────────────┘

  归途 ─────╯     ╰───── 从拥抱亲情，到回归爱情
```

下一篇，我们一起欣赏《契诃夫短篇小说选》。

35 《契诃夫短篇小说选》： 契诃夫笔下的小人物
——初中名著阅读个性化攻略之三十五：主旨式

谈起契诃夫的短篇小说，即便是大文豪也赞不绝口。比如，高尔基就这样评价契诃夫："俄罗斯的短篇小说是契诃夫同普希金、屠格涅夫一道创立的，他们都是'不可企及'的。"托尔斯泰也非常推崇契诃夫，他说："他就像印象派画家，看似无意义的一笔，却出现了无法取代的艺术效果。"而新西兰文学的奠基人凯瑟琳·曼斯菲尔德曾这样说："我愿将莫泊桑的全部作品换取契诃夫的一个短篇小说。"由此可见契诃夫在短篇小说上的造诣之深、影响之大。

契诃夫一生创作了七八百篇短篇小说。他善于从日常生活中发现一些人和事，尤其是发生在小人物身上的寻常而又不寻常的事件，并通过简练、传神、幽默的语言，来反映当时的俄国社会，来展现沙皇统治下的生活状况。评论家称，契诃夫的短篇小说，"再现了小人物的不幸和软弱、劳动人民的悲惨生活和小市民的庸俗猥琐"。

笔者手头的这本《契诃夫短篇小说选》，收录了契诃夫的 21 篇短篇小说。其实，有的小说并不短，比如《第六病房》就用了 50 多个页面。我们阅读这些小说，可以从它的情节入手，也就是从这些小人物的遭遇入手，然后琢磨作者想要表达的思想内容。这样的阅读方式，笔者姑且称作"主旨式"。下面分别选取一个片段，并就全文主旨略做分析。

一、《小官员之死》

他看到，坐在他前面第一排座椅上的一个小老头，正用手套使劲擦着他的秃头和脖子，嘴里还嘟哝着什么。切尔维亚科夫认出这人是三品文官布里扎洛夫将军，他在交通部门任职。

"我的喷嚏溅着他了！"切尔维亚科夫心想，"他虽说不是我的上司，是别的部门的，不过这总不妥当。应当向他赔个不是才对。"

切尔维亚科夫是一位庶务官（负责管理机关单位杂项事务的人员）。他在剧院里看歌剧时打了一个喷嚏。"我的喷嚏溅着他了！"他为此进行了三番五次的解释、道歉。对方一直没把那喷嚏当作一回事，但这位庶务官老是觉得自己难堪，觉得对方阴险，觉得对方生气。将军被说烦了，喊了一声"滚出去！"切尔维亚科夫竟然猝死在将军的接待室里。

显然，这位小官员的心理承受能力非常脆弱，他死在自己的心理变态、精神崩溃上。但与其说小官员有病态心理，不如说那是一个病态社会。本文用夸张的笔调，反映了当时俄国社会的极端恐怖所造成的人们扭曲的性格及变态的心理。

二、《嫁妆》

"这么多的衣服，谁能穿得完呢？你们家就你们两个人呀。"

"哎呀……这怎么能穿呢？这些不能穿的！这是嫁妆！"

"哎呀，妈妈，您在说些什么呀?!"女儿说，脸上泛起红晕，"这位先生真会这样想了……我绝不出嫁！绝不！"

她说着这些话，可是说到"出嫁"两个字，她的眼睛亮了。

"我"受人之托去探望一对母女。她们生活的主要内容就是缝制"嫁妆"。即使时隔多年，即便女儿已经离开人世，这所小房子里的生活依然如旧。

这是一位军官的家庭。主人原本是上校军官，死前还混到了将军军衔。可这样一位达官贵人，妻女却挤在一间矮小、凌乱的小平房里。好好的一位阔太太，竟然整天躲躲藏藏，过着见不得光的生活。全文的字里行间无不透露着一种神秘、怪诞的气氛。该文彰显了母爱的伟大，同时也体现了俄国当时"物贵于人"的社会现象，以及人们贫乏的生活与空虚的心灵。

三、《胖子和瘦子》

刹那间，瘦子脸色发白，目瞪口呆，但很快他的脸往四下里扭动，做出一副喜气洋洋的笑容。似乎是，他的脸上，他的眼睛里直冒金星。他本人则蜷缩起来，弯腰曲背，矮了半截……他的那些箱子、皮包裹和硬纸盒也在缩小，皱眉蹙额……他妻子的长下巴拉得更长，纳法奈尔垂手直立，扣上了大衣上所有的纽扣……

瘦子带着他的妻子和儿子，在火车站遇到多年不见的老朋友胖子，热情拥抱，彼此亲吻。瘦子不厌其烦地介绍自己的家庭，以及个人做了八等文官的情况。当胖子说自己是三等文官时，瘦子及其妻儿呆若木鸡、十分尴尬，继而极尽阿谀奉承、低三下四。本文描绘了一幅19世纪末俄国社会的世俗图，写出了特定环境下小人物的奴性心理和卑劣灵魂。

四、《凶犯》

"俺家三兄弟，"丹尼斯继续嘟哝，这时两名壮实的士兵押着他走出审讯室，"亲兄弟也不一定要替亲兄弟担责……库兹马没有交完税，那么你，丹尼斯，就得来承担……什么法官！俺东家是将军——可惜死了，但愿他升天——要不然他会给你们这些法官一点厉害瞧瞧……审案子也得有本事，不能胡来……你哪怕用树条抽我一顿，可是得有凭有据，凭良心……"

庄稼汉丹尼斯为了做钓鱼用的坠子而拧掉了火车铁轨上用来固定枕木的螺丝帽，正好被铁道看守人捉住，并被送到法院审判。但丹尼斯并不认为自己有罪，还振振有词地为自己辩解。从丹尼斯与法官的争辩中，我们可以看出，问题不仅表现在庄稼汉们"犯不犯法"上，还表现在他们是否"知法犯法"上。本文呈现了在当时俄国普通民众中，"法盲"是一种普遍现象。

五、《厨娘出嫁》

这在格里沙看来又是一个问题：佩拉格娅（厨娘）本来自由自在地活着，要怎么样就怎么样，别人谁也管不着。可是，忽然间，平白无故出来一个陌生人，这个人不知怎么搞的，居然有权管束她的行动，支配她的财产！格里沙感到难过。他急得眼泪汪汪，巴不得安慰她，同她亲热一下，因为他觉得她已经成为人类暴力的受害者了。他就到堆房去拣一个最大的苹果，偷偷溜到厨房里，把那个苹果塞在佩拉格娅手里，然后一溜烟跑出来了。

格里沙是个七岁的孩子，他目睹了善良年轻的厨娘，在老保姆的安排下，极不情愿地"娶"了比她大很多且长得丑的马车夫。为了安抚这个厨娘，他从仓库里偷了一个最大的苹果塞到了她手里。显然，在俄国当时那个社会背景下，女性几乎没有个人自由。本文表现了父权社会中，女性被压迫、被欺辱的状况，也体现了孩子们天真、纯洁、善良的心灵。

六、《普里希别叶夫中士》

"……我气愤极了。一想到如今的老百姓放肆得很，想怎么干就怎么干，不服从命令，我心里就有气，我抡起拳头……当然我没有使劲，真的，就这么轻轻地打了一下，好叫他下次不敢再说您长官的坏话……本县警察这时出来为村长保驾。我因此连县警察也……就这样一个接一个……我一时兴起，长官，嘿，要知道不这样也不行。你要是见着蠢人不打他，那就昧了良心了。何况遇到人命案子……民众闹事……"

这是已经退役15年的普里希别叶夫中士在法庭上为自己说的辩护词。他有着不是鹰犬胜似鹰犬的狂妄、冷血与偏执，对于普通民众包括警察在内，他认为"不教训教训这些蠢东西，心里倒是有一种罪恶感"。本文揭露、讽刺了19世纪末沙皇专制制度下的卫道士们；表达了将普里希别叶夫那样的人押上历史审判台的愿望；深刻地指出只有推翻沙皇专制统治，人们才能获得自由和新生。

七、《哀伤》

"老爷！我的腿在哪儿？胳膊呢？"

"你跟胳膊和腿告别吧……都冻坏了！唉，唉，你哭什么呀，你已经活了一辈子，谢天谢地吧！恐怕活了六十年了吧——你也活够了！"

"伤心呀，老爷，我伤心呀！请您宽宏大量原谅我！要再活上那么五六年就好了……"

"为什么？"

"马是借来的，得还人家……要给老太婆下葬……这世上的事怎么变得那么快！老爷！巴维尔·伊凡内奇！卡累利阿榨木烟盒还没有做呢，槌球还没有做呢……"

医生一挥手，从病房里走了出去。这个镟匠——算是完了。

暴风雪之夜，镟匠格里戈里看着自己生病的妻子死在了求医的路上。他在内心回想着40年的婚姻生活，发现自己有许多遗憾。之后，他竟然在这深深的不能自拔的哀伤里睡着了。醒来时，他的手脚都冻坏了。他的"哀伤"里包含着人世间的荒凉和辛酸，凝结着多少人生的不幸和痛楚。作者以此体现沙皇统治下的俄国社会底层民众的悲惨命运。

八、《苦恼》

姚纳不住地回过头去看他们。正好他们的谈话短暂地停顿一下，他就再次回过头去，嘟嘟哝哝说："我的……那个……我的儿子这个星期死了！"

"大家都要死的……"驼子咳了一阵，擦擦嘴唇，叹口气说，"得了，你赶车吧，你赶车吧！诸位先生，照这样的走法我再也受不住了！他什么时候才会把我们拉到呢？"

……他的苦恼刚淡忘了不久，如今重又出现，更有力地撕扯他的胸膛。姚纳的眼睛不安而痛苦地打量街道两旁川流不息的人群：在这成千上万的人当中有没有一个人愿意听他倾诉衷曲呢？然而人群奔走不停，谁都没有注意到他，更没有注意到他的苦恼。

马车夫姚纳在儿子去世一周后，为了维持生计走上了雪花飞舞的街头。失子之痛郁积在他的心里，满世界的人却没有一个愿意听他倾诉。最后，他只有把一切都讲给他的马儿听。小说运用对比手法，将"人与人"的关系与"人与马"的关系相对比。没有人听姚纳的诉说，而马却静静地听着，这强烈的对比，鲜明地反映了当时人与人之间的冷漠无情。本文也表现了当时生活在社会底层人们的悲惨命运。

九、《风波》

"既是这样，我就替我的妻子道歉。我以贵族的身份承认，她办事鲁莽。"

尼古拉·谢尔盖伊奇走来走去，叹口气，继续说："我老实告诉你吧，胸针是我拿的！"尼古拉·谢尔盖伊奇很快地说："看在上帝份上，您对外人一句话也别说！"

玛宪卡又惊又怕，继续收拾行李。尼古拉·谢尔盖伊奇沉默了一忽儿，继续说："这件事很平常！我缺钱用，她呢，不给。要知道，这所房子和这一切都是我父亲挣下的，这一切都是我的，就连那个胸针也是我母亲的，……全是我的！可是她都拿去了，霸占了一切东西……"

大学刚毕业的玛宪卡在尼古拉家当家庭教师。女主人因为丢了一枚胸针搜查玛宪卡的房间，没想到的是，胸针竟然是男主人拿去的。虽贫穷但自尊心极强的玛宪卡毅然决定离开这个家庭。文章里的女仆没有意识到权利受到侵犯，男主人知道受到侵犯却不敢抗争。在玛宪卡身上，寄予了作者的美好愿望，希望人们有觉醒意识、反抗意识。

十、《爱情》

要是我凑巧想起来问她一下，问她有些什么样的思想、信念、目标，她想必也会这样抬起眉毛，想一想，说："各式各样的都有……"后来我把萨霞送回家去。等到我从她家里告辞出来，我已经成了真正的和正式的未婚夫，只等完婚。如果读者容许我单凭个人的经验下个断语，我就要断然说一句：做未婚夫很乏味，比做丈夫或者根本没订婚乏味多了。未婚夫成了四不像：他已经离开这边的岸，可还没有到达那边的岸；他固然没有成家，却也不能说是单身汉了。

"我"为了赢得女孩萨霞的芳心，熬夜给她写情书。后来，"我们"终于结婚了，但"我们"在学识、信念、智慧以及生活习惯上有着很大的差别。"我"选择了原谅，选择了宽恕，"这种宽恕一切的理由一直扎根在我对萨霞的爱中"。但是，"我"却无法找到那"可爱的理由"。本文揭示了志不同、道不合的婚姻爱情的尴尬和无奈。

十一、《丈夫》

税务官瞅着她，气得皱起眉头……他没感到嫉妒，然而心里不痛快：第一，人家在跳舞，害得他没有地方可以打牌了；第二，他受不了吹奏乐；第三，他觉得军官先生们对待平民过于轻慢，高傲；第四，最主要的是，他妻子脸上的快活神情惹恼了他，使他心里冒火……

"瞧着都叫人恶心！"他嘟哝道，"年纪都快四十了，生得一副丑相，可是你瞧瞧，居然搽胭脂抹粉，卷起头发，穿上了束腰的紧身！她卖弄风情，装模作样，自以为怪不错的呢……嘿，您啊，好漂亮的美人儿哟！"

在 K 县宿营一夜的骑兵团，给县城里带来了久违的欢乐。然而，税务官恼怒至极，他把妻子从快乐的顶峰拉回到丑陋的现实里。本文从表面看，似乎只是叙述丈夫限制妻子在外的娱乐活动，限制妻子的人身自由，以此表现他那种小市民般的愤世嫉俗的卑微心理。实际上，是作者对俄国的婚姻制度、资本主义"男女平等"的虚伪这些黑暗社会现状的一种批判。

十二、《磨坊外》

"我一直在祷告。可是不知怎的，上帝不理我的祷告。瓦西里（磨坊主的兄弟）成了叫化子，我自己也沿街讨饭，穿着别人的长外衣走来走去，你呢，倒过得挺好，可是上帝才知道你长着一颗什么心。唉，阿廖申卡，贪婪的眼睛把你毁了！你样样都好，又聪明，又漂亮，又是体面的商人，可就是不像个真正的人！你不和气，从来也没有个笑脸，一句好话也不会说，一点慈悲心肠也没有，活像头野兽……瞧瞧你这张脸！人家都在背后数落你，我听得好伤心哟！喏，你就问问这两位神甫吧！他们胡乱说你吸人的血，横行霸道，晚上带着你的强盗伙计们打劫过往的行人，偷人家的马……你的磨坊就像一个被上帝诅咒的地方……姑娘和男孩都不敢走近，大家都躲着你……"

这是母亲对磨坊主的数落。原因是磨坊主对母亲的求助无动于衷。可怜天下父母心，母亲还藏着一块饼干作为礼物要交给儿子！在母亲即将离开时，磨坊主满脸通红地把"放在手指间来回搓了又搓"的 20 戈比（1 卢布 = 100 戈比）放在了母亲的手里。本文讽刺了磨坊主一类人的冷酷无情、钱比人亲的丑恶本性。

十三、《第六病房》

这月亮，这监狱，这些围墙上的铁钉，连同远处烧骨场上腾起的火焰，都让人不寒而栗……

安德烈·叶菲梅奇要自己相信：月亮和监狱其实没有什么特别的地方，心理健全的人照样佩戴勋章，世上万物最后都要腐烂，化作尘土。可是突然间他陷入绝望，伸出双手抓住铁栏杆，竭尽全力摇撼起来。坚固的铁窗纹丝不动。后来，为了摆脱恐怖，他走到格罗莫夫床前，坐下了。

"我的精神崩溃了，亲爱的朋友，"他小声低语，战战兢兢地擦着冷汗，"精神崩溃了。"

"第六病房"是监禁精神病患者的特别病房，受监禁的病患共五名。其中一个关键性的病人格罗莫夫，之前担任法庭传达员。叶菲梅奇医生偶尔心血来潮，会巡视这个被人遗弃的第六病房，他认为格罗莫夫是个可谈话的对象，便经常性地到第六病房来找他聊天。但此举马上在医院、在整个省城引发议论和猜疑。之后，叶菲梅奇医生被诱至第六病房，当作精神病患者禁锢起来，最后惨死其中。本文通过两个知识分子的悲剧，揭示了人们极易被内心的恐惧所击垮的社会现象，揭露了沙皇俄国像监狱一般阴森可怕。

十四、《带阁楼的房子》

"我觉得您是对的，"她说，在夜间的潮气中打着冷战，"如果人们同心协力，献身于精神活动，那么他们很快就会明了一切。"

"当然。我们是万物之灵。如果我们当真能认识到人类天才的全部力量，而且只为崇高的目的而生活，那么我们最终会变成神。然而这永远是不可能的：人类将退化，连天才也不会留下痕迹。"

大门已经看不见，任妮亚站住了，急匆匆跟我握手。

本文讲述了作为画家的"我"，在拜访沃尔恰尼诺一家的过程中，与姐姐丽达关于社会问题进行了争论，以及与妹妹任妮亚的纯洁爱恋。关于社会现状和公共救赎，是物质救助还是精神解放，呈现了当时俄国在农奴制压迫下的社会状况和矛盾。

"蜜休斯，你在哪儿？"结尾句一语双关。似乎蜜休斯（任妮亚）就是俄国革命的未来。该句表达出作者心中的迷茫，也给读者无限的希望。

十五、《套中人》

"他只要出门，哪怕天气很好，也总要穿上套鞋，带着雨伞，而且一定穿上暖和的棉大衣。他的伞装在套子里，怀表装在灰色的鹿皮套子里，有时他掏出小折刀削铅笔，那把刀也装在一个小套子里。就是他的脸似乎也装在套子里，因为他总是把脸藏在竖起的衣领里。……总而言之，这个人永远有一种难以克制的愿望——把自己包在壳里，给自己做一个所谓的套子，使他可以与世隔绝，不受外界的影响。现实生活令他懊丧、害怕，弄得他终日惶惶不安。也许是为自己的胆怯、为自己对现实的厌恶辩护吧，他总是赞扬过去，赞扬不曾有过的东西。就连他所教的古代语言，实际上也相当于他的套鞋和雨伞，他可以躲在里面逃避现实。"

别里科夫，是沙皇俄国时期社会中层的一个小人物。他胆小怕事，却又爱管闲事，为人保守顽固，对社会变革极度恐惧，被称为"套中人"。他的口头禅是"千万别闹出乱子来"。别里科夫的形象不仅可笑，而且是一种极可怕的力量，他千方百计地扼杀一切新生事物和自由思想。作者借此讽刺和批判社会上的那些保守势力，并表达对自由的渴望。

十六、《渴睡》

原来敌人就是那娃娃。

她笑了。她觉着奇怪：怎么这点小事以前她会没有弄懂呢？绿斑啦，阴影啦，蟋蟀啦，好像也笑起来，也觉着奇怪。

这个错误的观念抓住了瓦尔卡。她从凳子那儿站起来，脸上现出畅快的笑容，眼睛一眨也不眨，在房间里走来走去。她想到她马上就会摆脱那捆住她手脚的娃娃，觉着痛快，心里痒酥酥的……弄死这个娃娃，然后睡，睡，睡吧……

13 岁的小保姆瓦尔卡，因为主人家一直哭闹的小宝宝和许多杂事，从清晨忙到深夜，弄得筋疲力尽，非常渴望能睡上一会儿。但夜里还要哄那个哭闹的娃娃入睡，于是，她被一个错误的念头控制……

压榨催生伤害，罪恶源于无奈。主人，娃娃，小保姆，都是受害者，但最无辜的只有那娃娃。这则让人心寒的故事，批判了在那个沙俄统治下的黑暗时期，人性被摧残而扭曲的社会现象。

十七、《农民》

屋子里又挤又闷，有一股臭味。犹太人给尼古拉做完检查，说需要拔罐子放血。他放上许多罐子。老裁缝、基里亚克和小姑娘们站在一旁看着，他们好像觉得，他们看到疾病从尼古拉身上流出来了。尼古拉自己也瞧着，那些附在胸口的罐子慢慢地充满了浓黑的血，感到当真有什么东西从他身子里跑出去了，于是他高兴地笑了。

"这样行，"裁缝说，"谢天谢地，能见效就好。"

犹太人拔完十二个罐子，随后又放上十二个。他喝足了茶，就坐车走了。尼古拉开始打颤，他的脸瘦下去，用女人们的话说，缩成拳头那么大小了，他的手指发青。他盖上一条被子，再压上一件羊皮袄，但还是觉得越来越冷。傍晚时他难受得叫起来，要他们把他放到地板上，要裁缝别抽烟，随后静静地躺在羊皮袄下面，天不亮就死了。

本文讲述了在莫斯科打工的农民尼古拉突患重病，抱着回乡养病可以节省生活费的心理，带着妻女回到村子里。然而，家乡的衰败和大家庭的极度贫困让他们始料未及。尼古拉一家一天天在绝望中苦熬。尼古拉病死了，妻子奥莉加带着女儿萨沙一路乞讨着离开了这个曾经的家乡。

该文创作于 1897 年，真实地描述了农民在 19 世纪八九十年代极度贫困的生活现状，表现了他对农民悲惨命运的关心同情，以及对农民的愚昧无知而深感痛心和无奈。

十八、《醋栗》

他津津有味地吃着，不断地重复道："嘿，真好吃！你也尝一尝！"……

夜里我的心情更加沉重。他们在我弟弟卧室的隔壁房间里为我铺了床，夜里我听到，他没有睡着，常常起身走到那盘醋栗跟前拿果子吃。我心里琢磨：实际上，心满意足的幸福的人是很多的！这是一种多么令人压抑的力量！你们看看这种生活吧：强者蛮横无礼，游手好闲；弱者愚昧无知，过着牛马不如的生活；到处是难以想象的贫穷，拥挤，堕落，酗酒，伪善，谎言……

本文讲的是伊万·伊万内奇的弟弟，为了得到他人生的一份平稳的幸福，买了一座庄园；在自己的庄园里吃着又硬又酸的醋栗，是他所追求的幸福的标志。显然，这种幸福是平庸者的幸福。该文剖析了庸俗、安逸对人的灵魂的腐蚀，表达了开始觉醒的知识分子对新生活的憧憬。

十九、《约内奇》

约内奇想起了每天晚上从一个个口袋里掏出许多钞票的乐趣，他心中的激情便熄灭了。

他站起身来，想回到屋里。她挽住他的胳臂。"您是我一生中所认识的最好的人，"她接着说，"我们会经常见面谈心的，不是吗？答应我。我不是什么钢琴家，在这方面我已经有自知之明，在您的面前我不会再弹琴，再谈音乐了。"

他们进了屋子。约内奇在傍晚的灯光下看到她的脸，看到那双忧伤、感激、探询的眼睛正定定地望着他，他感到不安起来，又暗自想道："幸好我那时没有娶她。"他起身告辞。

刚刚被派到做地方自治局医师的约内奇，被图尔金的女儿迷住了。但她拒绝了约内奇的求婚。四年后两人重逢，此时的约内奇，"越发肥胖，满身脂肪，呼吸发喘，脑袋往后仰"，他把清点钞票当成了最大的乐趣。从这个故事中，我们可以看到当时人们思想的空虚与愚昧。约内奇最终选择了堕落，成为一个他曾经鄙夷的无聊庸俗之人，成为金钱的奴隶，这是十分可悲的。

二十、"小人物"的命运，折射出"大社会"的本质

笔者手头的这本《契诃夫短篇小说选》中，还有《变色龙》和《万卡》

两篇文章没作分析。这是因为这两篇文章是初中和小学的课文，所以不作赘述。

纵观全书，我们可以看到，契诃夫笔下的小人物大体可以分为四类：

一是小市民，比如《嫁妆》中的母女，《苦恼》中的马车夫姚纳，《风波》里的家庭女主人等；

二是小平民，比如《凶犯》中的庄稼汉杰尼斯，《厨娘出嫁》中的佩拉格娅，《哀伤》中的镟匠格里戈里等；

三是小官员，比如《小官员之死》中的切尔维亚科夫，《胖子和瘦子》中的瘦子，《普里希别叶夫中士》中的主人公等；

四是小资产者，比如《磨坊外》中的磨坊主，《醋栗》中的弟弟，《约内奇》中的主人公等。

无论是哪种人物，都反映出沙皇统治下俄国人们的生活状况和社会形态。简单地说，就是"小人物"的命运，折射出"大社会"的本质。

在阅读这些小人物的故事时，我们也不妨换一个角度想想：这些小人物的身上，是否有我们自己的影子？

下一篇，也是初中阶段最后一篇：日本作家夏目漱石的《我是猫》。

36 《我是猫》：　猫眼里的众生相
——初中名著阅读个性化攻略之三十六：换位式

作为万物之灵的人类，时时处处均以"地球主人"乃至"宇宙主人"的身份来看待万事万物。然而，如果我们换一个角度，站在其他物种的角度来反观人类，其结果又将如何呢？

日本作家夏目漱石的《我是猫》，便是站在猫的角度来观察人类，来反观世界。猫眼里的众生相是一幅怎样的图景呢？它将给予我们哪些思考呢？为此，我们不妨采用一种"换位式"的阅读方法，走进《我是猫》，走进 20 世纪初日本明治时代的资本主义社会。

一、猫眼里的人类

"我"是一位穷教师家的猫。主人名叫苦沙弥。在"我"最初的眼里，穷书生在人类中属于最残暴的那一种人。穷书生们经常暗地里说，要抓住"我们"炖了吃。在"我"的眼里，人类粗鲁、慵懒、放纵、冷酷、狂妄、缺德、虚伪、胡编乱造。总之，人类不是什么好东西。

"我"的主人，有吸烟的陋习；把"我"放在手中旋转，然后突然抛在地上；家人们以为他是个勤奋的人，其实一到书房拿起书就开始睡觉；他爱吃果酱、萝卜泥，有胃病；他想学画，结果把"我"画得颜色不对，而且没有眼睛；他连同情心都没有，哪里还懂得"彼此深刻了解是爱的前提"这些道理；他像个品格低劣的牡蛎似的泡在书房里，从不对外界开口，却又装出一副唯我达观的可憎面孔，真有点滑稽……

二、猫眼里的"花子小姐"之死

花子小姐是二弦师傅家里的一只猫，它是远近有名的"美女"。它的后影风姿绰约，极具曲线之美。二弦师傅很喜欢它，就像喜欢自己的女儿一样。花子生病了，女仆将它送到医生那里去就诊，结果医生给女仆号脉。医生说："我不会治猫的病，不用管，过两天就会好的。"

女仆告诉主人，花子小姐最近有了个坏朋友，"就是临街教师家的那只脏兮兮的猫呀！"这个朋友不就是"我"吗？"一定揍他，花子的病就怪他，一定要给花子报仇！""我"被彻底污名化了。

花子小姐死了，二弦师傅家给它请来琴师超度。然而，他们始终把花子小姐的死怪罪到"我"的身上，说"我"总勾引花子。他们说，如果"我"死了，他们就能如愿以偿。

花子小姐之死，按理说，是因为没能得到正确治疗，结果二弦师傅一家人把死因都归结到"我"的身上。这是什么？这是愚昧，这是偏见，这是胡扯。

三、猫眼里的磨嘴皮子

胡扯的事，在主人家时常发生。这不，迷亭君、寒月君来了后，胡扯正式开始了。迷亭君说起了"上吊松"，索性试一试上吊，并发表"吊颈力学"演讲；寒月君说起了"吾妻桥"，为救落水姑娘纵身一跳，结果跳到了桥中央；主人说起了看戏"打起哆嗦"。

在"我"的眼里，"人类只是为了消磨时光才磨嘴皮子，笑谈那些荒诞之事，喜悦那些无稽之谈。除此之外，无所事事"；"他们本质既功利又贪婪。在他们平时的谈话中，暴露了明争暗斗的心理"。平心而论，作为人类的我们，这样的磨嘴皮子，几乎时时处处都有发生，把大把的美好时光都浪费在这种无聊的事情上了。

四、猫眼里的"鼻子夫人"

鼻子夫人，乃是金田夫人，年约四十出头，因鼻子大得出奇，故得名。金田家，就是那个带仓库的大洋房。显然，金田是一位大资本家，但"我"家主人对金田夫人的敬意寥寥无几。他相信中学教师比实业家更伟大。

金田夫人的来访，是为了了解寒月先生的。因为在"吾妻桥"上发生事情的那位姑娘，就是她的女儿。金田夫人认为寒月君爱上了她的女儿。为此，她还让车夫老婆、二弦师傅等人来偷听过。她家听说寒月君在攻读博士学位，而她女儿也非博士不嫁。

"我"决定到金田家去探访探访。金田家的厨房比苦沙弥的家还要大十倍。这让"我"大开眼界。其时，车夫、车夫老婆、厨子正在交谈，要捉弄"我"的主人苦沙弥。金田和夫人还要邀同乡去给苦沙弥一点教训。在"我"的眼里，鼻子夫人高高在上，为富不仁。

五、猫眼里的实业家

铃木君来到主人家。一看他梳的分头、穿的衣服、系的领结、挂的金链，就是一位"实业家"。主人当着他的面，直接揭实业家的短："只要能赚钱，什么事都干。过去常说他们是'市井小人'！"铃木认为，如果有"人为财死"的觉悟，可以从事这一行；要想赚钱，就要采用金田的"三绝术"：绝义、绝情、绝廉耻。

铃木来访的目的，也是为了了解寒月情况的。他用"极乐主义"理论，巧妙地说服苦沙弥。受托之事，成功在即，跳出一个流浪汉迷亭，让铃木很棘手。

笔者需要说明的是，像金田一类的实业家，是靠高利贷起家的大资本家。他的那种"三绝术"是应该唾弃的。但是，国家要富强，民族要振兴，人民要幸福，需要更多有责任感的实业家来"实业兴邦""实干兴邦"。

六、猫眼里的博士论文和现代诗

大热的天，寒月君戴着棉帽，两脚灰尘，风尘仆仆地跑来了。迷亭问他论文的题目是什么，寒月回答是《紫外线对青蛙眼球电动作用的影响》。他还说，青蛙眼球的晶体构造比较复杂，所以必须做各种实验，要先做一个玻璃球，然后才开始研究。怎么能做成呢？"要慢慢地磨。有时觉得这边的半径长了，就磨一点……今年正月开始，到现在，已经磨坏五六个玻璃球了。"要多长时间磨好呢？按目前情况，大概要十年；不顺利的话，大概要二十年。于是，寒月便有了一个雅称——磨球博士。这样磨下去，金田小姐当然是等不及的。

主人苦沙弥先生讲起了俳句和独幕剧。剧里的台词也就一句话："美人浴，惊呆枝头鸦。"迷亭君则认为，所谓的俳句、滑稽都是消极的，是亡国之音。主人开始读他的现代诗名作了："'大和魂！'日本人喊罢，肺病患者咳嗽了……"

作为猫的"我"，可没有义务每天听他们的老生常谈，便悄悄失陪，溜到院子里找螳螂去了。显然，猫眼里的博士论文，是滑稽可笑的；猫眼里的现代诗，是无聊透顶的。

七、猫眼里的澡堂

"我"家主人经常拿着毛巾和肥皂，三四十分钟后再回来，走时那张阴沉的脸，有了几分喜色。原来，他是到澡堂了。听说人类为了消磨时间，发明了澡堂。"我"也要去试试。

"我"从澡堂后门蹑手蹑脚地溜进去。澡堂里的情景，可谓壮观。澡堂里的这些人，一丝不挂，毫无羞耻地将原始丑态暴露于众目睽睽之下，尽情地谈笑，泰然处之。这时，却听见主人洪亮、沙哑又刺耳的声音，原来他在和一个不识趣的穷学生吵架。在"我"看来，主人作为一名教师，其举止有失稳重。主人就是硬倔、认死理。

"我"边走边想：人们脱去衣服，努力争取平等。可是在赤裸裸的人群中，仍有强者出来欺负弱者。看来，人世间无论怎么赤身裸体，也难以实现人人平等。

八、猫眼里的教育

"我"主人的家对面是一所号称"落云馆"的私立中学。该校有八百名学生，房屋的两边都是空地。落云馆的学生们把废报纸、废草鞋、废木屐等带有"废"字的东西扔到空地里。他们还直逼到房前唱歌、大声喧哗，以此骚扰主人。他们刚被撵走，马上又回来，声音还更大。经交涉，校长给筑起了"格子篱笆墙"。但第二天，一些学生又"扑通扑通"地跳进北侧的空地，高声叫嚷，冷嘲热讽。更让主人恼火的事，他们还发明了达姆弹，在课间或放学后，朝着北边空地开炮……

"……所以，讲公德，至关重要。看看西洋，不论法国、德国还是英国，没有一个国家不讲公德；不管多么低等的人，没有一个不重视公德……"这是该校伦理老师讲课的声音，主人侧耳倾听着这番讲演。主人认为，感谢老师谆谆教诲，今后将永远免受达姆弹的攻击了。但刚下课，就有棒球落到院子里……

次日，"我"来到门外，看见金田老板和铃木藤十郎先生在对面的胡同里谈话。金田老板得意地说："我用了一新招数，让学生们狠狠地收拾了他一顿。"原来，上面的一切都是阴谋。实业家果然势力大。

教育的目的，本是为培养有理想、有道德、有文化、有纪律的公民的，但这里却被资本家所收买，让学生成为资本家的帮凶。学生的日常行为，与他们在课堂上所接受的教育背道而驰。这让人深感遗憾，也是十分具有讽刺意味的。

九、猫眼里的劝诫

铃木先生来了，和主人聊起家常琐事。主人说，那些学生今天已经来骚扰他十六次了。铃木开始了劝诫："你别那么顽固好不好？人一有棱角，在这个世界上就很难混，既受苦又吃亏……"铃木觉得自己已经完成了出访使命，便离开了。

之后，又有甘木先生来为主人催眠，但遗憾的是，催眠失败了。再之后，又有一位哲学家八木独仙来劝诫："摆在面前的有两条路：一是坚决与世隔绝，一是努力适应社会。"他还说，日本文明的重点在于改造自己，不是改造别人；能改变的只有自己的心灵。

主人陷入沉思之中。铃木告诉主人要服从金钱和众人，甘木奉劝主人要用催眠术镇静神经，哲学家劝诫主人要以消极的修炼求得心静。主人到底会选择哪一种方法呢？估计主人哪种方法都不采用。

十、猫眼里的"疯子"

主人收到一封信，写信人自称"天道公平"。听人说，写信人是个疯子，已经被送进了疯人院。主人对自己近来的思维活动倍感震惊：脑海里发生了一系列化学反应，意志变为行动，意志化为言辞，失去了很多中庸之道；舌上无甘泉，腋下绝清风，牙根有狂臭，筋头有狂气，如此看来，是否已经成为一名患者了呢？

主人认为，今天登门的那位穿礼服的伯父，有点怪怪的；寒月从早到晚，一个劲儿磨球，不正常；迷亭以戏弄人为业，是个快乐的疯子；金田夫人心地恶毒，缺乏常理，是个纯粹的疯子；金田老板是个非凡的人，非凡到可以与疯子画等号；还有落云馆的那些捣乱学生，也可以算是疯子的同类。主人怀疑整个社会可能都是由疯子组成的。这样一来，被幽禁在疯人院里的就是普通人，院外的倒是些疯子。大疯子滥用金钱和权势，驱使众多小疯子，胡作非为……

明天，主人会不会得出"一切都搞糊涂了"的结论呢？作为猫的"我"，答案是肯定的。作为读者的你，对这个问题是怎么看的呢？

十一、猫眼里的师生关系

金田老板为修理苦沙弥，不断地变换着招数。东风先生给金田小姐送了一本诗集，她到处大吹大擂。更有趣的是，一个陌生人给金田小姐寄去了一封情书，情书里写着"我思恋你，就像宗教家对神灵的崇拜""为了你，我愿成为祭坛上的羔羊"等。金田小姐拿着情书到处炫耀。

写情书的到底是谁呢？苦沙弥先生的一个学生来了，但作为班主任的主人，竟然不认识这名学生。听这位古井同学说，一个同学写情书，署了他的名字，另一个同学负责送去。这名古井同学来此坦白，是害怕学校开除他。古井同学相信：不论自己平时怎么嘲笑或刁难老师，老师也会不计前嫌，一定会帮自己这个忙的。然而，他太天真了，主人是徒有班主任的名，一点儿也不管。

好在主人后来说："他如果再大一点，也不会做这等蠢事。一般来说，大孩子做了坏事都装作不知道。如果只开除他，却不把那些做坏事的大孩子赶出校门，那是不公平的。"由此看来，苦沙弥老师虽然外表冷漠，而内心还是有些温情的。"我"希望古井同学能尽快醒悟，做一个真正的人。

十二、猫眼里的围棋

迷亭和独仙在棋盘两侧下棋。迷亭提议，谁输了谁请客；独仙认为，如果那样的话，一场高尚的游戏就变得庸俗了。

作为一只猫的"我"，是这样看待下棋的：发明棋盘的是人，如果说人类的嗜好反映在棋盘上，那么棋子进退维谷的命运就表达着人类的本性；人类喜欢把海阔天空的世界切分成无数个小区域，然后，纷纷确定自己的领域范围，画地为牢，不敢越雷池半步。一言以蔽之，人类在自寻烦恼。

十三、猫眼里的强盗

寒月说，他不想磨球了，不当博士也没关系，因为他有了明媒正娶的老婆。主人问他，有没有谢绝金田家。寒月回答，没有必要，因为他没有向金田小姐求过婚；但最好是不作声，或许现在有许多名密探正在偷听大家的谈话呢。

主人一听"密探"，便大发议论："乘人不备，窃取他人囊中之物者为扒手；乘人不备，窥探他人言行者为密探；乘人不知，撬门破锁掠取财物者为小偷；乘人不觉，诱人失言揣摩其心思者为密探。将刀插在榻榻米上勒索财物者为强盗；以言辞恫吓他人践踏其意志者亦为密探。因此，密探和小偷、盗贼、强盗是一路货色。"主人还说，金田应该属于贪得无厌的强盗。

后来，曾经送过主人山药、劝诫过主人的多多良三平来了。他说他打算娶金田小姐了，对方一再催促于他；并邀请在场的各位参加他的婚礼，只有主人说不去。想必，金田老板不再为难苦沙弥了吧。

十四、猫眼里的现代人

迷亭不甘示弱，要对现代文明发表看法。他说，所谓现代人的"自觉意识"，指的是人们过度强调个体间的差异，而且随着文明进步，这种意识一天天变得更加敏锐，最终使举手投足间都失去了自然和天真。现代人无论是在梦里还是梦醒之后，无时不在权衡利弊，所以每个人的心态都像密探和盗贼一样，加强自我意识，整天贼眉鼠眼，担惊受怕，惶惶不可终日。这就是现代人，也是文明的诅咒。人类无比愚蠢。

独仙认为，现代人贫时因贫恼，富时因富恼，忧时因忧苦，喜时因喜扰，才子死于才，智者败于智；像苦沙弥这样脾气暴躁的人，只要利用他的暴躁，他就会中计。人类若不进入"处处不失善良心"的境界，肯定会受苦受难的。

迷亭开始讲起了他的《未来记》。他说，将来个性相投才是夫妻，夫妻之间具有独立人格，人人平等；人类是个性的动物，消灭个性就是消灭人类，为了实现人类存在的意义，必须不惜任何代价保护和发展个性。

东风君坚定地认为，这个世界上，最珍贵的是爱与美，有了它们，我们才有了慰藉，得到完美，享受幸福，从而使我们情操圣洁、品格高贵、心地善良。

……

看到悠闲的人们，"我"的内心深处散发着凄凉。独仙似乎已经得道，只是双脚尚未离开大地；迷亭逍遥自在，但并非身处桃源；寒月不再磨玻璃球，日子久了也许会感到无聊……秋叶已凋落，死亡是万物的归宿。主人早晚会因胃病而死，金田老板会因贪而死。

而"我"这只猫，也因为贪图啤酒所带来的所谓"怡然自得"，掉进一个大水缸里，进入了一个不可思议的永恒世界。

猫眼里的众生相，到此基本结束。到底是"我是猫"，还是"猫是我"呢？其实，猫即是我，我即是猫，一只善于观察、善于思考、充满正义感又具有文化气质的猫。猫眼里的众生相，即是作者夏目漱石眼里的众生相。一百多年前的众生相如此，今日的众生相又何尝不是如此呢？

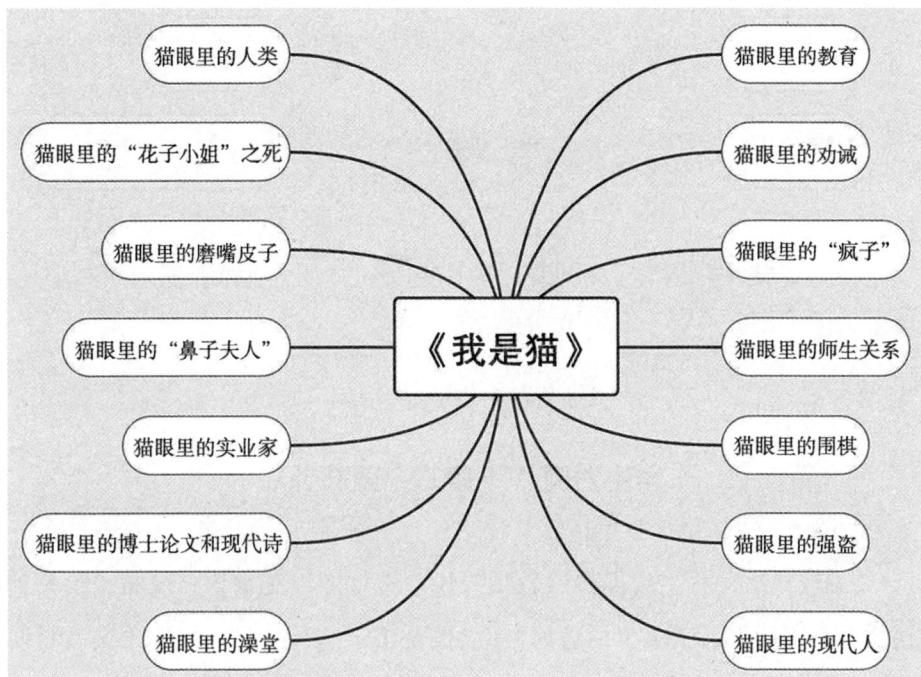

本书至此，初中名著阅读之旅基本结束。

感谢你陪我一起走过，一起聊过，一起哭笑，一起思考。

我相信，没有一本书是白读的，它总在生命中的某一时刻与我们再次相遇。

— 跋 —

没有合格 "导师"，何来 "名著导读"

学生为何 "不读书，读书少"

统编教材语文总主编温儒敏教授曾说，希望能以统编语文教材，治一治 "语文教学不读书、读书少的通病"。大概是出于这种考量，统编语文教材便有了 "一减一加"：在课文数量上，每学期由 30 篇课文缩减为 24 篇；在 "名著导读" 的篇目上，由原来每个学期的 2 至 3 部，增加到现在的 6 部。其中包括必读的 2 部、自主选择阅读的 4 部。此外，通过课文往课外延伸的还有几部。

比如，七年级上学期，必读的有鲁迅的《朝花夕拾》、吴承恩的《西游记》；选读的有孙犁的《白洋淀纪事》、沈从文的《湘行散记》、屠格涅夫的《猎人笔记》、李汝珍的《镜花缘》；如果有兴趣，可以阅读的有《泰戈尔诗选》、冰心的《繁星·春水》、海伦·凯勒的《假如给我三天光明》、康拉德·劳伦兹的《所罗门王的指环》等。

每周的语文课时量不变，而 "上课文" 的时间减少 1/5，学生可用来读书的时间多了。就我所在的学校以及周边学校情况来看，在 2016—2017 两个学期里，七年级语文课本的内容早早地上完了，但无论是必读的，还是选读的，以及往课外延伸的名著，绝大多数学生并没有阅读。城市学校的情况如何，我不大了解，但乡村学校大体都是这个样子。"语文教学不读书、读书少的通病" 还是没有得到医治。

我认为，造成这种现象的根源，还是教育观念在作祟。大多数语文教师依旧把"上课文"之余的时间，用在做题讲题、做卷讲卷上，因为这样的教学方式似乎在应考方面更稳妥一些，如果让学生在语文课堂上去阅读名著，心里便没底了。

还有一个很重要的原因，那就是大多数语文教师，并没有完整地阅读那些必读或选读书目；即便在学生时代阅读了，也都遗忘得差不多了；抑或是当年阅读时，本来就读得匆忙，理解得肤浅——在这样的情况下，语文教师又如何指导学生阅读名著呢？

教师先读，再陪学生读

这个学期，因岗位调整的缘故，我没有教语文。经反复考虑后，我主动请缨，承担七年级阅读课教学任务——并非把学生带到阅览室让学生自由阅读，而是"名著导读"，实打实完成教材上规定的"名著导读"教学任务。我将其称为"陪你读名著"。

作为"名著导师"，必须在课前反复研读相关名著，否则便只能"陪"而不能"导"了。于是，我把更多的时间用在阅读名著上，用在撰写讲义上：一本薄薄的《朝花夕拾》，我读了 3 个星期，撰写了 1.5 万字的讲义——有了这样的准备，我才有了些许底气。

一部厚厚的《西游记》，光是通读，我就花了一个多月，而要将其写成讲义，不知道还要花多长时间。这些工作只能见缝插针地利用早晚空闲时间。我相信"只要功夫深，铁杵磨成针"，工匠精神不就是这样磨砺出来的吗？

原来几乎没有学生主动阅读名著，现在有一部分学生能提前"预习"相关篇目或相关章回了；最初导读时，多数学生跟不上节奏，现在他们能跳跃性地阅读了；原来多数学生只是象征性地翻阅，现在则"不动笔墨不翻书"了；《朝花夕拾》的许多篇目，依靠自主阅读大多数学生是读不进、读不懂的，在教师的导读下，他们也兴趣盎然了。

从教师着手推动"名著导读"

语文教学不读书、读书少的通病，既是"教"的通病，也是"学"的通病，还是当前社会的通病。那么又该如何对症施治呢？

事实证明，仅仅依靠语文教材的"一减一加"，或者仅仅依靠给学生"开书单"，是无法医治这个通病的。甚至可以说，仅仅依靠当前的课程设置，也无法医治这个通病。因为大多数语文教师都面临着"三没有"的现实问题：没有时间读，没有兴趣研，没有底气导。

学校该如何撬动学生（特别是乡村学校学生）的名著阅读呢？在笔者看来，可以实施"四轮驱动"。

一是师资配置采取"名著导师制"。在本校教师队伍（不局限于语文教师）中专门抽出一两位在名著阅读上有兴趣、有情怀的教师来担任名著导读工作。这样，"名著导师"便可以集中精力来专攻名著导读了。

二是课时安排采取"一导一读制"。每周在课表上明确安排两节阅读课（从语文课中调整一节过来），一节用来"导"，一节用来"读"。这样，就不至于把名著阅读的任务完全甩到课外了。

三是学生评价采取"真考浅考制"。所谓真考，就是内容设置上让那些仅仅依靠"临时抱佛脚"的人无法应考；所谓浅考，就是所考查的内容尽可能简单一些（比如以考查人物、情节为主），但所涉及的面尽可能地宽一些。

四是教师评价采取"绩效捆绑制"。所谓绩效捆绑，就是把名著导师和语文教师的绩效放在一起考核。当然，如果能不用考核，而"名著导师"们还能尽心尽力、尽职尽责乃至尽善尽美，那自然是最好不过的了。因为，名著阅读不能有太强的功利心。

名著导读，最理想的状态莫过于所有的语文教师都能有兴趣研读、有底气导读，莫过于全体学生都能有时间阅读、有能力读好。在当前的现实条件下，采用"名著导师制"不失为一种务实而有效的管理手段。

（原载于《中国教育报》）